U0148257

安徽师范大学文学院学术文库

袁传璋史记研究论丛

YUANCHUANZHANG SHIJI YANJIU LUNCONG

袁传璋 著

安徽师范大学出版社
ANHUI NORMAL UNIVERSITY PRESS
· 芜湖 ·

图书在版编目（CIP）数据

袁传璋史记研究论丛 / 袁传璋著．— 芜湖：安徽师范大学出版社，2021.1
（安徽师范大学文学院学术文库）
ISBN 978-7-5676-4522-6

Ⅰ．①袁…　Ⅱ．①袁…　Ⅲ．《史记》—研究—文集　Ⅳ．①K204.2-53

中国版本图书馆 CIP 数据核字（2019）第 301946 号

安徽师范大学文学院高峰学科建设经费资助项目

袁传璋史记研究论丛　　袁传璋◎著

责任编辑：孙新文
责任校对：牛　佳
装帧设计：丁奕奕
责任印制：桑国磊
出版发行：安徽师范大学出版社
芜湖市北京东路 1 号安徽师范大学赭山校区　　邮政编码：241000
网　　址：http://www.ahnupress.com/
发 行 部：0553-3883578　5910327　5910310（传真）
印　　刷：江苏凤凰数码印务有限公司
版　　次：2021 年 1 月第 1 版
印　　次：2021 年 1 月第 1 次印刷
规　　格：700 mm×1000 mm　1/16
印　　张：29.25
字　　数：450 千字
书　　号：ISBN 978-7-5676-4522-6
定　　价：128.00 元

作者简介

袁传璋，1940年生，安徽当涂人。安徽师范大学文学院中文系教授，中国古代文学专业硕士研究生导师，中国古典文献学硕士点负责人。兼任中国史记研究会常务理事、陕西省司马迁研究会特邀理事、中华书局点校本《史记》修订工程外审专家。“司马迁与《史记》研究系列”获安徽省高等学校“八·五”人文社科优秀成果二等奖。2011年获“中国史记研究会学术成就奖”。《宋人著作五种征引〈史记正义〉佚文考索》于2019年获安徽省社会科学奖（2013-2016年度）一等奖。承担安徽省人文社科重点研究项目：史记版本源流、叙事断限及主题迁变考论；教育部全国高等学校古籍整理研究工作委员会直接资助重点项目：宋人著作征引《史记正义》佚文研究。

教授研习司马迁与《史记》50余年，出版专著《太史公生平著作考论》、《袁传璋史记研究论丛》、《宋人著作五种征引〈史记正义〉佚文考索》（二十四史研究资料丛刊）、校点泷川资言《唐张守节史记正义佚存》（二十四史校订研究丛刊）。在《安徽师范大学学报》、人民文学出版社《中国古典文学论丛》、台湾《大陆杂志》、台湾大学《台大历史学报》、《安徽史学》、《河南大学学报》、《文史哲》、《光明日报》、《浙江师范大学学报》、《渭南师范学院学报》教育部高校人文社科学报名栏《司马迁与史记研究》、日本京都大学人文科学研究所《センタ一（中心）研究年报2013》等学术期刊发表专论30余篇，在司马迁《史记》与中华文明、太史公生平疑案、今本《史记》溯源、《史记》断限以往诸说的检讨、《史记》叙事起讫的三次更张与全书主旨的迁变、《史记正义佚存》真伪辨正、项羽死地等司马迁与《史记》研究的重大问题上均有所创获，以“论辩周详，考证审密，确见卓识，精辟独到”被海外学者许为“大陆真正一流的《史记》研究者”。

总　序

安徽师范大学文学院的前身是1928年建立的省立安徽大学中国文学系，是安徽省高校办学历史最悠久的四个院系之一。1945年9月更名为国立安徽大学中文系，1949年12月更名为安徽大学中文系，1954年2月更名为安徽师范学院中文系，1958年更名为合肥师范学院中文系，1972年12月更名为安徽师范大学中文系，1994年10月更名为安徽师范大学文学院。这里人才荟萃，刘文典、陈望道、郁达夫、朱湘、苏雪林、周予同、潘重规、宗志黄、张煦侯、卫仲璠、宛敏灏、张涤华、祖保泉、余恕诚等著名学者都曾在此工作过，他们高尚的师德、杰出的学术成就凝成了我院的优良传统，培养出了一大批出类拔萃的各类人才。

文学院现设有汉语言文学、秘书学、汉语国际教育、戏剧影视文学等4个本科专业，文学研究所、安徽语言资源保护与研究中心、辞赋艺术研究中心、传统文化与佛典研究中心等5个研究所（中心）。拥有中国语言文学博士后科研流动站，中国语言文学一级学科硕士点、博士学位点；设有学科教学（语文）、汉语国际教育两个专业硕士学位点；有1个安徽省一流学科（中国语言文学，2017），1个安徽省A类重点学科（中国语言文学，2008），3个安徽省B类重点学科（中国古代文学、汉语言文字学、中国现当代文学）；有1个国家级特色专业建设点（汉语言文学专业），1个国家级教学团队（中国古代文学），3门国家级精品课程；1个教育部卓越教师培养计划改革项目；主办1种省级刊物（《学语文》）。

文学院师资科研力量雄厚，现有在岗专任教师77人，其中教授26人，副教授32人，博士52人。至2019年末，本学科在研省部级以上科研项目119项，其中国家社科基金项目93项（含重大招标项目2项和重点项目3项）；近两年获得省部级以上奖励17项。教师中，有国家首届教学名师1人，享受国务院特殊津贴12人，皖江学者2人，二级教授8人，5人入选省级学术和技术带头人，6人入选省级学术和技术带头人后备人选。

走过九十年的风雨征程，目前中文学科方向齐全，拥有很多相对稳定、特色鲜明的研究领域。唐诗研究、古代文论研究、儿童语言习得研究、古典诗歌接受史研究等，在全国居于领先地位或在学术界有较大影响。特别是李商隐研究的系列成果已成为传世经典，国务院学位委员会委员、北京大学教授袁行霈先生说，本学科的李商隐研究，直接推动了《中国文学史》的改写。

经过几代人的薪火相传，中文学科养成了严谨扎实的学术传统，培育了开拓创新的学术精神，打造了精诚合作的学术团队，形成了理论研究与服务社会相结合、扎根传统与关注当下相结合、立足本位与学科交融相结合、历代书面文献与当代口传文献并重的学科特色。

21世纪以来，随着老一辈学者相继退休，中文学科逐渐进入了新老交替的时期，如何继承、弘扬老一辈学者的学术传统，如何开启中文学科的新篇章，成了摆在我们面前的迫切任务。基于这一初衷，我们特编选了这套丛书，名之为“安徽师范大学文学院学术文库”，计划做成开放式丛书，一直出版下去。我们认为，对过去的学术成果进行阶段性归纳汇集，很有必要，也很有意义，可以向学界整体推介我院的学术研究，展现学术影响力。

文库已经出版四辑，出版社建议从中遴选一部分老先生的著作重新制作成精装本，我们认为出版社的提议极富创意，特组编这套精装本，作为“安徽师范大学文学院学术文库”编纂的阶段性总结。

我们坚信，承载着九十年的历史积淀，文学院必将向学界奉献更多的学术精品，文学院的各项事业必将走向更悠远的辉煌！

储泰松

二〇一九年岁末

代序：推陈出新，自成一家之言

——袁传璋教授《史记》研究论

叶 文 举

六十多年前，一位少年在翻阅家藏清同治金陵书局校刊《史记集解索隐正义合刻本》时就萌发了研究《史记》的兴趣。这位少年就是日后被海外学人推崇为“大陆真正一流的《史记》研究者”的袁传璋教授。至今算来，袁先生沉浸于《史记》研究的世界里已有大半个世纪，《史记》研究可以说是先生倾注了一生心血的主要学术事业。先生在《史记》与中华文明、太史公生平疑案、今本《史记》版本溯源、《史记》纪事断限、《史记》主旨演变、《史记》三家注、《史记会注考证》、《项羽本纪》研究、宋人著作征引《史记正义》佚文考索等“史记学”重大问题上均有所创获与突破。纵观先生的《史记》研究，不难发现，尽管先生研究的课题大都已为学界进行了较为深入的探究，但基于对《史记》研究中还有诸多疑案需要澄清、前人解读往往又多有商榷之处的认识，袁先生能以知难而上的勇气、“即实事以求真是”的治学态度、多重考据之法的运用，推陈出新，自成一家之言，突破了《史记》研究诸多的重大难题。本文重在对袁先生研究的课题进行述评，兼及谈谈先生《史记》研究的治学态度与方法。

一、司马迁生于汉武帝建元六年(公元前135年)新证

王国维先生于1916年发现《史记索隐》和《史记正义》的两条注文，促使了学界对司马迁生年进行深入研究。但是这两条注文在司马迁的生年记载上却有十年之差：司马贞《史记索隐》在《太史公自序》“迁为太史令”下注引“《博物志》：‘太史令茂陵显武里大夫司马［迁］，年二十八，三年六月乙卯除六百石。’”据此，司马迁应该生于汉武帝建元六年（公元前135年）；而《史记正义》在同篇“五年而当太初元年”下注“按：迁年四十二岁”。依此推算司马迁则应该生于汉景帝中元五年（公元前145年）。学界关于司马迁的生年遂有了两种观点。王国维先生的《太史公系年考略》《太史公行年考》认为这两条注文的十年之差是由数字讹误造成的，王氏宣称“三讹为二，乃事之常；三讹为四，则于理为远”，断定《索隐》将三讹为二，得出“史公生年当为孝景中元五年”[①]的结论。此说得到了梁启超、泷川资言、程金造等学者的尊崇。后来施丁先生又发现《索隐》注文“年二十八”在《史记》日本南化本中作“年三十八”，“依南化本，则迁生于景帝中元五年，与《正义》说同”的“铁证”，遂使“史公生年当为孝景中元五年”之说为诸多学者所信从。

王氏考订司马迁生年为“孝景中元五年”之说，尽管引起了郭沫若、李长之、日人桑原骘藏等学人的质疑，但真正从实证上动摇了王氏之说基石的却是袁传璋先生关于司马迁生年考定的系列研究。袁先生先后发表了《司马迁生于武帝建元六年新证》（《全国〈史记〉学术研讨会论文专辑》，《陕西师大学报》1988年增刊）、《从书体演变角度论〈索隐〉〈正义〉的十年之差——兼为司马迁生于武帝建元六年说补证》（台湾《大陆杂志》第90卷第4期，1995年4月）、《太史公“二十岁前在故乡耕读说”商酌》（台湾《大陆杂志》第91卷第6期，1995年12月）、《〈玉海〉所录〈正义〉佚

① 参见王国维:《太史公行年考》，载《观堂集林》卷十一《史林三》，中华书局1959年版，第482—483页。

文为考定司马迁生年提供确证》（《司马迁与〈史记〉研究年鉴》2011年卷卷首，商务印书馆2013年版）等论文[①]，系统考察了王氏论证之误，其主要观点如下：

首先，先生以《太史公自序》和《报任安书》中司马迁关于自身行迹的叙述为本证，特别指出太史公所云“年十岁则诵古文”，实指他自十岁到“二十而南游江淮”之前诵习古文经籍的从学经历（包括从孔安国习《古文尚书》、从董仲舒习《公羊春秋》），应是在长安司马谈身边开始的。司马迁只有离开夏阳故里定居京师茂陵之后方有条件研习古文。如果按照司马迁出生于景帝中元五年说，则司马迁移居茂陵时应为十九岁，如此，他则是“年二十则诵古文”，显然与司马迁自述抵牾。从太史公“年十岁则诵古文”的自叙推断，生年只能是武帝建元六年。

其次，先生结合书面文献与出土文献的深入研究，发现古籍中个位数的二、三、四之间之讹与不讹，按王国维的“数字讹误说”是有效的，但二十、三十、四十这三个十位数之间之讹与不讹则不然。因为传世的周秦汉魏石鼓、钟鼎、石经、碑铭、汉简以及唐人写本经史地志中二十、三十、四十这三个十位数字与宋以后的写法不同，**其正体都是合体书**，写作廿（廿）、卅（卌）、卌（𠦃）。先生通检日人水泽利忠博士所撰《史记会注考证校补》收入的**现存六朝及唐人写本《史记》或全或残之单篇影印本，发现凡数字二十、三十、四十皆作合体，从无例外，**尤其值得注意。这就否定了王氏“三十八”在赵宋之前讹为“二十八”的可能性，推翻了王氏的立论基础。

再次，先生查检《史记》《汉书》的文本情况，发现“今本《史》《汉》中‘二十’与‘三十’罕见相讹”；而“今本《史》《汉》中‘三十’与‘四十’经常相讹”，“‘四十’讹为‘三十’者有之”，“‘三十’讹为‘四十’者亦有之”，并各举数例加以证明（其实先生从《史记》中发现的

① 本文为了能够对袁先生《史记》研究的学术成就进行较为全面的述评，几乎参引了先生的全部论著。为了使文章不过于冗繁，对袁先生论著无论是直接引用，还是间接引用，本文不再一一加注。

就有30多例，因文繁未举）。接着，先生对自唐至宋“三十”“四十”及“世”字书体演变的状况加以研究，研究表明宋代合体书写的形式不但被取消了，而且宋人摹写板刻唐人写本时，同时要按宋时书写程式将合体字“廿”“卅”“卌”分解为“二十”“三十”“四十”。先生尤其注意到唐人将“三十”写成“卅”，而宋人椠版时也将“世”字刻成“卅”，在誊录上板时，略有疏忽，就会将“卅（三十）”字误认作“丗（世）”字，而不予分解，并首次发现南宋蔡梦弼及黄善夫梓刻本《史记》补《三皇本纪》皆把“凡卅（三十）七万六百年”误作“凡丗（世）七万六百年”的实证。其误并一直延续至今。

袁先生还发现“宋人不仅将唐人写本《史记》《汉书》中的‘卅（三十）’字误认作‘丗（世）’字，而且还因为‘丗（世）’字与‘卌（四十）’字古时读音相近，在特定的语文环境中，有时进而会讹作‘卌’字。这种阴差阳错导致了今本《史记》《汉书》中‘三十’与‘四十’两个数字的多处相讹。这种讹变有两种模式：

1.卅（三十）—形同→丗（世）—音近→卌（四十）——→四十

2.卌（四十）—音近→丗（世）—形同→卅（三十）——→三十

先生认为今本《史记正义》“按迁年四十二岁”，正是按照第一种模式讹变而成的。

至于所谓日本南化本《史记索隐》作司马迁“年三十八”的“铁证”，先生指出其实是条伪证。现存官私所藏《史记》诸本，《太史公自序》“而迁为太史令”句下《索隐》均无作“年三十八”者。“水泽利忠所称的‘南化本’，其实就是南宋宁宗庆元（1195—1200年）年间建安黄善夫梓刻的《史记》之《集解》《索隐》《正义》三注合刻本。”而黄善夫本《史记》的《索隐》实作“年二十八”。所谓作“三十八”者，“乃上杉氏藏本（即水泽利忠所称的‘南化本’）标注于书眉的批注，但并无任何版本的依据”。

先生考索了宋人王应麟的《玉海》，指出：“王应麟纂辑《玉海》，他所征引的《史记正义》与《史记索隐》，均为南宋馆阁所藏的单行唐写本，二者引用的晋张华《博物志》都确凿无疑地记录了司马迁于武帝元封三年继任太史时‘年二十八’，亦与今本《史记》三家注录入的《索隐》纪年吻合，这也否定了王国维疑今本《索隐》‘年二十八’乃‘三十八’之讹的臆测”，“《玉海》录入的《索隐》《正义》与今行三家注合刊本《史记》的《索隐》所征引的《博物志》，皆作‘年二十八’，证明从古至今这个司马迁的纪年数字从未发生讹变”。

袁先生通过大量实证的列举和严密的逻辑推导，从根基上动摇了王国维先生“三讹为二”的观点，而为今本《正义》“三十二讹为四十二”说提供了更有力的证据。而且先生从文献内部找到铁证，揭櫫了司马迁生年的真相。其观点也愈来愈为当下学者所重视。台湾学者吕世浩在叙司马迁生平、编集《今上长编》及其提要时就参考了袁先生关于司马迁生年的研究成果，成为其立论的重要基础。

二、司马迁“骤死于征和二年尾”（公元前90年初）推论

关于司马迁的卒年，《汉书·司马迁传》在转录《太史公自序》和《报任安书》之后，只书写了“迁既死后”这样模糊的文字，却在传末论赞中感叹：“乌呼！以迁之博物洽闻，而不能以知自全”，又似乎暗示没有善终。由于文献没有明确记载司马迁之死的时间与原因，遂滋生了关于卒年的种种推测，主要有王国维的司马迁“卒年与武帝相终始说”[①]、程金造的司马迁“卒于武帝以后说”[②]、郭沫若的司马迁“死于太始四年尾说”[③]。

袁先生撰写了系列论文对上述诸说一一进行了辨正，主要有《王国维之司马迁“卒年与武帝相终始”说商兑——太史公卒年考辨之一》（《安

① 参见王国维：《太史公行年考》，载《观堂集林》卷十一《史林三》，中华书局1959年版，第482—483页。

② 参见程金造：《太史公生卒年月四考》之三《从〈报任安书〉商榷司马迁卒年》、之四《司马迁卒年之再商榷》，载《文史哲》丛刊第三辑《司马迁与史记》，中华书局1957年版。

③ 参见郭沫若：《太史公行年考有问题》，《历史研究》1955年第6期；《关于司马迁之死》，《历史研究》1956年第4期。

徽师大学报（哲学社会科学版）》1984年第2期）、《为卫宏之司马迁“下狱死说”辨诬补证（〈太史公卒年考辨之四〉）》（《安徽史学》1984年第3期）、《司马迁“卒于武帝之后说”斠误》（《中国古典文学论丛》第二辑，人民文学出版社1985年版）、《〈报任安书〉“会东从上来”辨证》（《安徽师大学报（哲学社会科学版）》1987年第1期）、《从任安的行迹考定〈报任安书〉的作年》（《淮北煤师院学报（社会科学版）》1987年第2期）、《太史公“卒于太始四年说”献疑——太史公卒年考辨之三》（《安徽史学》1987年第3期）、《〈史记·三王世家〉“太子少傅臣安行宗正事”为刘安国考》（台湾《大陆杂志》第89卷第1期1994年7月）等篇章，对司马迁的卒年进行了严密的推考，认为司马迁“生年既有案可稽，他的卒年更不会‘绝不可考’”，在驳论的基础上，提出了自己的观点：司马迁“骤死于征和二年尾”。

首先，根据已有文献推断“司马迁之死，直接的原因当是对汉王朝的黑暗吏治和汉武帝的专横暴戾充满了怨言怼语的《报任安书》”。因为任安是“抱不测之罪”系狱待决的钦犯，《报书》不可能送达任安之手，而为法吏收缴上呈武帝御览，从而因“诬上”而“下狱死”。东汉初年，年长于班固之父班彪并曾为光武帝擘画朝章国典的著名古文经学家卫宏，曾在《汉旧仪注》中说：“司马迁作《景帝本纪》，极言其短及武帝过。武帝怒而削去之。后坐举李陵，陵降匈奴，故下迁蚕室。有怨言，下狱死。”[①] 先生又列举桓宽《盐铁论》、范晔《后汉书·班彪传论》、刘知几《史通·直书篇》、韩愈《答刘秀才论史书》等文献，指出“自汉迄唐的史学权威们一致认定司马迁因作《史记》‘述汉非’‘大敝伤道’而下狱殊死”。故王国维、程金造等人认为司马迁在担任中书令之后“尊宠任职”安享天年的说法是不能成立的。

其次，司马迁之死与知交任安的人生经历紧密关联。袁先生通过对文献的梳理，首次排列出任安的仕历：先任北军护军，再任扬州刺史、益州

①《太史公自序》“藏之名山，副在京师，俟后世圣人君子。第七十”句下裴骃《集解》注引，参见《史记》卷一百三十，中华书局1982年版，第3321页。

刺史，最后调任北军使者护军。由此得出结论："任安在征和二年前仕途顺遂，久乘富贵，从无下狱论死的纪录，尤其是在太始末、征和初，他更倍受武帝亲信。当京师动荡不宁、王室多事之秋，他受任北军使者护军，以卿衔监护帝国唯一的常备作战部队。这一事实足以排除任安曾于太始四年下狱论死的可能性，王国维的《报任安书》作于太始四年十一月的结论自无存在理由。王说一经推翻，司马迁'卒于太始四年说'的定年也就失去前提条件。"

司马迁死亡时间与《报任安书》的写作时间有着更直接的关系。先生通过对《史记·田叔列传》《史记·卫将军骠骑列传》《汉书·百官公卿表》《论衡·超奇篇》《史记·太史公自序》《汉书·司马迁传》等文献的董理，在考定任安行迹的同时，指出司马迁在二十南游返回长安不久，仕为郎中，与任安、田仁俱居门下，声气相通，遂为知音。至于"教以慎于接物、推贤进士为务"为主旨的益州刺史任安的赐书，当在司马迁"东从上来"的武帝太始四年。司马迁当时主领中书令，收受任安赐书后，因公务繁忙，"卒卒无须臾之闲，得竭至意"。不过这只是合乎情理的托词，真实的原因为"顾自以为身残处秽，动而见尤，欲益反损，是以抑郁而无谁语。谚曰：'谁为为之？孰令听之？'"才"阙然久不报"。（《报任安书》）直到任安"抱不测之罪，涉旬月，迫季冬"，即将就刑之际，司马迁意识到，如再不覆书，则"终已不得舒愤懑以晓左右，则是长逝者魂魄私恨无穷"。由此不难推断任安下狱之时即为《报任安书》写作之时。而任安下狱在征和二年，因为处置太子的巫蛊之变被人诬告，武帝钦定其罪为"怀诈有不忠之心"。司马迁《报任安书》当作于征和二年冬十一月。《报书》应被武帝看到，司马迁再度下狱论死。袁先生由此推断："司马迁骤死于征和二年尾。"

综而言之，袁先生从典章制度、人物关系、事势、情理等多重角度，对司马迁的卒年作了合理的推断。毫无疑问，先生"司马迁骤死于征和二年尾"，在缺乏直接文献的证明下应当更接近于历史的真相。袁先生关于此课题研究的科学性与创新性主要体现为相对于其他学者而言，先生对相关材料的爬梳与内在逻辑推理更为合理、严谨。

三、《史记》三家注与《史记会注考证》平议

新世纪以来，袁先生倾注了大量心血对《史记》三家注以及《史记会注考证》的相关课题进行了集中而系统的清理，发表了系列论文，主要有《〈史记会注考证新增正义的来源和真伪〉辨正——程金造〈史记〉三家注研究平议之三》（《河南大学学报》2000年第2期）、《程金造之“〈史记正义佚存〉伪托说”平议》（台湾大学《台大历史学报》第25期，2000年6月）、《〈玉海〉征引〈史记正义〉佚文考索——宋人著作征引〈史记正义〉佚文考索之一》（《浙江师范大学学报》2011年第6期）、《〈唐张守节史记正义佚存〉手稿之文献价值》（《点校本“二十四史”及〈清史稿〉修订工程简报》第76期，2013年3月31日；全文载《史记论丛》第十集）、《宋人征引〈史记正义〉佚文考索及相关问题讨论》（《安徽师范大学学报（人文社会科学版）》2014年第3期）等。

先生对《史记》三家注的研究，聚焦于《史记正义》的相关问题。宋人合刻《史记》三家注，以先刊行世的裴骃《集解》、司马贞《索隐》二家注为本注，而将张守节《正义》作为增注附刻其后。编刻者为减少《正义》与《索隐》的重复，对《正义》刊削甚多。自《史记》三家注合刻本风行于世，单本《正义》亦遂湮没以至失传。日人泷川资言博士于20世纪初叶从传入东瀛的《史记》古本以及日本《史记》古活字印本栏外标注手辑《史记正义佚存》一千余条，后散入《史记会注考证》相关《史》文之下，为《史记》研读者提供了极大的便利。然而程金造先生著文宣称“这千三百条《正义》佚存，只有十分之一二是可靠的，绝大多数是读者的杂抄和注解”[①]，其说备受尊崇，学界奉为定论。对此，先生特撰《程金造之“〈史记正义佚存〉伪托说”平议》近四万言，针对程文仔细审查，对

① 程金造：《〈史记会注考证〉新增正义的来源和真伪》，《新建设》1960年第2期。

其研究方法及所举例证逐条进行平议，最后证明程先生“精心搜集的证例和所做的案断，貌似‘考证翔实’，然经仔细辨析，无不以真为伪”①。佚存《正义》实为失传已久的部分《正义》旧文，非张守节所作莫属。

先生进而研究了遂启泷川资言《史记会注考证》“纂述之志”的《唐张守节史记正义佚存》手稿的文献价值。先生将手稿与泷川资言《史记会注考证》、水泽利忠《史记会注考证校补》、张衍田《史记正义佚文辑校》、小泽贤二《史记正义佚存订补》对读，发现张衍田从泷川本与校补本辑出的1645条《正义》佚文，其中竟然有637条不同程度地存在讹、夺、衍、倒的失误，而其失误的十之七八又可据《唐张守节史记正义佚存》手稿予以订正。这是海内外所有《史记》研究者迄今从未料到之事。先生以对读所见特撰《〈唐张守节史记正义佚存〉手稿之文献价值》。基于此文对《史记》三家注以及《史记会注考证》研究的深刻影响，日本京都大学人文科学研究所附属东亚细亚人文情报学研究センター（中心）2014年3月25日出版发行《センター（中心）研究年报2013》纸质本以“特别寄稿”名义抄录了先生论文的第三章，网络版发布全文。

袁先生鉴于泷川资言诸人对《史记正义》的辑佚，取材仅限于日本现存的各种《史记》版本，却未涉及《史记》三家注之外的宋人著作，遂对宋代学术大家吕祖谦的《大事记解题》、王应麟的《玉海》《通鉴地理通释》《诗地理考》、胡三省的《新注资治通鉴》中征引的《史记正义》佚文进行全面深入的辑佚与研究，为每部著作所征引的《正义》佚文各撰一篇专论，考出每条佚文原当系于《史记》何篇何句之下，因何被宋人三家注合刻者削除或删节，并对这批《正义》佚文的价值做出实事求是的评述。先生发现五部宋人著作共征引《史记正义》1097条，其中被宋人《史记》三家注合刻者全文削除的有276条，部分删节的有118条，全佚与部分遗佚的《正义》条文合计多达394条。先生将其研究成果形成为30万言的著

① 先生所举例证甚多，限于篇幅，兹不一一枚举。请参见袁传璋：《程金造之“〈史记正义佚存〉伪托说”平议》，《太史公生平著作考论》，安徽人民出版社2005年版，第215—264页。

作《宋人著作五种征引〈史记正义〉佚文考索》。此项研究，不仅对于修正与丰富《史记正义》的佚文功不可没，而且对于研究张守节《史记正义》对《史记》的重大贡献与学术成就大有裨益。

袁先生上述三个重要课题，都是围绕《史记》三家注及《史记会注考证》文献研究展开的，做到了驳论与立论的结合。这一系列课题的研究同时促成了日本史记正义研究会对水泽利忠《史记会注考证校补》全面修订工程的启动，先生应邀为《史记会注考证校补》修订本进行全文点校，先生新近从宋人五种著作中辑得的394条《史记正义》佚文则全部系于《史记会注考证校补》修订本相应《史》文之下。

四、"项羽不死于乌江说"斠误

《史记·项羽本纪》明确记载项羽在乌江"乃自刎而死"[①]。因此项羽死不死于乌江本来不会成为学界讨论的问题。但是"红学"名家冯其庸教授在《中华文史论丛》2007年第二辑发表《项羽不死于乌江考》长文，向项羽死于乌江这一常识发动了颠覆性的挑战。以冯先生在学界的影响，再加上主流媒体的高调抬举、学界名人的推崇呼应，遂在舆论场激起不小的波澜，并成为学术界尤其是《史记》研究界2007—2010年间讨论的热点。不少学者著文对冯先生的观点予以反驳。不过，从研究内容到研究方法对冯氏观点展开全面而系统斠误的则是袁先生关于项羽是否死于乌江的系列论文，主要有：《项羽死于乌江考》（《淮阴师范学院学报（哲学社会科学版）》2008年第2期）、《〈项羽不死于乌江考〉评议》（《乌江论坛》，陕西人民教育出版社2009年版）、《项羽垓下突围南驰乌江路线考察报告》（《渭南师范学院学报》2009年第1期）、《项羽所陷阴陵大泽考》（《学术月刊》2009年第3期）、《〈项羽不死于乌江考〉研究方法平议》（《文史哲》2010年第2期）、《垓下聚遗址当在濠城东北》（载《光明日报》，2010

① (汉)司马迁:《史记》卷七《项羽本纪第七》,中华书局1982年版,第336页。

年9月7日《理论周刊·史学》)、《垓下之战遗址地望考》(《项羽文化》2011年第3期）等，从文本解读、研究方法、引用文献等方面对冯文做了全面回应。

先生认为，乌江是地名，而非水名，项羽原欲从乌江东渡长江，回到吴中；而据《汉书·项籍传》的记载，之前发生的东城快战，战场应在东城县域的四陨山；针对冯其庸提出的“乌江在秦汉地属历阳说”，袁先生根据对《元和郡县图志》《旧唐书·地理志》《太平寰宇记》《太平御览》《舆地纪胜》关于乌江地点记载的梳理，指出“秦代的乌江亭地属东城而与历阳无涉”。先生认为：“司马迁在叙写项羽的结局时，据事录实为自刎于‘乌江’，而为了让后人清楚地知道项王最后结局的‘乌江’所处的县域，他运用互见法，在作为《项羽本纪》总结的‘太史公曰’中，按乌江所属帝国正式的行政区划的县书写为‘身死东城’。‘身死东城’与乌江自刎，是同篇前后互见足义。”二者并无矛盾。

袁先生由项羽是否死于乌江的讨论延展到项羽在垓下败退时所经地域的系列考证。如关于垓下之战的具体地点，先生从“楚汉最后决战在垓下展开毋庸置疑”“垓下系沛郡洨县境内的一所村落”“《史记正义》垓下‘今在亳州真源县东说’不可采信”“垓下聚当在濠城东北二十余里处”四个方面作了严密的论证，考出楚汉最后决战的“垓下”遗址的确切方位所在，从而支持了垓下在灵璧的说法，驳斥了“河南说”或“固镇说”等观点。

项羽东渡计划之所以失败，最重要的原因在于被田父所给陷入阴陵大泽而被汉骑追及。然而阴陵大泽的确切方位，《史记》三家注均未出注，现存南宋以前颇具权威的舆地志书对此亦无只字片语。先生的《项羽所陷阴陵大泽考》指出，将历阳阴陵山认作项羽迷道处、红草湖为项羽陷入的阴陵大泽，出自南宋王象之《舆地纪胜》以来的附会之说；今人冯其庸将半个世纪前方逐渐成形的高塘湖指证为二千多年前的阴陵大泽，更属无根之谈。先生从唐初姚思廉撰《梁书·韦睿列传》及司马光撰《资治通鉴·梁纪二》发现古阴陵大泽所在的文献线索，首次考出阴陵大泽的确切方位在合肥与钟离南北连线上。

袁先生认为，关于项羽之死的讨论关乎实事求是学风的导向与重建，因而对学术研究的方法与学风等问题提出了自己的思考。先生指出冯其庸先生在古典文本解读方面有诸多失误，一是对《史》法的误会，如太史公《项羽本纪》所云“东城”实指东城县域，而非冯先生所说的东城县邑；二是句法的不明，如“东渡乌江”，按古代文法应为“东渡于乌江”，并非“冯先生所说的项王想从东城县邑向东到二百四十华里之外的乌江”；三是训诂的缺失，如冯先生对《史记·灌婴列传》“追项籍至东城，破之”加以疏解：“‘破’者，‘灭’也。也就是在东城消灭了项羽。”这完全是自我作故。袁先生引《说文·石部》：“破，石碎也。”即碎裂不整之意；又引《正字通·石部》：“破，行师败其军，夺其地，皆曰破。”故“破之”，就是“败之”；“大破之”，就是“大败之”。项羽至东城并未被消灭，所以《项纪》下文才有乌江渡口楚汉步骑激战、项王壮烈自刎的场面描写。而在研究方法上，先生指出冯先生征引古籍或移花接木，或以意增删，或以想象替代考实；其野外考察则道听途说，以假作真。由此得出的“结论”只能是凭虚造说。

袁传璋先生关于项羽的系列研究，得到学界多数学者的认同。张大可教授评价道：袁先生的“《〈项羽不死于乌江考〉评议》四万言，对项羽乌江自刎做了全面深入的探讨，不仅基本澄清了史实，而且剖析了浮华学风的思维方式，也真正展示了什么叫忠实治学的学者风范”①。先生的研究在新闻媒体上也引起反响。《中华读书报》2010年5月19日出版的第792期，于头版头条通栏标题“《文史哲》刊文挑战冯其庸‘项羽不死于乌江’有新说”下，发表“本报记者方文国”对袁作《〈项羽不死于乌江考〉研究方法平议》所做的长达4500字的摘编述评，随后有20多家重要网站对此述评全文转载。中国图书对外推广网转载胡宁撰写的《一部推迟了20年出版的学术著作》书评，该文将《南方周末》开展的南京大学王彬

① 张大可：《在“项羽学术研讨会”闭幕会上的总结发言》，《乌江论坛》，陕西人民教育出版社2009年版，第7页。

彬教授指责清华大学汪晖教授抄袭的争论、《中华读书报》转载袁传璋教授质疑冯其庸教授的文章，视作“舆论界和读者对学术研究的价值及道德取向已发生了明显的变化，较之上世纪90年代前后，我国的学术环境已开始改善”的标志性事件。

五、《史记》叙事起讫与主题演变新论

这是袁传璋先生毕生最为关注的研究课题。关于《史记》的叙事起讫，班彪、崔适等人有“下讫获麟”说，梁玉绳有“讫于太初”说，班固有“讫于天汉”说。1953年，顾颉刚先生在《司马谈作史》中提出“至于麟止”“至于太初”为司马谈、司马迁父子两代不同的述史计划，为《史记》叙事起讫研究提供了新的视角。关于《史记》的主题，清人钱大昕以为“抑秦尊汉”、龚自珍谓“褒汉氏盛德”；今人则大多持为大一统的汉王朝立言。

袁传璋先生在清理前修时贤关于《史记》断限与主题诸说的过程中，发现中外学人诸多观点与《史记》的实际大相径庭。遂撰《太初·麟止·于兹——〈史记〉叙事起讫与主题演变考论》(《史记论丛》第一集，陕西人民出版社2004年版)、《司马迁与中华文明》(《史记选读教学参考书》，江苏教育出版社2006年第2版)等论文，突破前修时贤仅以今本《史记》为对象做静态研究的误区，独辟蹊径，以宏观思维为导向，微观考实为基础，对司马迁的人生遭际与时代变迁的互动关系做综合考察，对《史记》的著述过程进行动态观照，在排列司马迁四十五年的行历后指出：司马迁大部分时间以郎中、太史公、中书令的职分身处中枢，经行天下，亲历了汉王朝由巅峰跌入谷底的全过程，“司马迁对今上刘彻的认识和态度经历了一个仰观、平视、俯察的渐变过程”。独特的人生遭际与时代的剧烈变迁，在《史记》撰述过程中刻下鲜明的印记，叙事断限遂有三次更张：下限“至太初而讫”“至于麟止”“下至于兹”，均为司马迁亲手所定。“自黄帝始”则是司马迁的独特创造。

太初元年（公元前104年）司马迁正式秉笔述史时所说的“论次其文”，其内涵主要是指编辑扩充先父遗稿，上接《春秋》，下迄太初，重点是汉兴以来“明主贤君忠臣死义之士”的行迹。李陵之祸出狱后，因受太始二年（公元前95年）武帝铸黄金为麟止（趾）的触发，有感于孔子因西狩获麟叹“吾道穷矣”而作《春秋》以见志，与自己“身废不用矣”境遇相似，遂发愤作第二部《春秋》的《太史公书》，仿《尚书》上断于尧，将上限由战国上伸至尧舜，下限则延至“麟止”（太始二年代称）。开端最后设定为“法天则地”的黄帝，所谓“上计轩辕”，从而明示了全书的总主题。这是“究天人之际，通古今之变”的最后结论。“法天则地”的主旨在《史记》五体首篇有明确揭示，五体末篇则从反面做了映衬，而历史人事的叙写也无非是这一主旨的形象化展示。《史记》绝笔于征和二年（公元前91年）八月巫蛊之难卫太子刘据之死，所谓“下至于兹”。这是“至于麟止”后的附笔，系仿《左传》所据《春秋古经》弟子附载先师“孔丘卒”的义例，史公暗示“司马子”亦将“于兹”慷慨赴义。断限的上伸下延，遂使《太史公书》由太初编述的颂汉尽忠之史，升华为麟止后创作的拨乱反正之经。

袁先生将《史记》的著述过程与主旨演变进行动态的观照，并将它和司马迁的人生遭际与时代变迁紧密联系起来，知人论世，以意逆志，注意到内在因素的个人经历与外在的时代背景的相互影响，并落实到《史记》文本上进行分析。可以说先生此项学术成果使得《史记》的叙事上下年限与主旨演变的探究更接近于《史记》文本与司马迁本人的实际状况。

由《史记》叙事断限与主旨演变的研究，袁先生进而提出了《史记》的文化价值与司马迁在中华文明史中的地位这个意义十分重大的课题。先生认为：“将司马迁仅仅看做是一个伟大的史学家、文学家，将《史记》仅仅看做是正史鼻祖、文章大宗，并未能反映出司马迁在中华民族文明史中的历史地位，也远没有体现出《史记》的真正性质与永恒价值。”在先生看来，《史记》在中华古代典籍中，是唯一横跨经、史、子、集四部的巨著，司马迁是上继周、孔的“中华文明伟大的整合者”，

“司马迁承五百之运，在孔子之后，究天人，通古今，而作《太史公书》，对中华文明作了第三次重大的整合，不仅描述了尧舜至治的盛世，更进而溯得尧舜至治的本源——法天则地。这不仅是百王治国平天下的根本大法，而且还是生民超越生物学的层次，将自己提升到道德的、文化的成人的准则。”“论到对中华民族的民族心灵、民族性格、民族智慧的建构方面的功勋，司马迁真的是孔子之后，一人而已！”

袁先生提出的是一个关系到如何认识与考量《史记》的成就和价值的重大课题。《史记》之所以能从多学科的角度加以阐释，在于《史记》思想与内容丰厚的包孕性。但先生能够从中华文明整合的角度上来认识《史记》的地位与价值，是对之前《史记》研究的极大提升！而先生其他《史记》研究成果，特别是关于生卒年的考证，正是为这一课题研究的筑基工程。先生曾说过，如果能够完成“关于司马迁在中华文明史中的地位以及《史记》的著述过程与主旨的演变”课题的研究，则是实现了其“毕生最大的心愿”。由此我们能够充分感受到先生在考证背后所蕴藏的浓烈的人文情怀与学者高贵的文化情结！

余　论

袁先生的《史记》研究不仅仅停留在学术的象牙塔里，同时也产生了一定的社会效应与文化效应。先生曾与他人合编了《〈史记〉选读》（江苏教育出版社，2005年6月第1版；2006年8月修订第2版），该书经全国中小学教材审定委员会2005年初审通过成为普通高中课程标准实验教科书·语文选修教科书。该书比较全面地反映了《史记》的整体面貌，兼重人文性和工具性，是一部适合普通高中学生研读的课本，一直使用至今。作为选用频率最高的高中语文选修教材，公认是新课程改革进程中选修教材建设的丰硕成果之一。先生在《〈史记〉选读》编写组中承担了全书定位策划、篇目选定、《史》文译文及注释的修订润色工作，为《史记》的普及与推广发挥了重要作用。

袁先生参预了国家点校本二十四史之《史记》修订本的审读工作。作为《史记》修订本外审专家，袁先生全程参预了点校本《史记》修订工程的项目评审以及修订本样稿、世家及列传部分修订稿、《前言》初稿、本纪十二篇修订定稿的审读工作，并撰写了五篇近五万言的审读报告，所提修订建议，大都为修订办公室及修订组采纳。《史记》修订本被称为新世纪“古籍整理的典范之作”，袁先生的积极参预同样功不可没。

以上，我们对袁传璋先生的《史记》研究做了一番简略的回顾，从中可以发现有几个鲜明特点：

第一，以考证为主的研究。先生之所以被公认为当下“大陆《史记》研究考证第一人”，首先在于先生考证的缜密性，即使在推论上也能做到内在理路的严密性，这从上文的论述中不难看出。我想除此之外还有一个重要原因，就在于先生多数《史记》研究成果的研究手段还是以考证为主，考证是先生学术生命的主要体现。从学术研究的角度上来说，考证也是其他一切研究的基础。袁先生的考证研究诚如先生所言，确实“能为《史记》研究的推进献上几片垫路的燕石”。

第二，课题研究的系列性。先生持有追根寻底的探索精神，在一个重大课题研究中总是以系列文章的形式多方入手，其研究极具立体感。从研究效果上来说，先生系列性的研究关涉到与课题相关诸多文献的考辨，又能从多个角度加以条分缕析，这不仅是对学术史各种观点的回应，具有开阔的学术视野，而且论证也非常丰满，犹如集团军作战，具有无坚不摧的气势。如先生关于司马迁卒年的推论，就是对任安行迹的考辨、“会东从上来”的考辨、卫宏“下狱死”的考辨等多个子课题作了充分的探析，从而为自己的立论提供了多方面的论证，在文献上尽量做到全面的耙梳，所得出的结论自然就会令人信服。

第三，驳论与立论的相辅相成。纵观先生《史记》研究的学术成果，又往往是在对学界已有研究成果的清理以及对不合理性观点的辨正基础上完成的，在驳论的同时建立自己的学术观点。关于司马迁生年的考定是针对王国维“景帝中元五年”说而发的；关于司马迁卒年的推论是建立在对王国维的司马迁“卒年与武帝相终始说”、程金造的司马迁“卒于武帝以后说”、郭沫若的司马迁“死于太始四年尾说”等诸家观点的驳正基础之上；关于《史记》三家注和《史记会注考证》的研究则起于对程金造之“《史记正义佚存》伪托说”辨驳而展开；关于《史记》叙事起迄与主题演变的新论，又是在对班彪、崔适、梁玉绳、顾颉刚等先生观点诘问的基础上完成的；关于项羽的系列研究同样也是建立在对冯其庸先生“项羽不死于乌江说”的斠误上。

第四，注重内证、外证和文物考古成果的结合。谈到治学之法，袁先生曾云其研究“运用通变的观点，以宏观思维为导向、微观考实为基础，借鉴皖学实事求是的朴学方法，注重内证、外证和文物考古成果的结合”。[①]诚如其言，袁先生非常注重各种材料的综合运用，如关于司马迁生于武帝建元六年的讨论，先生在内证方面充分运用了司马迁的《太史公自序》和《报任安书》，分析了司马迁移居茂陵、从学问故、壮游入仕、友朋往来等人生行迹，考定其生于武帝建元六年则“百事皆通”；在外证方面，先生从书体演变角度分析了三家注合刻本中《史记索隐》《史记正义》两书注释“十年之差”的成因，进一步明确太史公生年当依《索隐》所引《博物志》记载，太史公应生于建元六年。而先生根据其对宋代《玉海》所征引《史记正义》的研究，发现《史记正义》单行本中关于司马迁的纪年与《索隐》是一致的，这又为一铁证。在考证过程中，先生同时充分利用了石鼓文、钟鼎文、石经、敦煌写卷、碑铭、居延汉简、长沙马王堆汉墓帛书、吐鲁番文书、墓志拓片等多种出土文物，分析了古代文献中二十、三十、四十的合写与分写演变状况，为司马迁生年研究史中“十年之差”的形成原因提供实物佐证。如此，袁先生通过内证、外证与文物考古成果相互结合，实际上是综合了各种文献的论证效果，得出的结论自然难以推翻。

先生治学“即实事以求真是”，对一课题少则三五年、多则一二十年

① 袁传璋：《太史公生平著作考论·自叙》，安徽人民出版社2005年版，第405页。

持续追寻的精神，放在当下的学术环境下，非常难能可贵。先生秉持“学术乃人类共用之公器”理念，实是“有容乃大”学术情怀的真切袒露！正是因为推陈出新、自成一家之言的《史记》研究业绩，先生在中国史记研究会成立十周年庆典上被授予“中国史记研究会学术成就奖”，这也是学界对先生学术成就的高度肯定！

［原载《殷都学刊》2015年第1期。作者叶文举（1974— ），男，江苏省宜兴市人，南京大学文学博士，安徽师范大学文学院教授，中国古代文学教研室主任，中国古代文学专业硕士研究生导师，主要从事先秦两汉文学史研究。该文系叶教授所负责的安徽师范大学文学院优秀科研创新团队先唐文学研究团队研究阶段性成果］

目　录

司马迁与中华文明述论

司马迁与《史记》疑案研究

史记三家注研究

司马迁与中华文明述论

引　言

在人类文明史的中古时代的前期，巍然屹立着一位百科全书式的文化巨人——司马迁。他自觉承“五百之运”，继周、孔绝业，以续作《春秋》自期，忍辱负重，殚精竭虑，“究天人之际，通古今之变”，终于撰成司马子“一家之言”的《太史公书》。这部包容宇宙、囊括今古的巨著，东汉以后名之为《史记》，它是司马迁为其父太史谈，为自己，也是为中华民族建树的永不倾颓的丰碑。

司马迁通过撰著《史记》，“述往事，思来者”，整合了中华民族自上古至汉初的先进文化，使其成为六经门径，诸子渊薮。《史记》是中华民族心灵与智慧的伟大载体。司马迁首倡“法天则地”的黄帝是中华民族的人文初祖，这个观念不仅为我民族树立了“修齐治平”的最高典范，而且也是维系整个民族历经劫难而永不解体的坚强纽带。作为中华民族有出息的后裔，要溯源寻根，继往开来，《史记》是一部不可不读的原典。

任何伟大的著作的后面，必有一颗伟大的心灵。要读懂其书，就要读懂其人，而要知人则首要知心。因此，要正确解读《史记》，就必须对司马迁有一个基本的理解。下面我们将分别对司马迁的生平与著作、《史记》编纂历程与主旨的演变，以及司马迁在中华文明史中的地位，做一番简要的论述。

司马迁的生平与著作

一、源远流长的先世

司马迁的先世源远流长光荣相继。他在《史记·太史公自序》的开端追溯了家族的谱系：

昔在颛顼，命南正重以司天，北正黎以司地。唐虞之际，绍重黎之后，使复典之，至于夏商，故重黎氏世序天地。其在周，程伯休甫其后也。当周宣王时，失其守而为司马氏。司马氏世典周史。惠、襄之间，司马氏去周适晋。晋中军随会奔秦，而司马氏入少梁。

自司马氏去周适晋，分散，或在卫，或在赵，或在秦。其在卫者，相中山。在赵者，以传剑论显，蒯聩其后也。在秦者名错，与张仪争论，于是惠王使错将伐蜀，遂拔，因而守之。错孙靳，事武安君白起。而少梁更名曰夏阳。靳与武安君阬赵长平军，还而与之俱赐死杜邮，葬于华池。靳孙昌，昌为秦主铁官，当始皇之时。蒯聩玄孙卬为武信君将而徇朝歌。诸侯之相王，王卬于殷。汉之伐楚，卬归汉，以其地为河内郡。昌生无泽，无泽为汉市长。无泽生喜，喜为五大夫，卒，皆葬高门。喜生谈，谈为太史公。[①]

早在五帝时代，始祖重和黎以巫史的身份被帝颛顼分别委任以司天主神、司地主民的要职，协助帝颛顼拨九黎的乱德使之反归黄帝的常政。周宣王时的程伯休甫失去天官的职守，改任为统兵的大司马，以平定徐淮叛乱的战功而为中兴名臣，他的官号也因此成为司马氏得姓的由来。直系八世祖司马错以高瞻远瞩的战略分析，在秦惠王的廷议中挫败张仪，受命统兵灭蜀，从而截断了楚国的上游。六世祖司马靳，与一代名将白起联手，在长平之战中，歼灭赵卒四十余万，从此使赵国一蹶不振。四世祖司马昌做过秦始皇的铁官统领，保证了耕战急需的农具和兵器的充分供应。三世祖司马无泽在汉高祖定都长安之初即担任长安大市的市长，为京都建设和市场繁荣谋划操劳。旁系祖先在赵国的一支以传授剑论扬名天下，出过著名的剑客蒯聩。蒯聩的玄孙司马卬在反秦风暴中攻下朝歌，因战功被西楚霸王项羽封为殷王。在卫国的一支祖先有司马熹，曾经三任中山国的国相，主持内政与外交。……这些杰出的祖先，有的世任天官，沟通人神，掌管典策记载而为王者师；有的临危受命统兵平叛，成为维护国家统一的中兴名臣；有的卓有战功而扬名于世；有的作为经济技术官员也有其独特贡献。他们共同的特征，正如司马迁在《太史公自序》里所说的，无不“扶义俶傥，不令己失时，立功名于天下”。他们的事业和建树深深地影响了司马迁。上溯祖辈的历史，是为了追踪先人的足迹。

二、太史公司马谈

对司马迁的一生发生最直接最深刻影响的是其父司马谈。他是左冯翊夏阳县（今陕西省韩城市）人。约生于汉文帝在位初年（公元前180年左右）。曾“学天官于唐都，受《易》于杨何，习道论于黄子”（《自序》）。

① (汉)司马迁:《史记》卷一百三十《太史公自序第七十》,中华书局1982年版,第3285—3286页。

天官，是专事研究日月星辰与五大行星运动、变化，推本古今终始，观察时事变异，探讨天象与人事各种相应关系的学问。《易经》是我国最古的一部卜筮之书，它讲阴阳吉凶的变化，由天道推断人事。道论，是道家的学说，讲究道法自然，清静无为，是汉初黄老政治的理论基础。唐都是当时著名的天文学者，晚年还与司马迁一道参预编制太初历的工程。杨何是汉初传《易》的大家，汉武帝元光元年（公元前134年）被征召长安以前，一直在齐地的菑川聚徒讲学。黄子是景帝时黄老学派的代表人物，也是齐国人。青年司马谈曾在齐地游学，师从唐都、杨何、黄子等大师，奠定了深厚的学术基础。汉武帝刘彻（公元前140—公元前87年在位）即位之后，企望恢复周道，在内朝设史官太史公。司马谈因为先祖"世典周史"，更因为学识渊博，被武帝征召任命为汉家首任太史公，"太史公仕于建元、元封之间"（公元前140—公元前110年），主领史职长达三十年之久。[①]他曾写作了《论六家要旨》的著名论文，第一次对春秋战国以来的诸子流派加以分析综合，厘分为阴阳、儒、墨、名、法、道德六家，根据《易大传》"天下一致而百虑，同归而殊涂"的观点，指出六家"皆务为治"，都致力于把天下引向太平盛世，只是"为治"的取向不同，理论的表达有高有低罢了。他对道德家之外五家的短处和长处分别予以批判与肯定，而对综合了诸家的长处、扬弃了诸家短处的道德家予以全面的推尊。司马谈青少年时期正值黄老道德之学鼎盛的文、景之世，深深感受到了政治上清静无为的方针指引下造成的政局的安定、经济的繁荣。任职太史公时，身处王朝中枢，又亲眼目睹了武帝多欲有为政治的负面影响下产生的种种弊端。他借批评汉儒"博而寡要，劳而少功"的由头，委婉地指出"夫神大用则竭，形大劳则敝。形神骚动，欲与天地长久，非所闻也"，"神者生之本也，形者生之具也。不先定其神形，而曰'我有以治天下'，何由哉？"这分明是对当今皇上多欲求仙痼疾的针砭。所以清儒邵懿辰《书太史公自

① 司马谈在汉武帝建元、元封之间担任的史职是"太史公"而非"太史令"，请参阅袁传璋《为卫宏之司马迁"下狱死说"辨诬补证（〈太史公卒年考辨〉之四）》第一节中关于"太史公建置及职守考索"的考证。原载《安徽史学》1984年第3期。

序后》说：“余读《六家要旨》之篇，而知谈之言，亦有为而发也”，这是一篇论治而非论学的大著作。在“罢黜百家，独尊儒术”的严峻的思想文化背景下，司马谈撰著《论六家要旨》，不仅反映了他渊博的学识，而且更表现了他特立独行的批判精神。司马谈的人格、思想和学问，成为司马迁毕生的楷模。司马谈鉴于孔子作《春秋》绝笔五百年来，诸侯相兼，争战不止，历史记载无人问津，立志撰写一部上接《春秋》，下迄当代的历史著作。可惜只做了一些草创的准备，留下一批未定的手稿，即抱恨辞世。他在汉武帝元封元年（公元前110年）临终前，将著史的宏愿委托给他的爱子司马迁，后来由司马迁圆满地实现了。

三、司马迁的生年

《史记·太史公自序》和《汉书·司马迁传》都没有记载司马迁的出生年代。所幸唐人的两条《史记》注文为推定司马迁的生年提供了有力的佐证。一条是三家注合刊本《史记》的《太史公自序》太史公司马谈“卒三岁，而迁为太史令”句下唐人司马贞《史记索隐》的注语：

> 《博物志》：“太史令茂陵显武里大夫司马迁，年二十八，三年六月乙卯除六百石。”[①]

这是西晋学者张华在其著作《博物志》中所征引的司马迁初任太史时的汉代官籍档案。“三年”，指汉武帝元封三年（公元前108年）。迁父司马谈卒于元封元年，卒后三年司马迁继任太史，这年“年二十八”。由此上推二十八年，可知司马迁诞生于汉武帝建元六年（公元前135年）。

另一条则是在《自序》“五年而当太初元年”句下唐人张守节《史记正义》的注语：

① (汉)司马迁:《史记·太史公自序》,中华书局1982年版,第3296页。

案：迁年四十二岁。[①]

若依张氏按语，汉武帝太初元年（公元前104年）司马迁“四十二岁”，由此上推四十二年，司马迁当生于汉景帝中元五年（公元前145年）。与《索隐》相差整整十年。王国维“疑今本《索隐》所引《博物志》‘年二十八’，张守节所见本作‘年三十八’。三讹为二，乃事之常；三讹为四，则于理为远。以此观之，则史公生年当为孝景中元五年，而非孝武建元六年矣”（《太史公行年考》）。王国维定司马迁生于公元前145年，为海内外诸多学人所信从。但王氏怀疑张守节所见的《博物志》作“年三十八”，是毫无根据的臆测。南宋大学者王应麟所著《玉海》，于卷四十六《艺文部·正史门》的《汉史记》条，节录了《汉书》的《司马迁传》，他于《史》文“卒三岁而迁为太史令，紬史记金鐀石室之书”句下注云：

①（汉）司马迁：《史记·太史公自序》，中华书局1982年版，第3296页。参第9页“宋庆元间黄善夫史记三家注合刻本太史公自序书影”。

海內一統明主賢君忠臣死義之士余為太史而弗論載廢天下之史文余甚懼焉汝其念哉遷俯首流涕曰小子不敏請悉論先人所次舊聞弗敢闕卒三歲而遷為太史令索隱曰博物志太史令茂陵顯武里大夫司馬年二十八三年六月乙卯除六百石也紬史記徐廣曰紬音抽○索隱曰如淳云抽徹舊書故事而次述之小顏云紬謂綴集之也石室金匱之書索隱曰案石室金匱皆國家藏書之處五年而當太初元年李奇曰遷為太史後五年適當於武帝太初元年此時述

太史公

史記○正義曰按遷年四十二歲十一月甲子朔旦冬至天曆始改建於明堂諸神受紀徐廣曰封禪序曰封禪則万靈罔不禋祀駰案韋昭曰告於百神與

宋庆元间黄善夫史记三家注合刻本太史公自序书影

《史记正义》："《博物志》云：'迁年二十八，三年六月乙卯，除六百石。'"①

① 日本京都建仁寺两足院藏元至元六年初刻至正十二年补刊《玉海》，卷四十六，第十一叶。参下页书影(一)。

司馬遷傳　司馬氏世典周史談爲太史公有子曰遷

云云遷俯首流涕曰小子不敏請悉論先人所次舊

聞不敢缺卒三歲而遷爲太史令紬史記金鐀石室

之書

五年而當大初元年十

一月甲子朔旦冬至天歷始改建於明堂諸神受記

太史公曰先人有言周公卒五百歲而有孔子孔子

卒至今五百歲有能紹而明之正易傳繼春秋本書

詩禮樂之際意在斯乎小子何敢讓焉於是論次其

文七年而遭李陵之禍

卒述陶唐以來至於麟

止自黄帝始

日本京都建仁寺两足院藏元至正刊本《玉海》书影（一）

大史令

揚雄大史令箴

七略外有大史之臧

大卜令

表太初元年初置大卜

志後省并太史

史記曰自古傳代王之入任

於卜者太卜之起由漢興而有索隱曰周有大卜此

云由漢興者謂文帝卜大横之後卜官更興盛　龜策

日本京都建仁寺两足院藏元至正刊本《玉海》书影（二）

王应麟在《玉海》的卷一百二十三《官制门·汉九卿》条亦征引了司马贞的《史记索隐》：

《索隐》曰："《博物志》：'太史令司马迁，年二十八，三年六月乙卯，除六百石。'"①

王应麟撰《玉海》，其资料来源于南宋皇家藏书，他曾亲见未被删节的《史记正义》与《史记索隐》的唐人写本。这两部《史记》的古注本所引《博物志》都作"年二十八"，根本没有王国维设想的张守节所见本作"年三十八"其事。而张守节于《史》文"五年而当太初元年"句下所作按语，正是据其上文所引《博物志》"年二十八"推算而来，必定是："按迁年三十二岁"。作"四十二"者，当是宋人由唐人写本转为刻本时误改所致的错误。司马迁的生年应是汉武帝建元六年，即公元前135年。②他比汉武帝刘彻小二十一岁。上距汉高祖刘邦称帝（公元前202年）一统天下六十七年。

司马迁出生的时候，汉王朝经过数十年的休养生息和文景无为之治，达到了隆盛的顶峰。《史记·平准书》描绘了这样的图景："至今上（汉武帝）即位数岁，汉兴七十余年之间，国家无事，非遇水旱之灾，民则人给家足，都鄙廪庾皆满，而府库余货财。京师之钱累巨万，贯朽而不可校。太仓之粟，陈陈相因，充溢露积于外，至腐败不可食。众庶街巷有马，阡陌之间成群，而乘字牝者傧而不得聚会。守闾阎者食粱肉，为吏者长子孙，居官者以为姓号。故人人自爱而重犯法，先行义而后绌耻辱焉。"也就在司马迁出生的这一年，信奉黄老的窦太皇太后去世，标志着实行了半个多世纪的黄老无为政治的终结。年轻的汉武帝正式亲政，凭借着统一安

① 日本京都建仁寺两足院藏元刻《玉海》卷一百二十三，第六叶。参书影（二）。

② 请参阅袁传璋：《从书体演变角度论〈索隐〉〈正义〉的十年之差——兼为司马迁生于武帝建元六年说补证》，台湾《大陆杂志》第90卷第4期，1995年版；又见《司马迁与史记论集》第三辑，陕西人民出版社1996年版，第541—557页。

定的政治局面和殷实富足的经济实力，外事四夷，内兴功业，雄心勃勃地开始了汉家的“有为”时代。

四、耕牧河山之阳

司马迁的童年是在故乡左冯翊夏阳县度过的，他自述这段经历说：“迁生龙门，耕牧河山之阳。”龙门山对峙在秦晋之间，两岸山崖高峻欲倾，湍急的水流从中穿过，波涛激荡，声若雷鸣，是著名的险阻。传说远古时代，龙门未辟，阻遏了大河的去路，洪水怀山襄岭，造成了巨大的灾难。英雄的夏禹奋力将龙门山中间凿通，使洪水从此有了下泄的通道。龙门悬崖上至今还残留着禹王爷的足迹。老人们口耳相传，每年秋水时至，天下鲤鱼都赶到这里，奋其全力想跃过龙门，跃过去的将化为神龙；跃不过的，在悬崖上碰得头破血流也不灰心丧气，等待来年再举。雄奇的河山，圣王的遗迹，优美的神话，在童年司马迁的心灵里刻下了深深的印记。他当年曾在龙门山的南麓，大河的北岸，帮助家里放牧过牛羊，干过一些辅助的农活。当然，五岁以后，他在家乡的村塾里也接受了初等的今文教育。

五、年十岁则诵古文

汉武帝元朔二年（公元前127年）夏天，下令将天下郡国豪杰及家庭资产在三百万钱以上者迁居茂陵邑。在京师长安任职秩禄二千石以上的高官也蒙恩移居茂陵。司马谈此时早已由太史丞升任二千石的太史公（据卫宏《汉旧仪注》），也有幸将家眷由夏阳迁居茂陵。于是九岁的司马迁离开故乡到了长安。父亲将家安置在茂陵邑显武里。这也是司马迁新的籍贯。越明年，生活安定下来之后，在父亲的指导下，“年十岁则诵古文”。司马迁以庄肃的口吻郑重言之的这句话，其内涵实指自十岁起到二十壮游前止以诵习古文经籍为主要内容的从学经历。其中包括向孔安国请教《古文尚书》的训解，从董仲舒学习《公羊春秋》的大义。太史公司马迁一生学问即肇基于是。这句话也表明少年司马迁的生活舞台从此由乡村转入都市。僻远的夏阳乡村无论是藏书、师承，还是父教，都不具备诵习古文的条件。[①]司马迁所说的“古文”，系指用周代篆文（按：不是李斯以秦文为基础简化的小篆）书写的先秦残存的古籍，《史记》中提到的，便有《春秋古文》《国语》《系本》《论语弟子籍》。武帝初年从孔子故居夹壁中出土的《古文尚书》以及《礼记》《论语》等凡数十篇“皆古字也”的先秦旧籍，自然也是司马迁诵习过的“古文”。钱穆先生更谓“司马迁言‘古文’，统指《诗》《书》六艺，此乃古代王官之学，所以别于战国晚起之家言者”[②]。史公特笔“年十岁则诵古文”，正表明其学术之所宗。

孔安国是孔子的第十二代孙，是武帝朝著名的古文大师。自元朔二年（公元前127年）至元狩五年（公元前118年）的十年间，孔安国在京师历任博士、谏大夫。元狩六年（公元前117年）离京出任二千石的临淮郡太守，旋卒于官。当元朔五年孔安国在太常所属的太学以官学《今文尚书》教授博士弟子，在宅第以私学《古文尚书》为登门求教者释疑解惑时，司马迁已是移居京辅茂陵的十二岁的翩翩少年，他向孔安国执弟子礼求益“问故”，当自此始。到元狩六年孔安国离京外任，司马迁有七八年的时间从容“问故”。除了向孔安国请教《古文尚书》，司马迁还向孔先生学习了《鲁诗》和《穀梁春秋》。司马迁之所以具有深厚的古文学养，能有幸长期地向古文大师孔安国问学，自是重要的原因。

司马迁开始向董仲舒学习《公羊春秋》，当从元狩元年（公元前122年）十四岁时开始。按《汉书·董仲舒传》，元朔五年（公元前124年）董仲舒为中大夫时，受丞相公孙弘排挤，出为胶西王相。一年后病免，家居茂陵。又按《汉书·儒林传》，元朔末、元狩初，《公羊春秋》大师董仲舒

① 请参阅袁传璋:《太史公“二十岁前在故乡耕读说”商酌》,台湾《大陆杂志》第91卷第6期,1995年版,第1—9页。

② 钱穆:《两汉博士家法考》,载《两汉经学今古文平议》,商务印书馆2001年版,第256页。

与《穀梁春秋》专家瑕丘江公在武帝御前论辩《公羊》《穀梁》优劣。“比辑其义，卒用董生。于是上因尊公羊家，诏太子受《公羊春秋》。由是《公羊》大兴。”刘据元狩元年（公元前122年）立为太子，公羊学也自此成为汉王朝的官方哲学。因此司马迁从董仲舒学习《公羊春秋》必在元狩年间（公元前122—公元前117年），至少有五六年的光景。《公羊春秋》的思想对以后司马迁撰著《史记》的初期有深刻的影响。

从十岁到十九岁的十年间，司马迁在京师刻苦研习，多方请益，奠定了一生学问的基础。这十年间又是汉王朝蓬勃发展的十年。元朔五年，他十二岁时，大将军卫青率师出塞进击匈奴，大获全胜，生俘右贤王以下小王十余人，男女一万五千余口，畜数千百万。同年武帝设五经博士，为博士置弟子员五十人。自此公卿多为文学之士。又过了三年，元狩二年（公元前121年）时，武帝拜张骞为中郎将，持节出使西域，开通了丝绸之路。明年，司马迁十六岁时，武帝在上林苑扩充乐府机构，命大文学家司马相如等为重大典礼制作歌诗，同时在全国范围内搜集民间歌谣，由大音乐家李延年等制谱演奏。这也是文化史上一大盛事。汉王朝恢宏开张的气魄，狂飙突进的时代精神，与才华横溢、渴望建功立业的青年司马迁是如此的合拍！但盛世之下，一代名将李广的被迫自裁、大农令颜异以“腹诽”腰斩，也在青年司马迁的心头埋下了阴影。

六、二十壮游天下

元鼎元年（公元前116年），二十岁的司马迁已经研习了当时所能见到的今、古文典籍，学问具备了坚实的根柢。老太史公司马谈为爱子司马迁安排了一次壮游天下的实践活动，这是一次有目的、有计划的行动，为的是让爱子领略祖国的大好河山，访问各地的父老兄弟，实地考察古代的史迹。《史记·太史公自序》记叙了这次行程：

二十而南游江、淮，上会稽，探禹穴，窥九疑，浮于沅、湘；北涉汶、泗，讲业齐、鲁之都，观孔子之遗风，乡射邹、峄；厄困鄱、薛、彭城，过梁、楚以归。

这次壮游花了一两年的时间，足迹踏遍汉王朝的腹心地带。以后进入仕途，当了武帝的侍卫，护卫皇上祭祀天地、诸神、名山大川、封禅泰山，又奉使出征西南夷，行踪则遍及全中国，正如他在《史记·五帝本纪》中所说，“余尝西至空峒，北过涿鹿，东渐于海，南浮江、淮矣”。这在古今文人中是罕有其匹的。司马迁在壮游、从巡和奉使远征中，广泛地接触了社会的各个层面，体验了人民的思想和愿望，了解了各地的风俗民情和经济生活，考察了山川形势，踏勘了历史的遗迹，采访了前人的异闻轶事，从而扩大了他的胸襟，开阔了他的眼界。上古及战国时期列国的兴衰故事，秦汉之际的风云变幻，各色历史人物的行状事迹，就像一幕幕生动的活剧，浮现在青年司马迁的脑海之中。而在南游时所见的当下淮南王谋反大狱株连之广，各地酷吏的横行无忌，民众负担的过度沉重，也使他为之心恻。

七、仕为郎中与奉使西征

司马迁在二十壮游返回长安不久，在元鼎二、三年（公元前115—公元前114年）之际，二十二岁左右便进入仕途，当了一名郎中。郎中是侍卫皇帝的武官，“掌守门户，出充车骑”，日常轮番执戟守卫宫门，皇帝出行则担任车驾护卫。这是汉代内朝系统中级别最低的小官，年俸只有比三百石至六百石。但因接近皇帝，常有额外升迁重用的机会，所以长安的高官子弟趋之若鹜。

司马迁凭借什么南游归来后即仕为郎中？这也是长期以来令人困惑的难题，但并非“亦不可考”（王国维语）。郎中并无定员，取得郎官资格的途径也多种多样。有因公卿保荐或郡国乡举里选而为郎的；而司马迁“少负不羁之才，长无乡曲之誉”，显非由荐举入仕。有以博士弟子考试优异而为郎的；但司马迁在《太史公自序》中从未说他曾补过博士弟子员，自然不好随意猜测他由考试优秀为郎。有以军功为郎的，如李广从军击胡因善骑射杀首虏多而为汉中郎；然而司马迁的先人“非有剖符丹书之功”，本人也未从军立功，这条道路对他也是关闭的。有因家赀满五百万而为郎的，如司马相如在景帝时即以赀为郎充武骑常侍；但“家贫”的司马迁也无缘走这条纳赀买官的捷径。有以上书言事，得到皇上的欣赏而为郎中的，东方朔便是；但青年司马迁并未因谋取郎中而上书言事。有凭《任子令》而为郎的，汉景帝《任子令》规定：“吏二千石以上，视事满三年，得任同产若子一人为郎”（《汉书·哀帝纪》应劭注引《汉仪注》）；但有人指出“司马迁的父亲司马谈是太史令，在官阶上只是六百石，当然不能选送司马迁为郎中”。然而司马迁本人并不如此认为。他在《报任安书》中一则说：“仆赖先人绪业，得待罪辇毂下二十余年矣。”再则说：“主上幸以先人之故，使得奏薄技，出入周卫之中。”清楚地表明，他是因父亲的荫庇而仕为郎中的。有证据表明，司马谈在武帝时担任的并非宣帝时代六百石的太史令，而是二千石的太史公。《史记·孝武本纪》“有司与太史公、祠官宽舒等议”句下《史记正义》引《茂陵中书》：“司马谈以太史丞为太史公。”而《太史公自序》“谈为太史公”句下《史记正义》引《汉仪注》：“太史公秩二千石，卒史皆秩二百石。”《茂陵中书》及《汉仪注》的纪录，与司马迁在《报任安书》中的自叙若合符契，无可怀疑。二千石的太史公司马谈自然可以根据《任子令》保举已读万卷书并行万里路的爱子司马迁为郎中。

与司马迁同在元鼎期间（公元前116—公元前111年）担任郎中有史可考的同袍有任安、田仁、李陵、苏武、霍光等人。司马迁与任安、田仁由于声气相通而成知交。任安日后出任北军使者护军，监护汉王朝唯一的常备作战部队；田仁则委任为丞相司直，以督察京都的贵戚大臣。他们都曾是武帝的亲信。司马迁与李陵虽无深交，“未尝衔杯酒接殷勤之余欢”，但对他的人格与将才其实有很深刻的了解。苏武后来以中郎将的官衔出使匈奴，被扣十九年坚持汉节不辱使命。至于霍光，因为长兄霍去病的关系而少年为郎，在司马迁的郎官同僚中属于小弟辈，后来成为武帝临终托孤大臣，他的长史（相当于秘书长）杨敞是司马迁的女婿。杨敞在汉昭帝元凤六年官拜丞相。

前汉的“任子”为郎非由本人德才而纯藉父兄权位，所以常遭识者非议。司马迁因为出身非由正途而蒙“主上”器用，故格外感恩图报，他“以为戴盆何以望天？故绝宾客之知，亡室家之业，日夜思竭其不肖之才力，务一心营职，以求亲媚于主上”（《报任安书》）。而他的尽心守职的忠勤与“辩知闳达”的才能，很快地在郎官中脱颖而出，得到武帝的青睐。元鼎六年（公元前111年）春，汉王朝平定南越后，武帝下令征越的一支未及参战的部队——“驰义侯遗（按：“遗”为驰义侯的名字，姓氏失传）兵”——“征西南夷”，平定那里的叛乱，同时派出一名使者监护驰义侯出征。这名从郎官中选拔出来充当皇帝代表的使者便是司马迁。《自序》“奉使西征巴、蜀以南，南略邛、笮、昆明”，回顾的就是这次令司马迁深感荣宠与自豪的经历。说“西征”“南略”，显然肩负军事使命。这年司马迁年方二十五岁。在一年多的时间里，司马迁代表朝廷随军巡视并安抚巴蜀以南新近开辟的五郡少数民族聚居的地区，不仅圆满完成了皇上托付的军政任务，而且还实地考察了西南夷地区的民族历史、地理物产、民俗风情，以及与周边外国如身毒（即印度）的商贸交通。后来编入《史记》的《西南夷列传》，便是这次奉使的副产品。

八、继任太史公

当司马迁完成使命返回京都长安，准备向武帝报告时，已是元封元年（公元前110年）的春天。当时正是汉武帝“始建汉家之封”，率领十余万众前往泰山举行封禅大典的时候。司马迁赶到洛阳，没有见到皇帝，却见到了沉疴不起的老父司马谈。太史公司马谈认为皇帝封禅应为天下苍生向上帝祈福；而武帝被方士所惑，却一心求仙企求长生。君臣之间在封禅的目的上南辕北辙，司马谈因而被强制滞留洛阳，不准参预封禅大典，“故发愤且卒”。弥留之际，司马谈要求儿子在他死后一定要接任太史的职务，作了太史一定要完成他生前未能实现的继续孔子的事业，作第二部《春秋》的宏愿。司马迁强抑悲痛，对父亲作出庄严的承诺：“小子不敏，请悉论先人所次旧闻，弗敢阙！”

三年之后，在元封三年（公元前108年），司马迁继任了太史公。这时他二十八岁。根据他在《报任安书》中所说的：“主上幸以先人之故，使得奏薄技，出入周卫之中”，可知他之能继任太史公，是由于司马谈的临终推荐和武帝的特别恩准。自从汉惠帝废除了秦代的挟书之律，“广开献书之路”，汉武帝又“建藏书之策，置写书之官，下及诸子传说，皆充秘府”（《汉书·艺文志》），皇家图书馆已征集到大量的文献典籍，“百年之间，天下遗文古事，靡不毕集太史公”，这给他的著述工作提供了方便的条件，于是他“紬（读）史记、石室、金匮之书”（《自序》），开始了庞大而浩繁的资料整理编辑。

在正式着手撰著《史记》之前，司马迁创议并组织了编制汉家历法的工程，这是太史公的主要职掌之一。改正朔，易服色，是表示新王朝承受天命的象征。但汉兴以来，一直沿用秦历，以十月为岁首。使用百年，误差极大，以至“朔晦月见，弦望满亏”（《汉书·律历志》）。司马迁为首编制的新历，以正月为岁首，行的是“夏正”。孔子早有治国“行夏之时”的理想，终于由司马迁实现了。这部新历便是著名的“太初历”，它符合中国季令变化的实际，二千年来人人称便。这是科学家的司马迁对中华民族的一大贡献。太初元年（公元前104年），武帝将太初历颁行天下。司马迁正式开始了《史记》的著述。这年他三十二岁，正当精力充溢、风华正茂的壮盛之年，所以《史记》的文字洋溢着饱满的精神、盎然的生气，笔力矫健而富有感情。

九、李陵之祸与发愤著书

司马迁全力著述《史记》到第七个年头的时候，天汉三年（公元前98年）春上，突遭李陵之祸，被武帝投进监狱。《报任安书》和班固《汉书·司马迁传》详叙了案情的原委。司马迁出于他的良知，在武帝垂询于他的时候，为李陵说了几句公道话，目的是想对皇上竭尽他的忠诚，并堵塞那些全躯保妻子的官僚之口。不料武帝勃然大怒，认为他在讽刺统帅李广利（武帝宠姬李夫人之兄）无能，替李陵游说，借吹捧李陵的战功来打击李广利；而贬低李广利就是攻击皇上本人。这样，司马迁就犯了“诬上”重罪，要处以死刑。这时司马迁才三十八岁，而《史记》尚“草创未就”！

根据汉武帝时的法令，死刑犯人有两条生路，一是输钱赎死，缴纳五十万钱的巨款可免一死；然而司马迁“家贫”，无钱自赎。二是申请接受腐刑可减死一等；然而这是士大夫万万不能接受的奇耻大辱。当司马迁身陷囹圄的时候，因为他是钦犯，往日的朋友无一出头设法营救，公卿大臣更不愿为他在皇上面前疏通。渴望人间温暖的司马迁完全处于无可告愬的悲惨境地。他的肉体和精神备受摧残和凌辱，为了维护人格的尊严，他多次萌生自杀的念头。但一想到《史记》尚未完成，他便涣然清醒了，他告诫自己，他无权选择自尽！一系列倜傥不群的古圣先贤的影像联翩而至，“昔西伯拘羑里，演《周易》；孔子厄陈蔡，作《春秋》；屈原放逐，著《离骚》；左丘失明，厥有《国语》；孙子膑脚，而论兵法；不韦迁蜀，世传《吕览》；韩非囚秦，《说难》《孤愤》；《诗》三百篇，大抵贤圣发愤之所为作也”（《太史公自序》）。他从古圣先贤发愤著书“垂空文以自见”的榜样中得到启发，为自己寻求到了一条未来的人生道路。为了实现庄严的先考遗嘱，忠诚于神圣的史官天职和时代使命，他并没有像常人一般地“伏法受诛”以求全其“名节”，而是以沈雄果毅的大勇主动申请接受奇耻大辱的腐刑，用“隐忍苟活”的惨痛代价，换取了续成《史记》的宝贵时间。司马迁的受腐在天汉三年季冬。三年后的太始元年（公元前96年）夏天，“赦天下”，方被释出狱。这时他已四十岁。

出狱之后不久，在太始元年秋冬，或太始二年（公元前95年）年初，司马迁被武帝任命为中书令，以“闺阁之臣”的身份“领赞尚书，出入奏事”，类似于皇帝在后宫的秘书长。表面看来，是在皇帝近旁“尊宠任职”，实际上却是对司马迁人格的极大污辱。他因此“肠一日而九回，居则忽忽若有所亡，出则不知所如往”（《报任安书》）。他对于这个职务，不过是“从俗浮湛，与时俯仰”而已。他将公余的全部时间都投入《史记》的撰述之中。征和二年（公元前91年）秋天，司马迁终于完成了《史记》这部巨著。这年十一月他在《报任安书》中向“知己”任安通报了这个消息[①]：

> 仆窃不逊，近自托于无能之辞，网罗天下放失旧闻，略考之行事，综其终始，稽其成败兴坏之纪。上计轩辕，下至于兹，为十表，本纪十二，书八章，世家三十，列传七十，凡百三十篇。……仆诚已著此书，藏之名山，传之其人。

司马迁写作《史记》，从太初元年（公元前104年）开始起草，到征和二年（公元前91年）杀青成书，首尾用了十四年功夫，如果算上写作的资料准备，则超过了二十个年头。

十、司马迁之死

《汉书·司马迁传》叙述司马迁的生平，只到全文转录《报任安书》便戛然而止，以后的事迹只字不提，看来是有意回避。不过班固在传末论赞中还是写下了这样的话：

①《报任安书》必作于武帝征和二年，请参阅袁传璋：《从任安的行迹考定〈报任安书〉的作年》，《淮北煤师院学报》（社会科学版）1987年第2期。

> 乌呼！以迁之博物洽闻，而不能以知自全。既陷极刑，幽而发愤，《书》亦信矣！迹其所以自伤悼，《小雅》巷伯之伦；夫唯《大雅》“既明且哲，能保其身”。难矣哉！

这段曲尽迂回之致的文章，大要是说司马迁在“既陷极刑”之后，复罹《小雅》巷伯之殃，隐约透露了司马迁再度下狱践刑的消息。赞末引《大雅》的诗句，是对司马迁的批评，然而也从反面证明了司马迁的不“能保其身”。文以“乌呼”领起，以“难矣哉”作结，深深致慨于司马迁的“不能以知自全”。

对司马迁的结局是“下狱死”作出明确表述的，是前后汉之际著名的古文经学家卫宏。他在《汉旧仪注》中说：

> 司马迁作《景帝本纪》，极言其短及武帝过，武帝怒而削去之。后坐举李陵，陵降匈奴，故下迁蚕室。有怨言，下狱死。（《史记·太史公自序》“藏之名山副在京师俟后世圣人君子第七十”句下裴骃《集解》注引）

托名前汉刘歆所著的《西京杂记》有与卫宏同样的记述。可见司马迁在惨遭腐刑之后，又因自己的著作触犯时主之忌再度下狱而死，虽然不见诸正史的记载，但在汉朝人士中却是广为传闻的。《汉书》的《司马迁传》与《艺文志》，都说皇室所藏《史记》“十篇缺，有录无书”，其中包括《景帝本纪》及《今上（武帝）本纪》。这两篇秉笔直书，针砭时弊的本纪，在呈送之初即遭时主刊削，毫不奇怪。而司马迁却因此犯了大忌。直到一个半世纪之后，东汉明帝刘庄（公元58—公元75年在位）在召见班固时，还对司马迁“至以身陷刑之故，反微文刺讥，贬损当世”而恨恨不已。（班固《典引序》）

司马迁之死，直接的原因当是对汉王朝的黑暗吏治和汉武帝的专横暴戾充满了怨言怼语的《报任安书》。司马迁固然希望《报书》能送达任安之手，以慰藉即将“长逝者”的悲愤之魂，并望其能谅解自己“阙然久不报”的难言之衷；但司马迁也明知任安是“抱不测之罪”系狱待决的钦犯，《报书》实际上绝无可能送达其手而必被法吏没收。这封书信一旦由法吏送呈武帝，其后果之严重，司马迁在写作并递送《报书》时早有预料。李陵之祸时他因“诬上”重罪被判死刑，由于《史记》“草创未就”“惜其不成”，他才自择腐刑而隐忍苟活。他的生命是属于《史记》的。现在他“以（已）著此书”并“藏之名山”，可以无所顾忌地提笔写作《报任安书》，“舒愤懑以晓左右”，并勇敢地面对死亡的挑战！

其实点明司马迁的结局是“下狱死”的，卫宏的《汉旧仪注》并非是唯一的纪录。比《汉旧仪注》早一个世纪成书的《盐铁论》，已隐约地提到了司马迁的诛死。《汉书》的创始者，与卫宏并世的班彪，也说司马迁因作《史记》“大敝伤道”而“遇极刑”。南朝的范晔在《后汉书·班彪传论》中将班固的“身陷大戮”与司马迁的“不免极刑”相提并论，明谓司马迁与班固同一结局。唐玄宗时主领史职三十余年的刘知几，在《史通·直书篇》中慨叹“马迁之述汉非”而“身膏斧钺”。曾任史馆修撰的韩愈在《答刘秀才论史书》中历数古代正直史家的悲惨结局时，也指出“司马迁作《史记》刑诛”。自汉迄唐的史学权威们一致认定司马迁因作《史记》“述汉非”“大敝伤道”而下狱诛死。种种史料都证明《汉旧仪注》的记载是可靠的。司马迁的结局确如汉卫宏所说，是“有怨言，下狱死”。①

司马迁的《报任安书》作于征和二年（公元前91年）十一月。任安因这年七八月间的巫蛊之难被捕。司马迁则在递送出《报书》之后不久，再度下狱骤死，时间当在征和二年年尾（公元前90年初），终年四十五岁。司马迁之死与巫蛊之难的关系，留待后文再论。

① 详见袁传璋《为卫宏之司马迁“下狱死说”辨诬补证（〈太史公卒年考辨〉之四）》第三节，《安徽史学》1984年第3期。

十一、司马迁的著作

司马迁承继先父司马谈的遗愿，“罔罗天下放失旧闻，王迹所兴，原始察终，见盛观衰，论考之行事”，审择史料，创设体例，刻划人物，“稽其成败兴坏之纪”，著十二本纪、十表、八书、三十世家、七十列传，凡百三十篇，五十二万六千五百字，为《太史公书》(《史记》)，将上起黄帝，下迄汉武帝当代中华民族将近三千年的全史生动地再现出来。在这部伟大的史诗里，司马迁以他对宇宙和人生的深刻观察和认识，启迪着炎黄子孙的智慧，以他是是非非的正义裁决，滋育着我们民族的精神。

历史记载有三种基本方法：记时、记人、记事，而互有短长。**记时为编年**，以时间为线索，按年、月、日的先后记事，可把史事的时间顺序交待得很清楚，但叙事则分散、间断而欠连贯，写人也只限某一时日，不能总叙一生。**记人为传记**，以人物为主，可将人物事迹叙述完整，但不能详备某一历史事件的首尾始末，也不能全载某一时期历史全方位的发展。**记事为纪事本末**，其重心在叙事，可详备事件的首尾本末，但不能叙述人物的一生，也不能记录某一时期所发生的所有值得一记的事件。

司马迁参酌古今，发凡起例，创造了以人物为中心的纪传体，包括了前此的记时、记人、记事三种基本方法，扬其所长，避其所短，为保存历史全貌奉献出最好的体例：“本纪纪年，世家传代，表以正历，书以类事，传以著人，使百代而下，史官不能易其法，学者不能舍其书。”（郑樵：《通志·序》）**本纪**，取法《春秋》，以编年为主，十二本纪首尾相接，从天下的视点，以天下宰制者为中心，用简严的笔墨记载刑政大端，兴衰变故，列国大事。构成历史的主干，全书的纲领。**世家**，从家国的视点，以地区（方国）统治者为中心，记载地区大事或“辅拂股肱之臣”的功绩，各篇互不衔接，构成史事的枝干，叙事笔墨亦贵简。**列传**，从个人的视点，以人物为中心，记载“扶义俶傥之士”与“立功名于天下者”一生的重要言行，记事贵详。**八书**，记载历代典章制度的沿革损益与一朝的大政大法，记事详赡。八书是太史公的论治之言，作八书的目的在于究天人，通古今，知世变，有垂法后王之意。**十表**，首尾连贯，用谱牒的格式，简炼的笔墨，以“会观诸要”：(1) 见盛衰大指，为“当世得失之林”；(2) 整齐年差；(3) 通纪、传之穷。十表实为《史记》大纲的大纲。《史记》除上述五体外，还有“太史公曰”一体，它取法于《左传》的“君子曰”。然《左传》的“君子曰”仅有述褒贬一种功能，而“太史公曰”推陈出新，除述褒贬之外，还有补轶事、言去取、述经历多种作用。[1]

司马迁因李陵之祸而遭腐刑之后，便失去了职“掌天官”的史官职务，此后的著述都是个人行为。因为要褒贬当世，不能不有所顾忌，写作过程也是保密的。最后杀青的《太史公书》，如同孔子的《春秋》，是一部私人著作。司马迁以《史记》窃比《春秋》。孔子云知我罪我，其惟《春秋》。司马迁深知《史记》大触时忌，同样预感到知我罪我，亦惟《史记》。为了让父子两代的心血结晶能为后圣君子所承继，司马迁在写作中曾一一录副，并作了妥善处置。他在《太史公自序》中作了交待：“藏之名山，副在京师。”所谓“藏之名山”，暗用《穆天子传》群玉之山为先王藏书策府的典故，意谓将《史记》正本妥为保藏，以备遗失。有迹象表明，司马迁是将正本传于其女，秘存华阴。三十多年后，由其外孙杨恽免官家居时公诸于世。自此民间始有《史记》抄本流播。《史记》副本呈献皇家后，不仅横遭砍削，“十篇缺，有录无书”，而且严禁外传，直到东汉中方稍稍解禁。

《史记》流播于世后，宋以前为其书作注者，据史籍记录，将近二十种。历经岁月筛汰，惟余学术价值最高的三种，即南朝刘宋之裴骃《史记集解》，李唐之司马贞《史记索隐》与张守节《史记正义》，合称《史记》三家注，经宋人刊刻而流传至今。中华书局点校本《史记》就是《史记》正文附三家注的通行本。

司马迁的著作，除《太史公书》(《史记》)外，《汉书·艺文志》的

---

① 以上关于《史记》体例的论述，参用阮芝生：《论史记五体及“太史公曰”的述与作》，台湾大学《历史学系学报》第6期。

《诗赋略》著录“司马迁赋八篇”，今仅存《悲士不遇赋》，收入《艺文类聚》卷三十，观其内容当系李陵之祸后所作。还有一篇著名的书信《报任安书》，由班固首次将它录入《汉书·司马迁传》，梁昭明太子萧统也将它编入《文选》。这两篇作品与《太史公自序》都是研究司马迁生平与思想的直接资料，史料价值与文学价值都极高。

《史记》编纂历程与主旨的演变

司马迁自汉武帝元封元年（公元前110年）秉承父谈遗命作史，于太初元年（公元前104年）正式秉笔，到征和二年（公元前91年）作《报任少卿书》宣告《太史公书》杀青，前后长达二十年，其间不仅领导了太初改历的伟大制作，而且更身罹李陵之祸与巫蛊之难两大变故。这些经历对《太史公书》的创作究竟发生了怎样的影响？今本《史记》以“余述历黄帝以来至太初而讫，百三十篇”作结。司马迁始撰《太史公书》时是否即将叙事起点定在黄帝？最终的下限又是否真的只止于太初？《太史公书》的主旨是否真的“尊汉”，“有力地说明了现在，支持了现实的政治”，还是另有深意？这些都是理解司马迁其人其书，必须深究的问题。笔者过去刊布的探究司马迁生平的一些饾饤小作，正是为了解决这些问题铺设的几片燕石。现在撰作此文，亦企望为推进对这些问题的认识贡献一点固陋之见。

一、今本《史记》源流考略

要研究司马迁其人，首先必须研究《太史公书》。而要研究《太史公书》，最基础的工作当是依据一部最接近太史公手稿的文本。且让我们先从追溯今本《史记》版本的来源开始。

司马迁以《史记》窃比《春秋》。孔子云知我罪我，其惟《春秋》。司马迁深知《史记》大触时忌，同样预感到知我罪我，亦惟《史记》。为了让父子两代的心血结晶能为后圣君子所承继，司马迁定稿时曾一一录副，并作了妥善处置。

《史记》正本“藏之名山”，传于其女，秘存华阴，后由其外孙杨恽免官家居时“宣布”，自此民间始有《史记》抄本流播；“副在京师”，进呈御府后，不仅横遭砍削，“十篇缺，有录无书”，而且严禁外传，唯班斿蒙赐御书之副。以后班彪在安陵评《史记》、作《后传》，班固在洛都兰台奉诏撰《汉书》，皆据此副本又副本。

太史公手录的《史记》正本佚于杨恽蒙难；副本毁于王莽之乱；副本又副本亡于董卓移都。东汉流布之一百三十篇《史记》，当系正、副两大系统抄本配补而成，已失太史公手定的正、副本旧貌。

东晋徐广校书秘阁，研核众本，记其同异，《史记》始有校本。刘宋裴骃据徐氏校本随文施注作《集解》，合本文、子注为八十卷，《史记》始有全注本。今本《史记》文本亦自此确定。唐司马贞作《史记索隐》、张守节作《史记正义》，宋以后诸种版刻本，均祖裴骃《史记集解》文本，个别篇卷次第间有调整，而文字并无大异，一直流传至今。

二、《史记》断限诸说之再检讨

太史公司马迁亲手录制的《太史公书》的两个文本，进呈御府的副本，因对汉室甚多刺讥的微文，入呈之初即遭砍削，“十篇缺，有录无书”；“藏之名山”的正本，因杨恽蒙难也未能幸免。传世的正、副两本的抄本均有残缺，“好事”的西京文士，如褚少孙、刘向、扬雄等相次补缺、撰续，遂使传世的《史记》文本的叙事下限出现极其复杂的情况。为求取一个近真的《史记》文本，确定太史公叙事的下限理所当然地成为研究的焦点。自东汉之初的班彪，下讫近当代的诸多学者，为此付出辛勤的劳动，提出讫于获麟、讫于太初、讫于天汉、讫于太始初元、太史谈止于获麟太史迁止于太初等等关于断限的见解。孰是孰非，判断的唯一标准，只能是司马迁本人的意见。以下逐一检讨。

（一）下讫获麟说

其说为班彪所首发："孝武之世，太史令司马迁采《左氏》《国语》，删《世本》《战国策》，据楚、汉列国时事，上自黄帝，下讫获麟，作本纪、世家、列传、书、表，凡百三十篇，而十篇缺焉。"[①]承其说者，有明人锺惺，近人崔适、范文澜等，而以崔适之说最辩。崔氏认为"《孝武本纪》当止于元狩元年冬十月获麟，犹《春秋》止于哀十四年春获麟也。""年表、世家、列传称是"，"逾此者据《汉书》窜入也"。为此，崔适列举八点证成其说，直斥"通篇皆伪者二十有九"，纯属后人所补及妄人所续。[②]

下讫获麟说之不通，无须对崔适之八项举证逐一批驳，点其三项即显其谬。

第一，将武帝元狩元年冬西狩获麟类比于鲁哀公十四年西狩获麟，实属不当。哀十四年时，上无明王，下无贤伯，麟出而被杀，孔子以为系"吾道穷矣"之征，因悲麟而作《春秋》并绝笔于斯。元狩元年，武帝西狩获麟，方以为汉家"应合于天"之天降祥瑞，为此作《白麟之歌》，列为郊祀大曲。大悲大喜，二者岂可妄加比附？司马迁若以此为述事之端及最终断限，岂不大触忌讳？更何况司马迁父子对元狩获麟之事，一向存疑，一则曰"若麟然'，再则曰"盖麟云"。司马迁父子作为严谨的史官，岂会将盖然之事作为述事之端和记事下限？

第二，下讫获麟说彻底否定了司马迁对《史记》的创造性劳动。据《自序》所录太史谈的遗言，可知秦汉之际及汉兴以来的文章，元狩前大抵系太史谈"所次旧闻"的遗稿，而战国及以前的文字又是利用旧文整齐百家杂语。而据崔氏所言，元狩元年之后的文字纯属后人伪作，然则司马

① (南朝宋)范晔:《后汉书》卷四十《班彪传》,《二十五史》(百衲本),浙江古籍出版社影印宋绍兴刊本1998年版,第765页。

② 崔适:《史记探源》卷一,"序证·麟止后语",中华书局1986年版,第16—18页。

迁除了整齐故事外，于《史记》无所创作。自元狩元年获麟至太初改历，经历了元狩、元鼎、元封十八个年头。武帝一代的文治武功，大都在此三元之中。今本《史记》所见汉武时代将相名臣的活动大抵发生在此期间。根据司马迁不为生人立传（本纪除外）的义例，若崔说成立，元狩元年之后谢世的人物传记，必须悉数删除。若此，除了崔氏所列的“二十九”篇伪文外，连《李将军列传》《卫将军骠骑列传》等精采篇章也将否定。崔适主观意图，或许是为了维护司马迁的著作权，而事实却适得其反。

第三，班彪、崔适之说根本不能成立，更在于误读了太史公的文本，将“卒述陶唐以来，至于麟止”的“至于麟止”，解读为“至于获麟而止”。“至于麟止”与“卒述陶唐”相对成文，二者均系动宾结构，“麟止”作为“至于”的宾词，与“陶唐”作为“卒述”的宾词一样，都是名词。“止”为后起字“趾”的本字，“麟止”即麟足，扬雄识得；班彪、崔适之徒已不得其解，想当然地将“麟止”解作“获麟而止”，增字立训，根本误解了太史公的原意，其说与《史记》的实际格格不入，也就不足为奇了。关于“麟止”的真解，下文将有详论，此处不赘。

(二)讫于太初说

清儒梁玉绳据《史记·太史公自序传》“余述历黄帝以来，至太初而讫”，断言“史公作史，终于太初，而成于天汉，其殁在征和间。一部《史记》惟《自序传》后定。其曰‘至太初而讫’者，史作于太初元年，即以太初终也”。[①]此说为多数《史记》研究者所认同。王先谦、王国维均以为然。近今不少学者提出“今本《史记》中太初后十四年史事，也可断为后人续补，非史迁原著”，今后整理《史记》，应以太初为准，来个“一刀切”。

“下讫太初”确实是《史记》叙事下限的重要断限，但不是唯一的断限。元封七年，由司马迁提议并受命编制的汉家新历——太初历完成并颁

① (清)梁玉绳:《史记志疑》卷三十六,《太史公自序传第七十》“至于麟止”句下按语。中华书局1981年版,第1471页。

行，实现了孔子治国“行夏之时”的理想，并导致汉武帝改正朔、易服色、定官名等一系列非秦复周的重大改制。太初改历，无论是对汉室，还是对太史公本人，都是一件里程碑式的大事。裴骃《史记集解》引李奇曰：“迁为太史后五年，适当于武帝太初元年，此时述《史记》。”司马迁此时将叙事下限锁定在太初理所当然。“下讫太初”，符合《史记》中有关汉武一朝纪事的大部分实际。

但梁玉绳等人均未留意到，太初元年司马迁正式述史是“于是论次其文”，主要是按照其父司马谈述史计划，整理编辑他的遗稿（此事后文将有详论，此处从略）。最终完成的《太史公书》的格局，此时尚未确定。“亦欲以究天人之际，通古今之变，成一家之言”的追求，此时亦未提出。当汉武改元太初之时，帝国虽稍现衰征，但尚未从颠峰态势跌落。将汉家新历定名为“太初”，将新元也赋以“太初”嘉号，正表明汉武欲为“东周”的雄心。司马迁亦寄希望于今上的与民更始。故司马迁将叙事下限定于太初，基本的倾向是颂汉尽忠，与最终完成的拨乱反正之作，主旨存在巨大反差。叙事“下讫太初”，也很难体现司马迁后来为自己设定的“原始察终，见盛观衰”的目标。再则，梁氏诸家只承认“太初”为唯一的叙事下限，而置太史公在《自序》和《报书》提示的另外两个叙事断限——“至于麟止”“下至于兹”于不顾，亦未免只见树木不见森林之偏。

（三）讫于天汉说

此说由班固首次提出，《汉书·司马迁传》云：“司马迁据《左氏》《国语》，采《世本》《战国策》，述《楚汉春秋》，接其后事，讫于天汉，其言秦汉详矣。”[①]为《史记》作《集解》的裴骃、作《索隐》的司马贞、作《正义》的张守节，均附从其说。清儒郭嵩焘亦谓“讫于天汉三年”。

班固二伯祖班斿协助刘向校书秘阁，蒙成帝赐予御书之副，班府珍藏《史记》副本的又副本。班固自幼见读此书，成年后又据此书撰《汉书》。

① (汉)班固:《汉书》卷六十二《司马迁传》,《二十五史》(百衲本),浙江古籍出版社影印宋景祐刊本1998年版,第488页。

其谓"讫于天汉"，自必有据。故裴骃、司马贞、张守节三大《史记》注家皆从其说。但班固不过据其所见大率言之，并非认定此即《史记》叙事下限。因为班固在《汉书·扬雄传》中曾录其前辈扬雄之言，谓《史记》"历秦汉，讫麟止"。扬雄曾校书汉宫天禄阁，并续补《史记》，所言更具权威。班固又在《汉书·叙传》中说《史记》"太初以后，阙而不录"。阙，通"缺"，《说文解字》："缺，器破也"。残缺不完之谓也。"阙而不录"，是说叙事不全不具，而非谓自此无文。班固前后三说，貌似矛盾，其实互为说明。需要指出的，"讫于天汉"并非司马迁本人为《史记》所定的叙事下限，而班固亦未认定此即《史记》的唯一叙事下限。因此，《史记》"讫于天汉"说不能成立。

(四)《史》讫太始元年说

这是20世纪90年代出现的关于《史记》断限的新说。此说的前提条件是司马迁卒于太始元年。而断定司马迁必卒于太始元年，据说有两条"铁证"。一是根据《史记·三王世家》在元狩六年公卿请封武帝三位皇子为诸侯王的奏章上列衔的"太子少傅臣安行宗正事"的"臣安"，司马贞《索隐》注曰："任安也"。论者据此断定任安"元狩四年尚为卫将军舍人，元狩六年已是太子少傅。可见，任安与田仁仕为郎中，是在元狩四年与六年之间的元狩五年。司马迁与任安是知己，与田仁相好。……他们三人的友好关系……是在元狩五年同为郎中时互相了解而逐步发展起来的"。二是《史记·封禅书·太史公曰》说"余……入寿宫，侍祠神语"。《资治通鉴》将此事系于元狩五年。证明其时司马迁已入仕，以郎官身份入侍寿宫。"确定元狩五年始为郎中，又与《报任安书》'待罪辇毂下二十余年'相符。……自元狩五年至于太始元年，是二十三年，称'二十余年'是完全可以的。"根据以上二证，论者断定司马迁太始元年作《报任安书》，此后即慷慨赴义。《史记》自必绝笔于此前。[①]

但支持《史》讫太始元年说的两项证据均严重失实。且看第一项“铁证”。按《卫将军骠骑列传》，元狩六年九月霍去病病故之前，任安为卫青舍人，并未入仕。即使入仕，一年内亦不可能由比三百石的郎中超擢为二千石的列卿，而其特质又不宜选任太子少傅，更绝无可能署理必宗室诸刘方能担任的宗正之职。《史记・三王世家》“太子少傅臣安行宗正事”之“臣安”，司马贞《索隐》注作“任安也”之为谬说，便昭然若揭。《索隐》这条注文一经否定，断定司马迁必于元狩五年入仕，便失去唯一依据。以此条虚假的材料来考证司马迁的生卒、《史记》的成书及《报任安书》的作年，必然全盘落空。其实在奏章上列衔的“太子少傅臣安行宗正事”的“臣安”是刘安国。此人元狩六年的本职是太子少傅。因其时宗正一职暂缺，而封建皇子之事必需主管皇室谱谍的宗正卿参预，故武帝特命太子少傅刘安国暂摄宗正职事。《史记》原本当作“臣安国”，传抄中脱落“国”字。司马贞所见本已是如此。此事的原委，拙作《〈史记・三王世家〉“太子少傅臣安行宗正事”为刘安国考》有详考。[②]

再看第二项证据。《资治通鉴》将武帝病鼎湖，后到甘泉寿宫向神君还愿系于元狩五年并不错。错在论者将此事与《封禅书・太史公曰》中所说的“入寿宫侍祠神语”混为一谈。需要注意的是，第一，寿宫非止一所。元狩五年所提到的寿宫在甘泉山上的甘泉宫。武帝为便于就近祠祀祈年，又在长安城中的北宫内起寿宫。[③]《封禅书》中后来所进行的祠奉寿宫神君的宗教仪式大都在北宫中的寿宫举行。第二，武帝入寿宫向神君祈福，“其事秘”，

① 施丁:《司马迁写〈报任安书〉年代考》,《西南师范大学学报》(人文社会科学版)1985年第4期;又,《司马迁写〈史记〉终讫考》,《汉中师院学报》(哲学社会科学版)1988年第3期;又《司马迁生年考——兼及司马迁入仕考》,《杭州大学学报》(哲学社会科学版)1984年第3期。

② 刊台湾《大陆杂志》第89卷第1期,1994年7月版。

③《史记·封禅书》:“又置寿宫北宫,张羽旗,设供具,以礼神君。”按:“又置寿宫北宫”者,系又置寿宫于北宫也。北宫始建于高帝,武帝扩建之。中华书局1982年版,第1388页点作“又置寿宫、北宫”,意谓武帝在建寿宫同时,又新建北宫,误。

除了太史公因有宗教方面的职事，可以陪侍外，公卿大臣亦无由参预。第三，郎中职事为执戟守卫宫门。武帝入寿宫祀神君时，郎中只能列队廷中殿下。秦汉制度：郎中非皇帝特诏传唤，不得上殿。司马迁即使元狩五年仕为郎中，亦不可能“入寿宫侍祠神语”[①]。当年“入寿宫侍祠神语”的是其父太史公司马谈。《封禅书·太史公曰》中所说的，应是元封三年司马迁职任太史以后的经历。在以往所有关于《史记》叙事下限的见解中，此说的根据最为薄弱。

（五）“至于麟止”“至太初而讫”为父子两代不同的述史计划说

此说最早为顾颉刚于《司马谈作史》一文中所提出：“谈为太史令时，最可纪念之事莫大于获麟，故讫麟止者谈之书也；及元封而后，迁继史职，则最可纪念之事莫大于改历，故讫太初者迁之书也。”“获麟，《春秋》之所终也，帝尧，《尚书》之所始也。谈既欲继孔子而述作，故曰‘卒述陶唐以来至于麟止’”。太初改历，“司马迁乃其中心人物之一。……此事为汉代政治中最有科学性者，适与宗教之获麟站在两极端；史迁目见其主张成为现实，安能自抑其兴奋，故述事至太初而讫，实为其最适当之断限”[②]。此说后经张大可完善[③]，为当今大多数学者所信从，有几成定论之势。

此说虽辩，然无根据。第一，司马谈的述史计划，是上继《春秋》，下讫元封；而不是上起陶唐，下讫获麟。他在临终遗言中有明确的表述。《太史公自序传》纪录老太史公的遗嘱曰：“余死，汝必为太史；为太史，无忘吾所欲论著矣。……自获麟以来四百有余岁，而诸侯相兼，史记放绝。今汉兴，海内一统，明主贤君忠臣死义之士，余为太史而弗论载，废天下之史文，余甚惧焉，汝其念哉！”司马谈认为，周公以前的史事，周公业已著作。周公之后、孔子之前的史事，孔子除整编五经外，还特著

① 《史记》第八十六《刺客列传》：“秦法，群臣侍殿上者不得持尺寸之兵，诸郎中执兵皆陈殿下，非有诏召不得上。”汉承此制。中华书局1982年版，第2535页。

② 顾颉刚：《史林杂识初编》，中华书局1963年版，第226—233页。

③ 张大可：《史记断限考略》，入张氏著《史记研究》，甘肃人民出版社1985年版，第138—161页。

《春秋》。现在的问题是，《春秋》之后至秦汉之际，由于战乱，“史记放绝”；而“汉兴以来”的人事，他作为太史“而弗论载，废天下之史文”，故甚感恐惧。他生前的宏愿是继周、孔绝业，上继《春秋》，起自战国，下讫元鼎、元封之交，使“放绝”四百余年的史记由他重现，而叙事重点则是汉兴以来的“明主贤君忠臣死义之士”所创的业绩。至于是否“下讫获麟”，太史谈一无表示。清楚可睹的则是“自（孔氏）获麟以来，四百有余岁”，他所说的以“来”，是明指元封元年临终遗命之时，而非十二年前的武帝西狩获麟。

第二，提出“陶唐以来，至于麟止”的叙事起讫断限的是司马迁，而非其父司马谈。这有《太史公自序传》为证：“七年而太史公遭李陵之祸，幽于缧绁。乃喟然而叹曰：‘……身毁不用矣。’退而深惟曰：‘夫《诗》《书》，隐约者欲遂其志之思也。……《诗》三百篇，大抵贤圣发愤之所为作也。此人皆意有所郁结，不得通其道也，故述往事，思来者。’于是卒述陶唐以来，至于麟止。自黄帝始。”“于是”二字极端重要。“是”指示李陵之祸出狱之后，即太始元年“夏，赦天下”这个时间。《史记》叙事上起陶唐，下讫麟止，这个断限此时方才确定，而与太史谈毫无关涉。

司马谈、司马迁父子两代由于所处的时代不同，自然有不同的述史计划。但其计划与顾氏所设想的风马牛不相及。顾氏等人犯了与班彪、梁启超、崔适同样的错误，将司马迁“至于麟止”句中的名词“麟止”，解读为“至获麟而止”，增字立训，与太史公本文原义严重背戾。以如此谬误的解读作为立说的基础，无异于沙上建塔。

三、回归太史公：太初·麟止·于兹

司马迁在《史记·太史公自序传》中有三处郑重述及《史记》叙事的起讫。按叙文的先后，依次为：一曰“于是卒述陶唐以来，至于麟止。自黄帝始”。二曰“略推三代，录秦汉，上记轩辕，下至于兹”。《报任安书》中有与此相同的表述。三曰“余述历黄帝以来，至太初而讫”。一篇之中，除叙事的起点初无异辞外，下限却有三种不同的说法。

“探撰前记，缀集所闻”而著《汉书》的班固，对《史记》的断限也无定说。在《汉书·司马迁传》中说“接其后事，讫于天汉”，而在同书《扬雄传》中又说“历楚汉，讫麟止”，在全书的《叙传》中又是另种说法：“太初以后，阙而不录”。除“麟止”“太初”二说与史公相符外，又自标“讫于天汉”的新说。在马、班之外的《史记》研读者看来，其叙事断限宛若令人无所适从的迷宫。

如何走进并能走出这座迷宫，遂成为上自东汉下讫近今中外学者致力的目标。诸多《史记》研究者为此提出破解断限的种种看法。但据上节的检讨，这些见解由于对司马迁的人生遭际与时代迁变的互动关系未作深入探研，又未据《太史公自序传》及《报任安书》对《史记》的著述过程做动态的观照，而仅以今本《史记》为对象做静态的研究，或囿于所见，或误读文本，各执一偏，故所提出的断限结论，均与《史记》的实际有相当大的距离。况且太史公何时方“上计轩辕”“自黄帝始”，讫今尚无人论及。

《史记》是司马迁生命升华的结晶。研究《史记》的断限，离不开对司马迁所处的时代和他独特的经历及思想演变的综合考察。

据笔者研究，司马迁生于武帝建元六年（公元前135年），暴卒于征和二年（公元前91年）末，得年四十有五。一生差不多与武帝朝相终始。司马迁少于武帝刘彻二十一岁。当刘彻四十岁前处于文治武功巅峰的时期，司马迁正由圣君崇拜的少年步入意气风发的青年；而当刘彻五十岁以后日趋昏聩暴戾之时，司马迁的思想则达到炉火纯青的境界。司马迁对刘彻的认识和态度经历了一个仰观、平视、俯察的渐变的过程。太初之年，司马迁初“述《史记》”时，汉王朝尚处隆盛之际；而李陵祸后出狱发愤著书时，汉王朝已处于风雨飘摇之中；当振翰报任安来书时，汉王朝已跌入与亡秦前夕相似的倾颓边缘。“至太初而讫”“至于麟止”“下至于兹”，均为司马迁手定的叙事下限，毋容置疑。断限的变化，与汉王朝的盛衰同步，反映了司马迁历史哲学的发展历程、司马子一家言的建构及完成。

司马迁一生建树了彪炳千秋的两大伟业：一为秉承父命创作第二部《春秋》，缔构司马子一家言；二为主持编制太初历，非秦复周，实现了孔子“行夏之时”的理想。

司马迁一生经历了在灵魂中卷起狂澜的两大悲剧：一是因“口语”横遭李陵之祸，而致“身废不用”；二是遭巫蛊之难，现实中拨乱反正无望，而慷慨赴义。司马迁独特的经历和遭际，在《史记》的撰著中刻下了鲜明的印记。

（一）司马谈临终遗命与司马迁人生转向

汉武帝元封元年（公元前110年），对于中华民族来说是一个值得永远纪念的年头，在中华文化史中应有一大书而特书的篇章。这年春天，武帝封禅泰山。太史公司马谈因封禅主张与武帝相悖，被迫滞留周南（洛阳），“发愤且卒”。此时自西南夷出使归来欲向今上报命的青年司马迁，在周南（洛阳）见到沉疴不起的父亲。老太史公临终前给司马迁留下了一篇在文化史上具有重大意义的遗嘱。

司马迁一生处于汉武帝“有为”之世。整个社会的风气是尚武轻文。立功疆埸，或奉使方外，以博封侯之赏，成为一代青年的共同追求。汉武帝外事四夷，内兴功业，为热血青年提供了诸多机会。司马迁仕为郎中不数年，即以材能卓异，被武帝超擢“奉使西征巴、蜀以南，南略邛、笮、昆明”。司马迁建功立业的前途正未可限量。

司马谈尊重儿子立功的选择。但在宏愿未完而身将先死的万不得已的情况下，不得不要求爱子放弃立功的追求。他深情地回顾了列祖列宗世任天官的光荣传统，惟恐这个传统由于自己的早逝而从此断绝。因而以祈使的语气与爱子商量：“汝复为太史，则续吾祖矣。”继而语气转为激烈：“余死，汝必为太史；为太史，无忘吾所欲论著矣。”称“必为”，则是斩截的命令，命令爱子放弃立功，转向立言，继任太史，以完成自己未完的论著。由“复为”到“必为”，对于仕途如日方升的司马迁来说，不啻是晴天霹雳。老太史公唯恐爱子一时难以理解自己的苦心，遂即引用《孝经》名言予以开导，又例举周公、孔子立言扬名以显祖先再加激励。最后再详细说明自己“所欲论著”的意义与内容：

> 自获麟以来四百有余岁，而诸侯相兼，史记放绝。今汉兴，海内一统，明主贤君忠臣死义之士，余为太史而弗论载，废天下之史文，余甚惧焉，汝其念哉！

司马迁深知：“夫孝者，善继人之志，善述人之事者也。”（《礼记·中庸》）面对父亲的重托，他极度感动，“俯首流涕曰：‘小子不敏，请悉论先人所次旧闻，弗敢阙。’”

后来司马迁在完成太初历后，与上大夫壶遂辩论他能不能作第二部《春秋》时，再次提到先父的遗命：

> 先人有言：“自周公卒五百岁而有孔子。孔子卒后至于今五百岁，有能绍明世，正《易传》，继《春秋》，本《诗》《书》《礼》《乐》之际？”

可见司马谈原以孔子五百年后的传人自期，以孔子整理的五经的主旨为“本”，作出上“继《春秋》”下讫当代的论著，而让爱子根据自己立功的选择向前奋进。由于始料不及的原因而“发愤且卒”，才不得不让司马迁子承父业，克绍箕裘。司马迁面对家族的、历史的、时代的重托，以及五百大运的神圣使命，一切世俗的功名利禄都显得微不足道，他深深理解父亲的心意，诺诺连声地说：“意在斯乎！意在斯乎！小子何敢让焉。”

司马谈的临终遗命导致司马迁人生目标的转向，价值标准的改铸。从此遗命成为司马迁前进的动力，精神的支柱，指引着司马迁历经磨难而无怨无悔地把第二部《春秋》——《太史公书》写下去。

(二)太初改历与“至太初而讫”

太初改历无论是对汉武帝，还是对司马迁本人，都是意义深远的大事。易历法，改正朔，是新王朝秉承天命的象征。“故自殷周皆创业改制，咸正历纪，服色从之，顺其时气，以应天道。”（《汉书·律历志上》）但大汉初兴，百废待举，不得不袭用亡秦正朔。文帝初年，贾谊在《议定制度兴礼乐疏》中痛切指陈“汉承秦之败俗，废礼义，捐廉耻”，强烈要求“定制度，兴礼乐”，以移风易俗[①]。鲁人公孙臣亦上书建议“宜更元，改正朔，易服色”。（《史记·历书》）均未果。武帝即位之初，“汉兴已六十余岁矣，天下艾安，搢绅之属皆望天子封禅改正度也”，（《史记·封禅书》）而年轻气盛的汉武帝也一直以除旧布新兴复周道为己任，曾以贤良赵绾、王臧等为公卿，议立明堂，规划巡狩、封禅、改历、易服色事。因治黄老言的窦太皇太后的强烈干预而成泡影。

直到司马迁继任太史公后，方因历纪坏废，于元封七年与大中大夫公孙卿、壶遂等上书请改正朔。司马迁受诏筹备改历事宜。经诸多专家的共同努力，终于编制出一部“日辰之度与夏正同”的新历。复以天象星宿校验，“晦朔弦望皆最密，日月如合璧，五星如连珠”。于是武帝将汉家新历命名为“太初历”，宣布改元封七年为太初元年，“乃以太初之元，改正朔，易服色，封泰山，定宗庙百官之仪，以为典常，垂之于后云”。

对于汉武帝来说，此时边患已除，礼乐已兴，正是效法文、武，将汉室推向更为隆盛的高峰的最佳时机。武帝将新元名为“太初”，既表明了他的雄心，也流露了他的希冀——在汉帝国的版图内再造一个西周式的盛世。

对于司马迁来说，因太初改历而国家改元，因改元而导致全面改制，实现了孔子“行夏之时”的夙愿，完成了汉兴百年以来几代人非秦复周的梦想。而这一伟大的变革，正是由于自己的推动与主持。往年孔子曾说：

① (汉)贾谊:《贾谊集》,上海人民出版社1976年版,第200页。

“如有用我者，吾其为东周乎！”（《论语·阳货》）司马迁以自己领导改历窃比孔子作《春秋》的改制。为了纪念这一伟大创举，司马迁在正式秉笔述史时，郑重地将叙事下限定于太初。

值得注意的是，司马迁太初元年正式秉笔时，今本《史记》上起黄帝，下讫太初一百三十篇的格局尚未确定。《太史公自序传》记载了新历完成之后，正式撰述之前，曾就该不该作《太史公书》的问题，与壶遂有过一番严肃的论辩。司马迁起首总提六经，以绍述自任，借壶遂的一问，发孔子作《春秋》之意，并举五经陪衬，而侧重于《春秋》，阐明作史的动机与指导思想。论辩结束之后，司马迁“于是论次其文”。这句被常人忽略了的话语极端重要。“于是”这个介词结构指示与壶遂论辩结束正式秉笔的时间。“其文”的“其”指代老太史公司马谈；“文”则是他生前所作的遗稿。这句话遥承前文司马谈的谆谆遗教：“余死，汝必为太史；为太史，无忘吾所欲论著矣”，以及司马迁的庄严承诺：“小子不敏，请悉论先人所次旧闻，弗敢阙。”

可见，此时司马迁的“所谓述故事，整齐其世传”，主要是根据先父的写作计划编辑润色他的遗稿。而所论次的旧闻，据司马谈所言：

> 获麟以来，而诸侯相兼，史记放绝。今汉兴，海内一统，明主贤君忠臣死义之士，余为太史而弗论载，废天下之史文，余甚惧焉！汝其念哉！

则是上继《春秋》，起自战国，重点是汉兴以来的“明主贤君忠臣死义之士”的行迹。不仅没有“述历”到黄帝，连陶唐也不在计划之内。此无他，司马谈认为战国以前的史文已由周孔两圣创作，无他置喙的余地。司马迁对先父计划的修正，是将叙事下限由元鼎、元封之交下延到太初元年。

“至太初而讫”是司马迁为《史记》规定的第一个叙事下限，反映了今本《史记》中汉代史事的基本面貌。诚如王国维所言：“案史公作史，则始于太初中，故原稿纪事，以元封、太初为断。此事于诸表中踪迹最明。”需要补充说明的是，《史记》诸表是全书的总汇，是本纪、世家、列传的写作大纲。《报任安书》中说：“上计轩辕，下至于兹，为十表，本纪十二，书八章，世家三十，列传七十”，将“表”置于“本纪”之前，正反映了这样一个事实：太史公完成太初历后，首先制作的是有关汉世的诸表，而且汉世的年表曾经进御。《汉兴以来诸侯王年表》是汉世诸表的第一篇，其序言说：

臣迁谨记高祖以来至太初诸侯，谱其下益损之时，令后世得览：形势虽强，要之以仁义为本。

称“臣迁”，即是进呈御览、以备审查的明证。此表实具样稿的体式。

(三)李陵之祸与“至于麟止”

司马迁太初元年开始秉笔述史，原是守职尽忠，为尊汉立言。尽管此前他已见汉室的衰象，但对武帝尚存迷信。尤其是太初改元，给他带来了更始复新的希望。然而“太初”并未带来太初。此后时局的发展令他大失所望。武帝的穷兵黩武、痴迷求仙、骄奢淫逸、横征暴敛、苛法严刑，有增无已。就在太初改元的当年秋天，武帝为了得到大宛国贰师城的善马，并使宠姬李夫人之兄李广利能立功封侯，遂发动征讨大宛长达四年的战争。师出敦煌六万人、马三万匹，“天下骚动转相奉”。而班师“还入玉门者”，只剩下“万余人，马千余匹”，战利品则只是大宛“善马数十匹”，以及贰师将军李广利得封海西侯。天汉二年，李广利出击匈奴左贤王，大败而还。同年秋，又令李广利大举击匈奴，而以李陵和路博德为其两翼，“以分单于兵，毋令专乡贰师将军”。此役李广利无功，而亲提步卒不满五千的李陵却与匈奴单于主力遭逢。在众寡悬殊的态势下，李陵“深践戎马之地，足历王庭，垂饵虎口，横挑强胡，抑亿万之师。与单于连战十有余日，所杀过当”。李陵且战且退，在距汉塞遮虏障百余里处，路博德不与其呼应，汉塞将士又不出塞助战，终因“矢尽道穷，救兵不至”而全军覆没，李陵也因抵抗无益而放下武器。时当天汉二年岁杪或天汉三年岁初。陵败书闻，武帝“为之食不甘味，听朝不怡”，而前数日方揄扬李陵的公卿大臣转而对李陵落井下石。司马迁根据平素的观察，以为李陵有古名将之风，虽陷败匈奴，“观其意，且欲得其当而报于汉”；况且李陵之陷败也是无可奈何之事，“其所摧败，功亦足以暴于天下”。司马迁“见主上惨怆怛悼，诚欲效其款款之愚”。适逢武帝垂询，“即以此指，推言陵之功。欲以广主上之意，塞睚眦之辞”。不料武帝勃然大怒，不由司马迁分说，认定他诬罔，“欲沮贰师为陵游说”，立即将他逮捕下狱。廷尉秉承“圣意”，判决司马迁犯“诬上”重罪，应“伏法受诛”，武帝也“卒从吏议”。这就是《史记·太史公自序传》所沉痛述说的：“七年而太史公遭李陵之祸，幽于缧绁。”时当天汉三年初。

司马迁深幽囹圄之中，“交手足，受木索，暴肌肤，受榜箠……当此之时，见狱吏则头抢地，视徒隶则心惕息”，精神与肉体受尽了非人的凌辱与虐待。他曾萌生过自裁以维护人格尊严的念头。但一想到《太史公书》草创未就，先父临终的重托尚未实现，历史的、文化的、时代的责任没有完成，他就涣然清醒：“钦念哉！钦念哉！”告诫自己，生命属于尚未完稿的《太史公书》，自己没有权利选择自尽。为了换取宝贵的写作时间，他在“交游莫救，左右亲近不为一言”，“家贫，货赂不足以自赎”的严酷环境下，经过痛苦的思考，勇敢地援引汉景帝关于“死罪欲腐者，可”的诏书，自选了比处死还要可怕、还要耻辱的腐刑。数年之后他向知交任安通报了常人难以理解的这种抉择：“所以隐忍苟话，幽于粪土之中而不辞者，恨私心有所未尽，鄙陋没世，而文采不表于后世也。”司马迁的受腐乃在原应处决的天汉三年季冬。由于腐刑需时甚长，又因自择腐刑，仅减死一等，“诬上”之罪的定性未变，故天汉四年依然系狱服刑。直到太始元年“夏，六月，赦天下”，司马迁方有机会被赦出狱。他以刑余之身屈辱地受任中书令，当在太始元年秋冬或太始二年之初。

李陵之祸是司马迁与汉武帝之间在治道上原已存在的严重分歧的一次

总爆发。司马迁由于职任太史公，天下郡国计书先上太史公，副上丞相。晚年的武帝在佞臣阿谀奉承中对国事其实是浑无所知的庸君。而以丞相为首的公卿大臣在专制淫威下只能具官持禄取容，于国事莫置可否。对天下郡国利病的深重及其病根了然于胸的只有司马迁一人。因李陵之祸而招致的三年炼狱生涯，固然给司马迁带来了无可弥补的肉体与精神的创伤，但由于司马迁沉勇坚毅的对历史、对人生、对宇宙的反思研求，又为中华民族造就了千古一人的太史公！

根据《报任安书》的透露："仆窃不逊，近自托于无能之辞，罔罗天下放失旧闻，略考其行事，综其终始，稽其成败兴坏之纪，上计轩辕，下至于兹，为十表，本纪十二，书八章，世家三十，列传七十，凡百三十篇，亦欲以究天人之际，通古今之变，成一家之言。"从"近自托"之"近"字，可以判知《太史公书》十二本纪、十表、八书、三十世家、七十列传，凡百三十篇的总体格局，在李陵之祸后方完全形成。"究天人之际，通古今之变"的目标追求，也在此时方能提出。太初述史时起自战国，迄于太初的时限，承担不起"通古今之变"的重任；颂汉之史的目标，也与"究天人之际"的思维背缪。经过三年炼狱的考验，司马迁对先父司马谈的《论六家要旨》及临终遗言有了更深的体悟。司马迁对孔子有了更高层次的认识，如今他理会孔子所说的"吾其为东周乎"，不过是身处乱世不得已而为之的改良主张，孔子最高的理想并非家天下的西周盛世，充其量那只能算作"小康"，他的真正向往是尧舜禅让式的"天下为公"的大同世界。司马迁对《春秋》经义也有了与前不同的领会。太初述史时，他依据的是《公羊春秋》的"大一统说"，他从秦汉的政治实践中发现此说正好为帝王的专制独裁张本，这不该是孔子的初心。倒是鲁学的《穀梁春秋》"谨始"慎终、重民惜物的主旨，更贴近孔子著《春秋》的本意。《春秋》不该是独夫民贼的利器，而应该是为生民谋福祉的宝典。由齐学的《公羊》转向鲁学的《穀梁》，其实是对原始孔子的复归。所有这一切，在出狱后重秉史笔时，都有所体现。司马迁像涅槃重生的凤凰一样，进入了一个光明澄澈的境界。司马迁作为太史公，他只应对天、人负责，对历史负责，而不是一家一姓的奴仆。有人说司马迁写《史记》是效忠于刘汉的大一统，实在是小看了他；犹如说孔子作《春秋》只是想恢复姬周大一统，是小看了孔子一样的极大误解。

司马迁出狱后的第二年，为武帝太始二年（公元前95年）。在元狩元年西狩获麟二十八年之后，武帝借口欲协前瑞，铸黄金为麟止，颁赐诸侯王。元狩元年，武帝幸雍获白麟，以为是天降祥瑞，大大庆祝了一番，并作郊祀歌《白麟之歌》曰：

朝陇首，览西垠，雷电燎，爰五止，显黄德。……[①]

《汉书》颜注："师古曰：止，足也。时白麟足有五蹏。""五止"是麟之最重要的特征，故追协前瑞，铸黄金作"麟止"形。武帝铸黄金为麟止，说是取协前瑞，只是个幌子，真实的用心，是取义于《诗经·周南·麟趾》，以求贤子。汉武帝立于学官的《诗经》今文三家诗，都说《周南·麟趾》是歌颂文王多贤子，如麟一般有仁德。此时武帝与太子刘据成见已深，对其余几位皇子也不满意。幸而赵国钩弋夫人已怀孕当产。武帝铸黄金为麟止实为此而发，企望钩弋夫人产下麟儿，以取代"不类己"的太子刘据。当时，汉帝国由于武帝的多欲兴事，早已处于风雨飘摇之中。司马迁又从铸黄金为麟止这一举动中，预感到武帝易储之变已兆。更加危殆的风暴已经逼近。司马迁深感自己因李陵之祸而"身废不用矣"，与孔子见西狩获麟而叹"吾道不行矣"的心境极其相似。为了"究天人之际，通古今之变"，以拨乱反正，毅然将《太史公书》叙事上限由战国上伸到陶唐，与孔子整理的《尚书》断于尧取齐，叙事下限由当初的"至太初而讫"下延到铸黄金为麟止的太始二年。"麟止"为太始二年的代称，犹"获麟"为哀公十四年的代称一样。孔子悲麟，悲的是"吾道不行"、天下无王；司马迁悲麟，悲的是"身废不用"、大汉将倾。只是到李陵之祸出狱之后重

① (汉)班固:《汉书》卷二十二《礼乐志》,《二十五史》(百衲本),浙江古籍出版社影印宋景祐刊本1998年版,第356页上栏。

新命笔，《太史公书》方才成为真正意义上的第二部《春秋》。《太史公书》也由太初编述的颂汉尽忠之史，升华为麟止创作的拨乱反正之经，如包世臣所说的“百王大法”。

说上起陶唐，下讫麟止的叙事断限，太始二年出狱后方才确定，有《太史公自序》为证：

> 七年而太史公遭李陵之祸，幽于缧绁。乃喟然而叹曰：“是余之罪也夫！是余之罪也夫！身毁不用矣。”退而深惟曰：“夫《诗》《书》，隐约者欲遂其志之思也。……此人皆意有所郁结，不得通其道也，故述往事，思来者。”于是卒述陶唐以来，至于麟止。自黄帝始。

“于是”二字重要，指称的是出狱之后的时间，正是此时，司马迁确定了“陶唐以来，至于麟止”的上下断限。

“陶唐以来”，是折中于夫子。“自黄帝始”，则是司马迁的独特创造，意义非凡。孔子祖述尧舜，整编《尚书》断于尧，以尧舜禅让治国为至治。司马迁进而讲述了黄帝的法天则地，从而溯得尧舜至治的本源，同时也粉碎了齐燕方士所捏造而为武帝所崇奉的妖魔化的“黄帝”幻象。司马迁在《太史公书·太史公自序传》的序录中写下了一段非常紧要的话：

> 维昔黄帝，法天则地，四圣遵序，各成法度；唐尧逊位，虞舜不台；厥美帝功，万世载之。作《五帝本纪》第一。

“法天则地”是《太史公书》的总主题。天道高明无私，地道厚德载物。这是百王治国的大本，也是生民为人的准则。这真正是应该“万世载之”的金言！

（四）巫蛊之难与“下至于兹”

《太史公自序》：“罔罗天下放失旧闻，王迹所兴，原始察终，见盛观衰，论考之行事，略推三代，录秦汉，上记轩辕，下至于兹。”《报任安书》：“近自托于无能之辞，网罗天下放失旧闻，略考其行事，综其终始，稽其成败兴亡之纪，上计轩辕，下至于兹。”《报书》“近自托于无能之辞”句中的一个“近”字，透露了两点信息：（1）全书在距今不远的时间方才杀青；（2）《报书》写于《自序》之后。《报书》肯定作于征和二年十一月，而《太史公书》在此稍前已全部完成。这两篇文献都提到叙事上限是“轩辕”，下限为“下至于兹”。对这个叙事下限很少有人关注。有的学者则认为“于兹”系泛指大汉。视而不见，固不应该；认作泛指，亦不恰当。按经史典籍中“兹”字的用法，无论是指时，还是指人、指地，均为近指而非远指，实指而非虚指。“下至于兹”当指《报任安书》写作和《太史公书》纪事截止的实际年代。从《太史公书》的叙文来看，这个“于兹”当指征和二年八月巫蛊之难中卫太子刘据之死。这是《史记》最后的纪事。

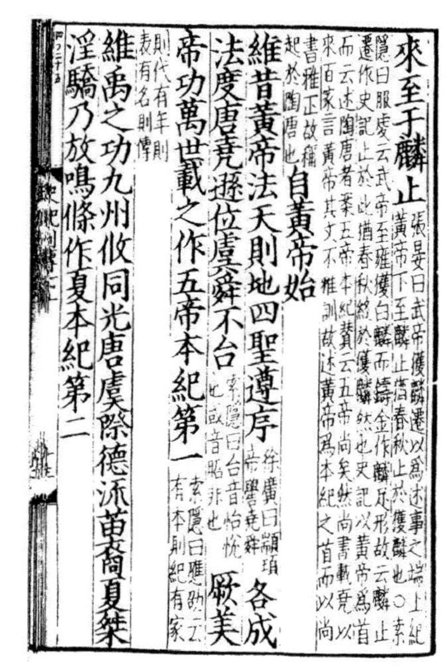
來至于麟止 張晏曰武帝獲麟遷以爲述事之端上紀黃帝下至麟止猶春秋止於獲麟也○索隱曰服虔云武帝至雍獲白麟而鑄金作麟足形故云麟止遷作史記止於此猶春秋終於獲麟然也史記以黃帝爲首而云述陶唐者案五帝本紀贊云五帝尚矣然尚書載堯以來百家言黃帝其文不雅馴故述黃帝爲本紀之首而以尚書雅正故稱起於陶唐也

自黃帝始

維昔黃帝法天則地四聖遵序 徐廣曰顓頊帝嚳堯舜 各成法度唐堯遜位虞舜不台 索隱曰台音怡悅也或音貽非也 厥美帝功萬世載之作五帝本紀第一 索隱曰應劭云有本則紀有家則代有年則表有名則傳

維禹之功九州攸同光唐虞際德流苗裔夏桀淫驕乃放鳴條作夏本紀第二

宋庆元间黄善夫刻史记太史公自序书影

巫蛊之难是武帝刘彻一手制造的骨肉相残的人伦惨剧，是武帝晚年诸种矛盾激化的必然结果。表面看是围绕皇权交接而展开的一场血淋淋的厮杀，其深层的原因则是仁政与霸道的激烈搏斗。

武帝刘彻与太子刘据在治国方针上父子异趋，矛盾由来已久。“孝武皇帝好《公羊》，卫太子好《穀梁》。”（《后汉书·陈元传》）武帝生性严峻，而太子仁恕温谨。武帝穷兵黩武，而太子每谏止征伐、惜民力。武帝用法严峻，多任酷吏，而太子用法宽厚，多所平反。随着卫青病故，卫后失宠，武帝因太子每逆己意，加上佞臣谗毁，遂嫌太子“材能少，不类己”，早滋易储之心。太始三年，赵婕妤生皇子弗陵，武帝“命其所生门曰‘尧母门’”，改易太子之意遂决。佞臣江充之流探知武帝深心，竞起构陷太子。是时武帝年老多病，意多所恶，乖戾善怒，以为左右大臣，以至公主、太子、皇后，都在造作蛊道暗算于他。他忧怒交加，暴戾地督责佞臣江充等穷治巫蛊。于是从征和元年起，便掀起了巫蛊之狱的轩然大波。征和二年正月，丞相公孙贺父子死于狱中。闰四月，卫后所生之阳石、诸邑公主及皇后弟卫青之子卫伉，均坐巫蛊诛灭。五六月间，隐处甘泉宫避暑养疾的汉武帝，纵容江充一伙“至太子宫掘蛊，得桐木人”。（《汉书·武五子传》）太子为自保计，起兵讨诛江充之流，便不可避免了。常年畏死恋生，惟恐失去极权的汉武帝，便由动辄诛戮无辜公卿，到将一手导演的巫蛊之祸推向父子交兵的高潮。

司马迁少年时代在长安曾师从董仲舒习《公羊春秋》。与此同时，刘据立为太子，亦有诏“受《公羊》”。二人有同师之谊。太子后又师从瑕丘江公受《穀梁春秋》，喜之。江公与孔安国同师鲁国申公。司马迁向孔安国“问故”，实亦包括请教穀梁义及鲁《诗》。天汉以后，随着汉帝国的由盛而衰，以及个人遭际的遽变，司马迁的思想发生深刻的变化，苦苦思索天人之际的奥秘和古今之变的根源。他对《春秋》原始经义的理解逐渐由公羊说向穀梁说转化。他对愚昧迷信、暴戾专横而导致帝国破产、民变四起的汉武帝已完全失望。太子刘据既冠，“武帝为立博望苑，使通宾客，故多以异端见者”[①]。所谓“异端”，实指被武帝独尊的“汉儒”之外的百家。卫太子的思想兼容并包，气度甚大，所为甚“得百姓心”，“而深酷用法者皆毁之”。司马迁对太子刘据深怀好感和敬意。

巫蛊之难是汉王朝的悲剧。由于卫太子刘据的被杀，武帝穷“治随太子反者，外连郡国数十万人”，“坐而死者前后数万人”。汉帝国犹如一艘百孔千疮的破舟，在风雨飘摇中濒临沉没。司马迁“述往事，思来者”，除了给后人留下深刻的教训外，他对汉帝国已没有什么可做的了。于是他

① (汉)班固:《汉书》卷六十三《武五子传》之《戾太子据传》,《二十五史》(百衲本),浙江古籍出版社影印宋景祐刊本1998年版,第488页。

将《太史公书》记事的下限“麟止”，延伸到巫蛊之难——“下至于兹”，在卫太子刘据八月辛亥自杀于湖之日划上一个句号，宣告《太史公书》至此绝笔！

由于此时正处于汉帝国最为黑暗的时期，司马迁为了《太史公书》的安全，并没有详叙巫蛊之祸的终始，只是在《外戚世家》《田叔列传》等篇分散地留下一些痕迹，以俟后世君子的阐解。司马迁承《春秋》凡诸侯皆不生名、失国则名之例，《史记》叙文中举凡太子或王子继位为帝者，皆例不书名；若以罪废去则例书名。《外戚世家》中叙及武帝卫皇后“凡生二女一男。男名据”。“立卫皇后子据为太子。”卫太子称名，则证明司马迁及见刘据之废死。司马迁有两位同处门下为郎时同等钦重的好友田仁和任安。他称“（田）仁与余善”，称任安为“知己”。司马迁在《田叔列传》后为田仁作了一篇急就章式的附传，叙及田仁因坐太子事“下吏诛死”。而于任安只在《卫将军骠骑列传》中写霍去病得势时，卫青门客纷纷改易门庭之际，特笔“唯任安不肯”五个大字，以见其人节概。任安于征和二年十二月被武帝处死。若司马迁及见任安之卒，不容不仿为田仁作传之例，为任安在适当篇章中作一小传。这都是《太史公书》必终于征和二年八月之证。

历史常常跟人们开玩笑。汉武帝与卫太子的冲突，与秦始皇同长子扶苏的冲突惊人地相似。司马迁在《太史公书》中虽未详细地记叙汉武帝与刘据之间的分歧和冲突，却在《秦始皇本纪》中纪录了公子扶苏劝谏始皇毋用重法绳下以致天下不安的谏辞以及始皇“怒”斥使其守边的情事，为明斥秦而暗斥汉起了发凡起例的作用。今本《今上本纪》虽已早佚，但《秦始皇本纪》中的秦皇实为今上汉武的影子和对应物。

巫蛊之难对于司马迁来说，也是一大悲剧。他曾寄希望于太子刘据嗣位后能拨乱反正，中兴汉室。而武帝一手导演的家族巫蛊之难逼迫太子自尽，使司马迁在现实世界拨乱反正的最后一线希望彻底破灭。这是继李陵之祸后对司马迁的又一次沉重的打击。当时“至于麟止”的《太史公书》已告完成，该是他勇敢地面对炼狱迎接死亡，以死来“偿前辱之责”，以死来与武帝刘彻较量孰是孰非的时候了。司马迁是将《太史公书》窃比为《春秋》的。孔子作《春秋》，绝笔于鲁哀公十四年“西狩获麟”。而《左氏春秋》所本之“《春秋古经》十二篇”，则附载到哀公十六年“夏四月己丑，孔丘卒”，以终结全经。据唐初陆德明《经典释文》所说，这是孔门“弟子欲记圣师之卒，故采鲁史记，以续夫子之经，而终于此”。司马迁遂仿《春秋古经》附载“孔丘卒”之例，于《太史公书》“至于麟止”之下，附载至巫蛊之难——“下至于兹”，无异于向后人宣示：“征和二年，司马迁卒。”

王国维说：“今观《史记》中最晚之纪事，得信为出自公手者，惟《匈奴列传》之李广利降匈奴事（原注：征和三年）。”今按：此说非是。王氏所称之事为“贰师闻其家以巫蛊族灭，因并众降匈奴，得来还千人一两人耳”，凡二十五字，夹于天汉四年李广利击匈奴事中。第一，征和三年之事却羼入天汉四年纪事之中，错缪殊甚。《外戚世家》的卫皇后传未叙及李广利之降，证明此非史公原文。第二，《匈奴列传》叙例，凡较大规模的对匈作战，均列叙主帅、裨将、侧翼、兵力、路线、战功，无一例外。征和三年击匈奴，亦为一大战役，如系史公亲笔，亦当如叙其他战役同例，提笔叙清。而今本却只有没头没脑的二十五字，显与叙例不合。史公不会在一篇之中自乱其例。第三，与《汉书·匈奴传》比勘，《汉书》袭用《史记》只及天汉四年事，证明班氏所见本不误。以上诸证，说明这是后人旁注羼入正文的文字。二十五字，正是一简所容字数，可附注于简文旁侧。作此旁注者，笔者臆度是“始读外祖《太史公记》，颇为春秋”的杨恽。杨恽因外祖之横被李陵之祸，系由莫须有的“沮贰师”引发。后来贰师将军李广利却沦为降敌的叛贼，实为报应不爽，大快人心事。故附笔简载其事于《太史公书》正本相关文字旁侧，以作历史的见证。这或是杨恽“颇为春秋”之一端。后世传抄者不察，遂将旁注混入本文。王国维错误的断案亦因此滋生。

司马迁在中华文明史中的地位

一、司马迁与《史记》定位的讨论

司马迁因《史记》的创作，当之无愧地被后人尊奉为伟大的史学家和文学家。《史记》则成为正史鼻祖、文章大宗。正史之名始见于南朝梁代阮孝绪的《正史削繁》。自《史记》创为纪传体，以帝王本纪为史书之纲，后世官修史书承其体例，号为“正史”。自《隋书·经籍志》起，即列《史记》为正史之首。元代的马端临认为：“《诗》《书》《春秋》之后，惟太史公号称良史。”（《文献通考·自序》）近人梁启超则断言：“史界太祖，端推司马迁。”（《中国历史研究法》）

至于《史记》的文学成就，自唐以后备受推崇。中国散文之祖，首推《尚书》，而《史记》则为其宗子。后世散文大抵自此发脉。明人茅坤说：“读太史传记……风调之遒逸，摹写之玲珑，神髓之融液，情事之悲愤，则又千年以来，所绝无者。即如班掾，便多崖堑矣。魏晋唐宋以下，独欧阳永叔得其十之一二。虽韩昌黎之雄，亦由自开门户，到叙事变化处，不能入其堂奥，唯《毛颖传》则庶几耳。予于此不能无感。”（《史记钞》卷首《读史记法》）清人冯班论《史记》叙事之妙，“如水之傅器，方圆深浅，皆自然相应。宋人论文，有照映波澜起伏等语，若着一字于胸中，便看不得《史记》”（《钝吟杂录》卷六）。近人还有说司马迁本人就是一个小说家，《史记》就是一部历史小说集的。鲁迅则说《史记》“固不失为史家之绝唱，无韵之《离骚》”（《鲁迅全集》第八卷《汉文学史纲要》）。几成定论。

《史记》固然被誉为“史家之绝唱”，但以史学“叙事为先”的眼光衡量，缺点委实不少。宋人欧阳修指摘太史公“务多闻以为胜者，于是务集诸说而论次，初无所择”（《欧阳文忠公全集》卷四三《帝王世次图序》）。苏辙批评太史公“为人浅近而不学，疏略轻信”（《古史·序》）。张耒则讥弹《史记》所叙气节、豪侠之人事“皆奇诞不近人情，不足考信”（《张右史文集》卷五六《司马迁论》）。金人王若虚作《史记辨惑》、清人梁玉绳作《史记志疑》、牛运震作《读史纠谬》，以专书挑出了更多的毛病。

《史记》叙事出现为数不少的不尽“实录”的情形，有主客观两方面的原因。**客观上是史料不足**。周代以前遗存下来的文献本来不多，司马迁据以编撰上古历史难免疏略缺漏。至于司马迁所写的战国时期的历史叙事错缪、前后颠倒不一而足，是因为秦始皇焚毁了周王室和六国的所有典籍史册，唯一留存的《秦记》又简略不具年月。**主观上是有意为之**。《史记》仿《春秋》，重意轻事。司马迁为了达“意”，故意将一些可有可无、似是而非的人物写入传记，以表现自己的某种重要观念。如《伯夷列传》，伯夷、叔齐，历史上有无其人还是个问题，但太史公将他们作为“尚让”的典范写入七十列传的首篇。又如《赵世家》中的赵氏孤儿一案，《左传》中只字未载，但太史公将公孙杵臼与程婴为保护赵氏遗孤所表现出来的忠肝义胆写得感人至深。司马迁为了达“意”，有时还故意颠倒事实的时间顺序。如《吴太伯世家》载：“越王灭吴，诛太宰嚭，以为不忠而归。”《伍子胥列传》叙述得更详细：“越王勾践遂灭吴，杀王夫差，而诛太宰嚭，以为不忠于其君，而外受重赂，与己比周也。”太史公写春秋史的史料来源于《左传》，而《左传·哀公二十四年》则说“哀公如越，季孙惧，使因太宰嚭而纳赂焉”。可见越灭吴后并未诛伯嚭，而伯嚭由吴入越后仍得勾践重用。此事司马迁自然知道，但在《史记》中作出与《左传》记载不同的处理，是为了将卖主求荣、倾人家国的匪人钉在历史的耻辱桩上。以“实录”标准衡量显然不合，但合于太史公作《史记》的本意。这是孔子作《春秋》的传统。

司马谈、迁父子两代毕生的宏愿，是要在周公、孔子之后作出一部“绍明世，正《易传》，继《春秋》，本《诗》《书》《礼》《乐》之际”的大著作，这部著作像《春秋》一样，是一部论治的经书。司马迁的抱负并不是要做史学家，更不是要做文学家。因此，即使在史学家和文学家的头衔上加以“伟大的”桂冠，亦并未真正确当地褒美司马迁。将《史记》定位为正史鼻祖和文章大宗，也未能真正体现出《史记》的价值与光辉。

二、横跨四部的巨著

民国以前的古代典籍旧以经史子集四部分类。四部之目，昉自晋秘书监荀勖的《中经新簿》，以甲乙丙丁区分。至唐初魏征等修《隋书·经籍志》，以经史子集取代甲乙丙丁，使图书的分类更为合理。图书部类的归属有其标准，各部典籍的地位与作用也不相同。

经者，树天下之公理。郑玄《孝经注》说：“经者，不易之称。”刘勰《文心雕龙·宗经》说；“经也者，恒久之至道。”汉代的五经包括《周易》《尚书》《诗经》《周礼》《春秋》，是唐虞三代的宝典。研理于经，可以正天下之是非。

史者，录往事之陈迹。二十四史等正史，《资治通鉴》等编年体史书以及某些杂史归属于此。征事于史，可以明古今之成败。正如贾谊所言：“前事之不忘，后事之师也。”

子者，明道立言，自名一家。所明之“道”，即五经大义。诸子百家之书归属子部。《隋书·经籍志·序》说：“诸子为经籍之鼓吹。”抽绎子书，可与经史旁参。

集者，文章擅美，足以传世。楚辞、总集、别集、词曲、诗文评之类归入集部。集部书文质相扶，清辞丽句，自有其不可磨灭处，所以《隋书·经籍志·序》说："文章乃政化之黼黻。"

《史记》在浩如烟海的中华古代典籍中是唯一可以横跨四部的巨著。它是司马氏父子自觉创作的第二部《春秋》，讲论的是修身齐家治国平天下的大经大法，诚如清人包世臣所言："明为百王大法，非仅一代良史而已。"（《艺舟双楫·论史记六国表叙》）它可以当之无愧地列入经部。《史记》的外在形态是记叙了上自黄帝下迄汉武中华民族三千年的历史陈迹，自然可以归入史部。司马迁自称《史记》是他司马子的"一家言"，而"一家言"正是子部书的特质，因此它亦可以纳入子部。《史记》的文章无奇不备、无美不臻，是千古散文的不祧之祖，编进集部也是高标独秀的。然而在四部之中，真正能体现《史记》的性质与价值的，乃是经部。郑樵评价《史记》为"六经之后，惟有此作"，诚为知言！

三、上继周孔：中华文明伟大的整合者

中华民族的文明发展史中，有三位文化巨人——周公、孔子、司马迁，在不同的历史阶段，对中华文明进行整合，影响至为深远。下面略加论述。

（一）周公鉴于二代制礼作乐：首次文明整合，以"德"释天命

周公姬姓，名旦，文王之子，武王之弟，是西周王朝的奠基者之一。周公辅佐成王，为新王朝制礼作乐时，鉴于夏、商二代的礼制遗存，而予以损益，因此西周的礼乐制度实含夏、商之礼的合理部分而更加完善。所以孔子说："安上治民，莫善于礼。移风易俗，莫善于乐。"又说："吾学周礼，今用之。吾从周。"（《礼记·中庸》）周公"兴正礼乐，度制于是改，而民和睦，颂声兴"（《史记·周本纪》）。周人以蕞尔小邦之所以能取代文化较高的殷商，成为此后中国文化的主流，且开八百年基业，关键在于以周公为代表的文化巨人在为新王朝制礼作乐时，对旧有的"天命"作出全新的解释，加进"德"的内容。《礼记·乐记》说："礼乐皆得，谓

之有德。德者，得也。”有德，方能得民；得民方能得天命。周人敬天，而天命系于民，周王必须从民意中考察出天命。所以周礼强调敬德保民，要求以周王为首的各级贵族对己要敬德修身、明德慎行，对人要施德恭信。周公制礼作乐时对天命的改造，便超越夏、商二代天命狭隘的部族性，而具有道德性，并由此衍生出理性主义和民本思想。“天命靡常，唯德是辅”，从此成为王者施政的铁则。周公制礼作乐的成绩从《尚书》中的《周书》，《诗经》中的《周颂》《大雅》，以及《左传》中可以见到。如《周书·召诰》：“天亦哀于四方民……王其疾敬德。”《周颂·我将》：“我其夙夜，畏天之威，于是保之。”又如《大雅》的《皇矣》论周何以得天命，《文王》更明确提出以亡殷为鉴。以“德”为核心的西周礼乐文明形成了华夏文化的基本性格。

（二）孔子祖述尧舜、宪章文武，整编五经而作《春秋》：第二次文明整合，首创“仁”学

周公卒后五百年而有孔子。孔子名丘，字仲尼，鲁国人。他生当礼崩乐坏的春秋时代，自觉的以周公为导师，“祖述尧舜，宪章文武”（《礼记·中庸》），远宗尧、舜之道，近守文、武其法，毕生致力于救世拯民的伟大实践。一方面周游列国，以干诸侯，企图说服他们接受自己的王道主张，在东方兴复“周道”；一方面冲决学在王官的壁垒，首开私人讲学风气，将他整编的五经、创作的《春秋》传授给三千及门弟子，从而将知识的火种播撒到华夏民族的各个层面。孔子在重编五经时，用“仁”作了新的阐释。孔子的“仁”是对周公的“德”的继承与延伸，为“礼”寻找到了最深沉的人文基础。

孔子以重编五经、创作《春秋》为标志的中华文明的第二次整合，“仁者，爱人”观念的提出，实际上是一场深刻的革命。首先，它把传统的阶级意义的君子、小人之分，转化为人格意义上的君子、小人之分，使君子成为每一个努力向上者的标志，而不复是阶级压制者的名称。从而加速了贵族世卿制度的崩溃，逐渐开辟了平民参政的途径。其次，孔子承袭

了周公“天命靡常，唯德是辅”的观念，他在《春秋》中“贬天子，退诸侯，讨大夫，以达王事”，从而把统治者从特权地位上拉下来，使其与平民受同样的良心与理性的审判。孔子不承认天下只应归于一家一姓，他以天下为公的尧舜为其最高的向往。复次，他提出教化为先、以德治国的主张。他说：“道之以政，齐之以刑，民免而无耻；道之以德，齐之以礼，有耻且格。”（《论语·为政》）他标榜“有教无类”，凡自愿受教者他都施以同等的教诲。凡人皆我同类，“四海之内皆兄弟”，在距今二千五百多年前孔子就提出此等石破天惊的平等理念，这应是我华夏民族的骄傲。孔子培养出一大批平民化的“士君子”，春秋战国以来蓬勃发展的“士文化”，正是孔子第二次整合中华文明的直接成果。

（三）司马迁“述往事，思来者”作《太史公书》：第三次文明整合，提出“法天则地”

孔子五百年之后而有司马迁。面对战国烽烟、秦代灭学，文明不绝如缕的严峻局面，老太史公司马谈早有继周、孔绝业，复兴文明的迫切的使命感，并为此作出规划，开始实行。但令他遗憾的是未能在有生之年实现这一宏愿。临终前他遗嘱其子司马迁说：

> 自周公卒五百岁而有孔子。孔子卒后至于今五百岁，有能绍明世，正《易传》，继《春秋》，本《诗》《书》《礼》《乐》之际？

司马迁对父亲的遗命心领神会，诺诺连声地对父亲作出应承：“意在斯乎！意在斯乎！小子何敢让焉。”这个“意”就是要上继夏、商、周三代的“明世”文明，根据六经的基本指导思想，创作出如同《春秋》般的大著作。古人认为，五百年必有王者兴，其间必有名世者，伴随着新的圣王重整天下，也将有一个文化巨人润色鸿业。司马迁不敢推让的，就是要做孔子五百年后的“名世者”，这是何等的担当，何等的气魄！

司马迁肩负着历史的、时代的、家族的重大使命，以他全部的生命，校理皇家藏书，深入调查研究，“拾遗补艺，厥协六经异传，整齐百家杂语”，在此基础上，“略考之行事，稽其成败兴坏之纪”，以“究天人之际，通古今之变，成一家之言”（《报任安书》），继周公、孔子之后，对中华文明进行了第三次大规模的整合，创作出《太史公书》（即《史记》）。

《史记》是“论治之作”。斐然的文采是为了更好地表达论治的要旨。司马迁开篇塑造了中华民族人文初祖黄帝的光辉形象，为全书提炼出“法天则地”的总主题。这是“究天人之际，通古今之变”的最后结论。《史记》五体的首篇《五帝本纪》《三代世表》《礼书》《吴太伯世家》《伯夷列传》，是正面表现这个主题。五体的末篇《今上本纪》（今本为《孝武本纪》）、《汉兴以来将相名臣年表》、《平准书》、《三王世家》、《货殖列传》，则从反面衬托这个主题。而诸多历史人物、历史事件的叙写，也无非是这一总主题的形象化展示。《史记》不仅对秦汉以来现实的黑暗作出深刻的揭露和批判，而且对民族的未来，包括群体社会的发展走向、个体生命的安身安命，表达了他正面的人文关怀。所谓“述往事，思来者”，正是为此崇高目的。

《史记》是中华民族心灵和智慧的伟大载体。它叙写了我们民族上自黄帝、下迄汉武三千年走过的艰苦卓绝的道路，讲述了诸多或光辉、或悲壮、或惨烈、或优美的历史故事，建构起中华民族脊梁的宏伟画廊。黄帝、尧、舜、禹等圣王，周公、管仲、晏婴等贤相，孙武、韩信等名将，执法不阿、爱民如子的循吏如孙叔敖，为天下除暴的刺客荆轲，扶危济难的游侠朱家、郭解……正是靠着太史公如椽的巨笔，才让无数的中华英杰的风范，永生在炎黄子孙的血脉之中。自然，后人也不会忘记，正是太史公的笔墨将桀、纣等民贼独夫，靠屠戮无辜以换取高官厚禄的酷吏，见利忘义出卖良心的蟊贼，一一钉在历史的耻辱桩上。

《史记》又是维系中华民族的坚强纽带。中华民族五千年的文明史中也曾饱经内忧外患，有的还是极其惨重的劫难，然而却永不解体，这在寰球的各个古老文明中是独无仅有的。中华民族之所以能永不解体，靠的是文化的威力，其中离不开一个共同的文化心理——黄帝子孙的心理认同。而这个观念的形成，来自司马迁在《史记·五帝本纪》中对黄帝——人文初祖伟大形象的塑造。如此看来，将司马迁仅仅看作一个伟大的史学家、文学家，将《史记》仅仅看作是正史鼻祖、文章大宗，并未能真实反映出司马迁在中华民族文明史中的历史地位，也远远没有体现出《史记》的真正性质与永恒价值。

结　论

司马迁生于汉武帝建元六年（公元前135年），小于武帝刘彻二十一岁。暴卒于送出《报任安书》之时，即征和二年季冬巫蛊之难后（公元前90年初）。一生经历了西汉帝国由极盛跌入极衰的全过程。元封元年（公元前110年）司马迁在父亲司马谈弥留之际，肩负着家族的、历史的、时代的重任，庄严地接受父亲的重托，“悉论先人所次旧闻，弗敢阙”。太初元年（公元前104年），司马迁在完成太初历后，正式秉笔述史，在其父遗稿基础上加工、扩充，上接《春秋》，起于战国，下限则由元鼎、元封之际延伸至太初。李陵之祸出狱后，因受太始二年（公元前95年）武帝铸黄金为麟止的触发，有感于孔子因西狩获麟叹“吾道穷矣”而作《春秋》以见志，与自己“身毁不用矣”境遇相似，遂发愤作第二部《春秋》——《太史公书》，在痛苦而深沉的反思之后，给自己定下了“究天人之际，通古今之变，成一家之言”的崇高目标，“述往事，思来者”，于是仿《尚书》断于尧，将叙事上限由战国上伸至尧舜，下限则由太初下延至“麟止”（太始二年）。叙事断限的上伸下延，遂使《史记》由太初的颂汉尽忠之史，升华为拨乱反正之经——“百王大法”。为了溯得尧舜至治的本源，也为了粉碎武帝崇奉的妖魔化的“黄帝幻象”，太史公将《史记》的叙事起点最后设定为“法天则地”的黄帝，所谓“上记轩辕”“自黄帝始”。从而明确指点了全书的总主题——法天则地。《史记》最后绝笔于征和二年八月巫蛊之难卫太子之死，所谓“下至于兹”。这是“至于麟止”后的附笔，系仿《左氏春秋》所据之《春秋古经》弟子附载圣师“孔子卒”的义例，史公暗示“司马子”亦将“于兹”慷慨赴义。司马迁的“一家言”——《太史公书》，是一部特殊形态的经书：秉承先秦学术传统，综合百家精义，自铸伟辞，以历史为运载工具，以文学为表现手段，通过人物行事，阐明关于治乱规律的认识以及对天人之际的思考。作为副产品，因为它以历史为运载工具，故开创了纪传体历史学；因为它以文学为表现手段，故开创了传纪文学。

孔子继周公之后，宪章文武，祖述尧舜，整编五经而作《春秋》，对中华文明作了重大的整合，因而成为万世师表。司马迁承五百之运，在孔子之后，究天人、通古今，而作《太史公书》，对中华文明作了第三次重大的整合，不仅描述了尧舜至治的盛世，更进而溯得尧舜至治的本源——法天则地。这不仅是百王治国平天下的根本大法，而且还是生民超越生物学的层次，将自己提升到道德的、文化的成人的准则。

司马迁自期甚高，他将自己著作的正本“藏之名山”，而“名山”是先王宝藏“驱策诸下”的典策之所。他相信必有后圣君子理解他的著作，传阐他的心法，使之功施后世，泽被万代。《太史公书》不仅是立言，实则立德、立功兼而备之。

“江山代有才人出，各领风骚数百年”①，这话对司马迁并不适合。司马迁因其《太史公书》，必将与日月同光而永垂不朽。郑樵说到《史记》时，以为“六经之后，唯有此作”。论者以为知言。我则以为，论到对中华民族的民族心灵、民族性格、民族智慧的建构方面的功勋，司马迁真的是孔子之后，一人而已！

[原载普通高级中学课程标准实验教科书·语文选修《史记选读·教学参考书》，江苏教育出版社2005年6月第1版；2006年8月第2版]

---

①（清）赵翼：《瓯北集》卷二十八，《论诗》四首之二：“李杜诗篇万口传，至今已觉不新鲜。江山代有才人出，各领风骚数百年。”清嘉庆十七年湛贻堂刻本。

司马迁与《史记》疑案研究

司马迁生于武帝建元六年新证

一、《索隐》注引《博物志》、《正义》按语在证明自身准确无讹前不能作为推算司马迁生年的“直接证据”

关于司马迁的生年，《汉书·司马迁传》缺载。学者为了解决这一疑案，提出了种种说法。其中王鸣盛的生于汉景帝前元四年（公元前153年）说[①]，周寿昌的生于景帝后元元年（公元前143年）说[②]，张惟骧的生于武帝元光六年（公元前129年）说[③]，大抵出自臆断，并无事实的根据，难以令人信服。首先将司马迁生年的探讨引向科学之途的是王国维。王氏于1916年发表《太史公系年考略》、1923年复作《太史公行年考》[④]，从《史记·太史公自序》“卒三岁而迁为太史令，䌷史记石室金匮之书。五年而当太初元年”句下的三家注内发现两条重要注文，一为“卒三岁而迁为太史令”下的《索隐》：

① (清)王鸣盛:《十七史商榷》卷一《子长游踪》称太初元年“是时迁之年盖已五十”。自此年上推,王氏以史公当生于景帝前元四年也。商务印书馆1959年重印本,第2页。

② (清)周寿昌:《汉书注校补》卷四十一。王先谦《汉书补注》征引,中华书局据王氏虚受堂刊本影印1981年版,第1232页下栏。

③ 张惟骧:《太史公疑年考》,小双寂庵丛书本1928年版,第1页。

④ 王国维:《观堂集林》卷十一,中华书局1959年版,第482—483页。以后凡引王文均出自《太史公行年考》。

《博物志》："太史令茂陵显武里大夫司马迁，年二十八，三年六月乙卯除六百石。"

一为"五年而当太初元年"下的《正义》：

"按：迁年四十二岁。"

这两则史料遂成为现代学者研究司马迁生年的"直接证据"。王国维据此提出司马迁生于汉景帝中元五年（公元前145年）说。王氏认为《博物志》中的"三年"系指武帝元封三年（公元前108年），"苟元封三年史公年二十八，则当生于建元六年。然张守节《正义》……与《索隐》所引《博物志》相差十岁。《正义》所云亦当本《博物志》，疑今本《索隐》所引《博物志》'年二十八'，张守节所见本作'年三十八'。三讹为二，乃事之常；三讹为四，则于理为远。以此观之，则史公生年当为孝景中元五年，而非建元六年矣"。王氏虽改字为说，有违考据学的通则，然其推论合乎常理；又经后起学者的补罅疏证，故信从其说者甚夥。

日本学者桑原骘藏据王国维发现的《索隐》注引《博物志》，提出司马迁生于武帝建元六年（公元前135年）说。他于1922年发表的《关于司马迁生年之一新说》①，与王国维的论证正好相反，他认为《博物志》"年二十八"数字无讹，而是《正义》"年四十二"之"四"系先由"三"讹为"亖"，后遂径作"四"。以后李长之的《司马迁生年为建元六年辨》②与郭沫若的《太史公行年考有问题》③，以更多的证据力证建元六年说。此说亦有相当的影响。

以上两说如两军对垒，旗鼓相当。持司马迁生于景帝中元五年说者指

① 原载日本《东洋文明史论丛》，1922年版；重发于《史学研究》第1卷第1号，1929年版；收入《桑原骘藏全集》第2卷，1968年版。

② 李长之：《司马迁之人格与风格》，开明书店1948年版，第19—23页。

③ 郭沫若：《太史公行年考有问题》，原载《历史研究》1955年第6期。后编入郭氏《文史论集》，人民出版社1961年版，第170页。下文凡引郭说均同此注。

责建元六年说的“通病”是空“论”多于实“据”，论者从司马迁的从学、交游等方面搜集证据，证明司马迁早生十年“与史实和《自序》完全吻合，假如晚生十年则矛盾百出”。尤其当日人水泽利忠的《史记会注考证校补》传入中国后，说者从中“发现日本南化本《史记》之《索隐》作‘年三十八’”这样“一条极为可贵的证据”，遂宣称“迁生于景帝中元五年可以定论矣”！

主司马迁生于武帝建元六年说者亦不示弱。他们批评景帝中元五年说犯了先验地认定《正义》数字不误的通病，将派生的资料凌驾在第一性的原始材料之上。他们也掌握了相当多的证据，证明司马迁早生十年则纰漏丛生，晚生十年则百事皆通。水泽利忠的《史记会注考证校补》也帮不了景帝中元五年说者的大忙。因为在《史记》的版本系统中，并无什么“南化本”。《校补》所谓的“南化本”，其实是日本南化玄兴直江兼续旧藏的南宋绍熙、庆元年间建安黄善夫梓行的《史记》三家注汇刻本，而黄善夫本《索隐》实作“年二十八”，并非“年三十八”。作“三十八”者，乃南化藏本栏外所出校记录载的异文，但其来源不明，据此而作司马迁生于景帝中元五年的结论，未必妥当。

司马迁生年的探讨迄今未能结论，问题的症结在于争论的双方均以《索隐》所引《博物志》或《正义》所下按语，作为推算司马迁生年的“唯一有据的原始材料”和“直接证据”，各执一端，聚讼不已。平心而论，《索隐》征引的《博物志》关于司马迁的官籍档案，虽经王国维用敦煌汉简、郭沫若用居延汉简所录汉人写履历的例子证明“当本先汉纪录，非魏晋人语”，“是完全可靠的”；而据程金造的考证[①]，《正义》于《集解》和《索隐》有疏通、证明或纠谬的关系。其说虽不无可商，然而可以肯定的是，张守节所下按语当与《索隐》所引《博物志》同源，亦非凭空杜撰；但仍难确认《索隐》和《正义》在长期的传写、梓刻过程中，文句有无漶漫脱落，文字有无豕亥鲁鱼——三家注合刻本《史记》中《索隐》征

① 程金造：《关于司马迁生卒年月四考》，收入《文史哲》丛刊第三辑《司马迁与史记》，中华书局1957年版。以后凡引程文均出此书。

引的《博物志》于“大夫司马”后夺“迁”字，已通报了这方面的消息。事实上存在着三种可能性：《索隐》不误，而《正义》有讹；《索隐》有讹，而《正义》不误；《索隐》与《正义》均有讹误。在情况没有得到澄清，《索隐》或《正义》尚未证明自身准确无讹之前，岂能作为推算司马迁生年的“直接证据”？而依据这种自身尚待证明的材料来推算司马迁生年所得出的结论，又岂能令人信而无疑？

二、太史公自叙提供了推算其生年的基本线索，《报任安书》的作年乃是推算其生年的基准点

我以为解决纷争的唯一出路在于寻找更具权威的本证。《索隐》所引《博物志》或《正义》所下按语只有当它们与本证相符时，才可证明其文字无误，此时它方能作为推算司马迁生年的佐证。推导司马迁生年的权威本证客观上是存在的。它就是太史公本人的自叙。司马迁在《史记·太史公自序》和《报任安书》这两篇具有自传性质的文章中虽未明确交待本人的出生年代，但却为后人推算他的生辰指示了基本线索。

司马迁在《太史公自序》中郑重说：“迁生龙门，耕牧河山之阳。年十岁则诵古文。二十而南游江淮……过梁楚以归。于是迁仕为郎中。”在《报任安书》中又说：“仆赖先人绪业，得待罪辇毂下二十余年矣。”太史公的这两段自叙为测算他的生年提供了三个标准数据——

年十岁则诵古文

二十而南游江淮……于是迁仕为郎中

待罪辇毂下二十余年

和一个基准点——《报任安书》的作年。

有了太史公本人提供的最具权威的本证，我们只要解决两个关键问题：一、《报任安书》作于何年；二、入仕与南游在时间上有何联系，就可以用《报书》的作年作为起算的基准点，利用“待罪辇毂下二十余年”

这个标准数据，推导出司马迁入仕为郎的年代，再由入仕的年代推出何年南游。这样，不仅司马迁的生年问题可以迎刃而解，而且他从学、交游中令人困扰的种种疑团也能随之涣然冰释。

先研究《报任安书》的作年。

司马迁“舒愤懑以晓左右”的《报任安书》，系回复益州刺史任安“责以古贤臣之义”的赐教而作。由于人们对任安其人的行迹不甚了解，加上对《报书》中若干关键性词句理解上的失误，遂对任安赐教和史公报书的定年产生种种歧说。王国维、李长之认为在太始四年，程金造和王力则认为在征和二年，近来还有学者提出作于太始元年的新说。我以为这些定年都是大可商榷的。论者大都忽略了《报书》发端“少卿足下：曩者辱赐书，教以慎于接物，推贤进士为务”中所含的时间副词“曩”字。《尔雅·释诂下》：“曩，久也。”由任安赐教的“曩”昔，到史公复书的“今”者，其间有一大段“阙然久不报”的时距，二者显非同年之事。王国维将东巡与幸雍牵合在一年之内，程金造将赐教与报书纳入巫蛊之难的五个月中，都是有违史公文字的原意的。

任安赐教与司马迁报书的年代虽史无明文，但《报任安书》首段提供了宝贵的线索。细绎其行文脉络就会发现，史公“书辞宜答”之日，即收阅任安赐书之时，而此时适逢“东从上来”。显然“曩”者“赐书”“书辞宜答”与“东从上来”三者在时间上是紧相承接的。它说明任安赐教的“曩”昔必在史公“东从上来”之年。而史公报书“略陈固陋”之日，亦即“少卿抱不测之罪”将于季冬“不可为讳”的“旬月”之前。因此，司马迁何时“东从上来”京师，任安何年“抱不测之罪下狱”，是考定任安赐教、史公报书作年的两把管钥。

按《汉书·司马迁传》：“迁既被刑之后，为中书令，尊宠任职。故人益州刺史任安予迁书，责以古贤臣之义”，知任安赐书时的职务是益州刺史，司马迁的官衔是中书令。据笔者的考索[1]，任安于太初四年

① 袁传璋：《从任安的行迹考定〈报任安书〉的作年》，《淮北煤师院学报》（社会科学版）1987年第2期。

（公元前101年）始任益州刺史，居部九年，至太始四年（公元前93年）秩满，征和元年（公元前92年）调京晋升北军使者护军，以列卿衔监护北军各部校。司马迁因李陵之祸，于天汉三年（公元前98年）初下狱，“因为诬上，卒从吏议”，应“伏法受诛”（《报任安书》），系狱待季冬行刑。司马迁因《史记》草创未成，乃援引“死罪欲腐者许之”的诏令，自择了“减死一等”的腐刑，以换取宝贵的写作时间。司马迁的受腐乃在天汉三年季冬。持《报书》作于太始元年说者认为司马迁受腐在天汉三年三月之前。理由是这年四月曾“大赦天下”，史公若在四月前受腐，大赦时就可获释了。这是一种误会。因为前汉的所谓“赦天下”，只赦免“殊死”以下的罪犯（《汉书·高帝纪》），凡属谋反、诬罔等大逆不道之科者均不得赦，司马迁被武帝认定为“沮贰师而为李陵游说”，正属“诬罔”之列。因此认为司马迁在三月受腐、四月即出狱任中书令的说法，乃“想当然耳”。事实当是司马迁于天汉三年季冬受腐后依然系狱服刑，直至太始元年“夏六月，赦天下”（《汉书·武帝纪》）方被释出。司马迁以刑余之身屈辱地受任中书令，当在太始元年秋冬或太始二年初春。因此，益州刺史任安致书中书令司马迁，必在太始二年至太始四年三年中的“东从上来”之年。

这里有必要指出，程金造认为“东从上来”是“指从武帝自甘泉回建章宫，更由建章回长安说。……就是，‘从上来到东边’”。王力认为“东，往东，等于说由西边……这是指征和二年七月戾太子举兵后武帝自甘泉宫（在今陕西淳化县西北）还长安”①。均不能成立。首先，它们与任安致书时的职衔不合。司马迁收读任安赐书时“会东从上来”。此时任安担任益州刺史，而征和二年任安的身份是北军使者护军。其次，甘泉宫距长安仅三百汉里，不能构成无暇奉复的正当理由。笃于友道的司马迁绝不会用一日之程的“从上来”搪塞知交说无暇“得竭至意”。第三，征和二年政治形势险恶，长安城一派恐怖，士大夫人人自危。任安绝不会在此

① 王力主编:《古代汉语》第3册,《报任安书》注[19],中华书局1963年版,第902页。

时致书司马迁要他推贤进士。第四，自汉晋唐宋下迄明清，“东”这个方位词在表示人或物的行动趋向，对文中当事人所在处所或叙事者的立足点的关系为离“去”，则解为“东，往东”；若是归“来”，则必释作“东，自东”。[①]按“来”系由彼及此、自远至近之词。若与方位词组合，如“东来”即为“自东而西”，西为目的地。正如《史记·秦始皇本纪》：“谒者使东方来，以反者闻二世”，句中的“东方来”意为“自东方而来”，决不能释作“往东方来”。《报任安书》“会东从上来”中，司马迁作为叙事者其立足点虽未明言，但指长安则无疑义。“东”字表示的行动趋向对“长安”的关系既是归“来”，那么“会东从上来”的唯一正确的解释是：适逢扈从皇上巡游自东方来归长安。总之，将“会东从上来”释为司马迁于征和二年七月“随武帝由西边的甘泉宫回东方的长安”，不仅与当时事理、史籍记载格格不入，而且与古人的用语习惯也大相背戾。

据《汉书·武帝纪》，在太始二年至太始四年的三年中司马迁曾两次“东从上来”。一次在太始三年二月随武帝行幸东海、礼日成山，一次在太始四年随武帝修封泰山后还幸建章宫。哪次才是《报书》所称的“会东从上来”呢？我们从《报书》所约举的任安赐书的要旨和辞气中自会得出恰当的判断。任安出于对汉室的忠诚和对故旧的关切，致书司马迁，“教以慎于接物、推贤进士为务。意气勤勤恳恳，若望仆不相师用，而流俗人之言”。所谓“慎于接物”，是劝勉老友慎事自重，而不应随波逐流；所谓“推贤进士为务”，是要求知交切实负起荐贤之责，精神不宜旁骛；所谓“意气勤勤恳恳”云云，语辞之中显然包含着对司马迁目前行为的不满与责难了。这自然是对司马迁期待甚殷而良久不获所望时才会产生的情绪。考虑到司马迁太始元、二年之间方就任中书令这个因素，时间不长，不可能招致任安的上述不满。揆情度理，司马迁“东从上来”应指太始四年的一次。任安的赐教当在修封泰山前后。由于种种原因，司马迁对任安太始四年初的赐教迁延未复。直到任安“抱

① 请参阅袁传璋：《〈报任安书〉“会东从上来”辨证》，《安徽师大学报》（哲学社会科学版）1987年第1期。

不测之罪，涉旬月，迫季冬”即将就刑，而自己那时又将“薄从上上雍”的万不得已之际，考虑到若再不复书，就将“终已不得舒愤懑以晓左右，则是长逝者魂魄私恨无穷”，才披肝沥胆，振翰报书。显然，任安何年下狱的问题一旦确定，《报任安书》的作年问题也就解决了。

王国维援引褚少孙补《史记·田叔列传》所录武帝语：“任安有当死之罪甚众，吾常活之”，断言任安在太始四年曾下狱论死，“《报任安书》作于是年冬十一月无疑”。我认为王氏的这个断案是大可怀疑的。第一，武帝在征和二年将任安下狱时所说的那番话，不过是在听到有人告发任安对他“怀有二心”时欲致其死地的暴怒之词，并无事实根据。众所周知，武帝生“性严峻，群臣虽素所爱信者，或小有犯法，或欺罔，辄按诛之，无所宽假”（《资治通鉴》卷十九），“小有犯法”者“辄按诛之，无所宽假”，而“有当死之罪甚众”者倒“常活之”，其语之不足信自不待言。第二，从任安由益州刺史晋升北军使者护军这一事实，可以断定任安在太始四年必无下狱论死其事。我们知道，前汉州郡除边地外并无常备武装，诸侯王亦不得私铸武器、修饬军备。唯有“京师有南、北军之屯”（《汉书·刑法志》）。南军是支宫廷卫戍部队，兵力星罗棋布，缺乏机动作战能力。北军兵员并无定额限制，又集中屯驻在长安城内及三辅近县，是前汉王朝唯一的常备作战部队，其指挥权的归属，直接关系着京师的安危和皇权的得失。故前汉最高统治者向来都亲委心腹严密控制北军。任安先后任北军护军、北军使者护军十余年。北军使者护军官阶位同列卿。在官号上特加“使者”衔，表明其为皇帝派驻北军的代表，不仅为北军的最高监察官员，而且还实握平时北军的统兵大权。太始四年前后，汉王朝统治危机已极深重。若任安果如王氏所说，在太始四年曾下狱论死，汉武帝在时局激烈动荡之际，是绝不会将监理北军的权柄，授予任安这个犯“有当死之罪甚众”的死囚的。然而事实是任安确于征和元年受任此职了，这就确凿地排除了他在太始四年末下狱论死的可能性。综观任安一生的仕历，他与田仁同为武帝的爪牙心腹之臣，当太始末征和初政局动荡之际，他备受武帝倚重。褚先生在补《史记·田叔列传》末用“月满则亏，物盛则衰”

的“天地之常”，批评任安“知进而不知退。久乘富贵，祸积为祟”，终致杀身之咎。褚先生的史评有力地证明了，任安在征和二年遇难前，一直是官运亨通，青云直上的。不仅在太始四年不曾下狱论死，而且在其他的年月也绝无下狱的纪录。任安的“抱不测之罪”，正如褚先生所笔载的，只有征和二年因巫蛊之变被北军钱官小吏挟嫌诬告的一次。罪名则是武帝钦定的“怀诈有不忠之心”。因此，《报任安书》必作于征和二年十一月无疑。

三、司马迁的入仕为郎与壮游在时间上前后相承，南游归来后即因父荫仕为郎中

司马迁何时“仕为郎中”，又因何而为郎中，是考察太史公生年的又一关键问题。王国维认为司马迁入仕“其年无考，大抵在元朔、元鼎间。其何自为郎，亦不可考”。持司马迁生于汉景帝中元五年说者，大都在王氏划定的范围内猜测司马迁入仕的年代，往往捉襟见肘，不能自圆其说。其实，不仅司马迁入仕的年代可以考见，而且“何自为郎”的疑案亦不难解决。

我认为，司马迁的入仕与南游在时间上有紧密的联系。司马迁在《太史公自序》中对这次南游开始的年岁、行经的路线、考察的重点和学习的内容，都有清晰的说明：

> 二十而南游江淮。上会稽，探禹穴。窥九疑，浮于沅湘。北涉汶泗，讲业齐鲁之都，观孔子之遗风，乡射邹峄。厄困鄱薛彭城。过梁楚以归。

司马迁的二十壮游，乃是老太史公司马谈在其爱子十岁起诵习古文，学业大成之后，入仕任职之前，让他领略祖国大好河山，实地考察历史陈迹，访求遗闻旧事，广泛接触社会各界的一次伟大实践。司马迁用了多长

时间才完成这次漫游？王鸣盛“约计当有数年”[1]，郑鹤声说，“假定五年也不为过”[2]；我以为司马迁完成上述游历考察任务有一二年的时间足矣。因为：第一，以秦汉时代畅达的道路交通，用一年时间完成这次壮游，事实上完全可能。秦始皇三十七年冬十月出游、十一月行至云梦，望祀虞舜于九疑山。浮江而下，过丹阳，至钱唐，渡浙江，上会稽祭大禹，望于南海，立石刻颂秦德。还过吴，从江乘北渡，沿东海岸线北行至琅邪。方士徐市等给始皇射巨鱼以求蓬莱仙药，遂自琅邪从海上北行，经成山，至之罘，以连弩亲射杀一巨鱼。然后沿渤海岸线海行西还，至平原津而病，七月崩于沙丘平台。始皇这次巡游路线与司马迁二十南游的路线大半相同，路程也大致相当，只用了九个月。（《史记·秦始皇本纪》）汉武帝元封元年东封泰山之行，三月行幸缑氏（今河南偃师县东），亲登嵩高山。东行上泰山，时草木叶未生，因东巡海上，遣数千人入海求蓬莱神人。夏四月由海上还，登封泰山，降坐明堂。复东巡海上，冀遇蓬莱神人。海行至碣石。然后陆行自辽西、历北边（今河北、山西北境）、九原（今内蒙古），五月归至甘泉宫。行程一万八千里，历时八十天[3]。秦皇汉武每次出巡，随从常达数万，组织安排困难多端。尽管如此，半年也可周行大半个中国。司马迁轻装简从，机动自如，一年之中除了赶路之外，正有充裕的时间用于考察学习。第二，司马谈是位文化官员，除俸禄外别无收入。司马迁自称“家贫”，洵非虚饰。家庭缺乏支持司马迁作为期三五年的旅行考察的财力。有人认为“汉武帝元朔二年大移民茂陵，按常例奖励二十万，未必不可以用来出游”[4]。这似乎为司马迁的壮游找到了充裕的财源。但武帝元朔二年的移民，系以强制的行政力量徙天下资财在三百万以上者实茂陵，与建元三年赐初徙茂陵的贫民每户二十万钱作安家费者不同。所

①（清）王鸣盛：《十七史商榷》卷一《子长游踪》，商务印书馆1959年重印本，第2页。

② 郑鹤声：《司马迁年谱》附录《司马迁生年问题的商榷》，商务印书馆1956年重印本。

③ 此依《史记·封禅书》《汉书·郊祀志》。依《汉书·武帝纪》，则正月出行，五月还归甘泉宫，凡五阅月。

④ 张大可：《史记研究》，甘肃人民出版社1985年版，第110页。

谓“元朔二年大移民茂陵，按常例奖励二十万”，于史无征；退一步说，即使司马谈领到这“二十万”安家费，在移居茂陵百废待举之际，“家贫”的司马谈也未必能动用这项专款供司马迁出游。第三，“父母在，不远游，游必有方”（《论语·里仁》）。这虽是孔子的言论，但实为上古为人子者必须恪守的孝道。司马迁的二十壮游虽出自老太史公的安排，但在旅途中因意外的情况而不得不随时修订原定计划的事总是难免的，这在并无私人通讯设施的汉代要做到“游必有方”殊非易事。把养亲、慎终看得很重的司马迁，在有可能用一年左右时间完成游历任务时，决不会在远离父母的异乡滞留三五年而不归的。由此看来，认为司马迁二十漫游游了三五年的观点是难以成立的。

那么，司马迁南游归京后何时“仕为郎中”呢？王国维推测“大抵在元朔、元鼎间”。王氏定元朔三年壮游、元鼎五年以郎中身份从武帝巡游，其间有十五年的跨度。季镇淮修正在“元狩、元鼎间”[①]。在持生年为景帝中元五年说者那里，司马迁过了“而立”之年才被安排了郎中的位置。让司马迁迟暮如此恐怕不是事实，王国维及其支持者的失误，在于无视司马迁本人显白的自叙：

二十而南游江淮……过梁楚以归。于是迁仕为郎中。

而将这段话中至关紧要的“于是”二字，当作关联词甚或语气词忽略了过去，反而迷茫地说史公何时为郎“其年无考”。须知在上古书面语言里，“于是”是由介词“于”和指代时间或地点的“是”构成的介词结构，以表示时间或地点的状态。意为“就在这个时候……”或“就在这个地方……”。《史记》中的“于是”大抵是这两种用法。即以《太史公自序》为例就近取证。《自序》中除“于是迁仕为郎中”外，用“于是”的还有四处：

① 季镇淮：《司马迁》，上海人民出版社1979年版，第24页。

(1) 在秦者名(司马)错,与张仪争论,于是惠王使错将伐蜀,遂拔,因而守之。

(2) 太史公曰:“唯唯,否否,不然。……余所谓述故事,整齐其世传,非所谓作也。而君比之于《春秋》,谬矣。”于是论次其文。

(3) 七年而太史公遭李陵之祸,幽于缧绁……退而深惟曰:“夫《诗》《书》,隐约者欲遂其志之思也……此人皆意有所郁结,不得通其道也,故述往事,思来者。”于是卒述陶唐以来,至于麟止。自黄帝始。

(4) 周道废,秦拨去古文,焚灭《诗》《书》,故明堂石室金匮玉版图籍散乱。于是汉兴,萧何次律令,韩信申军法……则文学彬彬稍进,《诗》《书》往往间出矣。

全部表示时间状态,例(1)“于是”提示就在司马错与张仪争论之后,惠王命司马错领兵伐蜀;例(2)“于是”提示司马迁就在与壶遂论辩之后,正式着手编撰《太史公书》;例(3)“于是”提示司马迁就在脱于牢狱之后,即赓续《太史公书》的撰述并将其杀青;例(4)“于是”提示新兴的汉王朝紧承秦火之后,重新开始文化建设。“于是”以下的行为在时间上紧承“于是”以前的行为发生,无一例外。司马迁自述“过梁楚以归。于是迁仕为郎中”。“是”指代“过梁楚以归”这个时间。意思是说:经过梁、楚故地返回京师。就在这时进入仕途,作了郎中。司马迁亲自告诉人们,他南游归来后即进入仕途,中间并没有间隔。壮游用了一二年时间,他担任郎官时不过二十一二岁,正符合汉时官宦子弟少年为郎的惯例。

司马迁凭借什么南游归来后即仕为郎中?这也是个长期以来令人扼腕叹息的难题。前汉“掌守门户,出充车骑”的郎中(《汉书·百官公卿表》)并无定员,取得郎官资格的途径也多种多样。有因公卿保荐或郡国乡举里选而为郎的;而司马迁“少负(传璋按:负者,欠也,无也)不羁之才,长无乡曲之誉”,显非由荐举入仕。有以博士弟子员考试高第而为郎的；但司马迁从未说他补过博士弟子员，自然不好随意猜测他由考试优秀为郎。有以军功为郎的，如李广从军击胡因善骑射杀首虏多而为汉中郎；然而司马迁的先人“非有剖符丹书之功”，本人也未从军立功，这条道路对他也是关闭的。有因家赀满五百万而为郎的，如司马相如即以赀为郎充武骑常侍；但“家贫”的司马迁无缘走这条纳赀买官的捷径。有凭任子令而为郎的，前汉任子令规定：“吏二千石以上，视事满三年，得任同产若子一人为郎”（《汉书·哀帝纪》应劭注引《汉仪注》）；可是有人指出“司马迁的父亲司马谈是太史令，在官阶上只是六百石，当然不能选送司马迁为郎中”。如此说来，司马迁之为郎中究竟出于什么原因，岂不是真如王国维所说的“亦不可考”了么？当然不是。让我们还是看看司马迁是如何介绍自己的入仕经历的吧。在《报任安书》中他一则说：“仆赖先人绪业，得待罪辇毂下二十余年矣。”再则说：“主上幸以先人之故，使得奉薄技，出入周卫之中。”这里说得再透彻不过了，他是因得父亲的荫庇而仕为郎中的。司马迁的外孙杨恽在《报孙会宗书》中述及自己何自为郎时说：“恽材朽行秽，文质无所底，幸赖先人余业得备宿卫。”杨恽之父杨敞昭帝末为丞相，长兄继承父亲的侯爵，他是以兄任为郎的，当然他也是蒙先父的余荫。他所说的“幸赖先人余业”，是对司马迁所说的“仆赖先人绪业”最好的注脚；他所说的“得备宿卫”，与司马迁所说的“出入周卫之中”也是异文同义。

这里有必要指出，司马谈在武帝时担任的并不是宣帝时代的六百石的太史令，而是二千石的太史公。《史记·孝武本纪》“有司与太史公、祠官宽舒等议”句下《正义》引《茂陵中书》：“司马谈以太史丞为太史公。”而《太史公自序》“谈为太史公”句下《正义》引《汉仪注》：“太史公秩二千石，卒史皆秩二百石。”《茂陵中书》及《汉仪注》的纪录，与司马迁在《报任安书》中的自叙若合符契，无可怀疑。二千石的太史公司马谈自然可以根据《任子令》保举年青的爱子司马迁为郎中。由此也足证那种说司马谈系六百石的太史令，不能选送子弟为郎，实属无稽之谈。关于太史公的建置与职守，拙作《为卫宏之司马迁“下狱死说”辨诬补证（〈太史公卒年考辨〉之四）》[1]曾有详证，兹不赘述。

前汉凡据任子令仕为郎中者年龄均在二十上下，如李陵“少为侍中、建章监”（《汉书·李广传》），苏武“少以父任，兄弟并为郎”（《汉书·苏建传》），张安世“少以父任为郎，用善书，给事尚书”（《汉书·张汤传》），而霍光为郎时才十多岁，几无迟暮至二十五岁者。司马迁自不例外。那种认为司马迁在南游归来后至少过了五年至十年方始入仕的拟测，与司马迁的自叙以及前汉任子令执行的实际大相径庭，难怪不能自圆其说。

四、据太史公自叙考定其生年为建元六年

上文据《太史公自序》“二十南游江淮……过梁楚以归。于是迁仕为郎中”，已证明司马迁二十壮游归来后即因父任为郎，其初仕之年上距生年为二十一二年；并已考定司马迁写作《报任安书》的绝对年代为武帝征和二年（公元前91年），而据《报书》“待罪辇毂下二十余年矣”，知征和二年上距初仕之年为“二十余年”。

按“二十余年”等于“二十年”加“一年”或“数年”。这个数年，原则上二至九年均符合条件，但习惯上大都指六七年以下。如《史记·屈原贾生列传》载贾谊因吴廷尉之荐，“文帝召以为博士，是时贾生年二十余”，贾谊卒于文帝十二年，享年三十三，则初为博士时之“年二十余”实为二十二岁。超过七年则一般不再称“二十余年”，而曰“几三十年”。如《汉书·食货志》载贾谊在文帝二年上《论积贮疏》曰：“汉之为汉几四十（传璋按：“四十”乃“三十”之讹）年矣，公私之积犹可哀痛。”自汉兴至文帝二年是二十九年，贾生不称“二十余年”，而曰“几三十年”，即是明证。因此，所谓“二十余年”一般指二十一至二十六七年，凡不足二十年或超过三十年者自当排除在外，而接近三十

① 载《安徽史学》1984年第3期。

年的二十八九年亦可不予考虑。明乎此，我们就可根据《报任安书》作于征和二年这个基准点，参照司马迁初仕为郎上距生年二十一二年，下距征和二年“二十余年”这两个基本数据，比较顺遂地推算出司马迁的出生年代。

自征和二年（公元前91年）上推二十年是元封元年（公元前110年），自此上推一年是元鼎六年（公元前111年），上推七年是元狩六年（公元前117年）。司马迁“仕为郎中”的年代当不出元狩六年至元鼎六年之间（公元前117—公元前111年）。司马迁“二十南游江淮”的年代当不出元狩五年至元鼎五年（公元前118—公元前112年）的范围。由此上推二十年，司马迁当出生在建元三年至元光三年（公元前138—公元前132年）中的某一年。

试以据司马迁的自叙推导出的基本结论来检验《正义》按语和《索隐》所引《博物志》。

按今本《正义》称太初元年“迁年四十二岁”，据此上推四十二年，则当生于汉景帝中元五年（公元前145年），早于上述生年的基本结论七至十三年。持生于景帝中元五年说者定司马迁元朔三年（公元前126年）壮游。据《自序》“过梁楚以归，于是迁仕为郎中”，漫游一二年归来之后即入仕为郎，时当元朔五年（公元前124年），下距征和二年（公元前91年）长达三十四年，与司马迁“待罪辇毂下二十余年”的自叙也凿枘难通。显然今本《正义》的这条按语在传写、板刻过程中，数字早已发生讹误，定非张守节《正义》单本原貌，在校正之前对于考定司马迁生年无所取材。

按今本《索隐》所引《博物志》称元封三年司马迁“年二十八”。据此上推二十八年，则当生于武帝建元六年（公元前135年），正在据史公自叙推定的生年范围之内。据此上推八年为元鼎元年（公元前116年），司马迁二十岁，“南游江淮”，亦在据史公自叙推定的南游年代之中。漫游一二年后归来为郎，时当元鼎二年或三年（公元前115—公元前114年）。元鼎二三年下距征和二年为二十四五年，与司马迁“待罪辇毂下二十余年”的自叙丝丝入扣。这就证实了今本《索隐》所引《博物志》纪录的司马迁元封三年的年岁依然保持了前汉原始官籍档案的旧貌，可以作为考定司马迁生年的可靠佐证。

我们以司马迁的《太史公自序》和《报任安书》中关于自身行迹的自叙为本证，以材料可靠的《索隐》所引《博物志》为佐证，考定司马迁于汉武帝建元六年（公元前135年）丙午诞生于左冯翊夏阳县（今陕西省韩城市）。

“迁生龙门，耕牧河山之阳”，概括了司马迁少年时代的生活。十岁之前他是在故乡度过的，他曾帮助家里干过一些力所能及的辅助劳动，也按照当时的传统在故乡的小学接受了礼、乐、射、御、书、数的六艺教育，熟悉了主要的今文经籍，为以后在学业上深造打下了良好的基础。

“年十岁则诵古文。”司马迁是以庄肃的口吻郑重言之的，其内涵实指自十岁起到二十壮游前止以诵习古文经籍为主要内容的从学经历。其中包括向孔安国请教《古文尚书》的训解，从董仲舒学习《公羊春秋》的大义。太史公一生学问即肇基于是。这句话也表明少年司马迁已转换了生活舞台，偏僻的农村无论是藏书、师承，还是父教，都不具备习诵古文的条件。“年十岁则诵古文”，应是在长安司马谈身边开始的。这里有个问题必须解决，那就是司马迁于何时、又何自取得“茂陵显武里”的户籍的？按《茂陵中书》，武帝建元初司马谈初仕之职为太史丞，秩禄卑下，而长安米贵，家眷自必留居夏阳原籍。并不如王国维所臆测的那样，其时司马迁“或随父在京师”。司马迁建元间既不在京师，在夏阳故里又何缘得“诵古文”？这也是持司马迁生于景帝中元五年说者始终回避的问题。我认为司马迁取得茂陵户籍应在元朔二年秋。元朔二年（公元前127年）夏，汉武帝采纳主父偃“内实京师，外销奸猾”的建议，“徙郡国豪杰及赀三百万以上于茂陵”（《汉书·武帝纪》）。同时徙二千石以上公卿大臣家实茂陵以示恩宠。武帝徙大臣实茂陵之举虽《武纪》并无其文，但实有其事。《汉书·宣帝纪》元康元年诏“徙丞相、将军、列侯、吏二千石、赀百万者杜陵（宣帝初陵）”。《汉书·张汤传》载汤子张安世“武、昭、宣世辄随陵凡三徙”。张安世历事武、昭、宣三帝，武帝时徙居茂陵，昭帝立复徙平陵，宣帝立又徙杜陵。可证徙二千石及赀百万以上者实初陵，其制起于武帝。元朔二年夏徙丞相、将军、列侯、吏二千石实茂陵时，司马谈早已由“太史丞为太史公”。太史公秩二千石。司马谈自然有荣幸将家眷自原籍徙居茂陵。其时司马迁九岁。越明年生活安定，十岁的司马迁在老太史公的指导下，开始了有计划的诵习古文的课程。司马迁所谓的“古文”，据《史记》所述，包括《春秋古文》（即《左氏春秋》）、《国语》、《系本》、《论语弟子籍》等先秦写本旧籍，也包括孔壁出土的《古文尚书》。

司马迁何时向孔安国“问故”？《汉书·儒林传》载：“孔氏有古文《尚书》，孔安国以今文读之，因以起其家。逸书得十余篇，盖《尚书》滋多于是矣。遭巫蛊，未立于学官。安国为谏大夫。授都尉朝。而司马迁亦从安国问故。迁书《尧典》《禹贡》《洪范》《微子》《金縢》诸篇，多古文说。”这段话告诉我们，孔安国以今文解读孔壁《古文尚书》，建立了自己的家法（学术体系），以私学传授及门弟子。这里需要说明的是，“安国为谏大夫”这个说法，只是表示孔安国在京师仕宦的最高职位，并非说他升任谏大夫后才传授《古文尚书》，正如都尉是名叫“朝”的那个人的最高职位，并非说“朝”担任都尉后方始习《古文尚书》一样。据《资治通鉴》，孔安国元朔二年由侍中改任博士，元狩五年（公元前118年）改官谏大夫[①]。元狩六年初置临淮郡[②]，安国出为临淮太守，旋卒于任。是则司马迁九岁至十九岁期间，孔安国均在京师担任博士、谏大夫。作为孔氏的及门弟子，司马迁有十年的时间可以从容“问故”。

至于司马迁开始向董仲舒习《公羊春秋》，我以为在元狩元年（公元前122年）他十四岁时。按《汉书·董仲舒传》，元朔元年至四年，董仲舒为中大夫，在京。元朔五年受丞相公孙弘排挤，出为胶西王相。一年后病免，又家居茂陵。又按《汉书·儒林传》，元朔末、元狩初，《公羊春秋》大师董仲舒与《穀梁春秋》专家瑕丘江公于武帝御前论辩《公羊》《穀梁》优劣。“比辑其义，卒用董生。于是上因尊公羊家，诏太子受《公羊春

① (汉)班固:《汉书·百官公卿表》:“武帝元狩五年初置谏大夫,秩比八百石。”

②《汉书·地理志》临淮郡下班固原注:“武帝元狩六年置”。

秋》。由是《公羊》大兴”。刘据元狩元年立为太子，公羊学也自此成为汉家官方哲学。故司马迁从董仲舒习《公羊春秋》必在元狩间（公元前122—公元前117年）。钱大昕《疑年录》定董生卒于元鼎二年（公元前115年）。《太平御览》卷九七六引前汉末学者桓谭《新论》称“董仲舒……年至六十余”。司马迁师从董生至少可以有五六年的时间。

持司马迁生于景帝中元五年说的学者，均将司马迁“问故”、习《公羊春秋》诸事系于二十壮游归来之后，二十四五到三十之间。理由是《尚书》“记言说理比较抽象”，“教十龄幼儿以抽象的政治理论，他不可能深有所理解”，“以十龄幼儿去学习问故，终究是难能做到的”[①]。这种观点其实可疑。首先，司马迁说“十岁则诵古文”实指自十岁起至十九岁的为学阶段中的主要学习内容。而他们却坐实作“十岁”一年之事，因而产生许多不必要的猜疑与纠葛。其次，古人八岁入小学，十五岁入太学，二十之前是为学时期。让司马迁在二十四五到三十岁间方去问故从学，早已过了古人的为学年龄。再说司马迁南游归来后即仕为郎中，“掌守门户，出充车骑”，公务烦剧，也无暇从事专门学问的研究。第三，以常人的智力水平去衡量略不世出的天才少年司马迁，必然失之毫厘，谬以千里。古今都有一些神童，其智慧和识力之超群常令人不可思议。例子很多，兹不赘述。

从司马迁的交游来考察，也可证明司马迁必出生于建元六年而非景帝中元五年。司马迁的平辈朋友中，被他引为知己的有任安和田仁。任安和田仁原为大将军卫青的舍人。元鼎元年“有诏募择卫将军舍人以为郎”，任安和田仁因才能卓异而被武帝使者少府赵禹选中。诏对称旨而为郎中[②]。元鼎元年司马迁南游，元鼎二三年亦仕为郎中，与任安、田仁俱居门下。由于声气相通，遂成知交。司马迁还有位虽没有深交但也有相当的了解的朋友李陵。李陵生于建元四五年，与司马迁年龄相仿，李陵入仕在元狩

① 程金造：《史记管窥》，陕西人民出版社1985年版，第146页。

② 袁传璋：《从任安的行迹考定〈报任安书〉的作年》，《淮北煤师院学报》（社会科学版）1987年第2期。

末，两三年后司马迁仕为郎中，也与他同居门下。《报任安书》说“仆与李陵俱居门下，素非能相善也。趣舍异路，未尝衔杯酒接殷勤之余欢”，“衔杯酒……接余欢”，正是同辈人才会有的活动。若依司马迁生于景帝中元五年说，司马迁元朔三年南游，元朔五年当已入仕，较田仁、任安的入仕要早上七八年，班辈有别，他们之间就难以深交了。而年长十岁于李陵的司马迁，在谈到与李陵的关系时，也不会说出如同“未尝衔杯酒，接殷勤之余欢”之类的话来。

当我们对司马迁的移居茂陵、从学问故、壮游入仕、友朋交往等方面的行迹作了一番认真的清理之后，发现确乎是早生十年（景帝中元五年丙申，公元前145年）则纰漏丛生，而晚生十年（武帝建元六年丙午，公元前135年）则百事皆通。

五、从书法史的角度看《正义》“按迁年四十二岁”系“按迁年卌二岁”之讹

太史公的自叙证实了《索隐》所引《博物志》司马迁元封三年“年二十八”数字无误，而今本《史记》之《正义》按语称司马迁太初元年“年四十二岁”，却多出整整十岁。这个“十年”之差是怎样发生的？

王国维提出“三讹为二，乃事之常；三讹为四，则于理为远”的“常理说”，来解释《索隐》与《正义》的十年之差，企图证明《索隐》“年二十八”系由“年三十八”讹变而来，而《正义》的“年四十二”却不可能由“年三十二”讹成。王氏的“常理说”用以说明古籍中个位数“二”“三”“四”之间的讹与不讹，是行之有效的。但十位数“二十”“三十”“四十”之间的讹与不讹，却非王先生所存想的那般简单。因为“二十”“三十”“四十”这几个数字，唐以前其正体均以合体书写的形式出现，并不存在“三讹为二，乃事之常；三讹为四，则于理为远”的情况。今人有用唐以前二十、三十、四十分别书作廿、卅、卌，都是一笔之差容易互相讹误来加以解释的。此说较王说更接近科学，但也不能回答《正义》与《索隐》十年之差这个难题。从《史记》《汉书》的实际来看，“二十”与

“三十”发生互讹的情况极为罕见。有人举出《汉书·霍光传》“出入禁闼二十余年”一例，认为“廿余年”乃“卅余年”之讹，以此证明“廿”与“卅”易致互讹[1]，试图为王国维关于《索隐》所引《博物志》“年二十八”系由“年三十八”讹变而来的推测提供史料佐证。其实这是出于对《汉书》文意的一种误解。因为《霍光传》“出入禁闼二十余年”的下文，接叙征和二年（公元前91年）卫太子之变后，武帝因霍光“小心谨慎，未尝有过”，欲托以社稷大事。霍光于元狩四年（公元前119年）随其同父异母兄长霍去病由河东平阳至京师，旋即入仕为郎，稍迁为侍中，“出入禁闼”，到征和二年实为二十八年。《汉书》称“二十余年”，并未误书。

然而与“二十”“三十”之间罕见相讹的事实相反，今本《史记》《汉书》中“三十”与“四十”互讹的事例却比比皆是。“四十”讹为“三十”者有之：

[一]《史记·秦始皇本纪》“得齐王建”句下《正义》云：“齐王建之三十四年，齐国亡。”而据《史记·六国年表》，齐王建被俘国亡，在四十四年。是今本《正义》“四十”讹为“三十”。

[二]《史记·张仪列传》“仪相秦四岁，立惠王为王”句下《正义》曰：“《表》云：‘惠王之十三年，周显王之三十四年。’”今覆按《史记·六国年表》，秦惠王之十三年，实当周显王之四十四年。是今本《正义》“四十”讹为“三十”。

而“三十”讹为“四十”者亦有之：

[一]《史记·秦本纪》孝公十二年，“并诸小乡聚，集为大县，县一令，四十一县”。而《史记》之《六国年表》《商君列传》及日本高山寺旧藏东洋文库藏古钞本《秦本纪》，皆作“三十一县”。显然今本《秦本纪》之“四十”乃”三十”之讹。

[二]《史记·河渠书》“汉兴三十九年，孝文时河决酸枣，东溃金堤。于是东郡大兴卒塞之。其后四十有余年，今天子元光之中，而河决于瓠

① 张大可:《史记研究》,甘肃人民出版社1985年版,第86页。

子，东南注巨野，通于淮、泗”。按汉兴之三十九年，为文帝前元十二年（公元前168年）。从文帝前元十二年河决酸枣，到武帝元光三年（公元前132年）河决瓠子，实为三十七年。故《河渠书》“四十有余年”乃“三十有余年”之讹。

我们在前文中还提到《汉书·食货志》中“三十”讹为“四十”的一例，即文帝二年（公元前178年）贾谊上疏论积贮，《疏》文有曰：“汉之为汉几四十年矣，公私之积犹可哀痛。”按：自刘邦封汉王（即所谓“汉兴”）之年（公元前206年），至文帝二年，共计二十九年。依古人称数的习惯，“二十九”一般不说“二十余”，而称“几三十”。故贾生奏疏必作“汉之为汉几三十年”，而不会作“汉之为汉几四十年”。然则今本《汉书》“四十”显系“三十”之讹。（作者检视宋、元《史记》三家注合刻本中，“二十”与“三十”互讹者曾未之见；而“三十”与“四十”互讹者多达三十四例。今本同此。因例多文繁未能多举。）

显然，用廿、卅、卌之间都是一笔之差易致互讹的观点，依然不能解释今本《史记》与《汉书》中何以“二十”与“三十”罕见相讹、而“三十”与“四十”却经常相讹的实际。[①]其实，廿、卅、卌之间虽说仅有一笔之差，但字形并不相混，读音也迥然不同，故廿、卅之间罕见相讹；而卅、卌之间易致相讹，亦与“一笔之差”的数字误讹说无关，而别有原因在。

我以为，录入先汉“太史令，茂陵·显武里，大夫司马迁，年二十八，三年六月乙卯除六百石”档案资料的写本《博物志》，司马贞作《索隐》时征引了，张守节作《正义》时也必见读过。张守节据《博物志》所作的按语，原作“按迁年三十二岁”。唐代《正义》单本与《索隐》单本之间并无十岁之差。差讹发生在由唐人写本到宋人刻本的转换期。这个推论可从书体演变的角度，通过考察“二十”“三十”“四十”这三个数字以及“世”字书写形态的变化轨迹，得到合理的说明。

① 张大可:《史记研究》,甘肃人民出版社1985年版,第85页。

二十、三十、四十这三个数字，秦汉人分别省作廿、卅、卌。传世的石鼓、钟鼎、石经、碑铭，敦煌和居延出土的大量汉简，提供了实物的证据。诚如郭沫若所说，“这是殷周以来的老例”①。这种合体书写的形式，中经魏晋六朝，一直沿用到隋唐五代。唐人书写“廿”“卌”的字形，与汉魏六朝时几无差别。较为特殊的是“三十”合体字的写法。如近年出土的晚唐时《唐故乡贡进士颍川陈君墓志》：“陈君讳宣鲁。……享年三十三”②。“三十三”书作“卅三”。又如吐鲁蕃阿斯塔那墓地出土的唐代写本具注历日两种，凡“三十”均书作“卅”。（《吐鲁蕃出土文书》第6册，第73—76页）这个“三十”的合体字“卅”，左右两直划稍短且分别向外倾斜，中间直划明显加长，三直划下部有一短横作封闭式联接。这个“世”（三十）的写法与宋人勒石、刻版时所书写的“卅（世）”字纹丝不差。

自殷周秦汉下迄李唐，使用了二千年的廿、卅、卌的合体写法，到了宋代发生了根本的变革。我们从出土的宋人墓志以及宋人版印的经史典籍中可以看到，合体书写的形式被取消了，代之以“二十”“三十”“四十”的书写形式③。宋人在将唐人写本摹写板刻时，按照功令规定的书写程式，需将合体字“廿”“卅”“卌”分别改易为“二十”“三十”“四十”。由于唐人将“三十”写成“卅”，而宋人将“世”字也写成“卅”，在誊录上板时，抄胥略有疏忽，就会将“卅（三十）”字误认作“卅（世）”字，而不予分解。校雠者也极难发现。南宋黄善夫梓刻的《史记》三家注汇刻本中，就有这种因误认而致讹的典型例证。黄善夫本《史记》第一卷，于卷首刊刻了唐人司马贞补撰的《三皇本纪》，《纪》中云：

故《春秋纬》称：自开辟至于获麟。凡三百二十七万六千岁，分

① 郭沫若：《太史公行年考有问题》。

② 参见《文物》，1986年第2期第70页图版。

③ 参见《文物》1987年第3期刊出的北宋神宗熙宁四年《张约墓志铭》拓片；《文物》同年第11期刊出的南宋宁宗嘉泰四年《宋洪氏墓志》拓片，“二十”“四十”不再合书。至于板印书籍中“二十”“三十”“四十”不再合书，例多不备举。

为十纪，凡丗七万六百年。一曰九头纪，二曰五龙纪，三曰摄提纪……

“丗”字是“三十”字的合书，还保存了唐人写本的旧貌。“凡丗七万六百年”，是说每纪为三十七万六百年。满十纪则为三百七十万六千岁。然而黄氏刻本未将合体三十字“丗”分解为“三十”，说明他已将“丗”（三十）字误认作“丗”（世）字了。宋以后，清以前，凡从黄本所出的《史记》板本，所刻《三皇本纪》中的“丗”字皆相沿未改。日人泷川资言作《史记会注考证》，则以讹传讹，将“丗”（三十）字径改作“世”，排印为“凡世七万六百年”。这就与上文“自开辟至于获麟，凡三百二十七万六千岁，分为十纪”，风马牛不相及了。

宋人不仅将唐人写本《史记》《汉书》中的“丗（三十）”字误认作“丗（世）”字，而且还因为“丗”（世）字与“卌”字古时读音相近，在特定的语文环境中，有时进而会讹作“卌”字。这种阴差阳错导致了今本《史记》《汉书》中“三十”与“四十”两个数字的多处相讹。这种讹变有两种模式：

（1）丗（三十）⟶丗（世）⟶卌（四十）⟶四十

（2）卌（四十）⟶丗（世）⟶丗（三十）⟶三十

今本《正义》“案迁年四十二岁”，正是按第一种模式讹变而成的。张守节《正义》唐写本原来当作：“按迁年丗二岁。”宋人据唐写本汇刻《史记》三家注时，误认“丗（三十）”字作“丗（世）”字。然而“按迁年世二岁”又于义不通，遂猜度“世（丗）”字或为读音相近的“卌”字之讹，于是径将《正义》臆改为“按迁年卌二岁”，进而按宋时书写程式分解作“按迁年四十二岁”。这样一来，就铸成了今本《史记》的《正义》案语与《索隐》所引《博物志》之间“十岁之差”的大错。

本文的最后结论是：司马迁的生年，当依《太史公自序》与《报任安书》中史公关于自身行迹的自叙为本证，以经过验证纪年数字无误的《索隐》所引《博物志》录入的前汉原始记录为佐证，进行实事求是的科学推算，太史公应生于汉武帝建元六年丙午（公元前135年）。司马迁较汉武帝刘彻（汉景帝前元元年乙酉生，汉武帝后元二年卒，公元前156—前87年）晚生二十一年。

1988年立夏日杀青于芜湖赭麓窳陶斋。

［原载《陕西师大学报》1988年增刊《全国〈史记〉学术研讨会论文专辑》；又载《史记研究集成》第一卷《司马迁评传》，第410—430页，华文出版社2005年版］

从书体演变角度论《索隐》《正义》的十年之差

——兼为司马迁生于武帝建元六年说补证

一、王国维关于司马迁生年的结论有待进一步商榷

公元一九九五年，将在古城西安举行国际学术会议，隆重纪念伟大的哲人司马迁二千一百四十周年的诞辰。诞辰绝对年代的确定，依据的是王国维先生关于司马迁生年的一项著名的考证。然而王先生的考证方法连同结论，都有待进一步的商榷。

王国维从今本《史记》三家注合刻本的《太史公自序》司马谈“卒三岁，而迁为太史令，紬史记石室金匮之书。五年而当太初元年”一节文字下，发现两条关涉司马迁生年的古注。一为“卒三岁而迁为太史令”句下的《索隐》，一为“五年而当太初元年”句下的《正义》，遂据以推考司马迁生于汉景帝中元五年（公元前145年），并以此为基础，排比司马迁的生平行迹，作《太史公系年考略》[①]，于一九一六年破天荒地发表了司马迁生平编年史。一九二三年，王先生又扩充此文，为《太史公行年考》[②]，其事加详，而其说未变，于该文“汉景帝中五年，丙申，公生，一岁”条

① 刊《广仓学窘丛书》1916年版；编入《学术丛编》，上海仓圣明智大学排印本1916年版。笔者未见原书。

② 编入《观堂集林》卷第十一《史林三》，《海宁王静安先生遗书》本（商务印书馆1940年石印）。下文凡引王国维说，均同此注。

下，对司马迁生年作出如下考证：

按《自序》《索隐》引《博物志》："太史令，茂陵显武里，大夫司马（原注：此下夺"迁"字），年二十八，三年六月乙卯，除六百石也。"（原注：今本《博物志》无此文，当在逸篇中。又茂先此条当本先汉纪录，非魏晋人语。说见后。）按"三年"者，武帝之元封三年。苟元封三年史公年二十八，则当生于建元六年。然张守节《正义》于《自序》"为太史令。五年而当太初元年"下云："按迁年四十二岁。"与《索隐》所引《博物志》差十岁。《正义》所云亦当本《博物志》。疑今本《索隐》所引《博物志》"年二十八"，张守节所见本作"年三十八"。三讹为二，乃事之常；三讹为四，则于理为远。以此观之，则史公生年当为孝景中元五年，而非孝武建元六年矣。

王先生首先精辟指出，《索隐》所引《博物志》此条"当本先汉纪录"，资料可靠，接着推测《正义》按语亦当本《博物志》，二注同源。然据以推算史公生年，却有十年之差。二注必有一误。王先生是《正义》而非《索隐》。他论证逻辑的大前提是：《索隐》"年二十八"系"年三十八"之讹；小前提是：《正义》"年四十二"不可能由"年三十二"讹成；故结论必然是：史公生于景帝中元五年，而非武帝建元六年。人们可以清楚地看出，王先生考证逻辑前提的前提，或曰"立论的基石"，是数字讹误说。

王先生的这项考证，长期以来被人们誉为方法正确、逻辑严密、引证可靠，其结论——司马迁生于景帝中元五年，为中外许多知名学者如梁启超、泷川资言、郑鹤声、程金造等所信从[①]。但王先生的数字讹误说毕竟

① 梁启超说见《要籍解题及其读法·史记》，《饮冰室合集·专集第十五册》，中华书局1936年版；[日]泷川资言说见《史记会注考证》第十册附录《史记总论·太史公年谱》，文学古籍刊行社1955年影印；郑鹤声说见《司马迁生年问题的商榷》，《司马迁年谱·附录》，商务印书馆1956年版；程金造说见《关于司马迁生卒年月四考》，编入《文史哲》丛刊第三辑《司马迁与史记》，中华书局1957年版。

只是一种拟测，在无《史记》版本依据的情况下，改字立说，将派生性的资料凌驾于第一性的原始资料之上，有违考据学的通则，因而也难以令持司马迁生于武帝建元六年说的学人心悦诚服。

对于司马迁生于景帝中元五年说，也真是"山穷水复疑无路，柳暗花明又一村"。自日本学者水泽利忠于1957至1970年陆续出版的《史记会注考证校补》传入中土后，20世纪80年代初，施丁先生终于从其书为王国维的数字讹误说找到了期待半个世纪之久的日本"南化本"《史记》的版本依据：

> 《史记会注考证校补》卷八（日本，一九六一年发行）写明了"年二十八"的"二"，南化本是"三"；并对此作了说明："按：依南化本，则迁生于景帝中元五年，与《正义》说同，今本《史记》'三'讹为'二'。"

施先生据此得出结论：有了日本南化本这样"一条可贵的证据"，"景帝中元五年说，比之建元六年说，可靠性就大多了，虽然还难说百分之百的正确，但确有百分之九十以上的把握"[①]。

张大可先生比施先生说得更加铁定。他在校勘《史记研究》稿样时，为其论文《司马迁生卒年考辨辨》写了一则跋尾式的［附记］：

> 本书校样时喜读施丁刊于《杭州大学学报》的论文《司马迁生年考》。该文从《史记会注考证校补》中发现日本南化本《史记》之《索隐》作"年三十八"，这是一条极为可贵的证据，它证实了……三家注在唐以后《索隐》发生了数字讹误。也就是说，迁生于景帝中元五年可以定论矣！[②]

① 施丁：《司马迁生年考——兼及司马迁入仕考》，《杭州大学学报》（哲学社会科学版）第14卷第3期，1984年9月。

② 张大可：《史记研究》，甘肃人民出版社1985年版，第107页。

既然认为王国维的考证方法正确，逻辑严密，原来有懈可击的数字讹误说，现在又有了南化本的版本依据，“尽管这是一个孤证”，却是一个“不容否定的铁证”，那么司马迁生于景帝中元五年说理应可以定论了。而对“定论”作出最大贡献的是施丁的发现，也理所当然地载入《史记》研究的史册[①]。于是不少原持武帝建元六年说的学者，自南化本的“证据”公之于世后，也纷纷易帜，改从王国维说。即将于一九九五年举行的大型纪念活动，定司马迁诞辰为二千一百四十周年，正是在上述背景下提出的。

不过，如果对司马迁生于景帝中元五年说细加推勘，便不难发现其立论的基石“数字讹误说”并不稳固，而南化本的所谓“铁证”更属子虚乌有。故认为史公生于景帝中元五年说便可以定论，尚为时过早。

二、所谓日本“南化本”《索隐》作“年三十八”的“铁证”实为伪证

让我们先考察所谓南化本的“铁证”。施丁所发现的“极其可贵的证据”，见水泽利忠《史记会注考证校补》为《太史公自序》“而迁为太史令”句下《索隐》“年二十八”所作的“校补”。原文照录，以便讨论：

> 索　年二十八　○　二[南化]三　下文五年而当太初元年语下集解曰李奇曰迁为太史后五年适当武帝太初元年此时述史记正义曰按迁年四十二岁按依南化本则迁生于景帝中元五年与正义说同今本史记索隐三讹为二。[②]

① 张新科、俞樟华:《史记研究史略》,三秦出版社1990年版,第258页说:“从目前研究趋势看,多数人同意王国维的看法,即生于汉景帝中元五年。因为……更重要的是,施丁又从《史记会注考证校补》中发现日本南化本《史记》之《索隐》作‘年三十八’,这更是一条铁证。”

② 本文引用水泽利忠《史记会注考证校补》的版本,系日本学者小泽贤二先生惠赠之史记会注考证校补刊行会特制本。本条“校补”见该书卷八《太史公自序第七十》,第12—13页。

这条“校补”明谓日本存有名为“南化本”的古本《史记》，其“而迁为太史令”语下《索隐》作“年三十八”，与诸本皆异，而与《正义》契合，二者并无十年之差。据“南化本”《索隐》推算，司马迁亦当生于汉景帝中元五年。王国维当年的推测，从版本上得到了“证实”。

然而，众所周知，现存官私所藏《史记》诸本，包括写本与刻本，《太史公自序》“而迁为太史令”句下《索隐》，无作“年三十八”者；而在《史记》的版本系统中，也从无什么“南化本”！

水泽利忠所称的“南化本”，其实就是南宋宁宗庆元（公元1195—公元1200年）年间建安黄善夫梓刻的《史记》之《集解》《索隐》《正义》三注合刻本。这个本子传入日本，旧为日人幻云（月舟寿桂）南化玄兴直江兼续所藏，后归米泽上杉隆宪家。“南化”则是水泽利忠为南化旧藏上杉现藏的黄善夫本《史记》所起的略号。他同时又依刊刻的时代，为黄善夫本另外起了个略号曰“庆”。这就造成一种错觉，似乎“南化本”与“庆本”是两个不同系统的刻本。倘不认真检视《史记会注考证校补》卷首的《校雠资料一览》，又不仔细辨析上引的“校补”，便会被他蒙过。必须指出：黄善夫本《史记》的《索隐》实作“年二十八”，并无“年三十八”其文。上杉氏所藏的黄本自不例外。作“三十八”者，乃上杉氏藏本（即水泽利忠所称的“南化本”）标注于书眉的批注，但并无任何版本的依据。这种来源不明的标注，情况极其复杂，自然算不得什么“铁证”。水泽利忠本先入之见，将不知是何人亦不知在何时标注的文字，轻率地认定为“南化本”而实则是黄善夫本《史记》的《索隐》，移花接木，难称矜慎；而国人懒于稽核版本，轻信无根之言，也不免疏忽。

三、今本《史》《汉》中“二十”与“三十”罕见相讹

在清理了所谓“南化本”的公案之后，且让我们集中讨论景帝中元五年说立论的基石“数字讹误论”是否坚实。

王国维提出“三讹为二，乃事之常；三讹为四，则于理为远”的观点，据以推论《索隐》“年二十八”系由“年三十八”讹变而来，而《正义》“年四十二”绝非“年三十二”讹成。郑鹤声曾著文引据大量资料为王说作证：

> 古书记载“三、二”相讹的地方极多，甚至举不胜举，而“四、三”相讹的地方，则就我翻阅结果，竟未发现。……这可证明王先生所说“三讹为二，乃事之常；三讹为四，则于理为远”的话是不错的。[①]

确实，王先生的“常理说”用以说明古籍中个位数“二”“三”“四”之间的讹与不讹，是行之有效的。但十位数“二十”“三十”“四十”之间的讹与不讹，却非王、郑等先生所存想的那般简单。因为“二十”“三十”“四十”这几个数字，唐以前其正体均以合体书写的形式出现，并不存在“三讹为二，乃事之常；三讹为四，则于理为远”的情况。

有鉴于王国维“三、二”互讹常理说的疏失，张大可用汉唐时数词“二十、三十、四十”分别书作廿、卅、卌，都是一笔之差，易致互讹，来为王说补苴罅漏，认为“司马迁生年的十年之差即是廿、卅、卌之间的讹误造成”，而“《正义》据《索隐》立说，‘案迁年四十二岁’。由此可知，《索隐》原引《博物志》为‘年三十八’，唐以后讹为‘年二十八’”[②]。他并从今本《史记》《汉书》《三国志》中找到了五条史实记载发生十年之差的例证，为王国维的立论基石“数字讹误说”作实践上的证明[③]。但张说就解决太史公生年十年之差的悬案而言，与王说相较，并未加进，因为“如就廿与卅、卅与卌而言，都是一笔之差，定不出谁容

① 郑鹤声：《司马迁生年问题的商榷》，《司马迁年谱·附录》，商务印书馆1956年版。

② 张大可：《史记研究》，甘肃人民出版社1985年版，第119页。

③ 张大可：《史记研究》，甘肃人民出版社1985年版，第85—88页。

易，谁不容易来”[①]。

更重要的是，数字讹误说遇到的难题，并不止郭沫若指出的一端。持司马迁生于景帝中元五年说的学者，恐怕都不愿面对这样的事实：从今本《史记》与《汉书》的实际来看，“二十”与“三十”发生互讹的情况极为罕见。清儒梁玉绳、王先谦曾先后发现两例，但均属误会。

梁玉绳发现的“三十”误书为“二十”的一例，为《史记·傅靳蒯成列传》阳陵侯傅宽曾孙傅偃的材料：“子侯偃立，二十一年，坐与淮南王谋反死，国除。”《史记志疑》卷三二于其下“附案”曰：“立三十一年也。各本皆讹。”[②]今按：傅偃于景帝前四年（公元前153年）代侯，至武帝元狩元年（公元前122年）坐诛，实“立三十一年”。梁氏之前的《史记》诸版本，如宋刻《集解》单本、《集解》《索隐》合刻本、元中统二年（公元1261年）刊《集解》《索隐》合刻本、明毛晋汲古阁刊十七史本《史记集解》，皆作“三十一年”，不误；梁氏谓“各本皆讹”，不确。作“二十一年”的，只有南宋黄善夫本、元彭寅翁本。彭本体例款式一同黄本，故黄本实为彭本所从出。黄本刻印精美，而校勘草率，出于写工刻工无意造成的“讹夺衍倒随处可见”[③]。而黄本误者，彭本亦沿其误。梁玉绳作《史记志疑》，其《自序》交待了他所据的底本是当时盛行的“明吴兴凌稚隆《评林》，所谓‘湖本’也”。刊刻于明万历四年（公元1576年）的《史记评林》，重在文章评点，而疏于史文校雠，错误很多，洵非善本。作“二十一年”者，实系梁氏所据“湖本”自误，而与宋、元诸善刻并无版本承袭关系。梁氏“附案”系据误本而出。假如梁玉绳当年能多参考一些善本，相信他不会写出这条校语。

王先谦发现的“二十”误书为“三十”的一例，见《汉书·高帝纪下》：高帝六年，“上已封大功臣三十余人”。王氏认为“三十余人”系

① 郭沫若：《太史公行年考有问题》，原刊《历史研究》1955年第6期；后编入郭氏《文史论集》，人民出版社1961年版，第170页。下文凡引郭说均同此注。

② (清)梁玉绳：《史记志疑》，中华书局1981年版，第1352页。

③ 杜泽逊：《论南宋黄善夫本〈史记〉及其涵芬楼影印本》，《古籍整理出版情况简报》，1994年第4期(总281期)，国家古籍整理出版规划小组办公室编，第10—13页。

“二十余人”之讹。《汉书补注》于其下引周寿昌曰：

> “荀《纪》作‘大功臣封者二十余人’，本书《张良传》同。《高帝功臣表》六年正月以前封二十七人，合韩信二十八人。‘三’是‘二’之误。”先谦曰：《通鉴》亦作“二十余人”，此积画传写之误。①

此说与王国维的“三讹为二，乃事之常”不谋而合，而其误也同。今按：据《汉书·高帝纪下》载，高帝刘邦剖符分封功臣曹参等人为彻侯，始于六年十二月甲申。至正月前，据《高祖功臣表》，共封二十七人。然在此之前，刘邦为汉王时，曾先后封吕后父吕公为临泗侯、项羽故将利几为颍川侯、太尉卢绾为长安侯；为皇帝后，又于六年十二月降封楚王韩信为淮阴侯。由于吕公已于汉王四年先卒，而卢绾则于五年九月晋封燕王，利几于同月因谋反被诛，故《高祖功臣表》除淮阴侯外，均未入载。而《高帝纪下》所称的六年正月前所“已封”的功臣，实含吕公、利几、卢绾、韩信等人在内，与曹参等二十七人相加，则得三十一人。这还不包括《功臣表》因资料残缺而漏载的侯封。《汉书·高帝纪》叙作“三十余人”，正得其真。后世传写梓刻，亦未讹错。倒是周寿昌、王先谦未见及此，遽发“三十余人”系“二十余人之误”之论，其实是以不误为误。

张大可列举的五条史实记载发生十年之差的例证中，也含有“三十”讹为“二十”的一例。他指出辅佐昭、宣二帝中兴的大将军霍光，前此曾侍奉武帝三十三年，而《汉书·霍光传》“却说霍光‘出入禁闼二十余年’。可见，‘廿余年’乃‘卅余年’之误”。以此证明“廿”与“卅”易致互讹②，试图为王国维关于《索隐》所引《博物志》“年二十八”系由“年三十八”讹变而来的推测提供史料佐证。但张先生的这番论证依然是

① 王先谦：《汉书补注》，中华书局据清光绪二十六年虚受堂刊本影印1983年版，《高帝纪第一下》，第51页下。

② 张大可：《史记研究》，甘肃人民出版社1985年版，第86页。

出于对《汉书》文意的误解。因为《霍光传》“出入禁闼二十余年”的下文，接叙征和二年（公元前91年）卫太子之变后，武帝因霍光“小心谨慎，未尝有过”，欲托以社稷大事。霍光于元狩四年（公元前119年）随其同父异母兄长霍去病由河东平阳至京师，旋即入仕为郎，稍迁为侍中，“出入禁闼”，到征和二年，首尾不过二十七八年。《汉书》叙作“二十余年”，并未误书。张先生用以说明《史记》《汉书》中“廿、卅”易致互讹的唯一孤证，事实上并不存在。

四、今本《史》《汉》中“三十”与“四十”经常相讹

然而与“二十”“三十”之间罕见相讹的事实相反，今本《史记》《汉书》中“三十”与“四十”互讹的事例却比比皆是。

（甲）“四十”讹为“三十”者有之：

[一]《史记·夏本纪》：“或在许。”《正义》：“许故城在许州南三十里。”而《魏世家》“南国必危”句下《正义》释许故城作“南西四十里”。检《元和郡县志》《太平寰宇记》引《括地志》释许故城均作“四十里”。是《夏本纪》之《正义》“三十”，乃“四十”之讹。

[二]《史记·秦始皇本纪》三十三年“自榆中并河以东，属之阴山，以为三十四县，城河上为塞”。而《六国年表》则作“西北取戎为四十四县”。《集解》：“徐广曰：‘是也。’”《六国年表》与《匈奴列传》文同。可证今本《秦始皇本纪》“三十四县”系“四十四县”之讹。

[三]《史记·秦始皇本纪》“得齐王建”句下《正义》云：“齐王建之三十四年，齐国亡。”而据《史记·六国年表》，齐王建被俘国亡，在四十四年。是今本《正义》“四十”讹为“三十”。

[四]《史记·仲尼弟子列传》：“颜回者，鲁人也。字子渊。少孔子三十岁。”《论语·雍也篇》，孔子答鲁哀公问弟子孰好学，称其弟子“有颜回者，不迁怒，不贰过。不幸短命死矣”。《春秋公羊传·哀公十四年》于“西狩获麟”下，接书“颜渊死，子曰：‘噫，天丧予！’子路死，子曰：

‘噫，天祝予！’”按：子路死于哀公十五年卫国蒯聩之难。《公羊传》将颜渊、子路之卒连书，则可知二人死之时相距甚近。获麟后一年，孔子年七十二。依今本《史记》，颜渊少孔子三十岁，则死时年四十二。已逾不惑之年，不得谓“短命”。然据萧统《文选》卷五十四刘孝标《辨命论》“颜回败其丛兰”句下李善注引：“《家语》曰：颜回年二十九，发白，三十二而早死。”又《史记·索隐》注引《家语》说，与李善注引同。“三十二而早死”，可称“短命”，且与《仲尼弟子列传》所叙“回年二十九，发尽白，蚤死”吻合。故清儒毛奇龄《论语稽求篇》谓《史记》“《弟子列传》所云少孔子三十岁者，原是四十之误”。①

［五］《史记·张仪列传》“仪相秦四岁，立惠王为王”句下《正义》曰：“《表》云：‘惠王之十三年，周显王之三十四年。’”今覆按《史记·六国年表》，秦惠王之十三年，实当周显王之四十四年。是今本《正义》“四十”讹为“三十”。

（乙）“三十”讹为“四十”者亦有之：

［一］《史记·秦本纪》孝公十二年，“并诸小乡聚，集为大县，县一令，四十一县”。而《史记》之《六国年表》《商君列传》及日本高山寺旧藏东洋文库藏古钞本《秦本纪》，皆作‘三十一县”。显然今本《秦本纪》之“四十”乃”三十”之讹。

［二］《史记·封禅书》“上郊雍，通回中道”。《史记正义佚存》云：“回中宫在岐州雍县西三十里。”而今本《秦始皇本纪》“过回中宫”句《正义》，及《匈奴列传》“使奇兵入烧回中宫”句《正义》并作“四十里”。是宋人刻本早已误认唐人写本“卅”作“四十”。

［三］《史记·河渠书》“汉兴三十九年，孝文时河决酸枣，东溃金堤。于是东郡大兴卒塞之。其后四十有余年，今天子元光之中，而河决于瓠子，东南注巨野，通于淮、泗”。按汉兴之三十九年，为文帝前元十二年（公元前168年）。从文帝前元十二年河决酸枣，到武帝元光三年（公元前

① (清)毛奇龄:《论语稽求篇》卷五,第六叶,收在《钦定四库全书》经部八,台湾商务印书馆影印1972年版。

132年）河决瓠子，实为三十七年。故《河渠书》“四十有余年”乃“三十有余年”之讹。

［四］《史记·李将军列传》：李广“为二千石四十余年”。按李广自景帝前三年（公元前154年）始任二千石的上谷太守，至元狩四年（公元前119年）被迫自尽，首尾为三十六年。故《李将军列传》“四十”为“三十”之讹。

［五］《汉书·食货志》载，贾谊在文帝二年（公元前178年）上疏论积贮曰：“汉之为汉几四十年矣，公私之积犹可哀痛。”按：自刘邦封汉王（即所谓“汉兴”）之年（公元前206年），至文帝二年，共计二十九年。依古人称数的习惯，“二十九”一般不说“二十余”，而称“几三十”。故贾生奏疏必作“汉之为汉几三十年”，而不会作“汉之为汉几四十年”。然则今本《汉书》“四十”显系“三十”之讹。（作者检视所见，宋、元《史记》三家注合刻本中，“二十”与“三十”互讹者曾未之见；而“三十”与“四十”互讹者多达三十四例。今本同此。因例多文繁未能多举。）

五、从以上考证得出两点基本认识

以上史例证明一点：王国维的“数字讹误说”，虽经张大可等人用廿、卅、卌之间都是一笔之差，易致互讹，予以补苴修正，依然无法解释今本《史记》与《汉书》中何以“二十”与“三十”罕见相讹、而“三十”与“四十”却经常相讹的实际。可见它并不具备论者所坚信的“科学的基础”[1]。其实，廿、卅、卌之间虽说仅有一笔之差，但字形并不相混，读音也迥然不同，故廿、卅之间罕见相讹；而卅、卌之间易致相讹，亦与“一笔之差”无关，而别有原因在，请容下文详论。至于施丁发现的所谓日本南化本的“可贵的证据”，则不仅是个孤证，而且还是个伪证。这样一来，王国维立论的基石——数字讹误说——便根本动摇。

① 张大可：《史记研究》，甘肃人民出版社1985年版，第85页。

综括上面的考论，可以得出两点基本的认识：

［一］由于王国维立论的基石不具备“科学的基础”，却据此考证太史公生年，其方法自难称正确，逻辑也谈不上严密。《史记》与《汉书》中“二十”与“三十”罕见相讹的事实，使王先生的大前提——《索隐》“年二十八”系“年三十八”讹成的拟测成为无根之木；而“三十”与“四十”经常相讹的实际，又昭示了王先生的小前提——《正义》“年四十二”绝不与“年三十二”相讹的判断难以立足。大小前提皆成问题，其最后的结论——司马迁生于汉景帝中元五年，岂能成为定论！

［二］《索隐》所引《博物志》录载的司马迁就任太史时的履历材料，已经王国维、郭沫若用敦煌、居延汉简证明，“当本先汉纪录”，是“完全可靠的”档案资料。而今本《史记》中“二十”与“三十”罕见相讹的事实，又可证明其纪年的数字在传写梓刻过程中，也未发生讹变。笔者在拙作《司马迁生于武帝建元六年新证》中，曾以《太史公自序》《报任安书》为本证，证实了《索隐》所引《博物志》的纪录，与太史公的自叙若合符节[1]。这都说明今本《史记索隐》所引《博物志》依然保持着先汉原始档案的旧貌。它应是推算司马迁生年的一项可靠依据。

六、从由唐至宋“三十”、“四十”及“世”字书体演变考察《索隐》《正义》十年之差的成因

现在还剩下《索隐》与《正义》在推算司马迁生年时发生十年之差的疑案。为了回答这个不容回避的难题，有必要先检点一下《索隐》《正义》与《博物志》的关系。西晋张华撰著的《博物志》十卷，《隋书·经籍志》子部杂家类、《新唐书·艺文志》子部小说家类、《宋史·艺文志》子部杂家类，均有著录；自《元史》起，不再入录。足证《博物志》其书散佚于宋、元之际。唐、宋两朝自有《博物志》全帙，且非稀见秘籍而为学者案

① 袁传璋：《司马迁生于武帝建元六年新证》，刊《全国〈史记〉学术研讨会论文专辑》，《陕西师大学报》1988年增刊。又收入中国史记研究会丛书《史记研究集成》第一卷《司马迁评传》，华文出版社2005年版，第410—430页。

头常备之书。因此，我以为，录入先汉“太史令，茂陵・显武里，大夫司马迁，年二十八，三年六月乙卯除六百石”档案资料的写本《博物志》，司马贞作《索隐》时征引了，张守节作《正义》时也必见读过。张守节所下按语未必如程金造所拟测的是“据《索隐》立说”，但系据《博物志》而作此按断，则是可以肯定的。他所作的按语，原来当作“按迁年三十二岁”。唐代《正义》单本与《索隐》单本之间并无十岁之差。差讹发生在由唐人写本到宋人刻本的转换期。这个推论可从书体演变的角度，通过“二十”“三十”“四十”这三个数字以及“世”字书写形态的变化轨迹，得到合理的解释。

二十、三十、四十这三个数字，秦汉人分别省作廿、卅、卌。传世的石鼓、钟鼎、石经、碑铭，敦煌、居延出土的大量汉简，长沙马王堆汉墓帛书，提供了实物的证据。诚如郭沫若所说，“这是殷周以来的老例”[①]。这种合体书写的形式，中经魏晋六朝，一直沿用到隋唐五代。如《敦煌秘籍留真新编》（［日］神田喜一郎编，台湾大学1947年出版发行）所收唐人卷子本《史记》残本之《管蔡世家》《伯夷列传》《燕召公世家》，何晏《论语集解》，范宁《春秋穀梁传集解》，虞世南《帝王略论》，《老子》上篇、下篇，数字凡二十皆作廿、廿，三十皆作卅、卅，四十皆作卌、卌。《鸣沙石室佚书》（罗振玉辑，东方学会影印，1928年版）所收唐人写本《论语郑氏注》《春秋后国语》《残地志》《沙州图经》《水部式》等，凡数字二十、三十、四十字之书体，与《敦煌秘籍留真新编》所收唐人写本书体相同，皆作合体。特别值得注意的是，日本学者水泽利忠撰《史记会注考证校补》收入现存的六朝及唐人写本《史记》或全或残之单篇影印本，凡数字二十、三十、四十皆作合体廿、卅、卌，毫无例外，与宋人刻本大异。唐人书写“廿”“卌”的字形．与汉魏六朝时几无差别。如由晚唐大书家柳公权书丹、刊刻于唐武宗会昌元年（公元841年）的《玄秘塔碑》，碑文“十二月二十八日建”之“二十”书作“廿”；碑文大达法师

① 郭沫若：《太史公行年考有问题》，原刊《历史研究》1955年第6期；后编入郭氏《文史论集》，人民出版社1961年版，第170页。下文凡引郭说均同此注。

“俗寿六十七僧腊四十八”之“四十”书作“卌”，即是显例。（参见插图一）较为特殊的是“三十”合体字的写法，魏晋六朝时市井俗体或

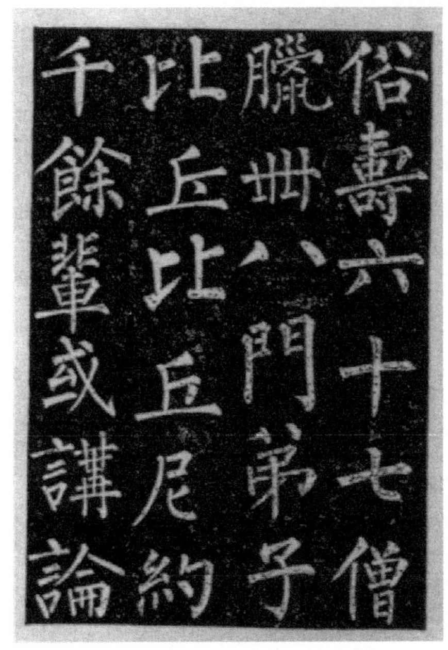

插图一　唐柳公权书《玄秘塔碑》

插图二　唐欧阳通书《泉南生墓志铭》

简作“卅”，碑版则作“卅”[①]；而在唐代，于较为正规的场合，书体有了变化。碑版文字如洛阳邙山出土的《大唐故特进行右卫大将军兼检校右羽林军杖内供奉上柱国卞国公赠并州大都督泉君墓志铭》，其序文云：“公姓泉，讳男生，字元德，辽东郡平壤城人也。……二十八任莫离支、兼三军大将军，三十二加太莫离支、总录军国阿衡元首。”[②]这篇由初唐大书家欧阳通书丹、号称“唐志第一”的墓志铭，“三十二”书作”“卅二”。（参见插图二）又如近年出土的晚唐时《唐故乡贡进士颍川陈君墓志》：“陈君讳宣鲁。……享年三十三。”[③]“三十三”书作“卅三”。写本如吐鲁番墓

① 1924年新疆鄯善县出土的东晋写本《三国志·吴志·张温》残卷：“时年三十二”，作“时年卅二”，是写本“三十”亦书作“卅”，不独墓志碑铭如此。参见《兰亭论辨》，文物出版社1977年版，图版玖。

② 李希泌编：《曲石精庐藏唐墓志》，齐鲁书社1986年版。

③ 参见《文物》，1986年第2期，第70页图版。

地出土的初唐贞观二十二年的文书《洛州河南县桓德琮典合契》，契中规定：“其利钱限至八月三十日付了。其赎宅价钱限至九月三十还了。”[①]两个“三十”，均书作“卅”。这个“三十”的合体字“卅”，左右两直划稍短且略向外倾，中间直划较长，三直划下部有一短横作封闭式联接。它的写法与宋人勒石、板刻时所书写的“卅（世）”字纹丝不差。

这似乎很奇怪，但说奇怪也并不奇怪。因为“世”字从卅（三十），在甲金文字中字形作“卅”，原义即为“三十”。而“三十”字在东周初叶的石鼓文《作原第四》中字形也作“卅”。世字篆变作世，《说文》云：“三十年为一世。从卅而曳长之。”《论语·子路篇》：“如有王者，必世而后仁。”《集解》引孔氏云：“三十年曰世。”可见“三十”与“世”，原本是一个字。字出同源，故“世”字的楷变字形与“三十”的合体字形，在宋朝以前本极接近。如一九六五年初在南京新民门外人台山出土的东晋《王兴之夫妇墓志》，纪年用的“三十”字，书作“卅”；志石背面刻兴之妻

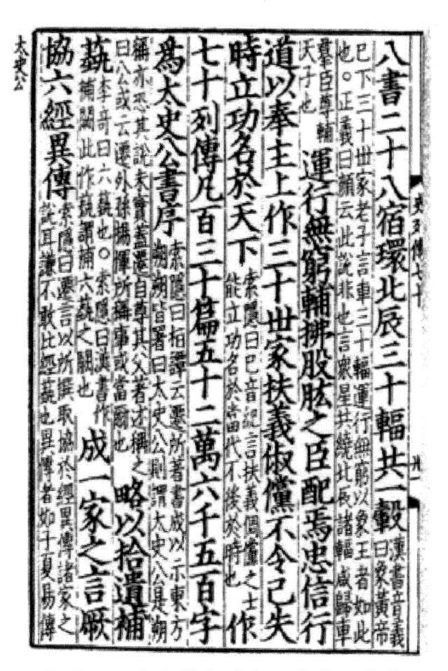
史記傳七十
八書二十八宿環北辰三十輻共一轂漢書音義曰象黃帝
已下三十世家老子言車三十輻運行無窮以象王者如此
也○正義曰顏云此說非也言衆星共繞北辰諸輻咸歸車
羣臣尊輔天子也運行無窮輔拂股肱之臣配焉忠信行
道以奉主上作三十世家扶義俶儻不令己失
時立功名於天下索隱曰已音紀言扶義倜儻之士能立功名於當代不後於時也作
七十列傳凡百三十篇五十二萬六千五百字
爲太史公書序索隱曰桓譚云遷所著書成以示東方朔朔皆署曰太史公則謂太史公是朔
稱亦恐其說未實蓋遷自尊其父著述稱之曰太公或云遷外孫楊惲所稱事或當爾也略以拾遺補
藝李奇曰六藝也○索隱曰漢書作補闕此作藝謂補六藝之闕也成一家之言厥
協六經異傳索隱曰遷言以所撰取協於經異傳諸家之說耳謙不敢比經藝也異傳者如子夏易傳
太史公

插图三　宋黄善夫刻史记太史公自序

墓志，称其“父哲，字世 儁”，“世”字书作“卅”，与数词“卅（三十）”的字形几难区分[②]。

自殷周秦汉下迄李唐，使用了二千年的廿、卅、卌的合体写法，到宋代发生了根本的变革。我们从出土的宋人墓志以及宋人版印的经史典籍中可以看到，合体书写的形式被取消了，而代之以“二十”“三十”“四

①《吐鲁番出土文书》，第四册，卷首图版四，文物出版社1983年版。

②《兰亭论辨》刊郭沫若：《由王谢墓志的出土论到兰亭序的真伪》一文附图四、五，《兴之夫妇墓志拓片》。

十”的书写形式[①]。宋人在将唐人写本摹写板刻时，按照功令规定的书写程式，需将合体字“廿”“卅”“卌”分别改易为“二十”“三十”“四十”。（参见插图三）如今本《史记·秦始皇本纪》所载《泰山刻石辞》“二十有六年，初并天下”，《琅邪台刻石辞》“维二十八年，皇帝作始”，《之罘刻石辞》“维二十九年，时在中春”，《会稽刻石辞》“三十有七年，亲巡天下”，凡四刻石颂秦德之辞，皆仿《诗》雅颂之体，率四字为句，其“二十”“三十”之字，史公原本必书作合体之“廿”“卅”。今本作“二十”“三十”者，当系由唐人写本移录刻版时，据宋时书写程式所改，非复史公原本旧貌。由于唐人将“三十”写成“卅”，而宋人将“世”字也写成“卅”，在誊录上板时，抄胥略有疏忽，就会将“卅”（三十）”字误认作“卅（世）”字，而不予分解。校雠者也极难发现。南宋黄善夫梓刻的《史记》三家注汇刻本中，就有这种因误认而致讹的典型例证。黄善夫本《史记》第一卷，于《五帝本纪》前刊刻了唐人司马贞补撰的《三皇本纪》，《纪》中有云：

> 故《春秋纬》称：自开辟至于获麟，凡三百二十七万六千岁，分为十纪，凡卅七万六百年。一曰九头纪，二曰五龙纪，三曰摄提纪……（参见插图四）

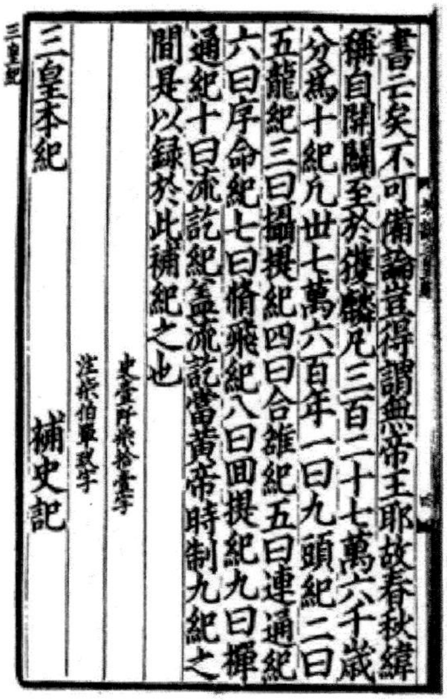

書云矣不可備論豈得謂無帝王耶故春秋緯
稱自開闢至於獲麟凡三百二十七萬六千歲
分爲十紀凡卅七萬六百年一曰九頭紀二曰
五龍紀三曰攝提紀四曰合雒紀五曰連通紀
六曰序命紀七曰脩飛紀八曰回提紀九曰禪
通紀十曰流訖紀蓋流訖當黃帝時制九紀之
間是以録於此補紀之也

三皇本紀　補史記

插图四　宋黄善夫刻史记补三皇本纪

“卅”字是“三十”字的合书，还保存了唐人写本的旧貌。“凡卅七万六百年”，是说每纪为三十七万六百年。满十纪则为三百七十万六千岁。然而黄氏刻本

① 参见《文物》1987年第3期刊出的北宋神宗熙宁四年《张约墓志铭》拓片；《文物》同年第11期刊出的南宋宁宗嘉泰四年《宋洪氏墓志》拓片，“二十”“四十”不再合书。至于板印书籍中“二十”“三十”“四十”不再合书，例多不备举。

未将合体三十字“丗”分解为“三十”，说明他已将“丗（三十）”字误认作“丗（世）”字了。宋以后，清以前，凡从黄本所出的《史记》板本，所刻《三皇本纪》中的“丗”字皆相沿未改。清高宗乾隆年间修《四库全书》，四库馆臣亦未识出此字，故四库写本《史记》遂沿宋本之误，将“丗（三十）”字径改作“世”字。日人泷川资言作《史记会注考证》，则以讹传讹，将“凡丗（三十）七万六百年”，排印作“凡世七万六百年。”这就与上文“自开辟至于获麟，凡三百二十七万六千岁，分为十纪”，风马牛不相及了。不过平心而论，黄善夫还不是始作俑者。比黄本问世早出二十余年的刊刻于南宋孝宗乾道七年（公元1171年）的蔡梦弼东塾《史记集解索隐》，卷首刻印司马贞补《三皇本纪》，已早作“凡丗七万六百年”。黄善夫不过是承袭其误罢了。

宋人不仅将唐人写本《史记》《汉书》中的“丗（三十）”字误认作“丗（世）”字，而且还因为“丗（世）”字与“卌”字古时读音相近，在特定的语文环境中，有时进而会讹作“卌”字。这种阴差阳错导致了今本《史记》《汉书》中“三十”与“四十”两个数字的多处相讹。这种讹变有两种模式：

（1）丗（三十）$\xrightarrow{\text{形同}}$丗（世）$\xrightarrow{\text{音近}}$卌（四十）$\longrightarrow$四十

（2）卌（四十）$\xrightarrow{\text{音近}}$丗（世）$\xrightarrow{\text{形同}}$丗（三十）$\longrightarrow$三十

今本《正义》“案迁年四十二岁”，正是按第一种模式讹变而成的。张守节《正义》唐写本原来当作：“按迁年丗二岁。”宋人据唐写本汇刻《史记》三家注时，将“丗（三十）”字误认作“丗（世）”字。然而“按迁年世二岁”又于义不通，遂猜度“世（丗）”字或为读音相近的“卌”字之讹，于是径将《正义》臆改为“按迁年卌二岁”，进而按宋时书写程式分解作“按迁年四十二岁”。这样一来，就铸成了今本《史记》的《正义》案语与《索隐》所引《博物志》之间“十岁之差”的大错。

本文的最后结论是：司马迁的生年，当依《太史公自序》与《报任安书》中史公关于自身行历的自叙为本证，以经过验证纪年数字无误的《索隐》所引《博物志》录入的先汉原始纪录推算，太史公应生于汉武帝建元六年丙午（公元前135年）。公元一九九五年，当是司马迁诞辰二千一百三十周年。

公元一九九四年立冬日杀青于
芜湖赭麓窳陶斋。

［原载台湾《大陆杂志》第90卷第4期，1995年4月出版］

太史公“二十岁前在故乡耕读说”商酌

一、引　言

笔者在一九八八年提交“全国《史记》学术研讨会”（西安）的论文《司马迁生于武帝建元六年新证》[1]中，关于太史公青少年时代的从学经历，曾写过如下一段话：

> “年十岁则诵古文。”司马迁是以庄肃的口吻郑重言之的，其内涵实指自十岁起到二十壮游前止以诵习古文经籍为主要内容的从学经历。其中包括向孔安国请教《古文尚书》的训诂，从董仲舒学习《公羊春秋》的大义。太史公一生学问即肇基于是。这句话也表明少年司马迁已转换了生活舞台，偏僻的农村无论是藏书、师承，还是父教，都不具备学习古文的条件。“年十岁则诵古文”，应是在长安司马谈身边开始的。

限于该文体例，对于司马迁诵习古文必在茂陵新籍，而非在夏阳故里的原因，只作了简略的交待，未能展开论述。

① 该文刊于《全国〈史记〉学术研讨会论文专辑》，《陕西师大学报》1988年增刊。

嗣后，拜读时贤的论著，见有司马迁二十岁前在故乡夏阳耕读一说，认为太史公十九岁才正式长住京师，“年十岁则诵古文”，是在当时那个文物之邦的龙门夏阳。论据则有四端：其一，根据“迁生龙门，耕牧河山之阳”和“仆少负不羁之才，长无乡曲之誉”两句话判断的；其二，根据司马迁见游侠郭解的时间和地点而定的；其三，根据司马迁问故孔安国的时间分析的；其四，根据司马迁故乡当时的育才能力而推测的。

其论甚辩。不过，思之再三，窃以为其说所持之论据似可再酌。故不揣谫陋，愿将旧作未尽之意，略陈于下，与提出这种新说的先生商议，并求正于大方之家。

二、从史公自叙推断他二十岁前不可能在故乡耕读

论者将《太史公自序》“迁生龙门，耕牧河山之阳”和《报任安书》“仆少负不羁之才，长无乡曲之誉”参合分析，认为完全讲的农村之事，“耕牧”是实实在在的耕种牧畜的农事劳动，只有十几岁以上的人才干得了；又说，既然提到“乡曲之誉”的有无，若非在乡曲住到成年，就不可能对他的“长”作出评定。因此，“二十而南游”前的司马迁只能在故乡耕读。

笔者以为，这样的分析与判断，恐怕对太史公的文意有所误会。按《自序》“迁生龙门，耕牧河山之阳，年十岁则诵古文，二十而南游江淮”这段文字，是依照时间的先后，分叙自身儿时、少时和青年时代的经历。一位七八岁的乡村孩子，农忙季节里，帮家里在南亩干上一点辅助农活，或在草场看牧一阵牛羊，于古于今都是极兴头的常事。司马迁说他曾“耕牧河山之阳”，也无非是追忆他潜心习诵“古文”之前的儿时，曾在故乡有过这番令他神往的体验，而非必是指曾在此地从事过“实实在在的耕种牧畜的农事劳动”。司马氏虽然“家贫”，毕竟世代仕宦，并未“贫”到需要他从小到大从事“实实在在”的耕牧劳动的地步。何况他在“二十而南游江淮”之前，必须要为将来的名山事业准备好坚实的学问基础，也不允

许他将青春年华尽耗在这种“实实在在”的农事劳动上面。

我们说司马迁的“耕牧”只是记叙童年的一番体验，而并非指“实实在在”的耕种牧畜，还可从他外孙杨恽的文字中得到参证。杨恽免官失爵，退居故里，“治产业，起室宅，以财自娱”。友人安定太守孙会宗致函批评。杨恽回覆说：

> 窃自思念，过已大矣，行已亏矣，长为农夫以没世矣。是故身率妻子戮力耕桑，灌园治产，以给公上……[①]

他所说的“农夫”，不过是与仕宦对称，而“戮力耕桑，灌园治产”，大约也是兴之所至偶一为之。以他的财力之雄厚，社交之频繁，恐怕不会整日里“实实在在”的耕桑灌园，否则孙会宗也不会指责他“通宾客，有称举（誉）”了。

还有个文化背景我们不该忽略，即我们的祖先并不鄙薄耕牧。从前“舜自耕稼陶渔”[②]而为贤君，而“禹、稷躬稼而有天下”[③]，文王亦“卑服即康功田功”[④]，这都是千古流芳的懿行嘉话。后世的文人学士亦以尝事耕稼而自我标榜。后汉三国时的诸葛亮说他出山前曾“躬耕南阳”[⑤]，魏晋之际的阮籍不愿应公府征辟，陈说他“方将耕于东皋之阳，输黍稷之税”[⑥]，南朝齐代的谢朓说他进入仕途是“舍耒场圃，奉笔兔园”[⑦]……所有这些，半是实事，半属藻饰。对此，是不能过分顶真的。倘若卧龙先生真的在南阳“实实在在”的躬耕，他绝不能作出剖析天下大势如示诸掌的

---

①（汉）杨恽：《报孙会宗书》，见《汉书·杨敞传附子恽传》，中华书局点校本1962年版。

②（汉）刘向：《新序》，《杂事一》，四部丛刊影印明刊本。

③《论语·宪问》，《论语集解》本，阮刻《十三经注疏》，中华书局1980年影印本。

④《尚书·周书·无逸》，阮刻《十三经注疏》，中华书局1980年影印本。

⑤（三国）诸葛亮：《出师表》，《诸葛亮集》，中华书局1975年版。

⑥（三国）阮籍：《阮步兵集》，《奏记诣蒋公》，《汉魏六朝百三名家集》本。

⑦（南朝齐）谢朓：《谢宣城集》，《拜中军记室辞隋王笺》，《汉魏六朝百三名家集》本。

隆中对，而风云变幻的三国舞台上也不会有那位指挥若定的诸葛孔明了。同理，如果二十岁前的司马迁真的在河山之阳“实实在在”的耕牧，中国文化史上恐怕难以产生千古一人的太史公，彪炳千秋的《太史公书》也许会是另外一番模样。

至于论者从分析“年十岁则诵古文”和“少负不羁之才，长无乡曲之誉”入手，得出“司马迁是一个既聪明又不安分的青少年，长大了还得不到乡曲人们的好评”这样的结论，其依据当是清儒王先谦对《汉书·司马迁传》“少负”一句的“补注”：

> 负才犹言恃才。《说文》：“负，恃也。从人守贝，有所恃也。”本书注训“负”为“恃”者甚多。[①]

王氏此注是对唐人颜师古《汉书注》的驳正。颜氏原注曰：

> 不羁，言其材质高远不可羁系也。负者，亦言无此事也。[②]

王氏批评“颜解失之”。王氏的训释系据《说文》，而颜氏的训释同样依据《说文》。就在王氏引文之下，许慎释“负”另有一义：“一曰，受贷不偿”[③]。受贷，为欠债；不偿者，无所有也。经传旧籍中，“负”字训为“欠”或“无”者，亦复不少。颜、王二氏对“少负”一句的训解犹如水火冰炭，截然相反。孰是孰非，只能根据太史公文章的上下文意确定。且看《报任安书》：

> 仆少负不羁之才，长无乡曲之誉。主上幸以先人之故，使得奏薄

① (汉)班固撰，(清)王先谦补注：《司马迁传》，《汉书补注》补注，据长沙虚受堂刊本，中华书局1983年影印本。

② (汉)班固撰，(唐)颜师古注：《汉书·司马迁传》，中华书局点校本1962年版。

③ (汉)许慎：《说文解字》，中华书局影印清陈昌治刻大徐本1983年版。

技，出入周卫之中。仆以为戴盆何以望天，故绝宾客之知，亡室家之业，日夜思竭其不肖之才力，务一心营职，以求亲媚于主上。

从“仆少负”到“周卫之中”，太史公是追叙他入仕的途径，而并非解释他青少年时代生活在何地。文意显白，当无歧解。“不羁之才”侧重言才，“乡曲之誉”侧重言德，分指前汉吏民晋身的两种科目，前者为征辟，后者为察举。征辟无定期，大抵遇灾异、日蚀或国家多事之秋，由皇帝下诏特举，委以重任。然应征者须具“茂才异等，可为将相或使绝国”的不羁之才。如文帝时的贾谊，武帝时的终军，都以异才而少年得意；又如主父偃上书武帝言世务，“朝奏，暮召，入见所言”，立拜郎中，一年中凡四次升迁[①]。征辟是最荣耀的晋身之阶，但亦是罕逢的机遇。察举为岁举之常选，武帝时始行，各郡（国）每年察举秀才、孝廉各一人，拜为郎中。察举需“博问乡里”[②]，即所谓乡举里选，具有“乡曲之誉”者方有候选资格。司马迁少年时代即离开原籍，定居茂陵（详见下文第二节），“长”大后自无“乡曲之誉”。征辟和察举同为前汉仕进正途。除此之外，景帝以后还有“任子”一途：“吏二千石以上，视事满三年，得任同产若子一人为郎”[③]。但任子非由德才纯藉父兄之位，所以常遭识者非议。司马迁述说他之入仕，既非因具“不羁之才”而受征辟，也非因有“乡曲之誉”而被察举，他之所以能够“出入周卫之中”，是“幸以先人之故”，即因父谈任太史公的荫庇。司马迁因己出身非由正途而蒙“主上”器用，故格外感恩图报，以至“绝宾客之知，亡室家之业”而“一心营职”。“日夜思竭其不肖之才力”之“不肖”二字，正是上承“少负”“长无”二句而言；而“少负”“长无”二句，又与前段“所以自惟，上之不能纳忠效信，有奇策材力之誉”呼应。史公在《报任安书》中，凡笔涉自身德才的文字，一概以谦言出之。颜师古体贴史公用心，释“负”为“无”，是为确

①（汉）班固：《汉书·主父偃传》。

②（汉）班固：《汉书·杜周传附杜钦传》“必乡举求窈窕不问华色”句下颜师古注。

③（汉）班固：《汉书·哀帝纪》元年“除任子令”句下《注》引《汉仪注》。

诂。而王先谦未能心知其意，释“负”为“恃”，其解才真正“失之”。

其实，若从文法分析，也不难发现“少负不羁之才，长无乡曲之誉”上下两句为并列关系。后汉冯衍《又与阴就书》“外无乡里之誉，内无汗马之劳”[①]，句法正与此同。“少负”与“长无”，“外无”与“内无”，前后对举，互文见义，“负”亦“无”也。

论者误从王先谦释义，把“少负”“长无”二句视作因果关系，遂想象青少年时期的司马迁因为自恃才高而“不安分”，甚至包庇钦犯郭解，“结果遭到乡曲人们的非难”，“落了个不好的名声，于是就立即进京，住到司马谈的官府里，二十而南游江淮去了”。以这种小说家言来证明司马迁二十岁前必在家乡耕读，其与太史公《报任安书》的文意相距之远，实难同日而语。

三、司马迁见大侠郭解只能在长安和茂陵

论者根据《史记·游侠列传》中关于大侠郭解于武帝元朔二年（公元前127年）逃避通缉时途径夏阳安置家室的叙写，先提出郭解“没有到过长安”，再认定“好奇”的司马迁只能在夏阳而不能在长安与郭解交往而留下深刻印象，并断言司马迁所云：“吾视郭解，状貌不及中人，言语不足采者。然天下无贤与不肖，知与不知，皆慕其声，言侠者皆引以为名”[②]，是一个十九岁将及成年人的心理。而依王国维先生的司马迁生于景帝中元五年（公元前145年）说，元朔二年司马迁正好是十九岁，从而“证明司马迁十九岁前仍在家乡过着耕读生活”。

人们从《游侠列传》对郭解行状的描述：“解为人短小精悍，不饮酒。……出未尝有骑。……吾视郭解，状貌不及中人，言语不足采者”，不难看出，司马迁确实见到过大侠郭解，而且不止一次。但究竟在何地见到，又在多大年岁时见到，却值得琢磨。

①（南朝宋）范晔:《后汉书·冯衍传》注引《冯衍集》,中华书局点校本1965年版。

②（汉）司马迁:《史记·游侠列传》,中华书局点校本1959年版。

众所周知，司马迁除了左冯翊夏阳县的原籍外，还有一个右扶风茂陵邑显武里的新户籍①。司马迁于何时取得茂陵新籍的？笔者以为既不会早于也不会晚于元朔二年。武帝采纳主父偃“内实京师，外销奸猾”的建议②，于元朔二年夏下诏“徙郡国豪杰及赀三百万以上于茂陵”③。同时移徙在京师供职的二千石以上公卿大臣家实茂陵，以示恩宠。武帝徙大臣家实茂陵之举，《汉书·武帝纪》虽无其文，但实有其事。汉宣帝元康元年，曾诏“徙丞相、将军、列侯、吏二千石、赀百万者杜陵（宣帝初陵）”④。按《汉书·张汤传》，其子张安世历事武、昭、宣三帝，“武、昭、宣世，辄随陵凡三徙”：武帝时随父由杜县徙居茂陵，昭帝立复徙平陵，宣帝立又徙杜陵。可证前汉诸帝徙二千石以上显宦家及赀百万以上民户实初陵，其制起于武帝⑤。司马谈仕于建元、元封之间，由太史丞升任太史公⑥。太史公秩二千石⑦。建元之初始任太史丞，官卑秩低，而长安米贵，居大不易，家眷自必留居夏阳故里。元朔初头他早已升迁秩禄二千石位比列卿的太史公，自有荣幸于元朔二年夏秋之际将家眷由原籍移居武帝初陵茂陵邑。司马迁因此遂有了“茂陵显武里”的新户籍。

---

①（汉）司马迁：《史记·太史公自序》“卒三岁而迁为太史令”句下《索隐》注引《博物志》：“太史令，茂陵显武里，大夫司马迁，年二十八，三年六月乙卯除六百石。”

②（汉）班固：《汉书·主父偃传》。

③（汉）班固：《汉书·武帝纪》。

④（汉）班固：《汉书·宣帝纪》。

⑤ 按：《史记·佞幸列传》载，“至汉兴，高祖至暴抗也，然籍孺以佞幸；孝惠时有闳孺。此两人非有材能，徒以婉佞贵幸，与上卧起，公卿皆因关说。……两人徙家安陵。”又《万石张叔列传》载郎中令周文贵幸于景帝，景帝再自幸其家，“家徙阳陵”。同传，御史大夫张叔，名欧，武帝时“以上大夫禄归老于家，家于阳陵”。然则贵宠之臣徙家初陵，不始武帝，但武帝前仅为个别，不若武帝大规模移徙也。故曰“其制起于武帝”。

⑥（汉）司马迁：《史记·孝武本纪》“有司与太史公、祠官宽舒等议”句下《正义》注引《茂陵中书》：“司马谈由太史丞为太史公。”

⑦（汉）司马迁：《史记·太史公自序》“谈为太史公”句下《正义》注引《汉仪注》：“太史公秩二千石，卒史皆二百石。”关于汉武时太史公的建置、职守和官阶，拙作《为卫宏之司马迁“下狱死说”辨诬补证(〈太史公卒年考辨〉之四)》，《安徽史学》1984年第3期中有详考，读者请参考之。

移居茂陵时，司马迁有多大年岁？论者依据王国维的景帝中元五年说，认定是年十九岁。王先生立论的基石是数字讹误说。但这块基石并不牢靠。因为唐以前二十、三十、四十这几个数字，其**正体**分别省作**廿**、**卅**、**卌**，并不存在王氏所断言的“三讹为二，乃事之常；三讹为四，则于理为远”那种情况。经检视，今本《史记》和《汉书》中，二十与三十之间罕见相讹，几无一例；而三十与四十之间相讹之例却比比皆是。数字讹误说对此无法作出解释，可见它并不具备论者所坚信的“科学的基础”。《史》《汉》中二十与三十罕见相讹的事实，使王氏的大前提——《索隐》“年二十八”系由“年三十八”讹成的臆测，成为无根之木；而三十与四十经常相讹的事实，又昭示王氏的小前提——《正义》“年四十二”绝不会由“年三十二”讹成的判断，难以立足。大小前提尽失，司马迁生于景帝中元五年说自难信从。而《索隐》所引《博物志》：“太史令，茂陵显武里大夫司马迁，年二十八，三年六月乙卯除六百石”，系本先汉原始档案，今本《史记》中二十与三十罕见相讹的事实，又通报了其纪年数字在传抄版刻过程中并未发生讹变的消息，它应是推算太史公生年的可靠佐证。据《索隐》，司马迁实生于汉武帝建元六年（公元前135年）。元朔二年，司马迁年方九龄。详考请参观拙作《从书体演变角度论〈索隐〉〈正义〉的十年之差——兼为司马迁生于武帝建元六年说补证》[①]。

元朔二年秋，九岁的司马迁已移居京师茂陵。他不可能在这之后仍在家乡夏阳见到逃亡到那里的郭解，更不可能替他“安顿家小”。

司马迁见到大侠郭解，应在长安和茂陵。时间在元朔二年秋后。武帝诏徙臣民实茂陵，二千石以上京官只需按诸官籍，其事易行。少年司马迁在当年夏秋之交当已离开龙门定居茂陵。但移徙郡国豪富的程序就不那么简单。首先要由朝廷给郡国下达移徙茂陵的诏令，然后郡国按当徙条件登造名录呈报京师，再经朝廷核准当徙名籍发还郡国执行。以当时的通讯条件，从朝廷下诏到郡国遣徙，即使近畿郡县，不至夏末实势

① 台湾《大陆杂志》第90卷第4期，1995年4月出版。

难动迁。而郭解的情况又较一般豪富特殊。因为"解家贫，不中赀"，本不够当徙条件；从郭解的行事风格来看，他亦不愿移居茂陵攀龙附凤。他之所以列入当徙名籍，是因为同邑"杨季主子为县掾"，妒忌郭解的盛名，玩法弄权，"举徙解"。也许有人为此不平，入京晋见将军卫青，申诉了郭解的资产情况；也许卫将军对郭解仗义疏财、产不中赀早有所闻，故在审核到河内郡轵县的当徙名籍时，卫青"为言：郭解家贫，不中赀"，不够移徙茂陵的资格。不料反而引起武帝的警觉，断言"布衣权至使将军为言，此其家不贫"！于是，河内"吏恐，不敢不徙"。由于多了这番周折，郭解的遣徙当比一般豪富稍晚，必已入秋了。据《汉书·地理志》，右扶风茂陵县城乡总计"户六万一千八十七，口二十七万七千二百十七"。二千石以上京官及郡国豪富之家必居于茂陵城中。从"解入关，关中贤豪，知与不知，闻其声争交欢解"[①]的记载来看，郭解确实到了京师，并定居茂陵城内，而且还有很多社交活动。自郭解初达茂陵，到被武帝下令缉捕而逃离，中间发生过一系列的事件，郭解在茂陵居留至少有一两个月的时间。少年司马迁与郭解同居一城，自不难多次见到并不深居简出、出必步行的大侠郭解。

有人断言司马迁在《游侠列传》赞中所说的"吾视郭解"云云，一个九龄幼童不可能对人有如此深刻的印象，而只能是一个十九岁将近成年人的心理。笔者以为，这是以常人的知识水准去评估天才少年司马迁所得出的判断，必然失之毫厘而谬以千里。古今都有一些神童，其智慧和识力之超轶成人，常令人咋舌。随便举个例子。明季夏完淳，"五岁知五经，九岁善词赋古文"，十二岁时"席间抵掌谈烽警，及九边情形，娓娓可听"[②]。十五岁从军抗清，十七岁壮烈殉国。老师宿儒序其遗作《夏节愍全集》有云："年少才高，从军殉难，其人其文，千古未有。"[③]年仅十二

① (汉)司马迁:《史记·游侠列传·郭解传》。

② (明)蔡嗣襄:《夏存古传》,载(明)夏完淳撰,(清)庄师洛辑《夏节愍全集》,清嘉庆十二年刻本;中华书局上海编辑所1959年据此本校正编印为《夏完淳集》。

③ (清)王昶:《夏节愍全集序》,载《夏节愍全集》卷首。

岁的夏完淳，能对纵横万里的九边防御体系和敌我对峙烽警时起的复杂态势抵掌而谈，发表精辟“可听”的见解；为什么材质更为高远的九龄神童司马迁，反而不能对一位曾多次目击并令他倾慕的大侠郭解留下“状貌不及中人，言语不足采者”这样的印象呢？

更何况《郭解传》并非司马迁少年时代的作品，传中对郭解行状的记叙，部分得自少时的目睹耳闻，更多的当是依据成年后对故老的采访以及官方有关郭解的档案资料。《游侠列传》的“太史公曰”对郭解的评论，明显地糅合进了司马迁本人的坎坷经历和人生的体验。论者将《郭解传》的叙写评论全部视作司马迁亲见郭解时所留下的印象和当时的心态，并不符合这篇传记的撰写实际。因此，司马迁曾见过郭解的经验并不能作为他二十岁前在夏阳故乡耕读的证据。

四、司马迁“问故”孔安国必在京师

论者引据《汉书·儒林传》“（孔）安国为谏大夫。授都尉朝。而司马迁亦从安国问故”，断定“司马迁问故孔安国是在安国为谏大夫后。……谏大夫是元狩五年置，司马迁时年二十八岁。……是为了掌握古文资料写《史记》而屡访孔安国的。这与司马迁‘年十岁则诵古文’是两回事”，“此说一不对头，‘年十岁则诵古文’，就在夏阳故乡无疑了”。

诚然，司马迁“年十岁则诵古文”，与向孔安国“问故”不全是一回事，但也并非全无关系。这里要提请注意的是，司马迁说他“年十岁则诵古文”，并不仅指“十岁”一年之事，其内涵实指移居茂陵后，在其父司马谈的亲自指导下，自十岁起到二十壮游前止，有计划的以诵习古文经籍为主要内容的从学经历。其间当然也包括向孔安国请教《古文尚书》的训解，从董仲舒学习《公羊春秋》的大义。司马迁所说的“古文”，系指用周代篆文（按：不是李斯以秦文为基础简化的小篆）书写的先秦古籍，《史记》中提到的，便有《春秋古文》《国语》《系本》《论语弟子籍》等。武帝初年从孔子旧宅壁中出土的《古文尚书》及《礼记》《论语》等，凡数十篇“皆古字也”的先秦旧籍[1]，自然也是司马迁习诵过的“古文”。司马迁向孔安国“问故”，也不仅仅是问学《古文尚书》。问学的范围远不止此。司马迁宗《鲁诗》，便得自孔安国的传授。

其次需要指出的，司马迁向孔安国请教《古文尚书》等先秦旧籍的训解大义，只能在孔安国居官的长安及居家的茂陵，而绝不可能在夏阳或他地。《汉书·儒林传》曰：

> 孔氏有古文《尚书》，孔安国以今文字读之，因以起其家。逸《书》得十余篇，盖《尚书》兹多于是矣。遭巫蛊，未立于学官。安国为谏大夫。授都尉朝。而司马迁亦从安国问故。迁书载《尧典》《禹贡》《洪范》《微子》《金縢》诸篇，多古文说。

这段话告诉我们，孔安国以今文解读孔壁出土的古文《尚书》，建立了自己的《古文尚书》学术体系（即所谓“起其家”。家者，家法也），因未被朝廷立于学官，遂以私学传授及门弟子。其升堂入室者，见诸史籍的有都尉朝和司马迁。“安国为谏大夫”这个书法，系文中带有附注性质的插入语，以提点孔安国在京师仕宦的最高职位，而并非说他升任谏大夫后方才传授《古文尚书》；正如下文“授都尉朝”的书法，“都尉”是名叫“朝”的弟子在京师的最高官位，并非说“朝”任都尉后方始习诵《古文尚书》一样。事实上，“朝”任都尉后，公务繁剧，恐难有余暇去习诵艰涩的《古文尚书》。

孔安国在京师的仕历略可考见。《资治通鉴》卷十八《汉纪十》元朔二年载，武帝欲任蓼侯孔臧为御史大夫，“臧辞曰：‘臣世以经学为业，乞为太常，典臣家业，与从弟侍中安国，纲纪古训，使永垂来嗣。’上乃以臧为太常，其礼赐如三公”。太常为前汉九卿之首，“掌宗庙礼仪”[2]。侍中，为“自列侯、将军、卿、大夫、将、都尉、尚书、太医、太官令至郎

① (汉)班固:《汉书·艺文志·六艺略》。

② (汉)班固:《汉书·百官公卿表》。

中”的加官[①]，有了这个官衔，“得入禁中”侍从天子。“以经学为业……纲纪古训，使永垂来嗣”，系学官之职。汉时学官为博士，秩比六百石，属太常，“掌教弟子；国有疑事，掌承问对”[②]。武帝于建元五年初置今文五经博士。按《史记·孔子世家》，“安国为今皇帝博士”。据以上史料，可以推知，元朔二年前，孔安国的本职当是秩比四百石的侍郎，加侍中衔。应孔臧的请求，武帝于元朔二年提升孔安国为太常博士。《孔子世家》未注明安国为何经博士，不过《汉书·兒宽传》提供了准确的信息。元朔五年，武帝采纳丞相公孙弘的建议，为五经博士置弟子员。千乘人兒宽初从欧阳生治《尚书》，此时“以郡国选诣博士，受业孔安国”。由此可知孔安国在太常所任为《今文尚书》博士。元狩五年（公元前118年），孔安国升迁“掌论议”的谏大夫[③]，不再在太常任教，但在私第仍可传授《古文尚书》等古文旧籍。元狩六年（公元前117年），孔安国离京出任二千石的临淮郡太守[④]，旋卒于官[⑤]。自元朔二年至元狩五年的十年间，孔安国在京师历任博士、谏大夫。此时，司马迁已移居京师茂陵，又正值九岁至十九岁的为学时期。当元朔五年孔安国在太常以官学《今文尚书》教授博士弟子、在宅第以私学《古文尚书》为登门求教者释疑解惑时，司马迁已是十二岁的翩翩少年，他向孔安国执弟子礼求益“问故”，当自此始。至元狩六年，孔安国离京外任，司马迁有七八年的时间从容“问故”。司马迁之所以具有深厚的古文学养，能够长期地向古文大师孔安国问学，不能不是一个重要的原因。

论者将司马迁“问故”定在孔安国元狩五年升任谏大夫后，可能是出于对“安国为谏大夫”书法的误会，有如前文所述。而次年安国即出任临

---

①（汉）班固:《汉书·艺文志·六艺略》。

②（晋）司马彪撰，刘昭注补:《百官志二》，《续汉书志》，附入范晔《后汉书》，中华书局据长沙虚受堂刊本影印1984年版。

③（汉）班固:《汉书·百官公卿表》“郎中令”下:“武帝元狩五年，初置谏大夫，秩比八百石。”

④（汉）班固:《汉书·地理志》“临淮郡”下班固自注:“武帝元狩六年置。”

⑤（汉）司马迁:《史记·孔子世家》:孔安国“为今皇帝博士，至临淮太守。蚤卒”。

淮太守。若此，司马迁“问故”仅有一年时间，岂能尽通艰涩的《古文尚书》？细心的读者定会注意到，《史记》中有深刻的鲁学的影响，司马迁若非在安国门庭长期习染熏陶，是难以达到孔学的化境的。而且，依据《索隐》所引《博物志》，司马迁实生于武帝建元六年。如果司马迁二十岁前果真在故乡耕读，那么当他十九岁进京时，正值武帝元狩六年，孔安国已离京外任，他就绝无可能“问故”求教了。司马迁是郑重说过“总之不离古文者近是”[①]这样的话的，这是他择材的重要准则。假若司马迁无缘向孔安国“问故”，或“问故”不透不深，那么《史记》自《五帝本纪》至《周本纪》的很多纪事，将不复是后人所能见到的与历史真象“近是”的面貌。

论者又谓司马迁是为了掌握古文资料写《史记》才屡访孔安国的。此说亦可斟酌。司马迁受父谈遗命作史，是在元封元年（公元前110年），当时孔安国已离京八年。至于司马迁正式撰著《史记》，是在太初元年（公元前104年），上距孔安国离京已达十三年。无论哪一种情况，司马迁为了掌握古文资料作《史记》，都没有可能屡访孔安国。何况根据《史记·孔子世家》关于孔安国“蚤卒”的记载，当司马迁在司马谈病榻前接受作史的遗命时，孔安国恐怕早已逝世了。

五、夏阳不具备培养司马迁“古文”英才的条件

论者“根据司马迁故乡当时的育才能力”，推测“培养司马迁的‘古文’英才是完全可能的”。然而所提出的种种“根据”，似乎并不坚实。下面逐一讨论。

根据之一，是说“从传说中大禹凿龙门之后，韩城的文化便发展了”。

其实，禹凿龙门，原系先民神话，其事之有无，毋需深究。但夏阳（今韩城）并非夏代文化的中心地区，大约没有争议。在渺茫的禹迹时代，

---

① (汉)司马迁:《史记·五帝本纪·太史公曰》。

其地的文化是否“发展了”，无论是文献记载，还是出土文物，均无从稽考。这条根据近乎想象之辞，可暂置不论。需要着重切磋的，是下面的两项。

根据之二，是说战国之初，孔子的高足子夏当了魏文侯的老师，“教衍西河，培养了不少知识人才。这在《史记》和《水经注》中均有记载”，而“西河”指当时的少梁，即今韩城一带。

论者谓子夏设教西河之“西河”在今韩城，《水经注》中“有记载”，当指《水经·河水四》“河水又南，崌谷水注之”下的注文：

> 水出县西北梁山……细水东流，注于崌谷侧溪。山南有石室，面西有两石室，北面有二石室，皆因阿结牖，连扃接闼，所谓石室相距也。东厢石上，犹传杵臼之迹，庭中亦有旧宇处，尚仿佛前基。北坎室上，有微涓石溜，丰周瓢饮，似是栖游隐学之所。昔子夏教西河，疑即此也，而无辨之。[①]

郦道元对夏阳（今韩城）崌谷石室之传为“子夏教西河”之所，连用“似是”“疑”“无辨”等疑词，表明他本人下笔时即疑不能明。去古未远的郦道元对此已提不出任何证据，我们岂能将他姑妄言之的话据为信征？

论者谓子夏设教西河之“西河”在今韩城，《史记》中“有记载”，系指《仲尼弟子列传》中的一节文字：

> 孔子既没，子夏居西河教授。为魏文侯师。

同样的记载还见于《礼记·檀弓》，但文字稍异，不作“居西河教授”，而作“退而老于西河之上”。东汉经师郑康成为此“西河”作注曰：

---

①（北朝魏）郦道元：《水经注》卷四《河水四》，据王国维《水经注校》本，上海人民出版社1984年版。

“西河，龙门至华阴之地。”[①]此即论者谓“西河”即今韩城一带所本。但郑玄对“西河”的注说是很成问题的。子夏所教之“西河”究在何处，大可研究。然而不在韩城（当时名少梁），却是可以肯定的。这有许多理由，且举其要：

[1] 龙门至华阴之地（包含韩城），上自春秋，下迄秦汉，从无“西河”之称，而名之曰“河西之地”。晋骊姬之难，居于少梁（即今韩城）的公子夷吾，欲藉强秦为后援返晋为君，“使郤芮厚赂秦，约曰：即得入，请以晋河西之地与秦”[②]，即其证。或名之曰“河西地”。春秋末，其地属秦。战国初，为魏攻占。故秦孝公谓：“往者厉、躁、简公、出子之不宁，三晋攻夺吾河西地。”[③]即其证。或称“西河之外”。贾谊《过秦论》说：“秦人拱手而取西河之外。”即其证。而从无以“西河”称龙门至华阴之地者。

[2] 若以“西河”称地域，则兼包西河（龙门河）东西两岸之地，而不单指河西一带。战国初叶，魏文侯、武侯之时，吴起为西河守，其辖区即跨西河之两岸。《史记·孙子吴起列传》：“文侯以吴起善用兵，廉平尽能，得士心，乃以为西河守，以距秦、韩。”下文又录吴起自表其功之言：“守西河，而秦兵不敢东向，韩、赵宾从。”秦在魏河西之地以西，韩、赵则均在西河之东。西河守的任务是西距强秦，东距韩、赵。吴起任西河守的职责足以证明，以“西河”称地域，必兼包西河（龙门河）东西岸两翼之地。现行本《古今地名大辞典》《辞源》《辞海》《汉语大词典》关于吴起为西河守之“西河”的释义，均误从郑注。而引据这几部辞书关于“西河”的错误释义，来证明子夏教西河之“西河”即今韩城一带，则是以讹传讹。

[3]《史记·魏世家》在有关魏文侯卜相的一节文字中，有李克赞扬

① (汉)戴圣:《礼记·檀弓上》,孔颖达《礼记正义》本,阮刻十三经注疏,中华书局影印1980年版。

② (汉)司马迁:《史记·晋世家》。

③ (汉)司马迁:《史记·秦本纪》。

即将为相的魏成子的一段话：

> （魏成子）食禄千锺，什九在外，什一在内。是以东得卜子夏、田子方、段干木。此三人者，君皆师之。

对于解决子夏教西河之“西河”究在何地这个学案至关重要。魏文侯建都安邑，在大河之东今山西省西南部的夏县境内。子夏所教之西河，若在韩城（古名少梁），或在龙门至华阴一带的大荔、郃阳，则在安邑之西，且需横绝大河，那么魏文侯礼聘子夏为师，只能说“西得”，岂可谓“东得”！李克关于“东得卜子夏”的话，断然否定了关于子夏设帐的“西河”在魏国西境大河西岸的少梁（今韩城）或郃阳、大荔的传说，肯定地指出这个“西河”必在魏都安邑之东的地方。具体地域则在河、济之间的卫国境内。拙作《子夏教衍西河地域考论》对此有详考，兹不赘。既然子夏不曾在少梁（今韩城）设教，那么说他在那里“培养了不少知识人材”，使当地的文化大为发达，便是捕风捉影之谈。

论者的根据之三，是说到了西汉时代，韩城的文化更为发达，“就当时的师资，和办学水平看”，在故乡培养司马迁“诵古文是完全可能的”。

按：此说恐非事实。汉承秦弊，关中文化在历经秦国摧残之后，西汉前期远不能说“发达”，夏阳（今韩城）自不例外。

首先，“秦拨去古文，焚灭《诗》《书》”[①]，夏阳古文旧籍荡然无存。早在战国中叶，商鞅相秦，即教秦孝公“燔《诗》《书》而明法令”，禁文学之儒而显耕战之士[②]。自此成为秦国的基本国策。秦始皇统一后，更于三十四年下令在全国范围内焚书，以愚黔首：“史官非《秦纪》皆烧之。非博士官所职，敢有藏《诗》《书》百家语者，悉诣守、尉杂烧之。有敢偶语《诗》《书》者，弃市；以古非今者，族。”[③]夏阳

① (汉)司马迁:《史记·太史公自序》。

② (战国)韩非:《和氏第十三》,《韩非子》,四部丛刊影印钱氏述古堂影宋钞校本。

③ (汉)司马迁:《史记·秦始皇本纪》。

系嬴秦关中本土，又是京畿内县，守、尉执行焚书令自必坚决、彻底、干净。故自汉惠帝四年除秦挟书律，到汉武帝表彰六经，鼓励民间献书朝廷，百年之间不见关中（包括夏阳）民间有一部秦火之余的古文旧籍呈献。

其次，“孔子西行不到秦”[①]，子夏亦不曾设教于西河之外，夏阳自来缺乏古文师承。汉初传经大师皆起山东，“言《诗》，于鲁则申培公，于齐则辕固生，于燕则韩太傅。言《尚书》自济南伏生。言《礼》，自鲁高堂生。言《易》，自菑川田生。言《春秋》，于齐、鲁自胡毋生，于赵自董仲舒”[②]，而无一秦人。直到昭帝始元六年（公元前81年）召开盐铁会议时，御史大夫尚谓出席会议的“文学皆出山东”[③]。司马谈为太史公之前，在山东齐地游学，才得以“学天官于唐都，受《易》于杨何，习《道论》于黄子”[④]。司马迁在故乡夏阳无古文师傅指教，又岂能诵习当时已成绝学的“古文”?

第三，即以京师而言，自汉兴至武帝初年，学术文化亦尚处于幼稚期。西汉元、成之际在秘阁总理校书事宜的刘歆，在《移太常博士书》中说：

> 汉兴，去圣帝明王遐远，仲尼之道又绝，法度无所因袭，时独有一叔孙通，略定礼仪，天下唯有《易》卜，未有它书。至孝惠之世，乃除挟书之律，然公卿大臣绛、灌之属，咸介胄武夫，莫以为意。至孝文皇帝，始使掌故朝错，从伏生受《尚书》。《尚书》初出于屋壁，朽折散绝，今其书见在，时师传读而已。《诗》初萌芽。天下众书往往颇出，皆诸子传说，犹广立于学官，为置博士。在汉朝之儒，唯贾生而已。至孝武皇帝，然后邹、鲁、梁、赵，颇有《诗》《礼》《春

① (唐)韩愈:《石鼓歌》,《朱文公校昌黎先生文集》,四部丛刊影印元刊本。

② (汉)司马迁:《史记·儒林列传》。

③ (汉)桓宽:《国疾第二十八》,《盐铁论》,四部丛刊影印明刻本。

④ (汉)司马迁:《史记·太史公自序》。

> 秋》先师，皆起于建元之间。当此之时，一人不能独尽其经，或为《雅》，或为《颂》，相合而成。《泰誓》后得，博士集而读之。故诏书称曰："礼坏乐崩，书缺简脱，朕甚闵焉。"时汉兴已七八十年，离于全经固已远矣！[①]

这封书信是刘歆为争立古文经而与众多的今文经博士论战时公开发表的，其述西京学术发展举步维艰的历程自属可信。试看：高帝时只有叔孙通一人能略定礼仪，典籍除了一部用于占卜的《周易》，其他则一无所有。文帝时，《尚书》初出屋壁，简编朽折散绝，而《诗》的传习刚刚萌芽，汉廷大儒唯有贾谊。武帝初立，汉兴已七八十年，才在山东的邹、鲁、梁、赵等地（注意：还不是汉廷）出现传授《诗》《礼》《春秋》的经师，然而没有一位学者能够独力治全一经。以《诗》为例，有的只懂《雅》，有的仅治《颂》，数人凑合才能将三百五篇讲全。一篇新呈献的《尚书》中的古文《泰誓》，众多博士集合讨论才勉强解读！这就是武帝初年京师学术文化水准的真实写照。人文荟萃的首善之区尚且如此，僻远的夏阳其古文水准就可想而知了。少年司马迁正处在这样的文化背景中。

夏阳一无古文旧籍，二无古文经师，而司马谈又远在京师供职，在这种情况下，客观地说，夏阳高门故里并不具备"培养司马迁的'古文'英才"的现实可能性。正因为此，所以笔者从前才说：

> "年十岁则诵古文"……这句话也表明少年司马迁已转换了生活舞台，偏僻的农村无论是藏书、师承，还是父教，都不具备学习古文的条件。"年十岁则诵古文"，应是在长安司马谈身边开始的。

提出司马迁二十岁前在故乡夏阳耕读诵习古文说的学者，其用意之一，是欲为司马迁生于景帝中元五年说提供一项新的佐证。他们也主张司

① 刘歆：《移太常博士书》，《刘子骏集》，《汉魏六朝百三名家集》本。

马迁于元朔二年移居茂陵。我们已经知道，司马迁只有当他离开夏阳故里定居京师茂陵后才有条件诵习古文。若按景帝中元五年说，司马迁移居茂陵时为十九岁。这样，他将是“年二十则诵古文”，而不是“年十岁则诵古文”。这就与太史公自叙龃龉参商了。如此说来，司马迁“二十岁前在故乡耕读说”，不仅不能为景帝中元五年说的成立提供佐证，而且恰恰为景帝中元五年说的不能成立提供了反证。从太史公自叙“年十岁则诵古文”判断，司马迁也只能生于武帝建元六年。《索隐》所引《博物志》录入的关于司马迁的官籍档案，正与史公自叙契合，自是确切的纪录。

一九九五年七月上旬于芜湖赭麓寙陶斋。

[本文原载台湾《大陆杂志》第91卷第6期卷首，1995年12月出版]

王国维之司马迁“卒年与武帝相终始”说商兑

——太史公卒年考辨之一

一、引　言

司马迁用他全部的生命，“述往事，思来者”，谱写了一部“究天人之际，通古今之变，成一家之言”（《报任安书》）的《太史公书》。他在这部伟大的史诗里，以他对社会和人生的深睿认识，启迪着炎黄子孙的智慧，以他是是非非的正义裁决，滋育着我们民族的精神。司马迁的一生遭际是极其悲惨的，他既无辜罹受专制帝王惨无人道的摧残，还备受封建士大夫的诟辱讪笑；司马迁的一生又是无比光辉的，他的高峻浑雄的人格永远值得后人仰慕，他的名山事业赢得了全人类的普遍崇敬。“千秋万岁名，寂寞身后事”，司马迁用《太史公书》为自己建造了一座坚过金石的不朽丰碑。

遗憾的是，由于《汉书·司马迁传》记载的缺略，却未能在这座纪念碑上镌刻太史公的生卒年代。

我们要感谢晋代学者张华，因为他在《博物志》中收录了司马迁受任太史时的一条官方档案；我们还要感谢唐代的司马贞，因为他在《史记索隐》内为《太史公自序》作注时，征引了今本《博物志》早已亡佚的这条弥足珍贵的资料。正是凭着这吉光片羽，使后人有可能准确地推算出太史公的生辰。

然而关于司马迁的卒年，却似乎缺乏直接的史料可资考定。班固的《司马迁传》在整录《报任安书》后，对于太史公晚年的行迹不著一字。于是司马迁的结局遂成为一大疑案。司马迁在完成《太史公书》后，是继续担任中书令，“尊宠任职”直至令终，还是“自引深藏岩穴”，逍遥林泉以了余生？是先武帝刘彻而死，还是“隐忍苟活”到昭、宣时代？古往今来的许多学者，曾提出过种种猜测，异说纷纭，莫衷一是，以致王国维认为“史公卒年绝不可考”。

但是司马迁的卒年和死因却有查考清楚的必要，这不仅仅是为了永远纪念这位文化巨人的需要，而且还在于搞清太史公卒于何年、死于何因，对于我们认识司马迁的人格、理解《太史公书》的风格，以及整理今本《史记》，均有着直接的意义；同时，这对于研究汉武帝末期的社会政治生态也有重要的价值。

事实上司马迁的卒年和死因，不仅有查考清楚的必要，而且也有查考清楚的可能。司马迁生活在史学昌明的汉代，他本人留下了两篇重要的自传性文章——《太史公自序》和《报任安书》；除了官方的档案和奉诏撰修的《汉书》外，还有许多热心史学的学者私家撰著了多种汉史和记载有汉一代典章故事的杂著。对于彪炳大汉的文章宗匠司马迁的行迹，不会不留下各种形式的记录。他的生年既有案可稽，他的卒年更不会“绝不可考”。

笔者不揣谫陋，愿在前修时贤研究的基础上，为对司马迁卒年与死因这个课题的最终解决，献上几片垫路的燕石。真理是由争论确立的，历史的事实是由矛盾的陈述中清理出来的。在披露笔者的锥指管见之前，有必要对这个课题的研究现状稍加董理。让我们首先从商榷一个最具影响的见解开始。

二、王国维考证司马迁卒年的三段论式

第一个对司马迁的生平行迹作出全面系统的研究的，是近代史学大师

王国维。他在1916年作《太史公系年考略》，1923年作《太史公行年考》，考定司马迁生于汉景帝中元五年（公元前145年），推断其卒年“与武帝相终始”。半个世纪以来，王说几被视作定论。一些颇有影响的中国通史、哲学史、文学史，以及古代文史作品的选本，在述及司马迁的生卒年代时，无不援引王先生的结论。

然而王先生对司马迁生年的考证，是建立在改字立说的基础上的。郭沫若先生1955年发表《太史公行年考有问题》，以确切的史料证明，司马迁生于汉武帝建元六年（公元前135年），王先生所定生年实不足据。那么，王先生对司马迁卒年的推断其准确性又当如何呢？我认为这同样是个值得重新商兑的问题。

为了便于讨论，兹将王国维先生的意见整录如下。《太史公行年考》排比司马迁的行迹，讫于“昭帝始元元年，乙未，六十岁”。他的根据是：

> 案史公卒年绝不可考。惟《汉书·宣帝纪》载“后元二年，武帝疾，往来长杨、五柞宫。望气者言长安狱中有天子气，上遣使者分条中都官狱系者，‘轻重皆杀之’。内谒者令郭穰夜至郡邸狱，丙吉拒闭，使者不得入”。此“内谒者令”，师古注云：“内者署属少府”，不云“内谒者”；二刘《汉书刊误》因以“谒”为衍字。又按《刘屈氂传》有“内者令郭穰”，在征和三年，似可为刘说之证。然《丙吉传》亦称“内谒者令郭穰”，与《宣纪》同。然则果《宣帝纪》与《丙吉传》衍“谒”字，抑《刘屈氂传》夺“谒”字，或郭穰于征和三年为内者令，至后元二年又转为内谒者令，均未可知也。如“谒”字非衍，则内谒者令当即中谒者令，亦即中书谒者令。……《宣帝纪》与《丙吉传》之“内谒者令”，疑本作“中谒者令”，隋人讳“忠”，改“中”为“内”，亦固其所。此说果中，则武帝后元二年郭穰已为中谒者令，时史公必已去官或前卒矣。要之史公卒年虽未可遽知，然视为与武帝相终始，当无大误也。（《观堂集林》卷十一《史林三·太史公行年考》）

王先生的这段著名考证，是由一个形式逻辑的三段论式组成的。他的大前提是：至迟在汉武帝后元二年，郭穰已为内谒者令；小前提是：内谒者令即中谒者令，亦即中书谒者令；结论是：后元二年"时史公必已去官或前卒矣"。因而推定司马迁卒于昭帝始元元年（公元前86年）。这番考证，长期以来被人们奉为"可靠证据"而从不置疑，即令是对《太史公行年考》持强烈批评态度的文章对此也予以回避。

三、王国维的大前提——郭穰在后元二年担任内谒者令，事实上并不存在

但我们只要细加推勘，便会发现王先生关于司马迁卒年的考据是没有根据的。

我们先考察王先生的大前提"郭穰在后元二年担任内谒者令"是否可靠。考郭穰其人在今本《汉书》中凡三见，依时间的先后录引如下：

(1)《刘屈氂传》："是时（按：指武帝征和三年）治巫蛊急，内者令郭穰告丞相（按：指左丞相刘屈氂）夫人以丞相数有谴，使巫祠社，祝诅主上，有恶言。"

(2)《宣帝纪》："后元二年……上遣使者分条中都官狱系者，轻重皆杀之。内谒者令郭穰夜至郡邸狱，(丙）吉拒闭，使者不得入。"

(3)《丙吉传》："后元二年……内谒者令郭穰夜到郡邸狱，吉闭门拒使者，不内。"

乍看起来，三条史料中有两条称郭穰的任职是"内谒者令"，其与"内者令"相较，机数是二与一之比，似可证王说之不诬；然而在《宣帝纪》"内谒者令郭穰夜至郡邸狱"句下有颜师古的一则条理精严的注释，却使王说根本动摇：

《百官表》云："内者署，属少府。"《续汉书志》云："掌宫中布

张诸亵物。”丁孚《汉官》云：“令秩千石。”盖当时权为此使。

颜氏的这条注释，先释内者署的领属关系，次释其职掌范围及其主官的秩禄官阶，最后指出当时以内者令去分条中都官狱系者是“权为此使”。所谓“权为”，是说按照设官分职的常规，“掌宫中布张诸亵物”的内者令本无分条官狱系者之责，但因当时巫蛊诏狱捕系者数以万计，“轻重皆杀之”，有关的官员不够差遣，故扫除之隶的内者令也权充执法使者了。从颜师古的注文，人们不难看出，他是为“内者令”疏解，而不是为“内谒者令”作注。由此可知，颜师古所注的《汉书》原作“内者令郭穰”，而不像今本《汉书》那样作“内谒者令郭穰”。我们知道，颜师古在唐太宗贞观十一年（公元637年）任秘书少监，为太子李承乾注《汉书》，他所使用的《汉书》底本，是历朝宝传的中秘书，其文本最接近班固《汉书》原本旧貌，文字远较俗本可靠。贞观十五年（公元641年）十二月《汉书注》成，时人称“颜秘书为孟坚忠臣”。二刘《汉书刊误》据师古注指出《宣帝纪》“内谒者令郭穰”句中之“谒”字为衍文，洵为卓见。假若颜氏据本亦作“内谒者令郭穰”，而谒者职“掌宾赞受事”，不预“布张诸亵物”，并且持节奉使亦属谒者常事，决非偶一“权为”，那么，颜氏此注就是文不对题，然而精严如颜师古，岂会闹出这样的笑话！

其实，王国维先生是注意到颜师古的这条重要注文的，他在自己的考证中引述了颜注的第一句话，便是明证。但他为了证成己说，不惜割弃对自己的论点不利然却事涉关键的注文的主要部分，使得本来并不复杂的问题遂滋纷讹。

我们说今本《汉书·宣帝纪》“内谒者令郭穰”句中“谒”字系衍文，并非仅仅依据颜师古注这条单文孤证，除此之外，我们还可以举出两项重要证据：

(1)《艺文类聚》卷十二“帝王部二·汉宣帝”条引《汉书》曰：“孝宣皇帝讳询，字次卿，武帝曾孙、戾太子孙也……号曰皇曾孙。

生数月，遭巫蛊事，太子、良娣、皇孙、王夫人皆遇害，曾孙坐系郡邸狱。丙吉为廷尉监，治巫蛊。……至后望气者言长安狱有天子气。上遣使皆杀之。内者令郭穰夜至郡邸狱，吉拒闭，不得入。曾孙赖吉得全。"（据中华书局影印宋绍兴刊本《艺文类聚》，1959年版）

(2)《太平御览》卷八十九"皇王部十四·中宗孝宣皇帝"条引"《汉书》帝纪曰：孝宣皇帝，武帝曾孙，戾太子孙也……号曰皇曾孙。生数月，遭巫蛊事……曾孙坐系郡邸狱。……至后元二年，望气者言长安狱有天子气。上遣使者皆杀之。内署令郭穰夜至郡邸狱，吉拒闭，不得入。曾孙赖吉得全"。（据商务印书馆影印宋本《太平御览》，1935年版）

《艺文类聚》编纂于唐高祖武德七年（公元624年），《太平御览》成书于宋太宗太平兴国八年（公元983年）。《类聚》引《汉书·宣帝纪》作"内者令郭穰"，《御览》引《汉书·宣帝纪》作"内署令郭穰"。"内者令""内署令"，都是"内者署令"的省称。这两部著名的类书没有一本引《汉书》作"内谒者令郭穰"的，而均与颜师古所见《汉书》作"内者令郭穰"相吻合。据《汉书》颜注及《类聚》《御览》所引《汉书》三证，今本《宣帝纪》"内谒者令郭穰"句中之"谒"字为衍文，铁定无疑。《汉书·丙吉传》所载郭穰夜至郡邸狱，与《宣帝纪》所载为同一事，班固原本亦应作"内者令郭穰"；今本作"内谒者令郭穰"者，当涉《宣帝纪》衍文致误。

现在我们可以确凿地说，郭穰其人从征和三年至后元二年，担任的都是内者署令一职，并无迁转"内谒者令"之事；《宣帝纪》及《丙吉传》中"内谒者令郭穰"句中的"谒"字应予刊削；王国维先生的大前提不能成立。

四、王国维的小前提——内谒者令亦即中书谒者令，纯属凿空为说

王先生的小前提——内谒者令本作中谒者令，而中谒者令即中书谒者令——能否成立呢？答案同样是否定的。

第一，所谓“内谒者令，疑本作中谒者令”，是建立在“隋人讳‘忠’，改‘中’为‘内’，亦固其所”的假定之上的，而这个假定纯属臆测，在《史记》与《汉书》中找不到任何根据。试看，司马迁任中书令，具见《汉书·司马迁传》，隋人并未因讳“忠”的缘故，改“中书令”为“内书令”；《汉书·百官公卿表》载少府官属有“中书谒者、黄门、钩盾、尚方、御府、永巷、内者、宦者七官令丞”，其中“中书谒者”与“内者”联书，而中书谒者亦未改作“内书谒者”；《史记》的《吕太后本纪》《樊郦滕灌列传》和《汉书》的《高后纪》《魏相传》，均有“中谒者”“大中谒者”的官名，而隋人也未讳“忠”改字。甚至就在王先生所引《宣帝纪》的一段文字中，“内谒者令郭穰”的上文是“望气者言长安狱中有天子气，上遣使者分条中都官狱系者”，两次出现“中”字；假如王先生的推测——隋人为避祖讳，改《汉书》原文“中谒者令”为“内谒者令”——确为事实，隋人何不一例改“长安狱中”为“长安狱内”，改“中都官狱”为“内都官狱”或“京都官狱”？既要避讳改字，同段文字中的三个“中”字，却改其一而留其二，天下岂有此等文理！仅此一端，讳“忠”改字说之“不中”，于此益见。所谓“隋人讳‘忠’，改‘中’为‘内’，亦固其所”说，充其量只是王国维先生“想当然耳”的一种大胆假设，倘若追究事实，则是子虚乌有。

第二，从前汉设官分职的历史沿革考察，所谓“中谒者令即中书谒者令”的论断，亦疏阔无当。王先生如此断言的主要依据，是《汉书·成帝纪》建始四年春“罢中书宦官”句下的一段注文：

臣瓒曰：汉初中人有中谒者令。孝武加中谒者令为中书谒者令，

置仆射。

王先生认为“其言当有所本”。按照臣瓒的说法，似乎武帝给中谒者令加“书”，予以处理禁中文书的事权，便成中书谒者令；成帝去“书”，取消其处理禁中文书的事权，便又由中书谒者令恢复为中谒者令。照此看来，中书谒者令与中谒者令，不过是加“书”去“书”而已的同官异名。如果臣瓒此说确“有所本”的话，那末，由此得出“中谒者令即中书谒者令”的结论，自是顺理成章之言，毋庸置疑的了。然而问题在于“当有所本”者是否真有所本。

首先，臣瓒“汉初中人有中谒者令”的说法值得怀疑。遍检《史记》与《汉书》的纪、传、世家及百官公卿表，汉初只有“中谒者”“大中谒者”的官名，如刘邦为汉王时，有中谒者灌婴，称帝后有中谒者赵尧；高后以女主临朝称制，乃改由阉官（即所谓“中人”）担任中谒者，后遂成定制，却从未见汉初有设置由中人担任的“中谒者令”的纪录。中谒者令的官名始见于汉成帝建始四年裁撤中书谒者令之后，即《汉书·百官公卿表》所载的“成帝建始四年，更名中书谒者令为中谒者令”。可见中书谒者令设官在中谒者令之前。臣瓒不晓，将二者的关系搞颠倒了。其实，王国维先生是注意到汉初中人只有中谒者而无中谒者令这种情况的，所以他在引用臣瓒“孝武加中谒者令为中书谒者令”时，有意识地删去“中谒者令”中的“令”字，引作“孝武加中谒者为中书谒者令”，为他的武帝后中书谒者令又称中谒者的断案提供文献学上的佐证。

其次，臣瓒说“孝武加中谒者令为中书谒者令”，与《汉书·佞幸传》所载的中书官遴选程序相悖。《佞幸传》载，弘恭、石显初“为中黄门，以选为中尚书，宣帝时任中书官”。由此可见，中尚书（按：中书谒者的别称）是从黄门宦官中选拔的，而中书谒者令（即《佞幸传》所称的“中书官”）又是由中尚书升授的。由于中书谒者职“掌诏诰答表，皆机密之事”（《北堂书钞·设官部》引《汉旧仪》），入选条件较高，必须明习故事，善于奏对，有深厚的文化素养。这与选任“掌宾赞受事”的谒者或中谒者专注重仪表的堂皇及嗓音的宏亮者大相径庭。睢阳贩缯者灌婴担任中谒者绰有余裕，却未必能胜任中书谒者之责。仅从上述的选任程序，即可知中书谒者令并非是由中谒者迁转的。

复次，根据萧望之的奏议，知中书宦官系由尚书官发展而来，与中谒者本无牵涉。按《汉书·佞幸传》，元帝“初元中，前将军萧望之……领尚书事，知（石）显专权邪辟，建白以为：尚书，百官之本，国家枢机，宜以通明公正处之。武帝游宴后庭，故用宦者，非古制也。宜罢中书宦官，应古不近刑人”。又《汉书·萧望之传》云：“望之以为中书政本，宜以贤明之选。自武帝游宴后庭，故用宦者，非国旧制，又违古不近刑人之义。白欲更置士人。”萧望之的建白说明：中书官系由尚书官演变而成。从职掌来说，中书一同尚书，中书官实即以宦官担任的设于后宫的尚书官，故又称“中尚书”。因其总掌禁中书记，故加“中”称中书令，以别于外朝的尚书令。以宦者担任中书官，“非国旧制”，为汉初所无有，它是武帝晚年游宴后庭、独裁大政的产物，它与中谒者风马牛不相及。

萧望之的建白与晋人臣瓒的说法皎然不同。二说孰有所本、孰可信从呢？王国维先生是取臣瓒而非萧说的。而我们认为萧望之的意见无庸置疑，应该尊重。从萧望之的阅历、学识和地位来看，他最了解中书令设置的沿革。按《汉书·萧望之传》，萧望之于汉元帝初元二年（公元前47年）被迫自杀，卒年六十余。据此可以推知他当生于汉武帝元封元年（公元前110年）前后。武帝末年，他正在太常从博士受业，时年在二十左右。嗣后历任昭、宣、元三朝，为前汉中叶极负盛名的博洽多闻、谙熟汉家制度的一代“儒宗”。当他向元帝建白时，他是前将军、侍中，又兼领尚书事的辅政大臣，他对中书官的建置及其与尚书官的关系的了解，均出自亲身闻见，自非后世传闻耳食者如臣瓒之徒的臆度所可比拟。况且在元帝之初，武帝朝的耆旧尚存，对于尚书、中书之演变这一重要的汉家制度，望之岂敢信口雌黄。从萧望之建白的性质来看，他对中书官设置历史的陈述，也必属真确。望之向元帝建议裁撤中书宦官，事关中枢政制的重大改作，他斗争的对象又是当时操持国柄、“专权邪辟”的阉竖——中书令石显，他的建白稍有不实，即会被政敌坐以诬罔欺君之罪而罹灭族之祸。因此，度时审势，可以相信萧望之的建白必属确凿无疑。它道出了前汉中书谒者令设官的本源。而《汉书·佞幸传》所载前汉选任中书官的程序也可与萧说相互发明。晋人臣瓒所言既与萧说扞格，又与前汉选任中书官的程序相悖，足证其言实无所本。

王国维先生认定“中谒者令亦即中书谒者令”，还有一项依据，那便是《汉书·贾捐之传》中的一句话：贾捐之“言中谒者不宜受事”。王先生据此断言：“此即指宣帝后中书令出取封事言之。是则中书谒者武帝后亦兼称中谒者，不待成帝始改矣。”

这又是一种曲解。按《汉书·贾捐之传》，贾捐之在汉元帝即位之初，“上疏言得失。召待诏金马门。……数召见，言多纳用”。王先生所引“（捐之）言中谒者不宜受事”，全句应为：“（捐之）言中谒者不宜受事、宦者不宜入宗庙。立止。”由“立止”二字可知，贾捐之所上二事，已被元帝“纳用”，从此，中谒者停止“受事”，宦者则禁止进入宗庙。如果王先生认为贾捐之所言的中谒者即指中书令的说法是正确的话，那末在捐之进言以后，中书令即失去“受事”之权。然而事实绝非如此。当时的中书令是宦者石显。据《汉书·贾捐之传》，在捐之上言之后，石显依然“鼎贵，上信用之”。终元帝之世，石显一直典领“枢机职”，操纵章奏，“事无大小，因显白决”，足见从未“止”其“受事”之权。由此可知，贾捐之所说的“中谒者不宜受事”，就是指中谒者而言，决非指中书谒者；停止“受事”的仅是中谒者，而不是中书谒者。《贾捐之传》的这条史料，还证明了汉武帝在设置中书宦官后，并未取消中谒者的建制。正因为中谒者从未废置，所以成帝建始四年罢中书宦官后，特给中谒者置长，“更名中书谒者令为中谒者令”（《汉书·百官公卿表》）。按《百官公卿表》，郎中令下属有“掌宾赞受事”的谒者。受事，即接受章奏，是谒者的本职之一。中谒者是在禁中侍应的谒者，自应有”受事”之权。中谒者受事与中书令出取封事本非一事；在贾捐之进言后，中谒者“立止”受事是事实，中书令从未终止受事也是事实，二者岂可牵合为一？王先生一时疏忽失检，在援用《贾捐之传》时，漏引了至关重要的“立止”二字，遂对贾捐之上言的内容作出错误的解释，并将设置时间先后不同、职守判然有别的中谒者与中书令二官附会为同官异名。这样违背史实的曲解，岂能证明“中谒者令亦即中书谒者令”？

既然所谓“内谒者令疑本作中谒者令”纯属凿空为说，而“中谒者令亦即中书谒者令”的断案又疏阔无当，那么王国维先生的小前提自应推倒。

五、结论：司马迁“卒年与武帝相终始说”不能成立

通过以上的辨析，我们清楚地看到，王国维先生的大前提——至迟在汉武帝后元二年郭穰已为内谒者令，事实上并不存在；小前提——内谒者令即中谒者令亦即中书谒者令，又属虚拟无征，因而王先生据此推导出来的结论——司马迁“卒年与武帝相终始”，也就成了无根之木，更不待说不能引作太史公卒年的“确切的证据”了。

那么，司马迁究竟卒于何年、死于何因呢？这个问题不是本文的任务，笔者另有专文考索。这里只能扼要地将鄙见呈献于下：司马迁在《太史公书》杀青后，既没有继续“尊宠任职”忝颜以终，也没有退处岩穴乐享天年，而是以悲壮勇决的英雄气概身殉自己的伟大理想。他暴卒于汉武帝征和二年（公元前91年）的季冬，巫蛊之难之后。死因是由于《太史公书》和《报任安书》“微文刺讥，贬损当世”，再度触犯了汉武帝的逆鳞，因而以大逆无道罪被逮蒙难。

一九八一年四月初稿于安徽师范大学路东斗室，一九八二年修改定稿于路西小红楼。

[原载《安徽师大学报》（哲学社会科学版）1984年第2期]

郭沫若之司马迁“卒于太始四年说”质疑
——兼论《报任安书》的作年

一、司马迁“卒于太始四年说”合理的内核及其定年的误区

关于司马迁的卒年，由于《汉书》缺载，遂成一大疑案。汉唐以降，学者们为解决这一重要课题，耗费了诸多心血，提出了种种假说和论断。近代以来的学者有的认为太史公的卒年“与武帝相终始”[①]，有的说司马迁昭帝时尚健在[②]。尽管持说各异，取证不同，但却不谋而合地认为司马迁担任中书令后，尊宠任职，安享天年。程先生甚至肯定地说：“案史书（传璋按：指班固《汉书》）不著司马迁死，这正是他后来善终的证明。”

但据我的固陋之见，这两种“善终说”并无坚实的基础。王国维先生的大前提——至迟在后元二年郭穰已为内谒者令，事实上并不存在；而他的小前提——内谒者令即中书谒者令，也纯属虚拟，因而据以推导出的结论——司马迁“卒年与武帝相终始说”自应推倒[③]。至于程金造先生为司马迁“卒于武帝之后说”提供的“四项具体证据”，或误解文献，或征引

① 王国维:《太史公行年考》,载《观堂集林》卷第十一《史林三》,中华书局1959年版。以后凡引王说均见此文,不再注。

② 程金造:《司马迁卒年之商榷》,载《司马迁与史记》,《文史哲》杂志编辑部编,中华书局1957年版。以后凡引程文,均见此书,不再注。

③ 请参见拙作《王国维之司马迁“卒年与武帝相终始”说商兑——太史公卒年考辨之一》,《安徽师大学报》(哲学社会科学版)1984年第2期。

失真，不仅不能证明司马迁卒于武帝之后，而且有些“证据”恰恰证明了司马迁必卒于武帝生前[1]。

倒是一向遭受冷落与非议的郭沫若先生的司马迁“卒于太始四年说”，有如一块未经整治的浑金璞玉，蕴含着解决司马迁卒年与死因的真谛。郭沫若先生在《太史公行年考有问题》[2]中指出：

> 班固在《汉书·司马迁传》里面整录了《报任安书》，而在赞辞里面说：“以迁之博物洽闻，而不能以知自全，既陷极刑，幽而发愤，书（传璋按：指《报任安书》）亦信矣。迹其所以自伤悼，《小雅·巷伯》之伦，夫惟《大雅》‘既明且哲，能保其身’，难矣哉！”从这句话来推测，似乎司马迁之死有点不明不白。在“既陷极刑”之后，又不“能保其身”，那么，司马迁之死，可能是不自然的骤死了。

郭先生又说：

> 司马迁的《报任安书》作于太始四年（公元前九三年）十一月，以后的事迹即无可考见。司马迁可能即死于太始四年尾，那他便只活了四十二岁。（传璋按：郭先生论定司马迁生于武帝建元六年，即公元前135年）

一年之后，他复发表《关于司马迁之死》[3]，重申了上述意见，进一步肯定“司马迁之死是有问题的”，并认为太史公是“在既‘下蚕室’之后又‘就刀锯’”“再度下狱而死”。

这就是司马迁“卒于太始四年说”的基本观点。而定《报任安书》作

---

① 请参见拙作《司马迁“卒于武帝之后说”斠误》，人民文学出版社《中国古典文学论丛》第2辑，1985年版。

② 载《历史研究》1955年第6期。

③ 载《历史研究》1956年第4期。

于太始四年十一月，是此说的前提条件。

郭沫若先生第一个将司马迁的结局与《报任安书》的写作联系起来考察，他关于司马迁下狱骤死的推断所包含的真知灼见，对于司马迁之死的研究，是一次重大的突破。虽然他未遑以坚实的材料证成己说，尽管讫今信从其说者为数甚少，但都无损于他的独特贡献，因为他的见解的基本精神是能够成立的。这不仅是因为他立论的依据——《汉旧仪注》："司马迁作《景帝本纪》极言其短及武帝过。武帝怒而削去之。后坐举李陵，陵降匈奴，故下迁蚕室。有怨言，下狱死"，是可信的，而且是由于卫宏所言并非唯一纪录。桓宽的《盐铁论》成书比《汉旧仪注》要早一个世纪，书中的《周秦篇》已经隐约提及了司马迁的殊死："一日下蚕室……或载卿相之列，就刀锯而不见闵"。与卫宏并世的班彪，也说司马迁因作《史记》"大敝伤道"，而"遇极刑之咎"。班固则在《汉书·司马迁传·赞》中慨叹"以迁之博物洽闻，而不能以知自全"。范晔在《后汉书》中将班固的"身陷大戮"与司马迁"不免极刊"相提并论，明谓太史公与班固同一结局——"下狱死"。刘知几在《史通》中说司马迁因"述汉非"而"身膏斧钺"。韩愈更直接地指出"司马迁作《史记》刑诛"。可见郭说渊源有自，绝非务为新奇。现在需要讨论的是司马迁"卒于太始四年说"的前提条件——《报任安书》作于太始四年十一月——能否成立。

关于《报任安书》的写作年代，历来有两种意见。前代学者大都认为作于征和二年（公元前91年）。如唐玄宗开元六年（公元718年）进御的五臣注《文选》，于《报任安书》"今少卿抱不测之罪，涉旬月，迫季冬"句下引吕向曰："安为戾太子事囚于狱"。清代乾嘉学者梁玉绳曰："观《报任安书》，史公征和中尚存"①；王鸣盛曰："……又《报任安书》作于安下狱将论死之时，则巫蛊之狱、戾太子之败，迁固亲见之"②。与王氏并世齐名的赵翼有更清楚的表述："又《报任安书》内谓安抱不测之罪，将迫季冬，恐卒然不讳，则仆之意终不得达，故略陈之。安抱不测之罪，

① （清）梁玉绳：《史记志疑》卷三六，中华书局1981年版。

② （清）王鸣盛：《十七史商榷》卷一《子长游踪》，商务印书馆1959年重印本。

缘戾太子以巫蛊事斩江充，使安发兵助战，安受其节而不发兵，武帝闻之，以为安怀二心，故诏弃市。此《书》正安坐罪将死之时，则征和二年间事也。”①以郭先生之博洽，自然谙熟这些资料。或许因为格于司马迁只活了四十二岁的先入之见，却均置之度外了。

将《报任安书》作年定于太始四年十一月，是王国维先生在《太史公行年考》中提出的新说：

> 案公报益州刺史任安书在是岁（传璋按：指太始四年）十一月。《汉书·武帝纪》：是岁春三月行幸太山，夏四月幸不其，五月还，幸建章宫。《书》所云“会从上东来”者也（传璋按：《汉书》及《文选》各本均作“会东从上来”。王氏引文有误）。又冬十二月行幸雍，祠五畤。《书》所云“今少卿抱不测之罪，涉旬月，迫季冬，仆又薄从上上雍”者也。是《报安书》作于是冬十一月无疑。或以任安下狱坐受卫太子（传璋按：即戾太子刘据）节，当在征和二年。然是年无东巡事，又行幸雍在次年正月，均与《报书》不合。《田叔列传》后载褚先生所述武帝语曰：“任安有当死之罪甚众，吾尝（传璋按：《史记》各本皆作“常”。王氏误改，非是。）活之。”是安于征和二年前曾坐他事。公《报安书》自在太始末审矣。

此说一出，几成定谳。郭沫若先生将司马迁卒年定为太始四年尾，正是根据了王国维关于《报任安书》作年的结论。

王先生的这项著名考证，看起来所言历历有据，所论犀利明快，然而若与《报任安书》等文献对较，便可发现他的考证方法及所得结论，都是大成问题的。

第一，王先生从《报任安书》首段中摘出“东从上来”和“从上上雍”两句，先认定二者必发生在同年，不经证明便以此作为出发命题（前

---

①（清）赵翼：《廿二史劄记》卷一，中国书店1987年重印本。

提），然后附会《汉书·武帝纪》太始四年有东巡和幸雍的纪录，便武断“《报安书》作于是冬十一月无疑”。然而王先生忽略了《报书》头几句话“少卿足下：曩者辱赐书，教以顺于接物，推贤进士为务”中所包含的一个重要的时间副词，即太史公追叙任安赐书之时所用的“曩”字。何谓“曩”?《尔雅·释诂》曰：“曩，久也。”《释言》又曰：“曩，曏也。”邢昺疏云：“在今而道既往，或曰曩，或曰曏。”任安赐书之时远在任益州刺史时的“曩”昔，而史公覆书则在“少卿抱不测之罪”系狱的“今”日，由“曩”至“今”，其间有一大段“阙然久不报”的时间距离。揆之古人“曩”“今”合用时的语言习惯，二者显非同年之事。《报任安书》在“曩者辱赐书”云云之后又说：“书辞宜答，会东从上来……卒卒无须臾之间得竭指意。”《文选》五臣注吕延济释此数句说得好：“得少卿书词，宜即答，为东从天子来故未也。”可见史公“书辞宜答”之日，亦即收到任安赐书之时，而当时适逢“东从上来”。显然“曩者赐书”“书辞宜答”及“东从上来”，三者在时间上是紧相承接的。它说明任安赐书的“曩”昔，必在司马迁“东从上来”之年。司马迁本人的文字证明了王国维将东巡和幸雍牵合为同年之事是不符事实的。既然王先生的出发命题是不真实的，因而据以推出的结论自然是不足为据的。

第二，王先生在提不出任何史证的情况下，仅据汉武帝的暴怒之词“任安有当死之罪甚众，吾尝活之”，便遽下断案：“是安于征和二年前曾坐他事。公《报安书》自在太始末审矣。”这里包含了两点错误。从一个盖然性的拟测，却推导出一个必然性的判断，违背了逻辑推理的基本规则。这是一。将褚少孙所记武帝原话“吾常活之”改易为“吾尝活之”，一字之差，意义迥别。窜易文献以成己说，违背了考据学上的基本原则。这是二。由这样成问题的考证方法得出的结论，岂能令人“无疑”而信其“审矣”!

既然王国维的《报任安书》作于太始四年的结论并非笃论，那么，以此为前提条件的司马迁“卒于太始四年说”，便需要仔细商榷了。自然，仅仅指出王先生的问题，并不等于问题的真正解决。只有确切无误地考定

《报任安书》的写作年代以后，才能确定“司马迁卒于太始四年说”能否成立。

然则《报任安书》到底作于何年呢？我们还需从《报书》本身寻求线索。太史公在《报书》的首段，先约举任安赐书的主旨，然后简答所以不能推贤进士及随俗浮沉的原因，接着又解释何以往日不即覆信而迟至今日方才报书的缘故。这段文字是全篇的大纲，我们如果悉心细绎它的行文脉络——

> 曩者辱赐书……书辞宜答，会东从上来……卒卒无须臾之间，得竭指意。今少卿抱不测之罪，涉旬月，迫季冬，仆又薄从上上雍，恐卒然不可为讳……请略陈固陋。阙然久不报，幸勿为过。

就会体察，司马迁对于任安何时赐教、自己何时报书的问题，是作了明确的交待的。我们在上文曾经指出，司马迁“东从上来”之时与任安赐书的“曩”日，在时间上是紧相承接的。我们从《汉书·司马迁传》“今少卿抱不测之罪”句下颜师古注引如淳曰：“平居时迁不肯报其书；今有罪在狱，故报往日书，欲使其恕以度己也”，可以知道，史公报书“略陈固陋”之日，亦即“今少卿抱不测之罪”系狱待决之时。因此，太史公何时“东从上来”京师，任安何年“抱不测之罪”下狱，是考定任安赐教和史公报书年代的两大关键。而查核清楚任安其人的仕宦经历，又是开启这两大关键的管钥。

二、任安行迹与仕历考索

司马迁是位多爱爱奇、敦于友道的人。在他的平辈朋友中，任安是被他引为知己的重要人物。任安在益州刺史任内曾致函中书令司马迁，勉励他慎于接物，推贤进士；而当任安被武帝非罪下狱论死之际，司马迁不避嫌疑慷慨报书，慰藉即将长逝者的悲愤之魂，并且将自己“本末未易明也”的千古奇冤和可为智者道，难为俗人言的受辱不死、著书自见的隐衷，向任安尽情倾诉。可见二人交谊之深。任安因为司马迁震铄千古的《报任安书》而永垂不朽；而董理任安的行迹和宦历，不仅有助于我们对太史公人格的理解，而且对于解决《报任安书》的写作背景和写作年代，也有直接的意义。

关于任安的生平，在褚少孙的补《史记·田叔列传》中，有比较完整的记载，略谓：任安，字少卿，荥阳人。少孤贫。为了谋求出身，年青时为人将车到长安，留居，求为小吏而不可得。遂到三辅小县武功落籍，代人为亭卒。后来当过亭长、三老等基层小吏，并一度担任过三百石的县长，因皇帝出游供应不周被斥免。于是复至京师，作大将军卫青的舍人，因与田仁相交。由于贫困，备受贱视。后来少府赵禹奉诏到卫将军府募择舍人为郎，任安和田仁因为才能卓异而被选中。诏对称旨。武帝因任安擅长治军，故命安护北军。以后出任益州刺史。征和二年七月，戾太子起兵诛江充，时任安任北军使者护军。太子以节命任安发北军助战。安受节后闭军门不出。太子事平，任安因北军钱官小吏的诬告，被武帝下狱诛死。

这段大辂椎轮式的记载，为研究任安的行迹仕历提供了较好的基础。但有些关键问题，诸如任安何时入仕，何由与司马迁相交，所历各官的迁转年代，何年致书司马迁教以推贤进士为务，司马迁何年报书“舒愤懑以晓左右”，褚文均未作出交待。

任安的入仕为郎，“立名天下”，实自赵禹奉诏募择大将军卫青舍人之年始。按《汉书·百官公卿表》，赵禹为少府在元朔五年至元鼎元年（公元前124—公元前116年）。又按《史记·卫将军骠骑列传》，元狩四年（公元前119年）武帝以霍去病与卫青俱为大司马。此后卫青日退，而霍去病日贵，“举大将军故人门下多去事骠骑，辄得官爵；唯任安不肯”。霍去病于元狩六年秋九月病故。据此可知，在元狩六年前后，任安仍留卫府为舍人。而“有诏募择卫将军舍人以为郎”，及少府赵禹奉诏“来过卫将军”，也必在元狩六年到元鼎元年的二年间。任安起家为郎中，受命护北军，也必在此时。司马迁在二十南游返回长安后不久，也于元鼎年间仕为郎中，与任安、田仁同居门下，他们之间的交谊亦自此时始。

褚少孙叙任安的仕历依次为：护北军——益州刺史——北军使者护军。但这个记录并不完备。因为任安在出任益州刺史前，曾先任扬州刺史。这段仕历被褚先生遗漏了。东汉初年的王充在《论衡·超奇篇》中说：

> 且近自以会稽言之。周长生者，文士之雄也。在州为刺史任安举奏，在郡为太守孟观上书，事解忧除，州郡无事，二将以全。

汉代的会稽郡治吴县，隶属扬州。文中所说的州刺史自然指扬州刺史。而周长生是王充的近世乡贤，故关于他的事迹的记叙自然翔实可据[①]。考《汉书·武帝纪》，元封五年（公元前106年）“初置刺史，部十三州”，以任安的才能和名望，他当是首批受命为州部刺史的郎官之一。

任安在扬州居部四五年，到太初四年（公元前101年）复调任益州刺史。证据见《水经注》卷三十三《江水》经文“（江水）又东南过犍为武阳县，青衣水、沫水从西南来，合而注之”句下的注文：

> （武阳）县故大夜郎国，汉武帝建元六年开置郡县。太初四年，益州刺史任安城武阳。[②]

武阳县在成都之南，地扼冲要，其南即为元鼎六年（公元前111年）

①《论衡·案书篇》也提到周长生：“案……会稽吴君高、周长生之辈，位虽不至公卿，诚能知之囊橐，文雅之英雄也。……君高之《越纽录》、长生之《洞历》，刘子政、扬子云不能过也。”王充在《自纪篇》中又述己曾在扬州任事：“充以元和三年徙家，辟诣扬州，部丹阳、九江、庐江，后入为治中。……章和三年，罢州家居。”故对周长生事知之甚悉。（《四部丛刊》影印明通津草堂本）

② 郦道元本处的《水经》注文史源乃晋人常璩的《华阳国志》，其书卷三《蜀志》载：“犍为郡，孝武建元六年置，时治鳖，县十二，汉户十万。……元光五年郡治治南广。□□四年，益州刺史任安城武阳。”

平西南夷后新开置的牂柯、越嶲、犍为、零陵、益州诸边郡。修筑武阳城，当是任安下车伊始为加强对西南夷的控制而采取的一项重要措施。

任安担任益州刺史的任期，也是可以考校的。《汉书·朱博传》说：“部刺史奉使典州……故事：居部九岁，举为守相。其有异材、功效著者，辄登擢。”朱博在奏疏中所称引的《故事》，是指武帝以来汉廷关于州部刺史的职责规定以及升转的制度。由此可知，前汉州部刺史的法定任期为九年。汉武帝法定州部刺史任期为九年，有其理论根据。董仲舒《春秋繁露·考功名》：“天子岁试天下，三试而一考，前后三考而黜陟。”一考三年，三考正为九岁。刺史秩卑权重，以六百石监临二千石，在汉代是中外官升转阶梯上极为重要的一级。任期一满，往往外升郡国守相，或则内晋朝廷列卿。任安以太初四年始任益州刺史，居部九年，到太始四年（公元前93年）期满。由于“有异材、功效著”，约在征和元年（公元前92年）调京升任北军使者护军。综括上述考索，可将任安的主要宦历排比成表：

元狩六年（公元前117年）前，为卫将军舍人

元鼎元年至元封四年（公元前116至公元前107年），任北军护军

元封五年至太初三年（公元前106至公元前102年），任扬州刺史

太初四年至太始四年（公元前101至公元前93年），任益州刺史

征和元年至征和二年（公元前92至公元前91年），任北军使者护军

三、任安赐书与司马迁“会东从上来”

任安的经历既经董理，现在可以具体讨论《报任安书》的写作年月了。

先研究与任安赐教密切相关的“会东从上来”。据《汉书·司马迁传》“迁既被刑之后，为中书令，尊宠任职。故人益州刺史任安予迁书，责以古贤臣之义”的记载，我们知道，任安赐书时的任职是益州刺史，司马迁收书时的官衔是中书令。任安担任益州刺史的年代业已考明，而司马迁始

任中书令的岁月也可以考见。根据司马迁“七年而太史公遭李陵之祸幽于缧绁”（《史记·太史公自序》）的自述，结合《汉书·李陵传》李陵败降于天汉二年岁杪的纪事，可以推知司马迁下狱当在天汉三年年初。“因为诬上，卒从吏议”，应“伏法受诛”（《报任安书》），系狱待季冬行刑。司马迁因为《史记》草创未就，惜其不成，援引汉法“死罪欲腐者许之”[①]，以极大的勇气，自择了“减死刑一等”的腐刑。司马迁的受腐乃在天汉三年季冬。由于宫刑需时甚长——《史记·秦始皇本纪》“隐宫徒刑者七十余万人，乃分作阿房宫，或作丽山”句下《正义》曰：“余刑，见于市朝；宫刑，一百日隐于荫室，养之乃可，故曰隐宫、下蚕室是。”——故天汉四年依然系狱。直到太始元年“夏六月，赦天下”（《汉书·武帝纪》），司马迁方被释出。他以刑余之身屈辱地受任中书令的职务，当在太始元年秋冬或太始二年年初。因此任安致书司马迁“责以古贤臣之义”，必在太始二年至太始四年这三年中的“东从上来”之年。

由于当今对“东从上来”的含义，有着两种截然不同的解释，必须辨析分明，才能进而研讨“东从上来”究在何年。

王国维先生释“东从上来”为扈从武帝东幸泰山后还幸建章宫。这是一说。我认为此说是符合实际的。

还有一说。程金造先生认为“东从上来”是“指从武帝由甘泉回建章宫，更由建章回长安说的。建章宫在甘泉东而偏南，长安又在建章东而偏南。说成现代话，就是‘从上来到东边’”。晚于程文出版的王力先生主编《古代汉语》的注释与此相仿：“会，正遇上。东，往东，等于说由西边。上，当今皇帝，指武帝。按：这是指征和二年七月戾太子举兵后武帝自甘泉宫（在今陕西淳化县西北）还长安。”[②]或许是受了程说的影响。这种解释我以为是不能成立的。它的疵纇至少有如下数端：

首先，它与《汉书》所载任安致书时的职衔不合。从《报任安书》首段的行文，我们得知，史公“会东从上来”之时，实即收到任安赐书之

① 汉景帝中元四年诏，见《汉书·景帝纪》。

② 王力主编：《古代汉语（修订本）》第三册，第九十页注[19]，中华书局1981年版。

日。这时任安的任职，《汉书》明谓是益州刺史。若依程说、王注，认定为征和二年之事，则此时任安的职衔是北军使者护军，显与《汉书》的记载相左。程先生曾力图弥缝这个罅隙：

> 据褚先生所补，是先说任安为北军使者护军，后说任安为益州刺史。褚先生和司马迁是上下同时的人，话应当可靠。案益州是现在四川、云南一带的地方。在当时，道路交通，一定非常困难，所以可能是当时任安已被任命为刺史，还没有就任，就在监军使任上被小吏诬告，下狱处死了。《汉书》是叙及了他最后的职衔。

但这番辩解是经不起推敲的。按褚少孙叙任安的职衔先后为“护北军”“益州刺史”“北军使者护军”，文意显白，不容曲解；所谓任安“先为北军使者护军后为益州刺史”的说法，无异于拿褚先生的信誉作冒险。程先生对交通的担心也是多余的，因为武帝定西南夷、开置益州郡时，即修筑了自京师直达滇南的大道，军旅调发、商贾往来，至为称便。受命为益州刺史的任安自长安乘传抵达成都以北的刺史治所广汉郡的雒县，更要不了十天半月的时光。再说历代职官的迁转通例，是先免去旧职，后委以新官。因此任安断无已任命为益州刺史还继续监护北军之理。程先生所设想的“可能”性事实上并不存在。可见的事实是，早在十一年前的太初四年，任安已就任益州刺史了。

其次，从甘泉回长安不能构成无暇“得竭至意”的理由。按司马迁向知交任安解释未能即覆的主要理由是“会东从上来”。这“东从上来”必须费日甚多、公务甚繁，方能成为迟覆的正当理由而使任安信服。但从甘泉返长安之行并不具备这个条件。甘泉宫离长安有多遥远？从程先生的行文看，由甘泉到建章，再由建章回长安，其间似有千儿八百之遥，直须走上十天半月。而事实并非如此。事实是“甘泉台（传璋按：指甘泉宫内的通天台）去长安三百里，望见长安城”[①]。汉代的三百里，约合一百公里，对于武帝的大驾卤簿来说，至多是一日之程；在军情紧急时，骑士不需半日即可自甘泉山直抵长安城下[②]。在戾太子之变时，武帝以年迈多病之躯，大半天功夫也就由甘泉山驾临建章宫了。至于建章宫，近在长安西城之外，与城内的未央宫隔泬水相望，并有阁道相通，相距不过数百步，本来就是京师的一部分；并不如程先生所说的“长安又在建章东而偏南”，他是将明清时的长安县治与西汉的大长安旧址混为一谈了。试问，笃于友情的司马迁能用一日之程的“从上来”搪塞知交，说无暇奉覆吗？显然，将“东从上来”解释作随武帝自甘泉宫回长安，是不合情理的。

第三，征和二年的形势也不是赐书“责以进贤之义”的适当时机。《古代汉语》为《报任安书》所作的解题性注释中曾指出，任安“生前曾写信给司马迁，责以进贤之义”。任安何时写信给太史公的呢？太史公自述中提到他收到任安来鸿即拟作覆的时间是——“书辞宜答，会东从上来”。若依“东从上来”系指随从武帝由甘泉宫回长安的解释，那么这个日子就是征和二年七月壬午戾太子起兵后的第四日——七月乙酉。故司马迁收到任安赐书必在返回长安的前数天。鉴于甘泉与长安之间只有三百汉里官道，身居长安北军营垒的任安致书史公的时间，不会早于六月底七月初。当时武帝年老多病，意多所恶，以为左右大臣、包括他的皇后太子公主在内，都在造作蛊道暗害他、诅咒他。他忧怒交加，暴戾地督责佞臣江充等穷治巫蛊。于是从征和元年尾掀起了巫蛊之狱的轩然大波。征和二年正月，丞相公孙贺父子死于狱中[③]；四月，卫皇后所生的阳石公主、诸邑公主及皇后弟卫青之子长平侯卫伉，均坐巫蛊诛灭；到了五六月间，太子

① (唐)欧阳询:《艺文类聚》卷三八《礼部上·郊丘》引《汉旧仪》,中华书局据宋绍兴刊本影印1959年版。

②《汉书》卷七十二《王贡两龚鲍传》载王吉为昌邑国中尉。昌邑王“好游猎,驱驰国中,动作亡节”。王吉上疏劝谏云:“今者大王幸方舆,曾不半日,而驰二百里。百姓颇废耕桑,治道牵马……”,可作参证。

③ 公孙贺妻卫君孺,乃卫子夫及卫青之姊,霍去病之母姨。时霍去病早卒,而卫皇后(子夫)失宠,武帝以太子刘据为“不类己”。故公孙贺父子的被诛,其背景由此。

刘据的地位和生命也危在旦夕。长安城一派恐怖，士大夫人人自危。任安身居京师，亲见一切，以他的政治敏感及识见，绝不会在如此险恶的政治形势之下，还迂阔不堪地敦促自己的知交去推什么贤进什么士。这从反面证明了“东从上来”必非指征和二年七月随武帝自甘泉回长安之行。

不过程金造先生在这个问题上别有所见。他说任安的赐书本来就不是要“求司马迁‘推贤进士’荐举自己”，因此上述一切即不成问题。他根据清人包世臣《艺舟双楫·覆石赣州书》中的“少卿来书求援”的观点，大加发挥，说任安之所以赐书司马迁，是因为自己由于戾太子事件，“被小吏诬告而自信无罪求援”于司马迁，希望信友知交能在武帝面前“给自己申一下冤，表一表心迹”，征和二年险恶的政治气候正是赐书的“事实真象”。

我以为，这种观点是没有根据的。任安赐书的目的究竟是要求司马迁“进贤”，还是向司马迁“求援”，《报任安书》具有明文，无庸饶舌；我们只需提点一下任安何时下狱、史公何时准备覆书，便会发现“求援”说是何等的不堪一击了。关于任安下狱的时间，程先生的估计大致不差：“任安‘被小吏诬告系狱’，一定是在（征和二年）九月到十一月期间以内。”司马迁准备答覆任安的“求援”书辞的时间，按照程先生的见解，是在随武帝自甘泉返建章宫的期间，我们在上文已经指出，那是七月乙酉。当时戾太子正与丞相交兵方酣，任安正紧闭北军军门不出。“九月到十一月期间”方才下狱，而“七月乙酉”前却已预先在狱中写好并已发出向司马迁“求援”的函件，这真是“今日适越昔已至”式的奇谈了。程先生对于史料有失检点，竟将包世臣的臆测之论信以为真了。

第四，把“东从上来”释作“从皇上来到东边”的说法，也不合太史公的语意。在古代，“东”这个方位词在表示人或物的行动趋向时，既可解作“东，往东，等于说由西边”；但也可解作“东，自东，等于说由东边”。而此义却是辞书及古代汉语著作所失载的。“西”“南”“北”三个方位词在表示人或物的行动趋向时，同样具此二解。在具体的语文环境中该作何解释，关键要看它所表示的行动趋向对文中的当事人所在处所或叙事者的立足点（这个处所词有时在本句中并未出现，但据上下文极易判指出来）的关系是归“来”，还是离“去”：如系离“去”，则解为“东，自西往东”。此义例夥，姑不备举；若是归“来”，则必释作“东，自东而西”。谓予不信，请观如下各证：

[1]《史记·秦始皇本纪》：“谒者使东方来，以反者闻二世。”句中“东”所表示谒者使的行动趋向对当事人二世皇帝所在处所咸阳的关系，是归“来”而非离“去”，因此“东”只能释作“自东”。若依王编《古代汉语》解作“东，往东，等于说由西边”，则与事实水火。

[2]晋陶渊明《与殷晋安别》：“飘飘西来风，悠悠东去云。”这是诗人在柴桑（今九江市西南）送别邻人殷景仁东赴京师建康（今南京市）任太尉参军之作。诗中“西来风”与“东去云”为对文，显豁地说明了“西来”为“自西而来”、“东去”为“往东而去”。若依《古代汉语》的释义模式，将“西来风”解作“西，往西，等于说由东边吹来的风”，则必不成文意。

[3]《世说新语·德行第一》：“王恭从会稽还，王大看之。见其坐六尺簟，因语恭：‘卿东来，故应有此物，可以一领及我。’”按：王大，名忱，小字佛大，与族侄王恭自少相善。“东来”，指王恭自东方的会稽来还西方的京师建康。

[4]《景德传灯录》卷五《慧安国师》：“有坦然、怀让二僧来参问曰：‘如何是祖师西来意？’”意谓什么是初祖达摩自西方的天竺来到东土的意旨。“西来”，绝不能释作“往西”。此条又见《五灯会元》卷二。慧安（公元582—公元709年），隋末唐初人。

[5]唐李白《公无渡河》：“黄河西来决昆仑，咆哮万里触龙门。”诗人立足于黄河下游的某地，远眺河源，想象大河自西方的昆仑奔腾而来。若将“西”解作“往西，等于说由东边”，则必凿枘难通。

[6]唐杜甫《秋兴》之五：“西望瑶池降王母，东来紫气满函关。”按《史记索隐》引刘向《列仙传》：“老子西游，关令尹喜见有紫气浮关，

而老子果乘青牛而过也。”“东来紫气”正是说老子将自山东而来过关的祥瑞之气；若依《古代汉语》的释义，解作“由西边来的紫气”，那么就变成老子不是出关而是由西方骑青牛入关了，其谬皎然可见。

[7] 宋李清照诗：“南渡衣冠少王导，北来消息欠刘琨。”[①]这是诗人在中原沦陷后写于江南的感时之作。她慨叹南渡的贵族缺少能主持大政如王导那样的相才，而在北方沦陷区也没有刘琨那样的爱国将领坚持斗争。“北来消息”，即自北方传来的消息，决不能解作“北，向北，等于由南边传来的消息”。

[8] 宋葛立方《韵语阳秋》卷十二：“不立文字，见性成佛之宗，达摩西来方有之，陶渊明时未有也。”西来，自西而来。与例[4]意义相同。

[9] 元初吴莱[元仁宗延祐（公元1314—公元1319年）间乡荐]，有《渊颍集》十二卷，其《风雨渡扬子江》诗云：“大江西来自巴蜀，直下万里浇吴楚。”西来，语意甚明，绝不会误解成向西。

[10] 清洪昇《长生殿·舞盘》：“紫气东来，瑶池西望，翩翩青鸟庭前降。”“紫气东来”，即紫气自东方而来，毋庸置疑。

上引诸证说明，自汉晋唐宋下讫元明清，“东”这个方位词在表示人或物的行动趋向时，如对文中的当事人所在的处所或叙事者的立足点的关系，是归“来”时，只能释作“自东”，而绝不能解作“向东”。《报任安书》的“东从上来”，与“谒者使东方来”“飘飘西来云”“黄河西来”“东来紫气”“北来消息”“紫气东来”诸句的文法结构完全一致；而太史公写作《报书》时的立足点文中虽未明言，但指“长安”殆无可疑，“东”字所表示的行动趋向对“长安”的关系既是归“来”，因此只能解作“自东”。可以肯定地说，“会东从上来”句的正确解释应是：适逢扈从皇帝巡游自东方来归长安。将“会东从上来”解释为“随武帝由西边的甘泉宫回

① (宋)庄绰:《鸡肋编》卷中引，中华书局1983年版。

东边的长安”，不仅与当时事实、史籍记载格格不入，而且从古人的用语习惯来说也是碍窒背戾的。

在这里顺便对程金造先生关于“会东从上来”的另一奇解稍加评说。程先生说：

> 如果有人认定要按王国维的句法来解，是“从上自东边来”，那末，八月太子死于湖，九月或十月之时武帝作“思子宫”，为望思归来之举于湖，湖地在长安东面、偏南，这也和“从上东来”相合。

假若司马迁有幸得随武帝在长安东南的湖地作望思归来之举而后回归长安，倒似可书作“东从上来”的。但有无这件事实呢？且看《汉书·戾太子传》：“久之，巫蛊事多不信，上知太子惶恐，无他意；而车千秋复讼太子冤。上遂擢千秋为丞相，而族灭江充家、焚苏文于横桥上，及泉鸠里加兵刃于太子者——初为北地太守，后族。上怜太子无辜，乃作思子宫，为归来望思之台于湖。”按《汉书·田千秋传》，田千秋讼太子冤，“立拜”大鸿胪，在征和三年末[①]；又按《汉书·百官公卿表》，田千秋由大鸿胪为丞相在征和四年六月丁巳。而作望子宫又在任命田千秋为丞相之后。程先生将发生在两年之后的事件提前到征和二年的九月或十月“预演”，以创立新说，岂不有失慎重？

那么，司马迁“东从上来”究在何年呢？我们在上文已经考定，任安致书司马迁，“责以古贤臣之义”，必在太始二年至四年的三年中。按《汉书·武帝纪》，在这三年中，司马迁曾两次“东从上来”。一次在太始三年，是年“二月……行幸东海，获赤雁，作《朱雁之歌》。幸琅邪。礼日成山。登之罘，浮大海”而归。另一次就是太始四年随武帝东封泰山后还幸建章宫。哪一次才是《报任安书》所称的“会东从上来”呢？我们从司马迁在《报书》所约举的任安赐书的主旨及辞气中可以窥见个中消息。原

① (汉)班固:《汉书》卷十九《百官公卿表七下》征和三年栏载“高庙郎中田千秋为大鸿胪,一年迁”。

来武帝在元封五年（公元前106年）初置刺史部十三州，诏“令州郡察吏民有茂才、异等可为将相及使绝国者”（《汉书·武帝纪》）。任安作为益州刺史，职责之一便是“奏幽隐奇士”（《汉仪注》卷上）。但他从自身的经历中深知仄陋之士即使经州郡举荐，如果朝廷中无人援引，依然没有立身成名的机遇。当“多爱爱奇”的司马迁在太始元、二年之交担任中书令后，任安热切地期待故友能充分利用“尊宠任职”的有利地位，在推贤进士、明扬仄陋上多所建树。然而从京师传来的消息却令他失望：中书令司马迁不特对贤士无所举荐，而且在处世上也“从俗浮湛”。任安出于对汉室的忠诚和对故交的关切，致书司马迁，“教以慎于接物，推贤进士为务。意气勤勤恳恳，若望仆（传璋按：司马迁自称）不相师用，而流俗人之言”。所谓“慎于接物”，是劝勉老友慎事自重，而不能随波逐流；所谓“推贤进士”，是要求知交切实负起荐士之责，精神不宜旁骛；所谓“意气勤勤恳恳”云云，语辞之中显然包含着对司马迁目前行为的不满和责难了。这自然是对司马迁期待甚殷而良久不获所望时才会产生的情绪。考虑到司马迁太始元、二年之间才就任中书令这个因素，再揆之人之常情，任安致书的时间在太始四年东封泰山前后的可能性，较之太始三年东巡东海前后更大些。司马迁“东从上来”应指太始四年的一次。

但是，长期在边疆担任长吏的任安，只着眼于司马迁担任中书令“尊宠任职”有利荐贤的一面，对司马迁腐刑后心情的痛苦和处境的恶劣，却缺乏深切的理解；只关注将相名臣相继凋零的人才危机，却未体察武帝晚年的政治形势已不复存在“推贤进士”的条件。因此，任安的赐教给司马迁提出了一个使他无法回覆的难题。《报书》所谓“书辞宜答；会东从上来，又迫贱事，相见日浅，卒卒无须臾之间得竭指意”，是向任安解释迟迟未覆的原因。太始四年东巡的节目确实繁复：“春，三月，行幸泰山。壬午，祀高祖于明堂，以配上帝；因受计。癸未，祀孝景帝于明堂。甲申，修封。丙戌，禅石闾。夏，四月，幸不其，祠神人于交门宫……夏五月，还，幸建章宫，大置酒。”（《汉书·武帝纪》）司马迁以中书令的职务从巡，诸凡祭文的起草、郡国计书的收受审核，以至武帝的起居，均需他作出安排。返回京师后，燮理万机，公务烦剧。所谓“卒卒无须臾之间得竭指意”，洵非虚饰。而任安又远在益州任所，除了每年“岁尽诣京师奏事”（《后汉书·百官志》），朝觐述职，因而与太史公有一晤的机会外，常年确乎是“相见日浅”[①]，故也难以面陈隐衷。然而这一切还仅仅是一种合乎情理的托辞。而“顾自以为身残处秽，动而见尤，欲益反损，是以抑郁而无谁语。谚曰：‘谁为为之？孰令听之？’”这才是司马迁收受任安赐书后“阙然久不报”的真实原因。

四、《报任安书》作于征和二年考

司马迁直到任安“抱不测之罪，涉旬月，迫季冬”即将就刑，而自己那时又将“薄从上上雍”的万不得已之际，考虑到若再不覆书，就将“终已不得舒愤懑以晓左右，则是长逝者魂魄私恨无穷”，才写下了这震铄千古的《报任安书》。显然，如果任安何年下狱的问题一旦解决，《报任安书》的写作年代问题也就涣然冰释了。那么，任安究在何年“抱不测之罪”下狱待决呢？下面就研究这个问题。

郭沫若先生认为“司马迁的《报任安书》作于太始四年十一月”。他根据的是王国维的任安“于征和二年前曾坐他事”亦即太始四年曾下狱论死的结论。但正如本文第一节所指出的，由于王先生关于这个问题的研究方法充斥着谬误，故其结论是难以凭信的。现在我们将以事实进一步证明王先生的结论是不能成立的。

我们业已考明，任安担任益州刺史到太始四年期满，以后便调任北军使者护军。根据这个事实，就可以断定任安在太始四年必无“抱不测之罪”下狱论死其事。何以见得呢？只要对前汉的兵制与北军使者护军的官阶及职责稍加追溯辨析，便可明白其中底蕴了。

① “日浅”，日少也。史公行文往往如此。如《六国年表序》“学者牵于所闻，见秦在帝位日浅，不察其终始，因举而笑之”。又《汉书·萧望之传》：“君前为平原太守日浅，故复试之于三辅”，均是此意。

前汉州郡除边疆外并无常备武装，诸侯王亦不得私铸兵器、修饬武备。汉高帝五年（公元前202年）诛灭项羽后，"兵皆罢归家"（《汉书·高帝纪》）。天下既定后，虽"踵秦置材官（勇壮步卒名）于郡国"（《汉书·刑法志》），但除每年八月由太守、都尉、县令（长）会同对应服兵役者集中训练一次外，平时皆散处民间。国家有事，由皇帝以虎符羽檄征召，事毕罢归。唯有"京师有南、北军之屯"（《刑法志》），为汉帝国的常备部队。南军由卫尉统领，其士卒称"卫士"。沿宫城周垣筑为区庐（简易营房），卫士分居其中。南军的职责在于警戒宫城之内，掌天子宿卫。北军由中尉主之，其士卒或称"中尉卒"，在长安城内未央宫北空地筑营垒屯驻，营务由中尉属官中垒令管理。北军的任务是徼循京师，戒司城内非常、水火之事，张衡《西都赋》云："徼道（北军巡逻道路）外周，千庐（南军卫士营房）内附。卫尉、八屯，巡夜警昼。植铩悬瞂，用戒不虞"，相当具体地描述了前汉南军警卫宫内、北军巡逻宫外，相为表里，以拱卫皇都的军事制度。

但北军的地位远较南军重要。南军卫士调自郡国，率一岁轮番，且兵员有限。《汉书·武帝纪》建元元年载有南军的定额："卫士转置送迎二万人"。转、送，指复员；置、迎，谓入役。二万人乃统两者而言，故知南军现役仅为万人。而北军士卒调自三辅，征发近便，且兵员无定额限制。高帝十一年，刘邦亲征淮南王英布，"乃发上郡、北地、陇西车骑，巴蜀材官，及中尉卒三万人，为皇太子卫，军霸上"。这里所说的屯驻城外霸上的"中尉卒三万人"，自然不是北军的全部。武帝为了外事四夷，除将主持北军营务的中垒令升格为二千石的中垒校尉外，又新增二千石的屯骑、步兵、越骑、长水、胡骑、射声、虎贲七校尉，大大扩充了北军的建制。再说，南军驻地极为分散，除了警卫未央、长乐等朝宫外，还分戍诸离宫别馆、陵园寝殿以及各中都官府寺。因此南军实质上是一支宫廷卫戍部队，由于分别部署守卫宫寺，兵力星罗棋布，缺乏机动作战的能力。而北军则不同，诸部校均集中屯驻在长安城内及三辅近县，征调极便，利于机动作战；帝国唯一的兵器大库——武库，也属中尉掌管①。北军除了拱卫京师外，武帝朝间亦奉诏远征。如元鼎六年发中尉卒征西羌；同年，中尉王温舒击东越（《汉书·武帝纪》）。江充为直指绣衣使者时，举劾贵戚近臣奢僭，“奏请没入车马，令身待北军击匈奴。奏，可”（《汉书·江充传》）。可见北军也参与了对匈奴的作战。事实上，北军乃是前汉唯一的常备作战部队。而北军指挥权的归属，则直接关系着前汉皇权的存亡得失。汉初粉碎诸吕政变时，太尉周勃矫节进入北军接管北军指挥权后，仅发北军卒千人予朱虚侯刘章，便诛杀吕后临终前特命的南军统帅、相国吕产于南军中心驻地的未央宫中，遂定诛吕安刘大局。正如唐肃宗的宰相李揆所说，“汉以南、北军相制，故周勃以北军安刘氏”（《新唐书·兵志》）。巫蛊之变中，戾太子矫节发中厩车载射士、长乐宫卫（均属南军）及长安中都官囚徒，起兵诛江充，而与丞相刘屈氂所将三辅近县兵战于长安中。太子以节召监北军使者任安发北军兵助战，由于任安受节后，“闭军门不肯应太子”，太子遂败，长安复平（《汉书·戾太子传》）。由此足见北军在前汉争夺皇权的斗争中居于举足轻重的地位。故前汉历代最高统治者都直接控制北军。若调发北军，必须皇帝命将持节；若无汉节，即使是最高军政长官的太尉，也无权进入北军军门。吕后病笃时，为了保证将皇权顺利地移交给吕氏，便特命其侄赵王吕禄“为上将军，军北军”（《史记·吕太后本纪》）。代王刘恒自代邸入继大统，在进入未央宫的当夜，即拜原代国中尉宋昌“为卫将军，镇抚南、北军”（《史记·孝文本纪》），收回太尉周勃对北军的指挥权，以防诸老大臣为不测之变。都是显例。

任安在武帝时代先后任北军护军、北军使者护军（或称“监北军使者”，见《汉书·刘屈氂传》）十余年，与北军的关系甚深。北军护军及

① 不仅如此。北军还拥有帝国钱库，褚补《史记·任安传》有“钱官小吏”;《汉书·江充传》:“……贵戚子弟惶恐，皆见上叩头求哀，愿得入钱赎罪。上许之，令各以秩次输钱北军，凡数千万。”北军还设有政治犯监狱。《汉书·刘向传》如淳注引《汉仪注》云：北军“尉一人，主上书者狱。上章于公车，有不如法者，以付北军尉，北军尉以法治之”。

北军使者护军的官号，初见于《史记·田叔列传》后褚少孙所补的《任安传》。据褚先生的补文，知其均为北军中的重要官职，《汉书·百官公卿表》虽不著录，但其官阶职守是略可考见的。按《史记·陈丞相世家》，汉王元年，陈平自楚归汉，拜为都尉，“使为骖乘，典护军”。汉代护军官号首见于此。护，是监临的意思，护军，系监临诸将、督察奸宄之官。北军护军的职守当与此略同。任安起家为郎中，受命护北军，十年后又由北军护军调任州部刺史。据此可知北军护军的秩禄为比三百石至六百石。官阶虽低，但系皇帝简任，仍不失为北军要职，故任安能藉此而“立名天下”。至于北军使者护军的地位，又非北军护军可比。根据任安由益州刺史内晋北军使者护军的事实，参稽前汉州部刺史秩满迁转的通例，可知北军使者护军的官阶当等同于二千石的列卿。在官号上特加“使者”衔，表明其为皇帝派驻北军的代表，有权监护北军各部校。又据褚补《任安传》，太子刘据起兵时，立车北军南门外，以节欲发北军兵，他一不召主管京师治安的执金吾（即太初元年改官号前的“中尉”），二不召主管北军营务的中垒校尉（秩禄亦为二千石），却独召任安令其受节发兵。由此足见北军使者护军不仅为北军的最高监察官员，而且也是实握平时北军统兵大权的要职。有人援引宋人钱文子《补汉兵志》“北军有监军御史，或曰监北军使者”的说法，遂谓“监北军使者等于监军御史”[①]。但这是没有根据的，考《汉书·胡建传》，武帝天汉中，胡建在北军守军正丞，欲诛为奸的监军御史，“于是当选士马日，监御史与护军、诸校列坐堂皇上”，胡建利用拜谒长官之机，遂斩监军御史。传文明白显示，“列坐堂皇上”的监军御史、北军护军及诸校尉并为北军首长，护军非监军御史，皎然若揭。钱说非是。至于北军使者护军（或曰监北军使者）显系北军护军的升格，更与监军御史无涉。

以上的考察清楚地表明：前汉的北军是关系皇权存亡、京师安危的帝

① 程金造《从报任安书商榷司马迁的卒年》谓：“这北军使者护军，一定就是监北军使者。宋钱白石在《补汉兵志》说：监北军使者，等于监军御史。监军御史和督部刺史地位是相等的。”是说无据。

国唯一的常备作战部队，而北军使者护军则是武帝晚年时握有北军平时统兵权柄的大员。如果任安果真像王国维先生所说的，在太始末曾坐他事下狱论死；那么，御政五十余年，谙熟君人南面之术、深知北军兵权谁属利害的汉武帝，是绝不会疏忽到在此时将关系皇权得失、京师安危的监理北军的权柄，授予这个犯“有当死之罪甚众”下狱论死的囚犯的。尤其在太始四年前后，汉王朝的统治危机已很深重。由于“军旅数发，郡国‘盗贼’群起”（《汉书·王䜣传》），泰山、琅邪等地的起义军“阻山攻城，道路不通”，函谷关常年戒严。而关中的“豪杰”“大侠”则与“东方‘群盗’”交结，严重威胁着京师的安全。天汉二年秋，武帝下令“大搜”奸人，征和元年冬十一月，又“发三辅骑士大搜上林，闭长安城门索，十一日乃解”（《汉书·武帝纪》）。巫蛊之祸经过多年酝酿即将公开爆发。时局如此动荡，即使是中材庸主，也知委派心腹控制北军以稳定形势，何况是雄才大略的汉武帝！如果任安果真在太始四年“抱不测之罪”论死，而武帝在一触即发之际竟将安危之权授之于系狱待决的死囚，岂非咄咄怪事！再者，前汉文景以后，法律规定：处以死罪的犯人，除了“募下蚕室”可以减刑外，缴纳赎金亦可免死。如《史记·淮南衡山王列传》载：“其非吏他赎死金二斤八两”，又《汉书·武帝纪》天汉四年及太始四年载：“死罪人赎钱五十万”。但纳金赎死仅能“减死一等”，或“当斩，赎为庶人”（《史记·李将军列传》），如此而已；遍检《史记》与《汉书》，并无死罪人遇赦后仍保有原来官爵或晋升要职的例子。任安当然不能例外。如果任安果在太始四年末曾下狱论死，即使遇赦也不能跃居北军使者护军的要职。然而事实却是任安确于征和元年受任北军使者护军了，这就确凿地排除了任安在太始末下狱论死的可能性。

综观任安一生的仕宦经历，可以看出，他与田仁均为武帝的爪牙心腹之臣。当太始末、征和初政局动荡之际，武帝先委田仁任丞相司直，以督察贵戚大臣①；随后又调任安为北军使者护军，来严密控制北军。这是武帝为稳定时局所采取的战略措施，由此也可见武帝对田、任的倚任之重。褚少孙在补《任安传》末用“月满则亏，物盛则衰”的“天地之常”理，批评任安“知进而不知退。久乘富贵，祸积为祟”，终致杀身之咎。褚先生的史评从反面证明了，任安在征和二年遇难之前，一直是官运亨通、青云直上的，不仅在太始四年不曾下狱论死，而且在其他的年月也绝无下狱的纪录。任安的“抱不测之罪”，只有征和二年因巫蛊之变被人诬告的一次，罪名则是武帝钦定的所谓“怀诈有不忠之心”。

必须指出，武帝将任安下吏时所说的“安有当死之罪甚众，吾常活之”，并不能作为任安“于征和二年前曾坐他事”下狱的证据。因为这无非是武帝在听到有人告发任安对他怀“有二心”时欲加之罪的暴怒之辞。“安有当死之罪甚众”，于史无征，纯系莫须有的构陷；而“吾常活之”句中的一个“常”字，更暴露出这不过是凿空乱道。众所周知，武帝生“性严峻，群臣虽素所爱信者，或小有犯法，或欺罔，辄按诛之，无所宽假”（《资治通鉴》卷十九“武帝元狩二年”）。“小有犯法”者“辄按诛之”，而“有当死之罪甚众”者倒“常活之”，其言之不足信自不待言。言而无信，出尔反尔，是专制帝王的本性。武帝之杀丞相公孙贺便是显例。征和二年春，武帝在枉杀公孙贺后的“制诏”中罗织公孙贺的罪名之一，是“诈为诏书以奸传（非法逮捕）朱安世”（《汉书·刘屈氂传》）。然按《汉书·公孙贺传》，“是时（传璋按：指征和元年）诏捕阳陵朱安世，不能得。上求之急。（公孙）贺自请逐捕安世……上许之。后果得安世”。公孙贺明明是奉武帝特“许”逐捕朱安世的丞相，曾几何时却变为“诈为诏书”诱捕好人的钦犯；朱安世明明是“诏捕”甚“急”的钦犯，不数月却变为被公孙贺非法逮捕的良民。真是翻手为云，覆手为雨，欲加之罪，何患无辞。如果不是史家用了一点互见法，存录了事件的真象，仅据武帝的

① 按《汉书·武帝纪》：“太始四年，春三月，行幸泰山。”又按《史记·田叔列传》附《田仁传》：“其后使刺举三河。上东巡，仁奏事有辞。上说，拜为京辅都尉。月余，上迁拜为司直。数岁，坐太子事……下吏诛死。”据此可知田仁拜为司直当在太始四年。

“制诏”之辞，千载之下孰能辨其是非？一个专制皇帝一时心血来潮要除掉一个他认为对他怀“有二心”的臣仆，会采用何种的借口，只要重温一下伊索《狼和小羊》的故事，便思过半了。

或许有人会提出这样的质问：说任安在太始四年曾下狱论死固然无据，但说任安于征和二年季冬处决也未必正确。因为《汉书·刘屈氂传》明明写着：“（暴）胜之惶恐自杀，及北军使者任安坐受太子节怀二心、司直田仁纵太子，皆要斩。”《资治通鉴》征和二年也如此记载：“上以为任安老吏，见兵事起，欲坐观成败，见胜者合从之，有两心，与田仁皆要斩。”既然任安已在征和二年七月武帝自甘泉返长安后与田仁被同时处死，那么，说《报任安书》作于征和二年十一月岂非荒诞无稽？

这个貌似棘手的问题，其实第一个替任安作传的褚少孙早已作出了明确的回答：任安与田仁虽然均坐戾太子兵事腰斩，但二人既非同案下吏，更非同时处决。据《史记·田叔列传》后褚先生的补传，当戾太子起兵时，丞相刘屈氂奉诏镇压，奉丞相之命司直田仁部闭城门。田仁因太子是武帝的骨肉之亲，有意让他逃出城外。田仁因此被“下吏诛杀”。参稽《汉书·武帝纪》征和二年的纪事：“七月……庚寅，太子亡。皇后自杀。……御史大夫暴胜之、司直田仁坐失纵，胜之自杀，田仁腰斩。八月，辛亥，太子自杀于湖。”可知田仁与暴胜之同坐“失纵”一案，在太子逃亡后即被下吏；而任安与此无涉。暴胜之自杀、田仁腰斩与卫皇后自杀，都发生在七月庚寅太子出亡后的一两日内。至于任安则不同。当太子以节命他发北军兵助战时，他拜受节却不发兵。拜受节，表现出他对皇帝权威的尊崇；不发兵，则证明他在复杂的情势下能相机行事。正是由于他的紧闭北军军门，才使得丞相仓卒征集的士卒镇压了太子的乌合之众，稳定了大局。因此任安在这次事变中的表现得到武帝的赞赏：“任安为详（佯）邪？不傅事何也？”他怎么会与田仁同时被诛呢？任安后来的下狱，是因为他之前笞辱过北军钱官小吏，钱官小吏挟嫌诬告他曾与太子勾结。这是需要下狱案验的。虽然任安的罪名已经钦定为“怀诈有不忠之心”，属于大逆不道之科，非死不可；但是此时太子兵事早经镇压，风暴也基本过去，死刑则需恢复常规延至季冬执行了。这就是《报任安书》所说的"今少卿抱不测之罪，涉旬月，迫季冬，仆又薄从上上雍，恐卒然不可为讳"的由来。与《报任安书》所述稍有不同的是，武帝本来决定在征和二年季冬上雍的，后来因故推迟到次年正月了。其"故"或许因中书令司马迁于征和二年季冬暴卒，使得武帝的上雍之举不能按原定计划进行。褚少孙生于武帝太始、征和年间，与任安、田仁的时代上下相接；而任安、田仁生前又是"立名天下"的人杰，他们的事迹是褚先生"为郎时"亲耳所"闻"，故他为他们所作的补传自属可信。《汉书》及《资治通鉴》中关于任安、田仁结局的史文，正是根据褚先生的补传撰写的。《汉书》《通鉴》所谓"皆要斩"云者，系史家连类而叙以终事的书法，不能作为考证任安、田仁死期的依据。

五、结论：司马迁骤死于征和二年尾

对司马迁"卒于太始四年说"的前提条件的考察，就进行到这里。现在将本文考辨的结果归纳结论于下：

益州刺史任安在太始四年（公元前93年）初，致书中书令司马迁，责以古贤臣之义。司马迁在扈从武帝东巡返回长安途中收到赐书。由于种种原因，迁延未覆。直到任安抱不测之罪行将就刑之前，司马迁才略陈固陋，奉报前书。由任安赐教时的"曩"昔，到司马迁报书时的"今"者，中间有"阙然久不报"的时间间隔，二者原非同年之事，《报任安书》的首段实已明确交待。论者失察，遂滋误解。据史载，任安在征和二年前仕途顺遂，久乘富贵，如物之盛，如月方盈，从无下狱论死的纪录；尤其是在太始末、征和初，他更备受武帝亲信。当京师动荡不宁、王室多事之秋，他受任北军使者护军，以卿衔监护帝国唯一的常备战斗部队。这一事实足以排除任安曾于太始四年下狱论死的可能性。任安在太始四年既无下狱其事，王国维的《报任安书》作于太始四年十一月的结论自然无存在的理由。王说一经推翻，郭沫若先生的"司马迁卒于太始四年说"的定年也就失去了前提条件。事实证明，任安“抱不测之罪”只有征和二年（公元前91年）因北军钱官小吏诬告而被下吏的一次。司马迁的《报任安书》必作于征和二年十一月无疑。笔者不揣冒昧，愿对郭沫若先生关于司马迁卒年的观点作如下的修正：

> 司马迁之死是有问题的。他是在既下蚕室之后又就刀锯，再度下狱骤死的。司马迁的《报任安书》作于征和二年十一月，以后的事迹即无可考见。司马迁可能即死于征和二年尾。

只是“司马迁卒于太始四年说”应更正为“司马迁卒于征和二年说”，方与史实吻合。

一九八一年十月初稿

一九八三年一月改定。

［本文因篇幅较长，曾拆分为三篇发表：1.《司马迁“卒于太始四年说”献疑——太史公卒年考辨之三》，载《安徽史学》1987年第3期；2.《从任安的行迹考定〈报任安书〉的作年》，载《淮北煤师院学报》（社会科学版）1987年第2期；3.《〈报任安书〉“会东从上来”辨证》，载《安徽师大学报》（哲学社会科学版）1987年第1期。本书系按原稿刊印］

司马迁“卒于武帝之后说”斠误

一、民国以前学者关于史公卒年的诸种说法均属臆测而无实证

在司马迁与《史记》的研究领域中，太史公的卒年和死因，是一个亟待解决的重要课题。由于它不仅直接影响到对司马迁的人格的评价以及对《太史公书》的风格的理解，而且也直接关涉到对今本《史记》的整理。古往今来有不少学者为解决这个疑案付出了辛勤的劳动，对司马迁的卒年提出了种种论断或假说。其中，认定司马迁卒于武帝之后的代不乏人。金代学者王若虚在辨析《史记·司马相如列传》的“太史公曰”中有后人误将班固《汉书》传赞续附于内时，说及司马迁的卒年：

> 按《迁传》虽不著其死之岁月，然云“迁既死后，其书稍出，宣帝时，迁外孙杨恽祖述其书，遂宣播焉”，则其死不过在昭、宣之间耳。[①]

清代乾嘉学者王鸣盛在考索司马迁的游踪时，也推测了太史公的卒年：

①（金）王若虚：《滹南遗老集》卷十七《史记辨惑·疑误辨》，上海商务印书馆万有文库本。

（迁）当太初元年始论次其文，是时迁之年盖已五十。又七年，遭李陵之祸，徐广以为天汉三年，既腐刑，乃卒述黄帝至太初。则书成时必六十余矣。后为中书令，卒必在武帝之末。……又《报任安书》作于安下狱将论死之时，则巫蛊之狱，戾太子之死，迁固亲见之。又四年，武帝崩。《汉书》本传于《报任安书》后言迁卒。则在武帝末，或更至昭帝也。……愚谓迁实卒于昭帝初。[①]

晚清的吴汝纶在点校《史记·外戚世家》时说：

某谓《史记》诸篇，有作于武帝时者，则称“今上”；有作于昭帝时者，则称“武帝”。其云“讫于太初”者，据大率言之，非太初后遂无文也。[②]

可见也是主张司马迁卒于昭帝时代的。近人张鹏一《太史公年谱》更叙列司马迁的行迹直至汉昭帝元平元年（昭帝末，公元前74年），享年七十三岁。

以上诸家说法不一，从武帝末到宣帝初，有十五六年的时间差距；但有一点是共同的，就是这些说法大都是讨论《史记》中的某个问题而旁涉到太史公的卒年的，所以均未对己说作出具体的论证，基本上还停留在揣测的阶段。

二、程金造提出司马迁“卒于武帝之后说”的四项“具体证据”

对于司马迁卒于武帝以后的论断以专文作出综合证明的，是程金造先生。他有两篇考证文章，一为《从〈报任安书〉商榷司马迁的卒年》，专

① (清)王鸣盛:《十七史商榷》卷一《子长游踪》,商务印书馆1959年重印本。

② 吴汝纶点勘,吴闿生编录:《桐城吴先生点勘史记一百三十卷》,南宫邢氏刊本。

题驳斥“司马迁卒于太始四年说”，对此笔者另有《郭沫若之司马迁“卒于太始四年说”质疑——兼论〈报任安书〉的作年》专文讨论；一为《司马迁卒年之商榷》，此文先驳“司马迁卒于武帝之时说”，认为“无论是直接的论证，无论是间接的论证，都是讲不通的”，然后对司马迁“死在武帝以后”“至少是昭帝时”的论点，提出了四项“具体证据”：

> （一）褚少孙是西汉人，见过《史记》原书，曾说“太史公记事尽于孝武之事”，这是司马迁死在武帝后的证据一。（二）《史记》各篇里，有称汉世宗的谥号“武帝”的，这是司马迁死在武帝以后的证据二。（三）《玉海·职官部》，历载前后任职的人，太史令张寿王列在司马迁名字之下，可是张寿王为太史见于昭帝末期的记载，这是司马迁不死在武帝时而死在武帝以后的证据三。（四）距武帝殁只四年的征和二年，《史记》一书还没有完成；可是《史记·自序》里总结了全书的字数，这是《史记》已经完成的证明。那么在征和二年以后，《史记》必有补辑的部分。这是司马迁死在武帝以后的证据四。

这是一篇主张司马迁卒于武帝以后说的颇具代表性的论文，文中对前人的成说综括无遗，又提出不少作者新挖掘出来的佐证，所言似乎确凿有据[①]。然而我对程先生的大作细加研读以后，不得不指出，该文的主要论点和论据都是有待商榷的。

三、褚少孙“太史公记事尽于孝武之事”并无记事及于武帝之崩的含义

先看第一项“证据”。程先生将褚少孙“太史公记事尽于孝武之事”这句话，作为立论的基本依据。褚先生的话见于他所补《史记·建元以来侯者年表》的叙言：

---

① 程文载《文史哲》丛刊第三辑《司马迁与史记》，《文史哲》杂志编辑委员会编，中华书局1957年版。本文所引程说均出此书。

后进好事儒者褚先生曰：太史公记事尽于孝武之事，故复修记孝昭以来功臣侯者，编于左方。

程先生说，“褚少孙既是好读《史记》，而《史记》的宣布是在宣帝时候，那时褚少孙或是为博士弟子，或是为郎中，为侍郎，那么他必定见到《史记》的原本（没有被人溷乱过的）的。那么他所说的：‘太史公记事尽于孝武之事’，自然是有所见而云然，也当然是可信的。司马迁记事，如果有的尽于武帝，那么他必然是死在武帝之后了。”

我认为，程先生对褚少孙生平的考索是大致不差的，说褚见过《史记》原本也是合乎情理的，而褚所说的“太史公记事尽于孝武之事”自然也是可信的。问题在于褚的这句话能否解释为“司马迁记事，有的尽于武帝”，并能否从中引出司马迁“必然是死在武帝之后”的结论？答曰：不能！因为褚少孙这句话的意思不过是说，司马迁的《太史公书》记事的下限止于武帝时代，并无记事及于武帝之崩的含义。且看下列二证：

（1）班彪《史记略论》曰：孝武之世，太史令司马迁采《左氏》《国语》，删《世本》《战国策》，据楚、汉列国时事，上自黄帝，下讫获麟，作本纪、世家、列传、书、表，凡百三十篇，而十篇缺焉。迁之所记，从汉元至武以绝，则其功也。①

（2）刘知几《史通·六家篇》云：司马迁撰《史记》，终于今上，自太初以下，阙而不录。②

班彪说“迁之所记……至武以绝”，刘知几说“司马迁撰《史记》终于今上”，与褚少孙所说的“太史公记事尽于孝武之事”相较，无论是在句法结构上，还是在文辞含义上，几乎如出一辙。而班彪“至武以绝”的

①（南朝宋）范晔：《后汉书》卷四十上《班彪列传》，中华书局1965年版。

②（唐）刘知几：《史通》，浦起龙《史通通释》本，上海棋盘街文瑞楼印行。

上文是“下迄获麟”，刘知几“终于今上”的下文是“自太初以下阙而不录”。显而易见，这里的“绝”与“终”，只能训作“止”。所谓“至武以绝”“终于今上”，都是说《史记》记事的下限止于武帝时代而已。褚少孙的“尽于孝武之事”，同样只能作如此的解释。程先生误解褚少孙的语意，并在“尽”字之上自行添加“有的”二字，因而得出司马迁“死于武帝之后”的结论。这样的结论自然不足为据。

同时，程先生的见解也不符合《史记》的实际，因为《史记》并未记尽武帝一代之事。即以《建元以来侯者年表》为例，褚少孙的话主要是针对此表而发的，司马迁谱列建元以来侯者只到元封四年所封的涅阳侯为止，后面有“右太史公本表”六字特加提明。在涅阳侯之后，褚少孙补表之前，尚有武帝征和三年所封三侯，征和四年所封一侯，均未列入太史公本表。从侯表谱列格式来看，太史公本表为横栏，从当涂侯开始则改为直栏，前后判然有别。可见武帝征和末所封四侯，显然是司马迁之后、褚少孙以前的某人所辑。褚的补表又是承接在这补辑之后的。这个事实也证明了司马迁记事未“尽”武帝之事，褚少孙的话只是一个概略的说法。

我这样讲，程先生或不能同意。因为程先生曾指出：

> 《酷吏列传》里，叙述杜周捕治桑弘羊昆弟之事（传璋按：太史公原文是“昆弟子”，而不是“昆弟”，一字之差，含义全异），本发生在昭帝元凤之时。这是为了叙述杜周事情的本末，牵连涉及的。

若此，可以说，既然司马迁将昭帝元凤年间“杜周捕治桑弘羊昆弟之事”都叙入了《史记》，那么，太史公卒于武帝之后自然无可争议了。

但是事情的真象绝非如此。《史记·酷吏列传》中的这节文字是这样的：

> ……（杜）周中废，后为执金吾，逐盗，捕治桑弘羊、卫皇后昆弟子刻深，天子以为尽力无私，迁为御史大夫。

司马迁的这段叙事文字是至为明晰的。所谓“尽力无私”，是说执金吾杜周追捕京师“盗贼”不遗余力，逮捕处治桑弘羊、卫皇后这等的幸臣、贵戚的兄弟之子毫不偏私，因而得到皇帝的赏识，被擢升为三公之一的御史大夫。只有当桑、卫两族贵盛用事之时，杜周对其兄弟的子弟敢于执法不阿，才当得起“无私”的品评。早在征和二年，卫皇后即因戾太子兵事而被迫自杀，卫氏族灭，昭帝元凤年间，卫氏实在无人可供“捕治”，所以程先生在论文中有意将捕治卫皇后昆弟子一事隐去，单提桑弘羊事。但据太史公原文，捕治桑弘羊昆弟子与捕治卫皇后昆弟子，是发生在同年之事，怎能割裂为说？再者，昭帝元凤元年，桑弘羊被坐谋反灭族，当此之时，有谁胆大包天敢偏“私”钦犯桑氏家族？可见，杜周捕治桑弘羊昆弟子必发生在桑弘羊炙手可热之时。我们从《酷吏列传》不难看出，文中的“天子”，系指“今上”武帝刘彻，而不是指昭帝刘弗陵。上述分析，可从《汉书·百官公卿表》得到确凿的印证。表中具载，杜周为执金吾在天汉二年，天汉三年迁御史大夫，太始二年卒于官。杜周“捕治桑弘羊、卫皇后昆弟子”，是在天汉二年他担任执金吾的时候，下距昭帝元凤元年凡十有九年。至于“发生在昭帝元凤之时”以谋反罪族灭桑弘羊的，是大将军霍光（事详《汉书·霍光传》）。当时杜周已物故十五年了。自然，对太史公的这段文字作出错误的理解，并非自程先生始；崔适《史记探源·麟止后语》称：“《酷吏传》载杜周捕治桑弘羊昆弟子，且及昭帝元凤间事矣”；梁启超《史记读法及解题》也把杜周捕治桑弘羊昆弟子事系入昭帝元凤年间，开了错误的先河。程先生不过误从崔、梁两位前辈之说而已。还需要指出的是，《酷吏列传》中有关杜周捕治桑、卫昆弟子的记事，确系太史公的手笔；崔适认为《酷吏列传》全系后人伪作，梁启超则说此处是后人羼入，那是他们根据自己的错误理解而作出的错误判断。程先生不信“伪作”“羼入”之妄说，维护了太史公的著作权，是值得称许的。不过，程先生将太史公的文字失真引录，作为“可靠的证据”，以证明司马迁活到“昭帝末年”，却是很大的失误。

四、今本《史记》称"今上"为"武帝"悉为后人妄改

现在讨论程先生的第二项"证据"。

程先生发现《史记》中"有多处说到汉世宗的谥号'武帝'二字"，于是便将这作为司马迁必死于武帝以后的"直接证明"。并引述吴汝纶的意见："某谓《史记》诸篇，有作于武帝时者，则称'今上'；有作于昭帝时者，则称'武帝'"，认为吴说"极合情理，符合事实"。

其实不然。对程先生所列举的称"武帝"的例证，毋需一一辨析，我们只要查勘《史记·太史公自序》，就足以说明问题了。《太史公自序》公认是《史记》中最后写定的一篇文字。序中甚至对全书的字数都作了精确的统计：

> 略推三代，录秦汉，上记轩辕，下至于兹……凡百三十篇，五十二万六千五百字，为《太史公书》。

这是《史记》全书杀青的直接证据。而程先生的论文中也不止一次地说及"《史记·太史公自序》里总结了全书的字数，这是《史记》已经完成的证明"。

现在让我们看看司马迁在《太史公自序》里撮举《史记》最目时，是怎样称呼刘彻的：

> 汉既初兴，继嗣不明，迎王践祚，天下归心。蠲除肉刑，开通关梁，广恩博施，厥称太宗。作孝文本纪第十。
>
> 诸侯骄恣，吴首为乱，京师行诛，七国伏辜，天下翕然，大安殷富。作孝景本纪第十一。
>
> 汉兴五世，隆在建元，外攘夷狄，内修法度，封禅，改正朔，易服色。作今上本纪第十二。

倘若吴汝纶的说法——“《史记》诸篇……有作于昭帝时者”——符合事实的话，那么《太史公自序》自应是在昭帝时代最后写定的篇章，它在叙列《史记》最目涉及到刘彻的本纪标目时，必应与文、景本纪标目同例，题曰《孝武本纪》，《自序》提要也应书作“作孝武本纪第十二”。然而事实上，司马迁在《自序》中述及刘彻的本纪时，并未以堂皇的谥号“孝武”标题，而只是朴实地书作“作今上本纪”。按照程先生的意见，“那篇《孝武本纪》”本来就叙述得很“完整的”，“在武帝死后”，又经过“辑补修整”。既然如此，《太史公自序》对刘彻的本纪标目必定要书作《孝武本纪》；即令初属稿时暂题《今上本纪》，增辑定稿时也应改易过来。如果司马迁活到昭帝时代，作《太史公自序》时尚称孝武帝为“今上”，那他将置昭帝刘弗陵这位“今上”于何地？

假如程先生不反对这个事实：司马迁在《史记》创成初稿后，对于太初以后的某些史事曾有所补辑，但在作《自序》时已是杀青书，必不容再事增易；那么，《太史公自序》书曰“作《今上本纪》”而不书作“作《孝武本纪》”这个书法，就证明：司马迁根本就没恭逢为刘彻议谥的大典；《太史公自序》必作于“今上”刘彻生前，《太史公书》的杀青书也必完成于刘彻生前；吴汝纶的说法既不“合情理”，也不“符合事实”。

《今上本纪》早就与《孝景本纪》一道亡佚了，即使是褚少孙也无缘得读原作。好端端一部大书，开了偌大的天窗，总难免有煞风景。于是后世好事者辑取《史记·封禅书》中有关武帝的部分聊充《孝武本纪》，以完全璧；然而这并不符合太史公的原意。裴骃《史记集解》特于今本《史记·孝武本纪》题下注明：

> 《太史公自序》曰：“作《今上本纪》。”又其述事皆云“今上”“今天子”。或有言“孝武帝”者，悉后人所定也。

这个说法才是合乎情理、符合事实的。司马贞《史记索隐》即全采裴说入注。清人梁玉绳的《史记志疑》在经过详密考核后，也发表了与裴骃相同的意见：

> 《太史公书》称武帝曰“今上”、曰“今帝”、曰“今天子”、曰“今皇帝”。故凡言“孝武”者，悉后人所妄改也。

我认为这是个正确的结论。

程先生还引用吴廷锡《与张鹏一书》的观点，得出“根据《玉海》所载太史令司马迁下，便是张寿王；寿王是于昭帝元凤二年任太史令，因而证明司马迁是死在武帝后”的结论。程先生把《玉海》的这条纪录当作司马迁必卒于昭帝末年的第三项“具体的证据”。显然，如果这个前提能够成立，司马迁活到昭帝末年自然不容置疑。

但司马迁在天汉三年初因李陵之祸下狱后，即失去了太史公的职务。太始初年遇赦出狱后并未恢复原职，而是被武帝另行委任为中书令，直到辞世。事实上司马迁在既受腐刑、形体亏损之后，也没有可能重新担任太史公了。因为太史公“掌天官”（《太史公自序》），天为阳道，而“刑人非人”，是所谓“阴人”，没有资格主持其事。既然司马迁在天汉三年（公元前98年）就被迫永远离开了太史公署，他与二十一年之后的元凤三年（公元前78年）方才担任太史令的张寿王根本不可能发生“前后任职”的关系；那么，《玉海·职官部》的这项记载，对于考证司马迁的卒年来说毫无价值，是显而易见的，更不消说作为一项“具体的证据”了。

五、《史记》成书在“征和以后说”平议

最后，我们还要看看程先生的第四项“证据”有无证据。程先生在引用《报任安书》“仆诚以著此书，藏之名山，传之其人，通邑大都，则仆偿前辱之责，虽万被戮，岂有悔哉”以后说：“这是他在征和二年十一月报书时《史记》还没有完成的证明。下文又说，‘从俗浮湛，以通其狂惑’。这是一定要继续完成《史记》一家言的著作的意思。”“《史记》的

完成，是征和以后的事情。”

我认为，司马迁说“身直为闺閤之臣，宁得自引深藏于岩穴邪？故且从俗浮湛，与时俯仰，以通其狂惑”，这番愤激之言，原是回复任安“慎于接物”的赐教的，根本不是“一定要继续完成《史记》一家之言的著作”的意思。语意显白，毋庸置辩。需要讨论的，是司马迁征和二年十一月作《报任安书》时《史记》有没有完成这个问题。请看司马迁本人在《报任安书》中是如何回答这个问题的：

> 仆窃不逊，近自托于无能之辞，网罗天下放失旧闻，略考其行事，综其终始，稽其成败兴坏之纪，上计轩辕，下至于兹，为十表、本纪十二、书八章、世家三十、列传七十，凡百三十篇，亦欲以究天人之际，通古今之变，成一家之言。草创未就，会遇此祸；惜其不成，是以就极刑而无愠色。仆诚以著此书，藏之名山，传之其人，通邑大都，则仆偿前辱之责，虽万被戮，岂有悔哉！

这是司马迁第一次向外人披露《史记》的撰述方法、全书纲要和编纂目的。“近自托于无能之辞”“为……百三十篇”云云，明谓《史记》已经作成。“草创未就……而无愠色”云云，这节文中插入语，是对当初自择腐刑以成《史记》时心理的追溯；“传之其人……岂有悔哉”云云，是对《史记》未来前途，或逢知己而广为流布的殷切期望。最值得注意的是“仆诚以著此书，藏之名山”二句。“诚”者，“信也”，（《说文解字》）真实无妄之谓；“以”，通“已”，系卒事之辞。“仆诚以著此书”，紧承上文“为……百三十篇”，意谓我确实已经著述了这部史书。“藏之名山”，用了“群玉之山……先王之所谓策府”（《穆天子传》）的典故，并非说真的将《史记》手稿藏入大山之中，而是说将手稿妥善地保藏起来。从司马迁在《报任安书》中的自述看来，当他奉报任安赐书时，《史记》一百三十篇不仅已经杀青，而且对手稿正本也做好了善后处置。

如果将《报任安书》与《太史公自序》加以比较，就更能证实上述的论断：

《报任安书》	《太史公自序》
古者富贵而名磨灭不可胜纪，惟倜傥非常之人称焉。盖文王拘而演《周易》；仲尼厄而作《春秋》；屈原放逐，乃赋《离骚》；左丘失明，厥有《国语》；孙子膑脚，兵法修列；不韦迁蜀，世传《吕览》；韩非囚秦，《说难》《孤愤》；《诗》三百篇，大抵贤圣发愤之所为作也。此人皆意有所郁结，不得通其道，故述往事，思来者。…… 仆窃不逊，近自托于无能之辞，网罗天下放失旧闻，略考其行事，综其终始，稽其成败兴坏之纪，上计轩辕，下至于兹，为十表、本纪十二、书八章、世家三十、列传七十，凡百三十篇。亦欲以究天人之际，通古今之变，成一家之言。草创未就，会遭此祸；惜其不成，是以就极刑而无愠色。仆诚以著此书，藏之名山，传之其人，通邑大都，则仆偿前辱之责，虽万被戮，岂有悔哉！	夫《诗》《书》，隐约者欲遂其志之思也。昔西伯拘羑里，演《周易》；孔子厄陈蔡，作《春秋》；屈原放逐，著《离骚》；左丘失明，厥有《国语》；孙子膑脚，而论兵法；不韦迁蜀，世传《吕览》；韩非囚秦，《说难》《孤愤》；《诗》三百篇，大抵贤圣发愤之所为作也。此人皆意有所郁结，不得通其道也，故述往事，思来者。于是卒述陶唐以来，至于麟止。自黄帝始。…… 罔罗天下放失旧闻，王迹所兴，原始察终，见盛观衰，论考之行事，略推三代，录秦汉，上记轩辕，下至于兹，著十二本纪……作十表……作八书，……作三十世家，……作七十列传，凡百三十篇，五十二万六千五百字，为《太史公书》，序略以拾遗补艺，成一家之言，厥协六经异传，整齐百家杂语，藏之名山，副在京师，俟后世圣人君子。

这两篇作品在述及《太史公书》的撰述情况时，文字几如出自同一印范。这个事实确切证明，《太史公自序》与《报任安书》必定是司马迁的同一时期而略有先后的作品。《自序》说：“藏之名山，副在京师，俟后世圣人君子”；《报书》说：“仆诚以著此书，藏之名山，传之其人通邑大都。”二文同一声口地宣称《史记》已杀青成书，并已妥为保藏。从上面的引文里，我们不难判定，《报任安书》必作于《太史公自序》之后，不是《自序》抄《报书》，而是《报书》抄《自序》。正是在“以（已）著此书”并“藏之名山”的情况下，司马迁才无所顾忌地提笔写作《报任安书》，“舒愤懑以晓左右”的。

司马迁固然希望《报书》能送达任安之手，以慰藉即将“长逝者”的悲愤之魂，并望其能谅解自己“阙然久不报”的难言之衷；但司马迁也明知任安是“抱不测之罪”系狱待决的钦犯，《报书》实际上不可能送达其手而必被法吏没收。这篇对汉王朝的黑暗吏治和汉武帝的专横暴戾充满了怨言怼语的书信一旦送呈武帝，其后果之严重，司马迁在写作《报书》时是不会不早有预料的。假如那时果真像程先生所说的，“《史记》还没有完成”，那么，司马迁必因《报任安书》“诬罔谩上”而难逃大辟重诛，哪里还谈得上“在武帝死后，辑补修整”，“继续完成《史记》一家言的著作”！不仅《史记》永远不可能完成，而且业已草成的手稿也难免毁灭的厄运。当初横遭李陵之祸时，由于《史记》草创未成，他为了实现庄严的先考遗嘱，忠诚于神圣的史官天职和时代使命，并没有像常人一般地“伏法受诛”以求全其“名节”，而是以沉雄果毅的大勇自择了奇耻大辱的腐刑，用“隐忍苟活”的惨痛代价，换取了续成《史记》的宝贵时间。把写作《史记》看得如此神圣的司马迁，难道会在奉复任安赐书时，在《史记》尚未完成（姑且假设程先生所言为事实）而《报书》又必将被法吏没收的情况下，倾泻其对武帝的愤懑之情、公开其著述《史记》的秘密，轻婴法网，亲手葬送完成《史记》的机会吗？若是这样，岂非分不清“用之所趋”有异的道理、颠倒了泰山与鸿毛的关系？司马迁绝不会为此鲁莽之举！总之，无论是从《报书》和《自序》中司马迁的自述看，还是从《报书》的实际命运看，都证明程先生所下的“报书时《史记》还没有完成”的论断是没有根据的，以此作为司马迁必卒于武帝以后的一项证据是不能成立的。

以上对主张司马迁“卒于武帝之后说”的论者所持的“四项具体证据”逐一进行了考察，结果表明，这些“证据”有的是误解文献望文生义，有的是征引史料有失检点，有的是本来就乌有其事，有的是以偏概全顾此失彼，不仅不能证明司马迁必卒于武帝以后，而且有些“证据”恰恰证明了司马迁必卒于武帝之前。

一九八一年五月初稿，
一九八三年一月改定。

[原载《中国古典文学论丛》第二辑，人民文学出版社1985年版]

《史记·三王世家》“太子少傅臣安行宗正事”为刘安国考

一、《索隐》注“臣安”为“任安”搅起的大波

《史记·三王世家》载，汉武帝元狩六年（公元前117年），大司马霍去病建议，请武帝诏有司因盛夏吉时，定皇子位号。武帝批示御史办理。御史交丞相廷议。“丞相臣青翟、御史大夫臣汤、太常臣充、大行令臣息、太子少傅臣安行宗正事，昧死上言”，“请立皇子臣闳、臣旦、臣胥为诸侯王。”①

在奏章上列衔的“太子少傅臣安行宗正事”，与本《世家》上文“御史臣光守尚书令”、下文“太仆臣贺行御史大夫事”，同一书例。汉制，钦命以本官署理或暂摄位高于本官的他官，称“守”或“行”，奏事时列暂代之衔于本名之下。“行宗正事”联上“太子少傅臣安”为句，其下并无“臣某”字样的缺文。“太子少傅臣安行宗正事”，意谓臣安以二千石的太子少傅的本职暂摄中二千石的宗正职事。

这位以太子少傅的本职暂摄宗正职事的“臣安”是谁？唐人司马贞的《史记索隐》于“太子少傅臣安”下注云：“任安也。”②

---

①《三王世家第三十》第一叶，《史记集解索隐正义合刻本》，清同治九年金陵书局校刻，家藏本。

② 同注①

自司马贞“索”出“臣安”之“隐”乃司马迁的知交任安，唐以后的《史记》研究者对此向无疑辞。

日人泷川资言的《史记会注考证》，对这条《索隐》注未出“考证”；水泽利忠的《史记会注考证校补》对此也不著一字。足见他们均同意《索隐》的观点。

20世纪70年代台湾十四院校六十名教授合译的《白话史记》，将《三王世家》“六年三月戊申朔，乙亥，御史臣光守尚书令、丞非，下御史书到，言：‘丞相臣青翟、御史大夫臣汤、太常臣充、大行令臣息、太子少傅臣安行宗正事，昧死上言”，一段文字，译作——

> 六年三月戊申朔日，乙亥，御史臣光守尚书令，左右丞非，交下御史书说：“丞相臣庄青翟、御史大夫臣张汤、太常臣赵充、大行令臣李息、太子太傅臣任安，行使宗正事冒死上言”。[1]

亦从《索隐》，将“臣安”认作任安。但译文于“太子太傅臣任安”后用逗号点断，以“冒死上言”联上“行使宗正事”为句，语意则变为丞相、御史大夫、太常、大行令、太子太傅等公卿大臣共同“行使宗正事”，则大违史文原意。

20世纪80年代王利器主编的《史记注译》，同样依据《索隐》，注“臣安”为“安：任安”。译“太子少傅臣安行宗正事”，为“太子少傅并兼理宗正职务臣任安”[2]，译文则较《白话史记》稍佳。

《史记索隐》的这条原不起眼的注文，经《白话史记》与《史记注译》的推波助澜，遂使更多的读者相信，司马迁的知交任安早在元狩六年，就以显赫的太子少傅行宗正事的高位，参预了策封武帝三位皇子为诸侯王的

① 白话史记编辑委员会主编:《白话史记》,台湾河洛图书出版社1979年初版,第877页。译文将原文“太子少傅”译作“太子太傅”,不知何故。台北联经出版事业公司1985年修订再版时译文同河洛初版。

② 王利器主编:《史记注译》,三秦出版社1988年版,第1588、1598页。

盛典。

至于有些研究《史记》的专家，由于任安与司马迁的关系至为密切，则更重视《索隐》这条注文的史料价值。20世纪80年代有位学者提出"司马迁卒于太始元年（公元前96年）"的新说，认为"《史记》完成之日亦即《报书》写作之时"，而"《报任安书》写作年代及司马迁卒年都在太始元年"[①]。这一新说便是以《索隐》为《三王世家》的"太子少傅臣安"所作的注文"任安也"，为主要依据：

> 据《卫将军骠骑列传》及《三王世家》记，任安，元狩四年尚为卫将军舍人，元狩六年已是太子少傅。[原注："安"，《索隐》注曰："任安也。"这说明，元狩六年三月，任安已为太子少傅。] 可见，任安与田仁仕为郎中，是在元狩四年与六年之间的元狩五年。司马迁与任安是知己，与田仁相好。……他们三人的友好关系……是在元狩五年同为郎中时互相了解而逐步发展起来的。确定司马迁元狩五年始为郎中，既可推断"二十南游"始自元朔三年，又可证明司马迁不是生于建元六年，而是生于景帝中元五年。同时，确定元狩五年始为郎中。又与《报任安书》"待罪辇毂下二十余年"相符。……自元狩五年至于太始元年，是二十三年，称"二十余年"是完全可以的。[②]

《史记》成书、《报任安书》写作及司马迁之死均在"太始元年说"立论的关键，在于"确定司马迁元狩五年始为郎中"。而此"确定"之所以被确定，是因为《索隐》提供了元狩六年三月前任安已升任太子少傅这条"铁证"；司马迁与任安定交是在同为郎中时，又是毫无疑义的。既然已经"确定"任安仕为郎中"是在元狩五年"，"元狩六年已是太子少傅"，那

① 施丁:《司马迁写〈报任安书〉年代考》,《西南师范大学学报》(人文社会科学版)1985年第4期;《司马迁写〈史记〉终讫考》,《汉中师院学报》(哲学社会科学版)1988年第3期。

② 施丁:《司马迁生年考——兼及司马迁入仕考》,《杭州大学学报》(哲学社会科学版)1984年第3期。

么，司马迁只有元狩五年入仕为郎，二人定交方有可能。如此说来，“太始元年说”似乎顺理成章地能够成立。

从《索隐》“任安也”这么一条简短的注文，居然能够使司马迁与《史记》研究中悬而未决的诸多疑案得以“考定”，足见这条注文的份量之重。也正因为如此，就促使我们不得不对这条《索隐》注文的真确程度，予以认真的讨论。

二、论“行宗正事”的“臣安”绝非任安

必须指出，参预汉武帝元狩六年请封三皇子之议的太子少傅行宗正事的“臣安”，司马迁从未说过是他的知交任安。汉宣帝、元帝两朝为侍郎、博士的褚少孙，曾“窃从长安好故事者”那里“取其封策书，编列其事而传之”[①]，他还在补《史记·田叔列传》后为任安作过传略，却只字未提参预请封武帝三皇子为诸侯王之议的“臣安”即任安。其他的汉代学人及载籍，也从未留下“臣安”即任安的只字片语。说“臣安”是任安的，仅见于晚《史记》成书八百余载的唐人司马贞所作的《索隐》。司马贞的按断有无根据呢？我认为，在《三王世家》录载的公卿奏章上列衔的“太子少傅臣安行宗正事”，必非任安，实另有其人。司马贞的按断大谬不然。请容陈鄙见。

第一，元狩六年九月之前，任安仍为卫将军舍人，并未入仕朝廷。任安的入仕为郎，监护北军而“立名天下”，实自少府赵禹奉诏募择大将军卫青舍人以为郎之年始。按《汉书·百官公卿表》，赵禹为少府，在元朔五年（公元前124年）至元鼎元年（公元前116年）[②]。又按《史记·卫将军骠骑列传》，元狩四年（公元前119年）武帝以霍去病、卫青俱为大司马，“定令：骠骑将

---

①《三王世家第三十》第七叶，《史记集解索隐正义合刻本》，清同治九年金陵书局校刻。

②《卫将军骠骑列传》第十二叶，《史记集解索隐正义合刻本》，清同治九年金陵书局校刻。

军秩禄与大将军等"。此后卫青日退，而霍去病日贵。卫青向"以和柔自媚于上"，"奉法遵职"以保禄位，为免武帝疑忌，极少招士荐贤；而霍去病年轻气盛，倚仗武帝的愈"益爱重"，则敢于任事荐人。故"举大将军故人门下，多去事骠骑，辄得官爵；唯任安不肯"。霍去病于元狩六年九月病故[9]。正因为在霍去病权势熏灼之时[1]，任安决不趋炎附势，司马迁为表彰他的节概，才特笔写下了"唯任安不肯"一言千钧的五个大字。而"不肯"二字，也恰恰证明了在霍去病生前，任安一直安于清贫，留在卫将军府中为舍人。他之应赵禹募择入仕为郎，必在元狩六年末或元鼎元年初。关于任安的行迹仕历，拙作《从任安的行迹考定〈报任安书〉的作年》曾有详考，兹不赘述[2]。元狩六年九月前尚未释褐的任安，又岂能于是年三月以太子少傅行宗正事的荣衔参预请封武帝皇子为诸侯王之议？

第二，纵然任安可能于元狩五年起家为郎，亦不可能于次年初即超擢为二千石的列卿。前汉"掌守门户，出充车骑"的郎官，有议郎、中郎、侍郎、郎中诸种名目。其秩禄亦分三等——议郎、中郎秩比六百石，侍郎比四百石，郎中比三百石。初仕为郎者，一般只能担任最下级的郎中。就算任安才能卓异，特蒙武帝赏识，超擢为郎官的首长车、户、骑三将之一，其秩禄亦不过"比千石"。至于太子少傅，秩禄高达二千石。从一名比三百石的郎中，提升至二千石的列卿，其间要经过许多阶级的迁转，即使三年五载也是难以问津的。起家为郎中，一年后即超擢为二千石者，终武帝一朝的名臣良将也鲜有其例。即使是托庇于"亲贵"霍去病的人士，也不过"辄得官爵"而已，而由失势的卫青推荐的任安，又岂能如此飞升？褚少孙为任安所作的传略清楚地说，任安初仕，武帝使其护北军，"立名天下。其后用任安为益州刺史"[3]。为益州刺史，是武帝对任安的器

① 霍去病任大司马骠骑将军，为位次丞相的最高武职，"宜专边塞之思虑"，请封皇子非其职司。在用事诸臣不敢建言之际，他竟敢于越俎代庖，正见其宠幸无比。

② 袁传璋：《从任安的行迹考定〈报任安书〉的作年》，《淮北煤师院学报》（社会科学版）1987年第2期。

③《田叔列传第四十四》第五叶，《史记集解索隐正义合刻本》，清同治九年金陵书局校刻。

重和恩遇。这是太初四年（公元前101年）的事[①]。刺史秩仅六百石。而司马贞却说任安在为六百石的刺史之前十七年的元狩六年，已出任二千石的太子少傅的高官，岂非咄咄怪事！褚先生曾用“月满则亏，物盛则衰”的天地常理，批评任安“知进而不知退，久乘富贵，祸积为祟”[②]，终致杀身之咎。褚先生的史评从反面证明了，任安在征和二年（公元前91年）因巫蛊之祸遇难之前，一直是官运亨通，青云直上的，仕途中从无大起大落的经历。因此，可以肯定地说，任安在升任六百石的刺史之前，决无曾任二千石高官其事。

第三，任安所长在于治军，不可能选任太子少傅。太子为国储副君，“天下之命，县于太子。太子之善，在于早谕教与选左右”[③]。故礼制，“人君之子，年八岁，为置少傅，教之书计，以开其明。十五，置太傅，教之经典，以道其志”[④]。太子太傅、太子少傅，均为太子之师。汉代，太子太傅秩中二千石；太子少傅秩二千石，主掌辅导，悉主太子官属。太子太傅、少傅“皆选天下之端士、孝悌博闻有道术者”[⑤]。通常在二千石中慎重遴选，有时还经廷议推举。而只有醇谨资深或经术通明者方能入选。石奋及其幼子石庆分别于文帝和武帝时推选为太子太傅，是因为“万石君家以孝谨闻于郡国，虽齐鲁诸儒质行，皆自以为不及也”[⑥]。宣帝立皇太子，疏广为太子少傅，是因为他“少好学，明《春秋》”[⑦]。周堪为太子少傅，是因为他“论于石渠，

① 郦道元《水经注》卷三十三《江水一》经文“(江水)又东南过犍为武阳县，青衣水、沫水从西南来，合而注之”下，有《注》文云：“县，故大夜郎国。汉武帝建元六年开置郡县。太初四年，益州刺史任安城武阳。”证实武帝太初四年任安已任益州刺史。《华阳国志》有类似的记载。

②《田叔列传第四十四》第六叶，《史记集解索隐正义合刻本》，清同治九年金陵书局校刻。

③ (汉)贾谊：《贾谊集》，上海人民出版社1976年版，第93页。

④ (南朝宋)范晔撰，(清)王先谦集解：《后汉书集解》，中华书局1984年影印，第563页上。

⑤ (汉)贾谊：《贾谊集》，上海人民出版社1976年版，第91页。

⑥《万石张叔列传》第二叶，《史记集解索隐正义合刻本》，清同治九年金陵书局校刻。

⑦ (汉)班固撰，(清)王先谦补注：《汉书补注》，中华书局影印本，第1335页上。

经为最高"[①]。匡衡于元帝时为太子少傅，是因为他"经明，当世少双"[②]。至于任安，据褚先生所作传略得知，他初仕时既非醇谨资深的名贤，亦非经学通明的文儒。所长在于治军。这种才能，当他在武功小县当亭长时，邑中百姓出猎，他部署老少丁壮各当其位，分配麋鹿雉兔公平合理，已显露头角。后来少府赵禹奉诏到卫将军府募择习事有智略的舍人为郎时，曾说："吾闻之：将门之下，必有将类。"任安之被选中，赵禹看重的也正是他的将才。武帝召见任安、田仁，"诏问能略"。田仁推誉任安说："提桴鼓，立军门，使士大夫乐死战斗，(田）仁不及任安。"田仁是深知任安者，所言自非虚誉；武帝则是知人善任的英主，对任安的将略也很赞赏，于是便"使任安护北军"[③]。此后，任安历任扬州刺史[④]、益州刺史。太始末征和初，当政局动荡不安之际，任安奉调返京，受命以北军使者护军的职衔，监护汉帝国唯一的国防军。综观任安一生的仕历，武帝一直都是用其习事有智略、长于治军的才能。而这种特质与太子少傅的官守并不相宜。司马光《资治通鉴》卷二十八《汉纪二十》载汉元帝立王子刘骜为皇太子，为他选任师傅。"待诏郑朋荐太原太守张敞，'先帝名臣，宜傅辅皇太子'。上以问萧望之。望之以为'敞能吏，任治烦乱，材轻，非师傅之器'。"名臣张敞因为系"能吏""材轻"不能选任太子师傅，正出于同样的原因。

第四，任安非皇汉宗亲，绝无可能"行宗正事"。宗正为汉九卿之一，秩中二千石。汉高帝七年二月，自栎阳徙都长安，始置宗正官，"以序九族"[⑤]。《汉书·百官公卿表》称宗正卿的职守为"掌亲属"，语焉不详。

① (汉)班固撰，(清)王先谦补注:《汉书补注》，中华书局影印本，第1519页上。

② (汉)班固撰，(清)王先谦补注:《汉书补注》，中华书局影印本，第1428页下。

③《田叔列传第四十四》第四、五叶，《史记集解索隐正义合刻本》，清同治九年金陵书局校刻。

④ 王充《论衡·超奇篇》:"且近自以会稽言之。周长生者，文士之雄也。在州为刺史任安举奏，在郡为太守孟观上书，事解忧除，州郡无事，二将以全。"汉代会稽郡治吴县，隶属扬州。文中的"州刺史"自然指扬州刺史任安。而周长生是王充的近世乡贤，故关于他的事迹的记叙必翔实可据。汉武帝于元封五年初置刺史部十三州。任安当是首批简命为刺史的郎官之一。据王充所云，任安系始任扬州刺史，后调任益州刺史。

⑤ (汉)班固撰，(清)王先谦补注:《汉书补注》，中华书局影印本，第52页下。

对其职责作出全面说明的，当数《后汉书·百官志》的《本注》："掌序录王国嫡庶之次，及诸宗室亲属远近。郡国岁因计上宗室名籍。若有犯法，当髡以上，先上诸宗正，宗正以闻，乃报决。"[①]汉代宗正卿，毫无例外地皆用宗室诸刘中资深有德者担任。检《汉书》之《百官公卿表》及《外戚传》，自高后二年至武帝征和二年，先后出任宗正者，有上邳侯刘郢客、平陆侯刘礼、德侯刘通、刘弃疾、沈猷侯刘受、刘安国、刘长乐诸人。宗正卿必用宗室诸刘为之，乃因宗正职掌皇室谱牒、处分皇室宗亲内部事宜使然。今本《史记》中有两项述及宗正行使其职事的明确记载。一见《淮南衡山列传》：武帝元狩元年，淮南王刘安谋反，"天子使宗正以符节治王"[②]。一见褚少孙补《三王世家》：武帝崩，燕王刘旦疑继位之昭帝（刘弗陵）非武帝子，扬言"今立者，乃大将军（按：指霍光）子也"。汉廷乃遣宗正使燕，"先见王，为列陈道昭帝实武帝子状"[③]。像这等涉及到皇室内部的敏感问题，自非异姓公卿所能插手。任安既非皇室诸刘成员，自然没有资格署理宗正卿的职事。

综上所述，既然任安元狩六年尚未入仕，即使入仕，一年内亦不可能由三百石的郎中超擢为二千石的列卿，而其特长质素又不宜选任太子少傅，更绝无可能署理必宗室诸刘方能担任的宗正之职，那么，《三王世家》"太子少傅臣安行宗正事"之"臣安"，司马贞《索隐》注作"任安也"之为谬说，便昭然若揭。

《索隐》的这条注文一经否定，断定司马迁必于元狩五年入仕，就失去唯一的依据。若不能证实司马迁元狩五年入仕，那么凭借《索隐》这条

① (南朝宋)范晔撰,(清)王先谦集解:《后汉书集解》,中华书局1984年影印本,第1320页上。

②《淮南衡山列传》第十五叶,《史记集解索隐正义合刻本》,清同治九年金陵书局校刻。

③《三王世家第三十》第十叶,《史记集解索隐正义合刻本》,清同治九年金陵书局校刻。承友人韩兆琦先生赐告,刘姓的"宗正"出面调停刘氏宗族的问题,今本《史记》中尚有刘通随同袁盎出使吴国,劝止吴王刘濞反汉的一例,事见《吴王濞列传》:景帝三年,吴楚七国联兵反汉。景帝拜袁盎为太常、吴王弟子德侯刘通为宗正,"遣袁盎奉宗庙,宗正辅亲戚",使吴。"宗正(刘通)以亲故,先入见,谕吴王使拜受诏",令其罢兵。

子虚乌有的材料为基点，来考证司马迁的生平行迹、《史记》的成书及《报任安书》写作的年代，必然全盘落空。

据笔者的涉猎，当今学者只有张大可的论著没有盲从司马贞的这条《索隐》。他的《史记全本新注》将《三王世家》"太子少傅臣安行宗正事"注作："太子少傅刘安兼宗正。"[①]可见他是注意到了宗正一官必用诸刘，故给"臣安"加上刘姓。但张注亦不全对。因为据史载，淮南王刘安从未入为宗正。而且当元狩元年十月，刘安反迹昭著时，"天子使宗正以符节治王。未至，淮南王安自刭杀"[②]。说明其时汉廷自有宗正。退一步说，即使刘安在元狩元年自裁前，曾一度入为宗正，史偶失载，他亦不可能参预元狩六年请封诸王之议。再则，元狩六年亦不会有另一位与淮南王刘安同名的宗室诸刘署理宗正。原因很简单，刘安是谋反的大逆，他的名字大触忌讳，汉武帝绝不会任命与淮南王同名的人代"行宗正事"。所以，将"臣安"注作"刘安"，依然欠妥。

三、以太子少傅的本职暂"行宗正事"的"臣安"为刘安国考

那么，"太子少傅臣安行宗正事"之"臣安"究竟是谁呢？我以为是刘安国。《汉书·百官公卿表》武帝元鼎四年栏内载："宗正刘安国。"此

① 张大可:《史记全本新注》,三秦出版社1990年版,第1296页注[5]。顺便指出,该书同页注[3],将《三王世家》中"御史臣光守尚书令"之"臣光",注作"霍光,时为御史代理尚书令,传宣诏令",却又新增一个误会。按《汉书·霍光传》,霍光系霍去病同父异母弟,随其父霍仲孺居河东平阳。会去病为骠骑将军,出河东击匈奴,班师时,"乃将光西至长安,时年十余岁,任光为郎,稍迁诸曹侍中"。又按同书《霍去病传》,去病元狩三年始为骠骑将军,将万骑出陇西,不经河东。元狩四年,奉诏出代郡击匈奴,方经由河东。然则霍光元狩四年入京为郎,殆无疑义。元狩六年三月,"时年十余岁"的霍光,以其资历、学识和经验,恐难以代理"主赞奏,总典纪纲,无所不统"的尚书令(《唐六典》一、《太平御览·职官部》引后汉军谋校尉应劭撰《汉官仪》)这样的枢机要职。既然这位以御史的本职代理尚书令的"臣光"未必是霍光,则注文当以不坐实为宜。

②《淮南衡山列传》第十五叶,《史记集解索隐正义合刻本》,清同治九年金陵书局校刻。

人元狩六年时的本职是太子少傅。因其时宗正一职暂缺[①]，而封建皇子之事必需主管皇室谱牒的宗正卿参预，故武帝特命太子少傅刘安国暂摄宗正职事。正因为是暂摄，所以公卿联衔上奏时，刘安国的职衔书作“太子少傅行宗正事”。五年之后的元鼎四年，刘安国被正式任命为宗正。

今本《史记·三王世家》“太子少傅臣安行宗正事”，太史公原本当作“太子少傅臣安国行宗正事”。传抄中脱落“国”字。唐人司马贞所见本已是如此，以致他未加深考，便遽以“安”为“任安”，遂贻误后世。

《史记》与《汉书》中的人名，在锓板刷印之前的写本时代，传抄中出现脱字，并不少见。如《史记·孝文本纪》载，高后八年，丞相陈平、太尉周勃主谋共诛诸吕，奉迎代王刘恒入继大统。拥戴代王为帝的公卿大臣中有位“宗正刘郢”[②]；而按《汉书·百官公卿表》高后二年栏，载有“上邳侯刘郢客为宗正，七年为楚王”。又《汉书·王子侯表上》高后封有“上邳侯（刘）郢客”。此刘郢客正是今本《史记·孝文本纪》所载的“刘郢”，而以“郢”为名无义，当依《汉书》作“郢客”为是。然则《史记》“刘郢”后脱“客”字。这位刘郢客还见诸《史记·儒林列传》：“申公者，鲁人也。高祖过鲁，申公以弟子从师入见高祖于鲁南宫。吕太后时，申公游学长安，与刘郢同师。”《索隐》：“按：《汉书》云吕太后时，浮丘伯在长安，申公与元王郢客俱卒学也。”据《索隐》所引《汉书》，知《史记·儒林列传》“刘郢”名脱“客”字。而《汉书·儒林传》记其事稍详：“申公鲁人也，少与楚元王交俱事齐人浮丘伯，受《诗》。汉兴，高祖过鲁，申公以弟子从师入见于鲁南宫。吕太后时，浮丘伯来长安，楚元王遣子郢与申公俱卒学。（师古曰：郢，即郢客也）元王薨，郢嗣立为楚王。”据此，可知颜师古所见《汉书》旧本刘郢客的名字已脱落“客”字。又如《史记·汲郑列传》载，汲黯“善灌夫、郑当时及宗正刘弃”。裴骃《史记

① 按《汉书·百官公卿表》，沈猷侯刘受于元狩四年任宗正。又按《汉书·王子侯表第三上》，刘受于元狩五年“坐为宗正听请不具宗室，耐为司寇”，撤销宗正职务并处以耐刑。故元狩五年末、元狩六年初，宗正卿缺员。

②《孝文本纪》第三叶，《史记集解索隐正义合刻本》，清同治九年金陵书局校刻。

集解》于其下注云："徐广曰：一云：名弃疾。"①是徐广所见《史记》钞本，有作"宗正刘弃疾"者。而《汉书·张冯汲郑传》正作汲黯"善灌夫、郑当时及宗正刘弃疾"②。此刘弃疾正是今本《史记·汲郑列传》所载之"刘弃"，而以"弃"为名无义，当以徐广所见《史记》一本及《汉书》作"弃疾"为是。然则今本《史记》"刘弃"后脱"疾"字。今本《史记·三王世家》"太子少傅臣安行宗正事"之"臣安"，出于同样的原因，"安"后抄脱"国"字。《史记》正文应据《汉书·百官公卿表》，增补"国"字，作"太子少傅臣安国行宗正事"。而司马贞于"臣安"下所作《索隐》"任安也"，则应予否定。

1993年10月撰。

[原载台湾《大陆杂志》第89卷第1期，1994年7月出版]

①《汲郑列传》第一叶，《史记集解索隐正义合刻本》，清同治九年金陵书局校刻。

②(汉)班固撰，(清)王先谦补注：《汉书补注》，中华书局影印本，第1085页上。

为卫宏之司马迁“下狱死说”辨诬补证

一、卫宏提出司马迁“下狱死说”所遭遇的困境

郭沫若先生认为：“司马迁之死是有问题的”，他很可能在写作《报任安书》之后“再度下狱致死”[①]。郭先生的推断是有根据的。他的根据是汉人卫宏的《汉旧仪注》：

> 司马迁作《景帝本纪》，极言其短及武帝过。武帝怒而削去之。后坐举李陵，陵降匈奴，故下迁蚕室。有怨言，下狱死。[②]

可是对于卫宏的这项重要揭发，自晋迄今，信从者寥若晨星，反对者却如蜂舞云涌。程金造先生在题为《司马迁卒年之商榷》的论文中，缀集众说，逐句批驳卫宏之非，指出：

> 第一，卫宏认为武帝是看到《史记》的……可是《后汉书·百官志》说“太史令掌天时星历”。这可以知道司马迁当时的职守并不是

① 郭沫若:《关于司马迁之死》,《历史研究》1956年第4期。

②《史记·大史公自序》“藏之名山副在京师俟后世圣人君子第七十”句下裴骃《集解》注引卫宏《汉旧仪注》。

作史。……《史记》是他私人的撰著，并不是官书……书在当时并没有发表，直到司马迁死后，汉宣帝的时候，才由杨恽宣布出来，哪里有武帝曾见到的事实呢？第二，卫宏说司马迁荐举李陵，陵降匈奴，因此下蚕室，这也和历史情况完全不符，考《史记·自序》和《汉书·司马迁传》并没有荐举李陵的事实。……又哪里有因为李陵投降匈奴，所以下迁蚕室的事呢？第三，卫宏说司马迁下蚕室，有怨言，下狱死，这也不符合事实。考《汉书·司马迁传》：“迁既被刑之后，为中书令，尊宠任职”。这说明被刑之后，又被尊宠，并没有下狱死。卫宏所说的这三件事情，没有一件是可信的。①

卫宏的厄运还不仅此而已。论者还抓住《汉旧仪注》所记先汉的一则故事——

太史公，武帝置，位在丞相上。天下计书先上太史公，副上丞相，序事如古春秋。迁死后，宣帝以其官为令，行太史公文书而已。②

对他大张挞伐，晋人晋灼斥卫宏“所说多不实，未可以为正”③；宋人宋祁在其笔记中斥卫说“信其非矣”④；近人王国维除肯定宋祁“其论笃矣”外，又特别指出：“且汉太史令之职，掌天时星历（原注：《续汉志》），不掌纪事。则卫宏序事如古春秋之说，亦属不根；既不序事，自无受天下计书之理。晋灼谓卫宏所说多不实，其说是也”⑤。如果这些指责属实，

① 程文载《文史哲》丛刊第三辑《司马迁与史记》，《文史哲》杂志编辑委员会编，中华书局1957年版。

②（汉）班固撰，（唐）颜师古注：《汉书·司马迁传》“谈为太史公”句下颜注引如淳说，中华书局点校本1962年版。

③《汉书》颜注引晋灼说，中华书局点校本1962年版。

④（宋）宋祁：《宋景文公笔记》卷中《考古》“卫宏《汉仪注》曰”条，《百川学海》本。

⑤ 王国维：《观堂集林》卷十一《史林三·太史公行年考》，中华书局1959年版。

卫宏只能是个不折不扣的发言“不实”的妄人。

郭沫若先生是相信司马迁“有怨言，下狱死”的屈指可数的几个人中的一个，他的《关于司马迁之死》，便是本卫说以立论的。遗憾的是，他并未提出充足的理由和坚实的证据，对否定卫宏说的说法来个否定之否定，却只在论文末尾写下这样的两可之论：

关于司马迁下狱死事，前人多不相信；但从种种材料来看，没有坚实的理由可以完全加以否认。

既然是不“可以完全加以否认”，它的逆命题自然是“不可以完全加以肯定”。以郭先生的博大弘通，尚且没有为卫宏作出坚强的辩护，那么，卫宏为司马迁之死作证的资格真是岌岌可危了。倘若卫宏真是那种发言“不实”的妄人，自然容不得他就太史公之死的严肃问题置喙。但据笔者所知，卫宏实际上并不像晋灼者流所涂抹的那般妄诞浅陋。因而在讨论司马迁“有怨言，下狱死”的记载的真确性之前，我们有必要先检讨自晋灼以下直至王国维、程金造诸家对他的指控，到底有无根据。

二、程金造指摘卫宏所说“不实”三事从司马迁本人的文字均得到证实

让我们就从先汉的太史是否主领史职的问题开始。论者根据《续后汉书·百官志》“太史令掌天时星历”这句话，遂断言太史公司马迁“不掌纪事”，他的“职守并不是作史”，从而指责卫宏关于武帝削去《景帝本纪》的说法全非事实。

然而这种非难首先与司马迁的自述牴牾。司马迁多次自述太史公职专记载，修史乃其天职：

《史记·太史公自序》追记其父临终遗言说：“太史公（按：此指司马谈）执迁手而泣曰：‘余先周室之太史也。自上世尝显功名于虞

夏，典天官事。后世中衰，绝于予乎！汝复为太史，则续吾祖矣！……今汉兴，海内一统，明主贤君忠臣死义之士，余为太史而弗论载，废天下之史文，余甚惧焉！汝其念哉！'迁俯首流涕曰：'小子不敏，请悉论先人所次旧闻，弗敢阙！'"

司马谈在他庄严的遗嘱中明谓"论载"汉兴以来的"明主贤君忠臣死义之士"的业绩，是他作太史的职责，并已着手论"次旧闻"。这不是主领史职、掌管纪事，又是什么呢？

《太史公自序》记史迁与壶遂论辨作史之事时说："……且士贤能而不用，有国者之耻；主上明圣而德不布闻，有司之过也。且余尝掌其官，废明圣盛德不载，灭功臣世家贤大夫之业不述，堕先人之言，罪莫大焉！"

这里所说的"有司"，即指太史公。而"载"明圣盛德，"述"功臣世家贤大夫之业，正是太史公其官的职"掌"。这不是主领史职、掌管纪事，又是什么呢？司马迁本人向其同僚自述其官的职守，难道不比几百年后方才成书的《后汉书·百官志》更可靠吗？

《太史公自序》又说："百年之间，天下遗闻古事靡不毕集太史公。太史公仍父子相续纂其职。曰：于戏！余维先人尝掌斯事，显于唐虞，至于周，复典之。故司马氏世主天官，至于余乎！钦念哉，钦念哉！罔罗天下放失旧闻，王迹所兴，原始察终，见盛观衰，论考之行事"。

这段话明确宣布，作史乃司马氏世代相承的天职，延及司马谈、迁父子仍"相续纂其职"。这里所说的"遗闻古事"，统括上文所述的萧何所次的律令、韩信所申的军法、张苍所为的章程、叔孙通所定的礼仪，往往间出的《诗》《书》旧籍，以及盖公所言的黄老、贾谊晁错所明的申商、公孙弘缘饰的儒术，举凡朝章国典、学术文化、图籍档案，无不统归太史公掌管。“尝掌斯事”的“事”，指的就是文史图籍。“罔罗天下放失旧闻……论考之行事”数句精赅地概括了司马迁卓绝千古的史法和史识。从这番话中，人们不难体察，“司马氏世主天官”的“天官”，其职守主要是作史。

《报任安书》说：“仆之先人非有剖符丹书之功，文史星历，近乎卜祝之间。”

文史星历，分指图籍、纪载、观星、制历，全面地概括了汉初太史公的职掌范围。司马迁将“文史”二事置于“星历”之前，亦足见太史公的职责重在纪载。

上引四则史料，确凿地证明了整理国史原是西汉武帝初设太史公时的本职，不修则是渎职。至少在司马谈、迁父子任太史公时是如此。既然撰修国史是太史公的本职，司马迁在作《太史公书》，汉武帝自然不会不知道；知道了而想调阅部分与己有关的原稿，以一个专制帝王的权威自然不难办到；更何况司马迁在草创之初是原备进御的。《汉兴以来诸侯王年表》序说：“臣迁谨记高祖以来至太初诸侯，谱其下益损之时，令后世得览：形势虽强，要之以仁义为本。”称“臣迁”便是准备进御的明证。起码在李陵之祸前，司马迁还没有想到要对自己的撰述严格保密。因此，卫宏说“司马迁作《景帝本纪》，极言其短及武帝过。武帝怒而削去之”，并无什么不合情理之处。班固《汉书》的《艺文志》及《司马迁传》两度说到中秘藏本《史记》“十篇缺，有录无书”，不正证明了卫宏“怒而削去之”之说确有所本吗？

其次，论者以《续汉志》为据来否定太史公的作史资格亦属失当。我们知道，《续汉志》原是西晋司马彪“本汉末诸儒所传，而述于晋初”[1]的

① (清)何焯:《义门读书记》卷二十五，影印文渊阁《四库全书》第860册，台湾商务印书馆1972年版，第328页。

著作，梁人刘昭为之作注，并将其附于范晔《后汉书》中。其《百官志》所载仅为后汉一代官制。这在《百官志》的叙言中有显白的交待：

> 汉之初兴……法度草创，略依秦制，后嗣因循。……及至武帝，多所改作。然而奢广，民用匮乏。世祖中兴，务从节约，并官省职，费减亿计。……世祖节约之制，宜为常宪，故依其官簿，粗注职分，以为百官志。凡置官之本，及中兴所省，无因复见者，既在《汉书·百官表》，不复悉载。①

可见《后汉书·百官志》系据后汉光武帝（刘秀）“并官省职”后的官簿修撰而成，与先汉武帝时“奢广”官制大相径庭。论者执后汉官制来范围前汉官制，岂非犯了如同将车子放到马前面一般的错误？

至于程金造先生对卫宏的第二项指控，纯粹是一场误会。程先生之所以对卫宏有这样的指责，是因为他对“坐举李陵”一语中的“举”字作了错误的训诂。按卫文中的“举”字并非荐举之举，其确诂当为“誉”，乃称许之意。在古代，“举”与“誉”音义互通。《广韵》：“举，以诸切，音余”。《韵会》：“举，称也、扬也、拔也。”先秦载籍中“举”“誉”互通之例甚多，姑不备举。且看汉代的情形。《史记·万石张叔列传》：“塞侯直不疑者，南阳人也。为郎，事文帝。其同舍有告归，误持同舍郎金去，已而金主觉，妄意不疑。不疑谢有之，买金偿。而告归者来而归金，而前郎亡金者大惭，以此称为长者。文帝称举，稍迁至太中大夫。”文中“文帝称举”之“举”通“誉”，而不可解作“荐举”之“举”。《汉书·杨恽传》载杨恽失爵家居，其友人安定太守孙会宗致书劝戒他“当阖门惶惧，为可怜之意，不当治产业，通宾客，有称举。”而杨恽在《复孙会宗书》中自称“下流之人，众毁所归，不寒而栗，虽雅知恽者犹随风而靡，尚何称誉之有！”这里“称誉”一同“称举”。又《汉书·匡衡传》云：“夫富贵在

① (南朝宋)范晔:《后汉书》卷一百十四,中华书局点校本1965年版。

身，而列士不誉，是有狐白之裘而反衣之也。”而《白帖》卷十二、卷四十三所引《匡衡传》并作“而列士不举”；荀悦据《汉书》改编的《汉纪》亦作“而列士不举”。以上诸例是两汉时代“举”“誉”互通的确证。

“坐举李陵”之“举”当训作“誉”，从司马迁本人的文章中也可以得到证明。《报任安书》说：

> ［仆］以为李陵素与士大夫绝甘分少，能得人之死力，虽古之名将不能过也。身虽陷败，彼观其意，且欲得其当而报于汉。事已无可奈何，其所摧败，功亦足以暴于天下矣。仆怀欲陈之，而未有路。适会召问，即以此指推言陵之功，欲以广主上之意，塞睚眦之辞。未能尽明。明主不晓，以为仆沮贰师，而为李陵游说，遂下于理。……因为诬上，卒从吏议。

《报书》中所说的“推言陵之功”，给卫宏的“举（誉）李陵”提供了最坚实的根据。“推言”者，称誉也。卫宏所言与《报书》若合符契，怎能斥其“和历史情况完全不符”呢？程先生之所以谬责卫宏，究其原因，在于误会了卫宏的原意，而将“坐举（誉）李陵”之“举”误释为荐举之“举”了。

程先生自称考察了《史记自序》和《汉书·司马迁传》，都没有“因为李陵投降匈奴，所以下迁蚕室的事”。然而就在上引的《报任安书》中，太史公明明说自己因在李陵陷败之后，“推言陵之功……明主不晓，以为仆沮贰师，而为李陵游说，遂下于理”。《史记·太史公自序》又说：“……于是论次其文。七年，而太史公遭李陵之祸，幽于缧绁”。《汉书·司马迁传》文同太史公《自序》。按司马迁太初元年始作《史记》，“七年”正当天汉三年。这都证明卫宏所说的“坐举李陵，陵降匈奴，故下迁蚕室”，完全符合历史事实。论者对卫宏的第二项指控不能成立。

程先生根据《汉书·司马迁传》“迁既被刑之后，为中书令，尊宠任职”的叙文，得出司马迁“被刑之后，又被尊宠，并没有下狱死”的结论，从而对卫宏提出第三项指控，斥责卫宏关于司马迁“下狱死”的记载“不符合事实”。

我们认为，从《汉书》的“尊宠任职”四字，并不能得出司马迁一定“没有下狱死”的结论。因为“尊宠任职”并不排除以后出现异常变故的可能性。《汉书·苏武传》载，武帝晚年，“春秋高，法令亡常，大臣无罪夷灭者数十家”。丞相自公孙弘以后，李蔡、庄青翟、赵周、公孙贺、刘屈氂都非罪诛灭，便是明证。职任丞相，位极人臣，任职不为不“尊宠”，然而这并不能保证他们能以尊宠之身而免除“无罪夷灭”的惨祸。李蔡等人以中材具官、持禄取容尚不免诛，以司马迁的鲠直多气兼多“怨言”，反而能免祸善终，岂非咄咄怪事！况且《汉书·司马迁传》在“为中书令尊宠任职”之后，整录“多怨言”的《报任安书》，下面即陡接“迁既死”三字，虽不明著司马迁的卒年及死因，却是发人深省的。退一步说，班固没有说司马迁“下狱死”，但也没有说司马迁“没有下狱死”，怎么能据这样的文字来驳斥卫宏呢？

综上所述，卫宏所说三事，前二项都可从司马迁本人的文字中得到确切的印证，论者对他的指控自应推倒；至于卫宏所说的第三事，反对者也拿不出值得一顾的反对的根据。因此，“卫宏所说的这三件事情，没有一件是可信的”这种论断，可以休矣。

三、太史公建置及职守考索

现在让我们检验卫宏最被论者非难的关于“太史公”建置与职守的记载，是否“所说多不实”。

晋灼等人均据《汉书》“《百官表》无太史公”其文，来否定卫宏关于“太史公，武帝置，位在丞相上”的纪录。王国维更以“司马谈以太史丞为太史令，见《茂陵中书》；公为太史令见于《自序》”，来驳卫说之非。这些驳议，貌似证据确凿，其实皆可商略。

首先，必须指出，《汉书·百官公卿表》并不能作为判断这个问题是非的准绳。因为《百官公卿表》所载职官均为西京常制，且多缺略；至于武帝“奢广”新设的某些前朝无有后又旋废的职官，《百官表》往往失书。如武帝为对李夫人示宠，特为其兄李延年在八百石的太乐令和乐府令之外新增佩二千石印绶，享受列卿待遇的协律都尉；延年诛死，其官遂废，《百官表》连协律都尉的官名都未留下。又如任安担任的北军使者护军，系协调北军各部校、手握重兵、举足轻重的要职，但《百官表》也未著录。然而我们不能据《百官表》无文便率尔否定协律都尉和北军使者护军确实存在一时。基于同样的原因，晋灼、王国维诸家援引《百官表》来否定卫宏之说，实属引据失当。

其次，我们要说，恰恰是《茂陵中书》和《太史公自序》证明了卫宏说“太史公，武帝置”确有所本。诚然，今本《史记·孝武本纪》“谈为太史公”句下，裴骃《集解》引《茂陵中书》是作“司马谈以太史丞为太史令”，但这决非《集解》原貌。细按裴骃注文的脉络辞气，不难体察到他在转录如淳注引《汉旧仪》后，复引“瓒曰”云云的用意，并非以此来驳卫宏“所说不实”，乃因瓒引《茂陵中书》可补《汉表》的缺略，而为《汉旧仪》补证。故今本《集解》所引《茂陵中书》的文字必有讹。这个断案可从张守节的《史记正义》得到证实。张守节撰《史记正义》，广泛参考了裴骃的《史记集解》。因此从《正义》采录的《集解》注文，可复睹《集解》旧貌。《史记·孝武本纪》“有司与太史公、祠官宽舒等议”句下《正义》云：

> 按二家之说皆非也。（璋按：二家之说指：一、韦昭说“《史记》称迁为太史公者，是外孙杨恽所称”；二、桓谭《新论》谓“太史公者，皆［东方］朔所加之也。”）如淳曰：“《汉仪注》：太史公，武帝置，位在丞相上。天下计书先上太史公，副上丞相，序事如古春秋。”瓒曰：“《百官表》无书太史公。《茂陵中书》：司马谈以太史丞为太史公。”《自叙传》云：“生谈，为太史公，仕于建元、元封之间”。又云：“太史公既治天官，不治民，有子曰迁。”又云：“太史公

遭李陵之祸。”又云：“余述黄帝以来，至太初而讫，凡百三十篇。”考此四科，明司马迁父子为太史公。“太史公”乃司马迁自题。

这条《正义》，首句先对韦、谭二家之说加以否定，接着引“如淳曰”“瓒曰”作为立论之本，复从司马迁《自叙传》（即《太史公自序》）搜辑四据以与“如淳曰”“瓒曰”印证，从而得出“司马迁父子为太史公。‘太史公’乃司马迁自题”的结论。而“如淳曰”“瓒曰”云云，皆录自裴骃《集解》。这就再清楚不过地证明了张守节所见《集解》所引《茂陵中书》必为“司马谈以太史丞为太史公”。而这才是《集解》的本来面貌。《茂陵中书》是武帝时代纪载本朝故事的中秘书，所述自属可信。既然《茂陵中书》说司马谈为“太史公”，则武帝朝有“太史公”其官殆无疑义。今本《史记集解》（还有司马贞的《史记索隐》）作“太史令”者，当系唐以后人不明太史公设官本末，或涉《汉书》之文误改，或传写讹。王国维先生援引已经后人舛误的《茂陵中书》来驳卫宏，那是驳所不当驳。

证明卫宏所言非谬的最具权威的证据，自然当数《太史公书》。《太史公书》中称司马谈为“太史公”，司马迁自称亦为“太史公”。这个“太史公”，决非如桓谭所说的“皆［东方］朔所加”①，因为东方朔必卒于武帝征和以前，不及见《太史公自序》的草定，何得为其书“平定署名”？也决非如韦昭所推测的是“迁外孙杨恽称之”②。《索隐》引“姚察按：《迁传》（璋按：指《汉书·司马迁传》）亦以谈为太史公”，断为“非恽所加”，所见甚是；而颜师古说“迁尊其父故谓之为公”③，也不能成立，若“太史公”系司马迁对其父的尊称，则他断无自称“太史公”之理。因此，从《太史公书》全书来看，结论只能是：“太史公”是武帝所置史官的官

①（汉）司马迁：《史记·孝武本纪》“有司与太史公”句下《索隐》引《新论》，中华书局点校本1959年版。

②《史记·孝武本纪》“有司与太史公”句下《索隐》引韦昭说，中华书局点校本1959年版。

③《汉书·司马迁传》“谈为太史公”句下颜师古注。

号，司马迁父子相续担任太史公，书中“太史公”皆司马迁自题。

王国维先生曾据今本《史记·太史公自序》“卒三岁，而迁为太史令”其文，来否定“太史公”其官的存在；然而王先生所引之文称“太史令”仅仅是全书的唯一的变例，况且这个变例本来未必可靠。请看《史记·太史公自序》“喜生谈，谈为太史公”句下的张守节《正义》：

> 案下文，“太史公既掌天官，不治民，有子曰迁。”又云：“卒三岁，而迁为太史公”。

可见《正义》本《史记》全书凡涉及司马迁父子的官号时，皆一概作“太史公”，并无“迁为太史令”其文。清人梁玉绳谓“而迁为太史令”句中“‘令’乃‘公’之讹”[①]，所见甚是。“公”“令”二字古文形体相近。“公”作公（墙盘）、公（睡虎地简二五·三九）、公（老子甲一三）；“令”作令（侯马盟书）、令（睡虎地简一二·一七）、令（孙膑六四），易致互讹。“公”与“今”字形体亦近，也易互讹。今本《史记·日者列传》即有因此致误的例证：

> 司马季主捧腹大笑曰：“观大夫类有道术者，今何言之陋也，何辞之野也！今夫子所贤者何也？所高者谁也？今何以卑汙长者？”

“今何以卑汙长者”句，《太平御览》卷七百二十五《方术部六·卜上》引作“公何以卑汙长者乎？”观季主语意，作“公”者是，作“今”者系涉上文“今”字致误。《太平御览》成书于太平兴国八年（公元983年），下距《史记》最早的刻本开雕的淳化五年（公元994年）十一年。《御览》所引《史记》系唐人精钞卷子本，文字显比刻本优长。今本《史记自序》出现“太史令”这个全书唯一的变例，或因古文与汉隶“公”

① (清)梁玉绳:《史记志疑》卷三十六,《太史公自序》“而迁为太史令”句下“附按”,中华书局排印本1981年版,第1466页。

"令"形似而传写致讹。然而唐人所见本（如《史记正义》本）有不误者。

汉武帝定史官官号为"太史公"，有其历史渊源。殷周时期，太史不仅职司记注、收藏图籍，而且兼明天道人事、祷祀占卜，辅翼天子，权位尊崇。据《大戴礼记·保傅篇》所载，西周初年的太史尹佚，与周公、太公、召公并称"四圣"，为成王辅政大臣之一。周初的《毛公鼎铭》证明了《大戴礼记》所述，并非战国秦汉间人的渲染夸大。《毛公鼎铭》系周成王亲政初年（用吴其昌《金文历朔疏证》说）册封毛公厝的锡命辞。成王授予厝以总理庶政、发布诏令之权。铭文有云：

> 王曰："父厝，已曰彶（及）丝（兹）卿事寮大史寮，于父即尹（尹，治也）"。（释文："王说：厝呀，我已任命您为卿事兼太史，从今起您就行使您的职权吧"。）

"卿事"，即《诗·小雅·十月之交》"皇父卿士"句中的卿士，乃王室执政。毛公厝以百僚之长的卿事而同时兼任宗教首领的太史，则太史的官位必与卿事相当，从而可知。《周礼·春官·太史》说太史爵位仅为上士，证之以上引铭辞，显为谬说。厝与"佚"音同互通。这个权势显赫的毛公厝，与《大戴礼记·保傅篇》所说的太史尹佚，很可能是同一个人。司马谈说："余先周之太史也"，司马迁说："司马氏世典周史"，司马氏当系周太史尹佚（毛公厝）的后嗣。《史记·太史公自序》"司马氏世典周史"句下司马贞《索隐》引卫宏云"司马氏，周史佚之后"，当有所据。宗周史官为内廷官，随侍周王，职司纪录，保管文献，在锡命典礼时代宣王命。有时奉命监军、督工，代王巡省"里君百姓"。金文中多有表现。而《报任安书》有"陪奉外廷末议"之语，证明武帝时太史谈、太史迁所任亦为内廷官，随王伴驾，当有重大政务必须廷议时，太史公则随天子参与廷议，且有发言资格。汉武帝仿宗周太史之制设立史官，定名"太史公"，定秩“二千石”[①]，访求周太史后裔司马谈主持其事，表现了汉武帝在新的历史条件下非秦复周的心理。尊荣史职，是润色鸿业的需要；而太史公只“主天官，不治民”，正反映了自周至汉其职转卑的实质。自司马迁因李陵之祸下狱之后，终武帝之世不复置太史公。宣帝重置史官，可能鉴于太史公司马迁凭借史权“微文刺讥，贬损当世”的教训，断然取消了太史修史之权，令其专主天时星历，不再起用司马氏子孙。于是乎太史公一降而为太史令，由一名独立的职官而纳为奉常的属员。奉常为外廷九卿之首，其属员太史令自然为外廷官，此后遂成定制。此制与司马谈、迁所任太史公为内廷官之制度大异。班固《百官公卿表》不著仅存短期的“太史公”，而录定制的“太史令”，乃事之当然。

第三，卫宏说太史公“位在丞相上”，原意并非指太史公的官阶高于丞相，因为他在所著的《汉旧仪》中明明说过“太史公，秩二千石”。二千石系列卿衔，与号称万石的丞相之不可同日而语，乃尽人皆知的常识。《正义》引虞喜《志林》说“位”指“朝会坐位”，是为确诂。由于自古相承的“左史记事，右史记言，君举必书”的史官传统，在朝会论议时，太史公负有记注的责任，所以坐席次于天子左右，而“位在丞相上”，乃职务使然，毫不足怪。晋灼等人认定“位”指官阶，实属望文生解，固非其义。

至于太史公接受天下郡国计簿图籍之事，刘勰在《文心雕龙·史传篇》中有合乎情理的解释：“……是以在汉之初，史职为盛，郡国文计先集太史之府，欲其详悉于体国［也］。”因为太史公主领国史，所以必须让他及时而详尽地掌握全国各方面的动态，以便使“史官所修，载事为博”[②]。“天下计书先上太史公，副上丞相”，是设官分职的实际需要，并非卫宏的凿空杜撰。

通过上面的辨证，我们清楚地看到，卫宏《汉旧仪注》关于司马迁之

① (汉)司马迁:《史记·太史公自序》张守节《正义》注引《汉旧仪》，中华书局点校本1959年版。

② (唐)刘知几:《史通·忤时篇》。

死及太史公建置、职守的记载，都是信而有征的。晋灼以下的论者将卫宏涂抹成好作“不实”“不根”之谈的妄人，是不公平的，理应为他一洗枉曲。

四、卫宏谙熟西京旧事学术渊源有自

其实，卫宏不仅不是好作“不实”“不根”之谈的妄人，而且还是前后汉之际与桓谭、杜林、郑兴诸人并世齐名的古文经学家。《后汉书·儒林传》有他的传略，兹节录其要：

> 卫宏，字敬仲，东海人也。少与河南郑兴俱好古学。初，九江谢曼卿善《毛诗》，乃为其训。宏从曼卿受学，因作《毛诗序》，善得《风》《雅》之旨，至今传于世。后从大司空杜林更受《古文尚书》，为作《训旨》……由是古学大兴。光武以为议郎。宏作《汉旧仪》四篇，以载西京杂事，又著赋、颂、诔七首，皆传于世。

考《后汉书》的《杜林传》及《郑兴传》，卫宏与郑兴师事杜林，受《古文尚书》，在汉光武帝建武六年（公元30年）。而前乎此，卫宏已以古学名家，设帐授徒，如后来成为古文经学家的济南徐巡，就是他的弟子；他所作的《毛诗序》，因为“善得《风》《雅》之旨”，而成传世之作，直到现在仍是研究“毛诗学”不可或缺的重要著作。根据以上情况，可以测知他在师事杜林时，年龄至少三十岁。他的生年至晚亦当在先汉哀、平之际，即公元前六年到公元元年之间，上距司马迁之卒不过八九十年光景，距司马迁外孙杨恽之死仅仅半个世纪，他的年事比班彪稍高，比班固则整整长上一辈，当班固尚在襁褓时，《汉旧仪注》已经成书了。卫宏以先汉旧人作《汉旧仪》，“以载西京杂事”，条件自然比后汉的班固优越得多。

后汉初建，卫宏担任给事中、议郎[①]，由于他熟悉先汉故事，举凡朝章国典的制作，均参与其事，且多贡献。孔融在《上书荐谢该》中，对他有很高的评价："臣闻高祖创业，韩、彭之将征讨暴乱，陆贾、叔孙通进说《诗》《书》；光武中兴，吴、耿佐命，范升、卫宏修述旧业：故能文武并用，成长久之计。"[②]孔融是在给皇帝的奏疏中郑重地说"光武中兴……卫宏修述旧业"这番话的，其事自不容置疑，由此也可见出《汉旧仪》在陈述西京旧业（制度故实）方面的权威性。

如果不惮词费，我们进而考察卫宏的学术师承关系，就会发现《汉旧仪》中关于司马迁之死及太史公建置和职守的记载的材料来源。卫宏的第一位老师九江谢曼卿，是毛诗专家，汉平帝元始五年（公元5年）曾公车征谢到京师进说毛诗。他的第二位老师茂陵杜林，生于先汉元、成之际（约公元前35—公元前30年），是著名的《古文尚书》权威，"博洽多闻，时称通儒"[③]。杜林的祖母是宣帝朝名臣张敞之女。张敞不仅是位杰出的政治家，而且通古文，治《春秋》，也是位卓有见识的学者。当他为京兆尹时，"朝廷每有大议，引古今处便宜，公卿皆服"[④]。宣帝初年张敞平尚书事时，"与光禄勋杨恽厚善"，肝胆相照，为通家之好。杨恽是司马迁的外孙，"好读外祖《太史公记》，颇为《春秋》"[⑤]，气质极似太史公。司马迁之死，当时在社会上是一宗莫之能明的疑案，但杨恽作为太史公的外孙，自然洞悉一切。太史公的名山事业和悲惨遭际，必然成为杨恽与张敞的共同话题。张敞之子张吉"亦喜文采"。敞孙张竦"博学文雅过于敞"[⑥]。杜林就是从张竦受学的。竦死无后，张氏藏书全归杜家。由此卫宏的学术授受统系可以上溯到张敞和杨恽：

① (汉)许慎:《说文解字·序》,上海古籍出版社据经韵楼藏版影印1981年版。

② (南朝宋)范晔:《后汉书·谢该传》,中华书局点校本1965年版。

③ (南朝宋)范晔:《后汉书·杜林传》,中华书局点校本1965年版。

④ (汉)班固:《汉书·张敞传》,中华书局点校本1962年版。

⑤ (汉)班固:《汉书·杨敞传附杨恽传》,中华书局点校本1962年版。

⑥ (汉)班固:《汉书·张敞传》,中华书局点校本1962年版。

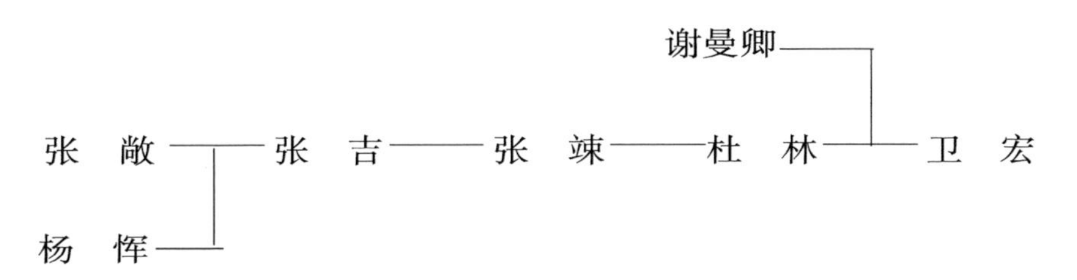

卫宏之所以谙熟先汉掌故、西京杂事，在很大程度上得益于博洽多闻的杜林。而杜林的学问主要来自外氏张家。《汉旧仪》中关于先汉太史公的建置及司马迁之死的记载，其原始材料当来源于杨恽，然后经过上述授受系统，而由卫宏第一个用文字纪录下来。卫宏是位态度谨严的学者，学术渊源有自，所言历历有据，他完全有资格为太史公的下狱骤死作证。

五、自汉讫唐之史学名家均称司马迁作《史记》刑诛

必须强调指出：说司马迁的结局是“下狱死”，卫宏的《汉旧仪》并非是唯一的纪录。我们可以为卫宏提出一系列的佐证。

比《汉旧仪》早一个世纪成书的《盐铁论》，就隐约地提到了司马迁的殊死：

> 文学曰：……古者君子不近刑人。刑人非人也，身放殛而辱后世，故无贤不肖莫不耻也。今无行之人，贪利以陷其身，蒙戮辱而捐礼义，恒于苟生。何者？一日下蚕室，创未愈，宿卫人主，出入宫殿，得由受奉禄，食大官享赐，身以尊荣，妻子获其饶。故或载卿相之列，就刀锯而不见闵。[①]

在汉昭帝始元六年（公元前81年）召开的盐铁会议上，“文学”所痛诋的既先“下蚕室”，因而“载卿相之列”，尔后又“就刀锯（被诛杀）而不见闵”的“或”人，指的是谁呢？郭沫若先生认为“可能就

① (汉)桓宽:《盐铁论·周秦篇》,郭沫若校订《盐铁论读本》,科学出版社1957年版。

是司马迁”[1]。我看这个推测是能够成立的。“文学”说的是“今”之“无行之人”，这个“今”的上限自然不会超过汉兴以来，下限应以昭帝始元六年为断。即使桓宽整理盐铁会议的“议文”时，容或有某些增广润饰之处，然“今”之下限也不会超出《盐铁论》成书的宣帝时代（公元前73—公元前52年）。考《汉书·佞幸传》，自汉兴至宣帝朝，宦官而被宠幸的，文帝时有赵谈、北宫伯子，武帝时有李延年及司马迁，宣帝时有弘恭和石显。“赵谈者，以星气幸；北宫伯子，长者爱人，故亲近”，权位不高，且都善终，显然不是“文学”攻击的对象。李延年为协律都尉，佩二千石印绶，“与上卧起”，后被武帝诛灭，符合“就刀锯”的条件了；然而他即使在贵幸时，也仅主领乐府事务，并不参预朝廷大政，算不上“载卿相之列”。剩下司马迁、弘恭、石显三人，都担任过中书令。中书令在丞相虚设以后，燮理皇帝处理万机，参预决策，出纳帝命，领赞尚书，管辖国政枢机。尤其是在武帝晚年，丞相均以中材具官备员，中书令实际上行使的是丞相之事，称得上“载卿相之列”。然弘恭于元帝初病终，石显于成帝初免官物故，不仅与“就刀锯”不合，且大违于“今”的时限，显然也不会是盐铁会议上“文学”之所诋，亦不为《盐铁论》成书时作者所及见。只有司马迁一人符合所有条件，“文学”不指名攻击的“或”人，非司马迁莫属！

《汉书》的创始者，与卫宏并时的史学家班彪，也说司马迁因作《史记》“大敝伤道”而“遇极刑”。他在《史记略论》中写道：

> 迁之所记，从汉元至武以绝，则其功也。至于采经摭传，分散百家之事，甚多疏略，不如其本，务欲以多闻广载为功，论议浅而不笃。其论术学，则崇黄老而薄《五经》；序货殖，则轻仁义而羞贫穷；道游侠，则贱守节而贵俗功：皆其大敝伤道，所以遇极刑之咎也。[2]

① 郭沫若：《关于司马迁之死》，《历史研究》1956年第4期。

② （南朝宋）范晔：《后汉书·班彪传》，中华书局点校本1965年版。

《后汉书》李贤注云："极刑，谓迁被腐刑也。迁《报任安书》曰：'最下腐刑极矣'。"今按此注非是。司马迁《报任安书》所谓"最下腐刑极矣"，是说腐刑在所有刑罚中最为耻辱，而非谓腐刑最为严重。极刑即死刑。汉初，死刑除夷三族外，有腰斩、磔、弃市等名目。其下方为腐刑。汉景帝中元四年夏，诏"死罪欲腐者许之"，嗣后腐刑偶施之死罪之情轻者[①]。司马迁因李陵之祸被控以"诬上"罪，必被科以极刑。当时司马迁为了完成《史记》，在汉法允许的范围内，在定罪不变的情况下，自择了"减死一等"的腐刑，以换取写作时间。其事的由委具见《报任安书》。至于班彪文中所说的"遇极刑"，显因《史记》而发，与李陵之祸时所科的"极刑"全无干涉，观文意自明。从班彪的《史记略论》，我们可以知道，司马迁在遭李陵之祸后，复因《史记》"大敝伤道"再"遇极刑之咎"。这段文字与卫宏《汉旧仪注》司马迁"有怨言，下狱死"的记载，正可互为表里。值得注意的是，班文"其论术学"以下的文字，毋须锻炼，即可成狱，不啻是一篇官方的起诉书，从而透露了司马迁"遇极刑"的部分致"罪"之由。

《汉书》的作者班固，在《司马迁传》的正文中，虽未明著太史公的死因，但却在传末论赞中写下了如下一段耐人寻思的文字：

> 乌乎！以迁之博物洽闻，而不能以知自全。既陷极刑，幽而发愤，《书》亦信矣！迹其所以自伤悼，《小雅》巷伯之伦；夫唯《大雅》"既明且哲，能保其身"。难矣哉！

这段曲尽迂回之致的文章的大要是说，以司马迁这等博洽的智者，在既陷极刑之后，本应效法大雅君子明哲保身，而不应泄其幽愤，重蹈小雅巷伯的复辙。"迹其所以自伤悼，《小雅》巷伯之伦"二句，是班固为司马

---

① 参用马端临《文献通考》卷一六三《刑考二》说，万有文库本，上海商务印书馆1935年版。

迁的辨诬之辞，也是赞语的关键所在。班固是治《诗》古文说的。按照《诗》古文家的解释，《小雅·巷伯》是寺人（阉官之长，即“巷伯”）孟子被谗受刑前发泄愤懑之作。《毛传》说：“寺人而曰孟子者，罪已定矣，而将践刑，作此诗也。”班固将司马迁比作“巷伯之伦”，一则是因为司马迁既腐后任中书令，“身直为闺阁之臣”，地位与巷伯仿佛；再则是用巷伯的无罪蒙谗，点明司马迁的“幽愤”本无“诬上”恶意；三则是以巷伯的定罪践刑，暗示中书令司马迁之“罪已定矣”。班固的赞语说司马迁在“既陷极刑”之后，复罹《小雅》巷伯之殃，这不明明是透露了司马迁再度下狱践刑的消息吗？赞末引《大雅》的诗句，是对司马迁的批评，然而也从反面证明了司马迁的不能保其身。文以“乌乎”领起，以“难矣哉”作结，深深致慨于司马迁的“不能以知自全”。但班固毕竟是奉诏作史的，对于司马迁的结局，他只能暗示到这样的程度。（这个问题将在《巫蛊之难与司马迁之死》中详论）

以上是除卫宏之外的汉代历史学者关于司马迁结局的记载。汉代以后还有不少素负盛名的学者述及司马迁的殊死。

南朝刘宋时的著名史学家范晔在《后汉书·班彪传论》中慨叹：

> ［班］固伤［司马］迁博物洽闻，不能以智免极刑；然亦身陷大戮，智及之而不能守之。呜乎！古人所以致论于目睫也！

按陈尸曰戮。大戮，是死刑的一种名目。班固是死于洛阳狱的，故谓其“身陷大戮”。范晔将班固的“身陷大戮”与司马迁的“不免极刑”相提并论，这岂非明谓司马迁与班固同一结局吗？这里还有一处值得注意的文字改动：班固《汉书·司马迁传赞》说太史迁“不能以知自全”，而范晔却易作“不能以智免极刑”。由此可知“不能自全”与“不免极刑”是异文同义，不过班固说得婉曲一些罢了。

唐玄宗时主领史职三十余载的杰出的史学家刘知几，在其《史通·直书篇》中说，司马迁因作《史记》实录汉非而罹“斧钺”：

……至若齐史之书崔弑，马迁之述汉非，韦昭仗正于吴朝，崔浩犯讳于魏国，或身膏斧钺，取笑当时；或书填坑窖，无闻后代。夫世事如此，而责史臣不能申其强项之风，励其匪躬之节，盖亦难矣！

齐史兄弟，吴臣韦昭、魏相崔浩，都是因为秉笔直书当世之事，遭时主权臣之忌，而罹杀身之祸的。司马迁也由于同样的原因而死于非命。“身膏斧钺，取笑当时”之语，与《盐铁论·周秦篇》“就刀锯而不见闵”的说法何其相似！

唐代著名的文学家，宪宗元和年间任史馆修撰的韩愈，在《答刘秀才论史书》中写道：

孔子圣人，作《春秋》，辱于鲁卫陈宋齐楚，卒不遇而死；齐太史氏兄弟几尽；左丘明纪春秋时事以失明；司马迁作《史记》刑诛；班固瘐死；陈寿起又废，卒亦无所至；王隐谤退死家；习凿齿无一足；崔浩、范晔赤诛；魏收夭绝；宋孝王诛死……夫为史者不有人祸，则有天刑，岂可不畏惧而轻为之哉！①

韩愈在这通复书中历数古代正直史家的悲惨结局，有的不遇而死，有的兄弟几尽，有的失明，有的瘐死，有的谤退，有的族灭，有的夭绝，有的诛死，都有史可征，历历有据，足证答书中所说的“司马迁作《史记》刑诛”的是事实，断非泛论。

我们上面所征引的都是自汉讫唐的史学权威们关于司马迁结局的记载，他们都一致认定司马迁因作《史记》“述汉非”“大敝伤道”而下狱诛死。这种种的材料都证明了《汉旧仪注》的记载是可靠的。司马迁的结局

① (唐)韩愈:《朱文公校昌黎先生文集》,《四部丛刊》影印元刊本。

确乎如卫宏所说，是“有怨言，下狱死”。

一九八一年八月溽夏初稿

一九八二年十二月改定。

[原载《安徽史学》1984年第3期]

子夏教衍西河地域考论

一、诗书礼乐定自孔子，发明章句始于子夏

孔子（公元前551—公元前479年）在礼崩乐坏的衰周，祖述尧舜，宪章文武，毕生致力于救世拯民的伟大实践。一方面周游列国，以干诸侯，企图说服他们接受自己的王道主张，在东方兴复“周道”[①]；一方面冲决学在王官的壁垒，首开私人讲学风气，将知识的火种播撒到华夏民族的各个层面。他在政治上的诸多努力全般地失败，“诸侯害之，大夫壅之”，斥于齐，离于鲁，畏于匡，困于蒲，厄于陈蔡，被人讥为“累累若丧家之狗”[②]；然而他在整编旧典、教养英才方面却取得了空前的成功。他崇高的人格，广博的学识，像磁极一般地吸引了四海的学子。及门弟子前后超过三千，身通“六艺”（礼、乐、射、御、书、数）升堂入室者多达七十余人。其中被誉为“孔门十哲”的“德行：颜渊、闵子骞、冉伯牛、仲弓；言语：宰我、子贡；政事：冉有、季路；文学：子游、子夏”[③]，更是略不世出的才隽。

①《论语·八佾篇第三》:“子曰:周监于二代,郁郁乎文哉！吾从周。”又《阳货篇第十七》:“如有用我者,吾其为东周乎！”本文凡引《论语》,皆据钱穆先生《论语新解》本,生活·读书·新知三联书店2002年版。

②《史记·孔子世家》,中华书局1982年版,第1921页。

③《论语·先进篇第十一》。

古人崇尚三不朽：太上有立德、其次有立功、其次有立言[①]。孔门弟子中，“德行”“言语”“政事”三科，偏重于立德建功的范畴。至于“立言”，将先生所整合的中华上古学术文化发扬光大、承传后昆，却端赖以“文学”见长的高足。孔子曾称许吴人言偃（字子游）“习于文学”，可谓与子夏相伯仲，但子游除了在《论语》中留下一则他仕鲁为武城宰以弦歌（礼乐）治民的著名故事外[②]，古籍中有关他发明经义、教授弟子的事迹却颇罕见。这方面的贡献，当首推子夏。

《史记·仲尼弟子列传》中有子夏的小传，略谓：“卜商，字子夏。少孔子四十四岁。……孔子既没，子夏居西河教授。为魏文侯师。其子死，哭之失明。”但司马迁未说卜商为何国人氏。此后，关于子夏的国籍颇有异说。南朝刘宋裴骃《史记集解》：“《家语》云卫人。郑玄曰温国卜商。”所引二说已现差异。唐人司马贞《史记索隐》为二说调停：“按：《家语》云卫人，郑玄云温国人。不同者，温国今河内温县，元属卫故。”今按：温为邑名，而非国号，周初苏子国建都于此邑。郑玄云“温国”实误。当卫全盛时，卫都朝歌以北之邶国，以南之鄘国，全入于卫。卫国全境拥有河内地区的南境，北与燕，东与鲁，南则隔大河与周、宋接壤，苏国温邑遂成卫国的附庸。《史记·卫康叔世家》载，卫“元君十四年……秦初置东郡，更徙卫野王县。”野王原属卫国，故可徙都于此，而温邑与野王毗邻。子夏生自温邑，自可称“卫人”。

然而今人有据唐初孔颖达《礼记正义·檀弓上》中《子夏丧其子而丧其明章》的两则《疏》语——

> 案《仲尼弟子传》云：子夏，姓卜名商，魏人也。
>
> 子夏，魏人，居在西河之上。姓卜，名商，西河之民无容

① 《左传》襄公二十四年，叔孙豹答范宣子问。《春秋左传正义》卷三十五，阮刻《十三经注疏》，中华书局影印1980年版，第1979页中。

② 《论语·阳货篇第十七》。

不识。[①]

推断唐初《史记》写本《弟子传》于“卜商，字子夏”之下，原有“魏人也”三字，今本夺之。据此认为裴骃《集解》所引《家语》“卫人”之“卫”系“魏”之误。

笔者以为如此认定子夏为魏人，证据似嫌薄弱。汉以前人从无其说。《孔子家语·七十二弟子解》云：

> 卜商，卫人，字子夏，少孔子四十四岁。……尝返卫，见读史志者云：“晋师伐秦，三豕渡河。”子夏曰：“非也，己亥耳。”读史志者问诸晋史，果曰：“己亥。”于是卫以子夏为圣。[②]

子夏精于“文学”的这则掌故，《吕氏春秋》之《慎行论·察传篇》也予以转述：

> 子夏之晋过卫，有读史记者曰：“晋师三豕涉河。”子夏曰：“非也，是己亥也。”夫己与三相近，豕与亥相似。至于晋而问之，则曰：“晋师己亥涉河也。”[③]

但将“返卫”易作“之晋过卫”，于是向晋国史臣求证的卫国“读史志者”便改成了“之晋过卫”的子夏，这一来“卫以子夏为圣”便没有着落。《吕览》的这一改动实有损文意。此事发生在子夏师事孔子之时，三家尚未分晋，魏氏更未立国，怎能称子夏为“魏人”？汉代大儒董仲舒上距子夏时代未远，他在《春秋繁露·俞序篇》中有大段推崇《春秋》精义的文

① (唐)孔颖达:《礼记正义》卷七《檀弓上·疏》,阮刻《十三经注疏》,中华书局影印1980年版,第1282页下。

② (三国)王肃注:《孔子家语》卷第九,家藏南京李光明庄影刻毛氏汲古阁正本。

③ (汉)高诱注,(清)毕沅校:《吕氏春秋》卷二十二,清光绪间浙江书局辑刊《二十二子》本,上海古籍出版社影印浙江书局1986年版,第714页。

字，明确宣称全系“卫子夏”的宏论[1]。《礼记》孔《疏》定子夏魏人，自称系引据《仲尼弟子传》，但其引文与《史记·仲尼弟子列传》的叙次全然不同，足证孔颖达作《疏》时并未查核《史记》原文，又本子夏曾为魏文侯师的先入之见，且“卫”“魏”同音，就想当然地给子夏安上魏国国籍，实徒滋棼乱而无资考证。子夏卫人，应毋庸置疑。

卜子夏是孔子晚年的“后进”高足弟子。《孔子家语》说他“少孔子四十四岁”，应生于周敬王十三年、鲁定公三年、卫灵公二十八年，当公元前507年。享年百余岁，卒年不可考。他师从孔子的时间大略可推。按孔子自鲁定公十三年（公元前497年）五十五岁时去鲁适卫，到鲁哀公十一年（公元前484年）六十八岁时自卫返鲁，在国外周游十四年。其间在卫国居留最久，往还竟达五次之多。原因是卫国君臣尚知礼贤，有安居讲学的条件。孔子弟子中卫人也特多。孔子前三次适卫来去匆匆，短期不过月余，长则也不及期年。第三次适卫在鲁哀公元年（公元前494年），子夏年方十四，尚未成童，不具备从游孔子的条件。孔子第四次适卫在鲁哀公三年（公元前492年），是年孔子六十岁，子夏十六岁。孔子第五次适卫在鲁哀公六年（公元前489年），是年子夏十九岁。笔者窃以为子夏师从孔子，当在孔子四、五两次居卫期间，而以第四次最有可能。因为此年子夏已行成童礼，正是古人从小学结业就学大学的年纪。如果不在少年师从名师打下坚实的学问基础，很难想象子夏能对“文学”有那么高深的造诣。如此说差可，则子夏于鲁哀公三年始从孔子游，到鲁哀公十六年（公元前479年）孔子卒，随侍师长，朝夕问学有十三、四年的光景。子夏师从孔子不大可能在归鲁之后，因为此时孔子已达六十八岁的高龄，子夏也满二十四岁。五年之后，孔子即已谢世。这五年中还要扣除子夏返乡为亲服丧的时间（见下文）。子夏从学若如此短暂，恐难以“文学”名世。再则，子夏并非出自卫国公族，没有资格进官学受教。而当时私学刚刚萌芽，不闻除孔子外，卫国尚有私

---

① (汉)董仲舒:《春秋繁露》卷六,清光绪间浙江书局辑刊《二十二子》本,上海古籍出版社影印浙江书局1986年版,第780页。

人讲学而使子夏在师从孔子之前受到经典的初步训练者。况且孔子返鲁后集中精力整理六经，也无暇教授未受过基本训练的“后进”弟子。然而可见的事实是，随师归鲁后的子夏，已经文质彬彬，可以充当先生整编六经的助手了。

孔子以诗书礼乐等教授弟子，“《礼》以节人，《乐》以发和，《书》以道事，《诗》以达意，《易》以道化，《春秋》以道义”[①]。子夏好学深思，心知其意，文献中留下了许许多多他向先生问学的纪录。

子夏于《诗》体会独深。《论语·八佾篇第三》：

> 子夏问曰：“‘巧笑倩兮，美目盼兮，素以为绚兮。’何谓也？”子曰：“绘事后素。”曰：“礼后乎？”子曰：“起予者商也，始可与言诗已矣。”

子夏由先生“绘事后素”的点拨，迅即领悟到文与质的辩证关系，脱口而出说“礼后乎？”意谓人有了美好的本质，还需用礼文加以节制修饰方能达到完美的境界；就像绘画一般，布施了五采之后，还需用素白勾勒才能完成绚烂的画图。子夏对《诗》义的理解生发，由此及彼，由表及里，超越了感性的肤浅而发生质的飞跃。因而孔子赞赏说：“起予者商也，始可与言诗已矣。”这实在是最高的褒奖了！

子夏有次侍坐，他请教先生：“敢问《诗》云：‘恺悌君子，民之父母。’何如斯可谓‘民之父母’？”又请教“三王之德，参于天地。敢问：何如斯可谓参于天地矣？”师生就此展开热烈的讨论。先生告诉他，作为“民之父母”，必须通达礼乐的本原，要推己所有与民共之。先生又说，三王奉行“天无私覆，地无私载，日月无私照”般的大德，以关怀人民，所以德配天地。接着引用《商颂·长发》《大雅·嵩高》与《江汉》中的诗句予以疏通证明。子夏亲聆教诲，“蹶然而起，负墙而立，曰：‘弟子敢不

①《史记·太史公自序》，中华书局1982年版，第3297页。

承乎！”[①]

从子夏学《诗》的纪录中，可以看到他对孔子的人文精神、民本思想有深切的领会。所以当先生考问他：“商，汝知君之［为］君乎？”子夏当即回答：“鱼失水则死，水失鱼犹为水也。”先生赞许说：“商，知之矣！”[②]子夏把人民比做水，把君比做鱼，鱼离水则死，而水失鱼依然浩渺渊深。他对君民关系的这种拿捏，正是孟轲“民为贵，社稷次之，君为轻”的前驱。

子夏读《诗》已毕，孔子问他：你把《诗》看得如此重大，究竟是为什么？他回答说：“《诗》之于事也，昭昭乎若日月之光明，燎燎乎如星辰之错行，上有尧舜之道，下有三王之义，弟子不敢忘。虽居蓬户之中，弹琴以咏先王之风，有人亦乐之，无人亦乐之，亦可以发愤忘食矣。”先生为之动容，说：“嘻，吾子殆可以言《诗》已矣。”[③]子夏对《诗》的领悟，深受同门敬佩。

子夏于《书》也致力甚勤。他曾从孔子请教《书》之大义，先生亦给予要言不烦的指教。读《书》既毕，进见孔子，先生问：“子何为于《书》？”子夏对曰：

> 《书》之论事也，昭昭如日月之代明，离离若星辰之错行，上有尧舜之道，下有三王之义，商所受于夫子，志之于心，弗敢忘也。虽退而岩居河济之间，深山之中，作坏室，编蓬户，尚弹琴其中，以歌先王之风，则可以发愤忼慷，忘己贫贱，有人亦乐之，无人亦乐之，而忽不知忧患与死也。

①《孔子间居第二十九》，《礼记正义》卷第五十一，阮刻《十三经注疏》，中华书局影印1980年版，第1616—1618页。

②《太平御览》卷七十七《皇王部二》引《尸子》，中华书局缩印商务印书馆影宋本1960年版，第362页。

③（清）孙星衍辑：《孔子集语》卷四《六艺四上》引《韩诗外传二》，清光绪间浙江书局辑刊《二十二子》本，上海古籍出版社影印浙江书局1986年版，第494—495页。

孔子为之动容，称许道："嘻！子殆可与言《书》矣！"[①]

子夏于《礼》之理解及实践，亦能得中行之道。《礼记·檀弓》《孔子家语》中有多则子夏问礼行礼的记载。姑举其一。《礼记·檀弓上》：

> 子夏既除丧而见。予之琴。和之而不和，弹之而不成声，作而曰："哀未忘也，先王制礼而弗敢过也。"[②]

子夏为父母服丧期满除丧而见孔子，先生给他一张琴，他调弦不能使五音和谐，弹琴也不能奏出乐音。他站起来向先生回报："心中还没有忘记丧亲的悲哀，但因是先王制定的丧礼，自己才不敢过期而不除丧。"子夏哀未尽，但能用礼规范自己的行为，所以先生赞许他符合"君子"的标准。

《乐》教在孔子的成人教育中属于最后的阶段，所谓"兴于《诗》，立于《礼》，成于《乐》"[③]。子夏对孔子的乐教也有很深的领会。子夏为魏文侯师时，与魏文侯曾就古乐与新乐、音与乐、音乐与治道有过极深入的讨论[④]，发表了非常高明的见解，这当是子夏对魏文侯"咨以国政"的应对的一部分重要内容。

孔子晚而好《易》，读《易》韦编三绝。孔子读《易》到《损》《益》二卦，喟然叹息。子夏避席而问："敢问夫子何为叹？"孔子给他阐述了天道成而必变，凡持满而能久者未尝有也的规律，是故必须"调其盈虚，不令自满"。子夏谨受其教，说："商请志之，而终身奉行焉。"[⑤]子夏有次向

①(清)孙星衍辑:《孔子集语》卷四《六艺四上》引《尚书大传略说》,清光绪间浙江书局辑刊《二十二子》本,上海古籍出版社影印浙江书局1986年版,第494页下。

②《礼记正义》卷第七《檀弓上》,阮刻《十三经注疏》,中华书局影印1980年版,第1285页下。

③《论语·泰伯篇第八》。

④《乐记第十九·魏文侯》,《礼记正义》卷第三十八、三十九,阮刻《十三经注疏》,中华书局影印1980年版,第1538—1541页;《史记·乐书》,中华书局点校本1962年版,第1221—1225页。

⑤《六本第十五·孔子读易至于损益》,《孔子家语》卷第四。

先生请教《易》道的本原，并将自己的思考向先生报告：

> 商闻《易》之生，人及万物鸟兽昆虫，各有奇偶，气分不同，而凡人莫知其情，唯达道德者能原其本焉。……是以至阴主牝，至阳主牡。敢问其然乎？“

孔子答曰：“然。吾昔闻诸老聃，亦如汝之言。”[①]可见子夏于《易》道也有相当的修养。

子夏曾助孔子手定五经。孔子在去鲁十四载后，于六十八岁被礼聘回国，虚尊为国老。孔子自知不用，惧大道之将沦，感岁月之迟暮，便将全部的心力倾注于整理五经、培育门人的工程。他曾说：“吾自卫反鲁，然后乐正，雅颂各得其所。”[②]“三百五篇，孔子皆弦歌之，以求合《韶》《武》《雅》《颂》之音。礼乐自此可得而述，以备王道，成六艺。”[③]三代之《书》，散乱残阙，孔子重新编纂，“上断于尧，下讫于秦，凡百篇，而为之序，言其作意。”[④]鲁哀公十四年，西狩获麟，孔子为拨乱反正，复据鲁国旧史而作《春秋》。于是简编散乱缺略的《诗》《书》《礼》《乐》《易》《春秋》，自此成为定本。当此时，孔子年届古稀，而整理三代典籍的浩繁工程，圣如孔子，凭一人之力也实难完成。所以实际操作中，定有高足弟子襄赞其事。司马迁说：“孔子在位听讼，文辞有可与人共者，弗独有也。至于为《春秋》，笔则笔，削则削，子夏之徒不能赞一辞。”[⑤]赞者，助也。孔子作《春秋》，“子夏之徒不能赞一辞”，这明明是说，《春秋》之外五经旧籍之整理，在资料的搜集、整理，杀青本的誊录抄写等技术性的工作上，子夏及其同门如子游、子贡、颜渊之徒，是充当了助手的。自然，子

---

①《执辔第二十五·子夏问于孔子曰》,《孔子家语》卷第六。

②《论语·子罕篇第九》。

③《史记·孔子世家》,中华书局1982年版,第1936—1937页。

④(汉)班固:《汉书·艺文志》。中华书局影印光绪二十六年虚受堂刊《汉书补注》本1983年版,第868页下。

⑤《史记·孔子世家》,中华书局1982年版,第1944页。

夏以“文学”之擅长，所作贡献当较其他弟子更大。唯其如此，子夏在助修五经的历程中，在经义的阐释领受方面，所得教诲也独多。

虽然孔子作《春秋》，子夏不能赞一辞，但子夏却深得《春秋》口说真义。《史记》之《太史公自序传》中有大段推崇《春秋》的言辞，司马迁说闻自董生；而董生则在自己的著作中明确地说，此系“卫子夏言”。可见《公羊春秋》隐公元年及哀公十四年传《疏》引《孝经说》云：“《春秋》属商”、昭公十二年传《疏》引《春秋说》：“孔子作《春秋》……以授游、夏之徒”[①]，并非凿空乱道。

由于子夏娴熟六经文本，对孔子口说经旨又心领神会，先生对他也很器重，勉励他：“女为君子儒，无为小人儒！”[②]君子儒以道为重以民为本而为王者师，小人儒则以学问为资本甘为权势者的鹰犬。孔子曾以幽默的口吻赞赏子夏说：“丘死之后，商也日益”，因为“商也好与贤己者处。”[③]子夏终身服膺先生的教言，没有辜负先生的期望。

孔子于鲁哀公十六年（公元前479年）逝世后，子夏为先生服心丧三年，然后告别洙泗之间，退教西河之上，达半个多世纪。晚年应聘为魏文侯之师，文侯咨以国政。子夏毕生最大的贡献，是以西河作为教学基地，将亲受于孔子的六经口说大义，加以发明，以为章句，传授给来自西河周边国家的及门弟子，“如田子方、段干木、吴起、禽滑釐之属，皆受业于子夏之伦，为王者师。”[④]从而使孔子之学承传不绝，下开战国儒学的繁荣。西汉传经统系大都溯自荀况，而荀子则是子夏的五传弟子。西汉经学遭秦火之后得以复兴，在很大程度上得力于子夏的教授西河。东汉和帝永元十四年（公元102年）司空徐防“以五经久远，圣意难明，宜为章句，以悟后学”而上疏言

① (汉)何休注,(唐)徐彦疏:《春秋公羊传注疏》,阮刻《十三经注疏》,中华书局影印1980年版,隐公元年、哀公十四年传《疏》引《孝经说》,分别见第2195页及第2356页;昭公十二年传《疏》引《春秋说》,见第2320页。

②《论语·雍也篇第六》。

③ (汉)刘向:《说苑》卷十七《杂言》,《说苑疏证》本,华东师范大学出版社1985年版,第507页。

④《史记·儒林列传》,中华书局1982年版,第3116页。

事，疏中所言“臣闻诗书礼乐，定自孔子；发明章句，始于子夏”[①]，是对经学史上这一公案的正确表述。

二、扑朔迷离话西河

司马迁于《史记·仲尼弟子列传》中说“子夏居西河教授，为魏文侯师”，当本诸古本《孔子家语·弟子解》及《礼记·檀弓上》子夏“退而老于西河之上”的记载。鉴于子夏在中华古典学术文化承传系统中的关键地位，而其施教的“西河”又关系到“六艺”经说传播的范围，因此考定“西河”之所在，实属必要。然而子夏设帷或“退老”的“西河”究在何处，自汉以来却异说纷纭。现存文献中最早为“西河”地望作出说明的，当数汉末经学大师郑玄（公元127—公元200年），他说：

> 西河，龙门至华阴之地。[②]

其次则为北魏地学名家郦道元（公元466或472？—公元527年）。他在《水经注·河水四》经文“河水又南，崌谷水注之”句下作《注》云：

> 水出（夏阳）县西北梁山，东南流，横溪注之……山下水际，有二石室，盖隐者之故居矣。细水东流，注于崌谷侧溪。山南有石室，西面有两石室，北面有二石室，皆因阿结牖，连扃结闼，所谓石室相距也。东厢石上，犹传杵臼之迹，庭中亦有旧宇处，尚仿佛前基。北坎室上，有微涓石溜，丰周瓢饮，似是栖游隐学之所。昔子夏教西河，疑即此也，而无辨之。

①（南朝宋）范晔：《后汉书》卷四十四《徐防传》，浙江古籍出版社《二十五史》缩影宋绍兴刊本1998年版，第784页上。

②《礼记正义》卷第七，阮刻《十三经注疏》，中华书局影印1980年版，第1282页。

郑、郦二注是“子夏居西河”之“河西龙门说”的滥觞和依据。

但唐人司马贞对此说疑信参半。成书于开元年间（公元713—公元741年）的《史记索隐》为《仲尼弟子列传》“子夏居西河”之“西河”作注云：

> 在河东郡之西界，盖近龙门。刘氏云：“今同州河西县有子夏石室学堂也。”①

按：河东郡，秦始置，地处大河之东，当今山西省西部近河一带。司马贞先说“西河”在大河之东，“盖近龙门”云者，则认为可能在今山西省河津县附近。但又缺乏自信，故复引刘氏说，以为子夏的“石室学堂”在“同州河西县”。唐代的同州在今陕西省中东部黄河之西，而河西县当今陕西合阳县。司马贞一会儿说“西河”在河东，一会儿又说在河西，首鼠两端，无有定准。

与司马贞并世同时为《史记》作《正义》的张守节，精于六书地里之学，则坚执子夏设教的“西河”在大河之东的汾州：

> 西河郡，今汾州也。《尔雅》云：“两河间曰冀州。”《礼记》云：“自东河至于西河。”河东故号龙门河为西河，汉因为西河郡，汾州也，子夏所教处。《括地志》云：“谒泉山，一名隐泉山，在汾州隰城县北四十里。《注水经》云：‘其山崖壁立，崖半有一石室，去地五十丈，顶上平地十许顷。《随国集记》云此为子夏石室，退老西河居此。’有卜商神祠，今现在。”②

他为《史记·儒林列传》“子夏居西河”所作《正义》同持“西河”

① （唐）司马贞：《史记索隐》卷十八，台湾商务印书馆影印《文渊阁四库全书》第246册，第566页上。又中华书局校点本《史记》1982年版，第2203页。

② （唐）张守节：《史记正义》，中华书局点校本《史记》1982年版，第2203页。

乃“今汾州”说。按：唐代的汾州，秦汉属河东郡。张守节的“西河”乃汾州“河东说”，与郑玄、郦道元及刘氏的“河西说”正相悖反。

唐宪宗（公元806—公元820年在位）时李吉甫所撰《元和郡县志》卷十七《河东道汾州西河县》中关于子夏施教的“西河”地望，略采张守节说而较谨慎：

谒泉山，在县东北四十里，一名隐泉山，上有石室，去地五十余丈，顶上平地可十顷，相传以为子夏石室。①

他用“相传以为”四字表示此说未必信实。

唐宋以降的舆地方志及经史注说，由郑玄、郦道元的“河西说”，孳生附会出多种貌似确凿的子夏设教的具体地点，兹举其要：

（1）陕西韩城说。

《嘉庆重修大清一统志》卷二百四十三至二百四十五《同州府二·古迹·子夏石室》：

在韩城县西南。《礼记》：“子夏退而老于西河之上。”……《寰宇记》：“韩城县有子夏石室。”又《水经注》：“河水又南，径子夏石室东。南北有二石室，临侧河崖，即子夏庙室也。”

子夏庙　在韩城县西南二十里西河村，明崇祯初知县左懋第重修。又有庙在县东五里，本朝康熙三十七年建。②

（2）陕西合阳说。

《嘉庆重修大清一统志》引《郃阳县志》云：

①《古今图书集成》，中华书局影印本，第468册，第325页。

②《嘉庆重修大清一统志》，《四部丛刊续编·史部》第23册，上海涵芬楼影印清史馆藏进呈写本。

［县］有子夏洞，在县东南飞浮山，相传子夏读书处。……飞浮山，在郃阳县东南四十里黄河中。旧《志》：“俗传与河水为升降，故名。上有子夏石室。”①

（3）陕西大荔、华阴一带说。

西河，今陕西大荔县、华阴县一带，在黄河之西也。《礼记·檀弓上》言子夏退而老于西河之上；战国时魏有西河之地，吴起为西河守，皆此地。②

由张守节《史记正义》首创的“西河”为河东汾州说，后世坐实为——山西文水说。

（4）山西文水说。

《古今图书集成·方舆汇编·职方典·太原府部·太原府山川考一·府志》：

文水县　隐泉山，在县西南三十五里，山峦峭立，有泉隐而不恒流，因以名。一名子夏山，以子夏退老西河之上而名。一名商山，有石室堂洞，其洞深远不可测，俗传通陕西，有风声如轻雷，去地百余丈。东有马跑泉。又名谒泉山，《水经注》曰：谒泉山，俗云旸雨愆时，是谒是祷。其山石岸地险，壁立天固。崖半有一石室，去地可五十余丈，西侧一处得历级升陟，顶上平地一十许顷。③

明人海盐吕元善纂辑之《圣门志·先贤卜子》有类似记叙：

①《嘉庆重修大清一统志》,《四部丛刊续编·史部》第23册,上海涵芬楼影印清史馆藏进呈写本。

② 杨伯峻:《春秋左传注》第四册,昭公十三年“将为子除馆于西河”句下《注》语,中华书局1981年版,第1362页。

③《古今图书集成》,中华书局影印本,第86册,第7页。

孔子没，子夏居西河教授，为魏文侯师。好论精微，时人无以尚之，序《诗》传《易》，稽古志礼。

子夏庙在山西太原府文水县西南二十五里，即当时退居河西之地。卜商祠，在山西汾州府城北四十里谒泉山下。[①]

此外尚有河南安阳说。

（5）河南安阳说。

《古今图书集成·方舆汇考·职方典·彰德府古迹考》：

《府志》：河亶甲城，在府西北安阳河南岸，周回四十步，高一丈五尺。西河，在府境西，为卜子夏、田子方、段干木所游地。见明曹学佺《名胜志》。[②]

以上诸说，为现代著名辞书如《辞源》《辞海》《汉语大词典》《中国古今地名大辞典》等“西河”词条释义所兼收并蓄，而被广泛征引。然而近年来，“西河”为汾阳（山西文水）说少见提起，安阳说更湮没无闻，而陕西韩城说却因学者讨论司马迁生地的文化环境而甚嚣尘上。坚执子夏所居“西河”为韩城说者认为，战国时，子夏教衍西河，培养了不少知识人才，那时此地文化已相当发达了。“西河”即是今韩城（春秋时称少梁，战国时更名夏阳）一带，“这在《史记》和《水经注》中都有记载”。

论者说子夏教衍西河之“西河”在今韩城，《水经注》中有记载，当指前文所引《水经注·河水四》“水出［夏阳］县西北梁山”云云一段《注》文。但郦道元对传为子夏教授西河所居的“崌谷石室”，尽管做了具体的描绘，却并未贸然相信。他在叙文中接连用了“盖”“似是”“疑”三

①（明）吕元善：《圣门志》，《盐邑志林》本，明天启四年刊，商务印书馆《丛书集成初编》，第3318册，卷一下，第46—48页。

②《古今图书集成》，中华书局影印本，第94册，第40页。

个表示犹疑之词，并以“而无辨之”作结，表明他对此传说不过是疑以传疑罢了。距今一千五百多年前的郦道元对此已无实据而疑莫能定，于今岂可将他姑妄言之的轶事趣闻奉为子夏于此教授的信征？

论者说子夏教衍西河之“西河”在今韩城，《史记》中有记载，当指前引《仲尼弟子列传》中关于子夏的一节文字，以及《孙子吴起列传》中“吴起为西河守”的故事。至于郑康成为《礼记·檀弓上》中“西河”地望所作的注语——“西河，龙门至华阴之地”，实为“西河”乃韩城、郃阳、大荔诸说所本。但这条郑《注》根本不能成立。原因是：

（1）龙门至华阴之地（内含韩城、郃阳、大荔、华阴），上自春秋，下迄战国，从无“西河”之称。而称之曰“河西”，如《史记·晋世家》献公二十五年有云“当此时，晋强，西有河西，与秦接境，北边翟，东至河内。”或名之为“河西之地”。晋献公卒，国乱，居于少梁（即今韩城）的公子夷吾欲藉强秦为后援，返晋为君，“乃使郤芮厚赂秦，约曰：‘即得入，请以晋河西之地与秦。’”或名之为“河西地”，春秋中其地属秦；战国初，为魏攻占。故秦孝公为此痛心疾首：“往者厉、躁、简公、出子之不宁，国家内忧，未遑外事，三晋攻夺我先君河西地。”[①]或名之为“西河之外”，如贾谊《过秦论》云：“秦人拱手而取西河之外。”或直呼之为“河外”，如《战国策·魏策一》：“张仪为秦连横，说魏王曰：……大王不事秦，秦下兵攻河外。”检核先秦文献，从无以“西河”称龙门至华阴之地者。

（2）若以“西河”为春秋之晋、战国之魏所属地域之称，则必兼包西河（龙门河）东西两侧之地，而不单指河西一带。战国初叶，魏文侯、武侯之时，吴起为西河守，所守之“西河”，非指行政区域之“郡”，而系守备的战区。西河防区兼跨西河之两翼。《史记·孙子吴起列传》云：“［魏］文侯以吴起善用兵，廉平尽能得士心，乃以为西河守，以拒秦、韩。”下文太史公又直录吴起自表其功之言：“守西河，而秦兵不敢东向，

①《史记·秦本纪》，中华书局校点本1982年版，第202页。

韩、赵宾从。”秦在魏河西之地以西，韩、赵两国则在西河（龙门河）迤东。西河守的战备重任是西拒强秦，东摒韩、赵。吴起为魏西河守的职守足以证明，以“西河”称地域，必兼包西河（龙门河）东西两岸之地，而非单指河西“龙门至华阴一带”。至于《左传·昭公十三年》载叔鱼见季孙，警告他说，你若不返鲁，晋人“将为子除馆于西河”，句中出现的“西河”，是“西使近河”的意思[①]，亦非指“今陕西大荔县、华阴县一带”。

（3）《史记·魏世家》载，魏文侯卜相，拟在魏成子与翟璜两人中选拔其一，征求李克的意见。李克在陈述己见后过访翟璜，当面称赞即将为相的魏成子时所说的话，值得注意：

> 魏成子以食禄千锺，什九在外，什一在内，是以东得卜子夏、田子方、段干木。此三人者，君皆师之。

魏文侯建都安邑，在今山西省西南部的夏县境内。子夏设教的西河，若在陕西的韩城，或在龙门至华阴一带的郃阳、大荔，则在安邑之西，且有龙门河阻隔。若此，魏文侯礼聘卜子夏、田子方、段干木，只能说“西得”，如谓“东得”，岂非荒唐！李克乃子夏弟子，曾为魏国中山相[②]，文侯尊他为“先生”。他作为魏国政要，说当前大事，其语自可信据。李克关于魏成子“东得卜子夏”一语，断然否定了子夏设帐授徒的“西河”在魏国西境大河西岸的“龙门至华阴之地”的传说。郑玄、郦道元、司马贞为子夏“西河”所作的注说及后世地志中由此衍生的多种影响附会之言，均应推倒。

①《春秋左传正义》，昭公十三年传“鲋也闻诸吏，将为子除馆于西河”句下（晋）杜预《注》：“西使近河。近，附之近。”阮刻《十三经注疏》，中华书局影印1980年版，第2073页下。

②（汉）班固：《汉书·艺文志》之“诸子略·儒家类”著录：《李克七篇》，班氏自注：“子夏弟子，为魏文侯相。”又《史记·魏世家》载魏卿翟璜对李克之言：“中山以拔，无使守之，臣进先生（按：指李克）。”知李克曾为中山守。守亦即郡国之相。

同理，张守节《史记正义》所持的西河汾州说，也颇可疑。张氏所引以为据的《括地志》，实全抄自《水经注》之《文水注》，而郦道元在这段《注》文中根本未提谒泉山上石室为“子夏所教处”。《隋国集记》所云纯属附会。况且汾州西河县（今山西省汾阳县），在魏都安邑之北，地属赵国。若子夏果真在此设帐教授，魏成子礼聘卜子夏为魏文侯师，只能说“北得”，显与“东得”违异。故张守节的河东汾州说同为一误。

李克的魏成子“东得卜子夏”一句断语，宣示子夏施教的“西河”，决非秦晋之间的西河（龙门河）以西的“龙门至华阴之地”，而必在魏都安邑以东的地域。

三、子夏退教西河当在卫境

上文证明，子夏设帷施教的“西河”必在魏都安邑之东。检李斯《上秦王书》，该文回顾秦缪公求士的历史，说：“西取由余于戎，东得百里奚于宛，迎蹇叔于宋，来丕豹、公孙支于晋。”此五士无一产自秦土，而缪公求而用之。其“西取”“东得”“迎”“来”的动作，更彰显缪公求贤之精诚，得士之不易。以此例之，魏成子“东得”子夏所居之西河，亦必在魏国东境之外；子夏卫人，亦非如魏国国民可招之即来。然则子夏“西河”究在何处？六十年前，钱穆先生在其大著《先秦诸子系年考辨》中，有《子夏居西河在东方河济之间不在西土龙门汾州辨》之作，认为“子夏居西河教授，决不在龙门华阴之间，而实在东土。当在今长垣之北，观城之南，曹州以西，一带之河滨。”[①]由于最近半个世纪，《先秦诸子系年考辨》已成稀见秘籍，钱先生之西河“东土说”亦鲜为人知。笔者在20世纪90年代中作《太史公“二十岁前在故乡耕读说”商酌》时，曾涉及子夏施

① 钱穆：《先秦诸子系年考辨》，上海商务印书馆1935年版，第115—118页。

教西河所处地域事，并粗成《子夏教衍西河考论》，所见与钱说大同[①]。然钱先生已先我数十年首创此论，本人愿整理旧稿为钱说疏通补证。

关于“西河”所在，《昭明文选》卷二十二左太冲《招隐诗》“岩穴无结构，丘中有鸣琴”及卷五十四刘孝标《辨命论》“土室编蓬未足忧其虑”句下李善《注》，两引伏生《尚书大传》云：

> 子夏曰：弟子所授《书》于夫子者，不敢忘。虽退而穷居河济之间、深山之中，作壤室编蓬户，尚弹琴瑟其中，以歌先王之风，则可以发愤矣。[②]

子夏自称学成辞师，将退居“河济之间”，为“西河”方域所在提示了明确的线索。

又《文选》卷三十八任彦昇《为范始兴作求立太宰碑表》“由是崇师

① 笔者于1995年初起草提报“纪念司马迁诞辰2140周年国际学术研讨会”的论文《太史公“二十岁前在故乡耕读说”商酌》时，涉及卜子夏退教西河的问题。鉴于子夏在孔学传承上的关键地位，而西河又关系到六艺经传传播的范围，同时也为了消除子夏教于陕西韩城以及司马迁二十岁前在故乡诵习古文的误会，乃先行起草《子夏教衍西河考论》，得出子夏为卫人，所居西河在卫境而不在河西龙门的结论。四月稿成之时，收到台湾大学阮芝生教授寄赠的王恢《史记本纪地理图考》。从王子廓教授的著作中得知钱穆先生有大作《史记地名考》，或许对子夏西河早有所考，笔者僻处小城，竟不前知，而纷纷然作无益之劳。于是函请阮教授代检钱先生大著；若钱先生早已解决，拙文就不必献丑。阮教授很快便寄来钱先生的《子夏居西河教授为魏文侯师考》《子夏居西河在东方河济之间不在西土龙门汾州辨》复印本。拜读钱先生的大作，烛照出笔者的孤陋寡闻，益增对先生的高山仰止之情。因为不久前作完《子夏教衍西河考论》后，颇感自得，却不知钱先生早我六十年已基本解决了这个课题。尽管阮教授来函鼓励：“既言钱师《子夏居西河考》‘已基本解决了这个课题’，则似尊著《子夏教衍西河考论》之论据必有溢于其外者。……若就此搁置，甚为可惜，何不改写补证，亦是一段佳话”，仍不敢将拙稿示人。今年适逢钱穆先生诞辰110周年，笔者作为后生小子，遂不忝汗颜，将搁置十年的旧稿稍作补充调整，以为钱先生之“子夏居西河在东方河济之间说”补证。

② (南朝梁)萧统编，(唐)李善等注：《文选》，浙江古籍出版社影宋《六臣注文选》，1999年第1版。《招隐诗》李善注引《尚书大传》，见该书第384页；《辨命论》注引《尚书大传》，见该书第992页。两文所引文字略有小异，此取后者。

之义，拟迹于西河”两句①，系用子夏退教西河的故事，李善《注》引刘歆“《七略》：西河，燕赵之间。”燕之南，赵之东，与“河济之间”的地域大致吻合，同指周初封于“河淇间故商墟”的卫国。

卫国境内中心区域有沿自夏、商的古老地名曰“西河”。《史记·殷本纪》引《古文尚书·汤诰》：“东为江，北为济，西为河，南为淮，四渎已修，万民乃有居。”此为商汤既绌夏命还亳后所作。自亳言之，当时冀州境内东北流向的黄河在亳都之西，故呼之为“西河”，而河流两侧的地域也因之名为“西河”。西河乃一较为宽泛的地域名称，而非仅指一城一邑。《竹书纪年》卷三载，夏王启“十一年，放王季子武观于西河。”沈约《注》云：“今顿丘卫县。”②其地在今河南省浚县西南，近于淇县，而淇县即殷末京师朝歌所在。《竹书纪年》卷五又载，殷王“河亶甲，名整，元年庚申，王即位，自嚣迁于相。”③《吕氏春秋·季夏纪·音初篇》则叙其事云：“殷整甲徙宅西河。”④殷整甲即河亶甲，而相与西河则为同地，地当今河南省内黄县。殷王河亶甲陵墓在西距内黄不远的安阳。《史记·殷本纪》又说：“帝盘庚之时，殷已都河北。盘庚渡河南，复居成汤之居。”可见，殷王河亶甲所都之“西河”在大河之北，而此段大河东北流，故河之北实为河之西。然则北起安阳，南至朝歌的“西河”地区正处于殷商后期王畿之内。

《史记·孔子世家》有段记事更明确宣示了西河所在及其象征意义。孔子自陈之卫，“过蒲（今河南省长垣县），会公叔氏以蒲畔。蒲人止孔子。”孔子自蒲脱险抵达卫都。

① (南朝梁)萧统编,(唐)李善等注:《文选》,浙江古籍出版社影印宋《六臣注文选》1999年第1版,第702页下。

② (清)徐文靖:《竹书纪年统笺》,清光绪间浙江书局辑刊《二十二子》本,上海古籍出版社影印浙江书局1986年版,第1056页上。

③ (清)徐文靖:《竹书纪年统笺》,清光绪间浙江书局辑刊《二十二子》本,上海古籍出版社影印浙江书局1986年版,第1064页下。

④ (汉)高诱注,(清)毕沅校:《吕氏春秋》,清光绪间浙江书局辑刊《二十二子》本,上海古籍出版社影印浙江书局1986年版,第646页上。

> 卫灵公闻孔子来，喜，郊迎。问曰：“蒲可伐乎？”对曰：“可。”灵公曰：“吾大夫以为不可。今蒲，卫之所以待晋楚也。以卫伐之，无乃不可乎？”孔子曰：“其男子有死之志，妇人有保西河之志。吾所伐者，不过四五人。”①

蒲邑为卫国南部军事重镇，是南御楚、西御晋入侵的屏障。春秋以至战国时代的有识之士，都深知“卫所以为卫者，以有蒲也。”②面对公叔氏据蒲以叛，卫国大臣投鼠忌器，以为不便讨伐。卫灵公狐疑难决，急切地向孔子请教。孔子斩钉截铁地回答曰“可”。并举出可讨且可必胜的理由。裴骃《史记集解》引三国王肃的诠释：“公叔氏欲以蒲适他国，而男子欲死之，不乐适他。妇人恐惧，欲保西河，无战意也”③，虽被人普遍认可，却是对孔子语意的歪曲。且看《战国策·齐策》中鲁仲连论齐将田单据孤城即墨大破燕师的原因时所说的一番话：

> 将军（按称田单）之在即墨，坐而织蒉，立则杖锸，为士卒倡，曰：“无可往矣，宗庙亡矣，魂魄丧矣，归何党矣！”当此之时，将军有死之心，而士卒无生之气，闻若言，莫不挥泣奋臂而欲战，此所以破燕也。④

这段话中“将军有死之心，而士卒无生之气”二句，并列的句式结构与誓死抗敌的心志，正可与孔子所言“其男子有死之志，妇人有保西河之志”二句相互参证。“有死之志”“有保西河之志”，二句互文见义，意谓蒲邑不分男女，皆效忠于卫，均有为扞御强敌入侵而誓死保卫西河

①《史记·孔子世家》，中华书局点校本1982年版，第1923—1924页。

②（元）吴师道：《战国策校注》，《宋卫中山卷第十·秦攻卫之蒲章》，胡衍谓秦将樗里疾语，第7—8叶，清光绪十四年长沙惜阴轩重刊。

③（唐）裴骃：《史记集解》引王肃语，见《史记·孔子世家》，中华书局点校本1982年版，第1924页，注[二]、[三]。

④（元）吴师道：《战国策校注》，《齐卷第四·田单将攻狄章》，鲁仲连语，第59叶。

的志气。这种心志正与子路为蒲邑大夫向孔子请教如何治蒲时，孔子所作“蒲多壮士”的评价相副[①]。孔子所说“吾所伐者”，系斥据蒲以叛的公叔氏一伙，他们为数“不过四五人”。显然，孔子说蒲“可”伐，系讨伐公叔氏“四五人”，而此举必得蒲邑男女的响应。

卫灵公说“今蒲，卫之所以待晋楚也”，孔子说，蒲邑“妇人有保西河之志”，这两句话不仅无可置疑地确认地处晋楚之间的“西河”必在卫国境内，而且在孔子的话语中它还是卫国的象征和代名。去古未远的《吕氏春秋》的编者、太史公司马迁，以及为皇室校理秘书的刘向、歆父子，对此都毫不含糊。然而时过境迁，到东汉之末，一代儒宗的郑康成对子夏当年设教的“西河”已浑茫不知而信口为说了。

卫国辖有河内之南，原属夏、商二代京畿之地。东为齐、鲁，北有燕、赵，南为王室和宋、楚，西与魏、韩接壤，地处天下之中，文化积淀深厚。孔子周游列国，五次在卫国居停，议政讲学。子夏卫人，早在孔子生前，已以“文学”拔萃，并因“三豕”“己亥”之辨而让故园乡亲惊以为“圣”。孔子卒后，子夏返回文物之邦的卫国，居西河教授，既是他的夙愿，也是最佳的选择。四方之士来学者甚众。魏文侯师事之段干木，辅相魏文侯、武侯两代的李克，都是卜子夏的及门弟子。子夏晚年，经魏成子礼聘，一度离开西河到魏都安邑而为魏文侯师，“文侯受子夏经艺”，并咨以国政[②]。

按《竹书纪年》，周考王元年庚子（公元前441年），“魏文侯立。”[③]此处所说的“立”，系指继位为晋卿。是年子夏六十有七岁，上距退居西河始教之年三十五年，是时子夏早已誉满天下了。十七年后，周威烈王二年（公元前424年），魏斯始自称侯，纪元年。这年子夏八十四岁。又过了二十一年，魏文侯方被周王朝正式承认为诸侯。《竹书纪年》记其事曰：（威

①《史记·仲尼弟子列传》，中华书局点校本1982年版，第2193页。

②《史记·魏世家》，中华书局点校本1982年版，第1839页。

③（清）徐文靖：《竹书纪年统笺》卷之十一，清光绪间浙江书局辑刊《二十二子》本，上海古籍出版社影印浙江书局1986年版，第1093页中。

烈王）“二十三年，王命晋卿魏氏、赵氏、韩氏为诸侯。”[①]《史记·周本纪》记其事与《竹书纪年》同：“威烈王二十三年，九鼎震。命韩、魏、赵为诸侯。”周威烈二十三年，当公元前403年。子夏若健在，则已达一百零五岁的高龄，魏文侯不可能在此时方礼聘子夏为师。其实魏斯早在自称为侯之时，凭借“贤人是礼，国人称仁，上下和合”而“得誉于诸侯”[②]。这是经营多年的成果。子夏受聘为魏文侯师，传授经艺，受咨国政，当在他八十岁左右，魏斯自立为侯之年前后较为可能。

四、余论:《礼记·檀弓》子夏退老西河郑《注》辨惑

汉以后关于子夏居西河教授所在地域的纷争，实源于《礼记·檀弓上》收录的这则故事：

> 子夏丧其子而丧其明。曾子吊之，曰：“吾闻之也，朋友丧明则哭之。”曾子哭。子夏亦哭，曰：“天乎，予之无罪也！”曾子怒，曰：“商，女何无罪也？吾与女事夫子于洙、泗之间，退而老于西河之上，使西河之民疑女于夫子，尔罪一也；丧尔亲，使民未有闻焉，尔罪二也；丧尔子，丧尔明，尔罪三也。而曰女何无罪与！”子夏投其杖而拜，曰：“吾过矣！吾过矣！吾离群而索居，亦已久矣。”[③]

以及汉人郑玄为“退而老于西河之上”所作的《注》语：“西河，龙门至华阴之地。”

曾参指斥子夏的三项罪过都与“西河”相关。第二项罪过，于时最早。《礼记·檀弓上》有则子夏服丧顺礼的记载，即《子夏既除丧而见

① (清)徐文靖:《竹书纪年统笺》卷之十一,清光绪间浙江书局辑刊《二十二子》本,上海古籍出版社影印浙江书局1986年版,第1094页下。

②《史记·魏世家》,中华书局点校本1982年版,第1839页。

③《礼记正义》卷第七《檀弓上》,阮刻《十三经注疏》,中华书局影印1980年版,第1282页下。

章》，本文第一节业已征引。此事在孔子自卫返鲁之后，子夏返乡为亲服丧，服阕见师，当时子夏尚未至而立之年。第一项罪过，指责子夏言不称师，竟让西河之民将自己比作孔子。此事当发生在子夏施教西河声誉鹊起之时。第三项罪过，指责子夏丧子失明，恩隆于亲，必在子夏自魏都安邑退休西河之后。其时曾、卜二子都是八、九十岁的耄耋老翁了。

按郑《注》"西河，龙门至华阴之地"，以返观曾参所责三事，均大悖事理。

第一，曾参不可能度越千里到"龙门至华阴之地"吊慰老友。曾参鲁国人，由鲁国之此"西河"，需穿行宋、卫、周、韩、魏数国，走北线要翻越太行长坂，取南线要经过崎岖峭谷，然后再横绝龙门大河方可抵达。古制，"五十无车者，不越疆而吊人。"[①]这可能指庶民，大夫以上或不在其例。曾参青年时做过小官，地位相当于大夫，但晚年早已是一介布衣。他恪守周礼，临终前坚决要求其子及门人撤换不合其身份的"华而睆，大夫之箦（垫席）。"[②]可证他吊慰子夏时亦不应拥有乘车。以一风烛残年的衰翁还要跋涉千里去吊慰朋友丧子失明之痛，必无其事。至于唐人孔颖达在《礼记正义》中为"曾子吊之"所作之《疏》："子夏丧子之时，曾子已吊。今为丧明更吊。故曾子先哭，子夏始哭。"[③]更不可思议。孔《疏》是恪遵郑《注》的，他认定在短期之内，曾参风尘仆仆两度奔赴"龙门至华阴之地"，天下岂有此理？此亦子夏所居之"西河"必非"龙门至华阴之地"的又一反证。子夏所居的西河实在卫国故商墟之内。鲁卫兄弟之邦，疆埸相连。曾参自鲁国南武城之卫国西河吊慰子夏，路程过百，尚属可能。

第二，"龙门至华阴之地"的民众，不可能将子夏拟诸夫子。姑且相

①《礼记正义》卷第九《檀弓下》，阮刻《十三经注疏》，中华书局影印1980年版，第1299页中。

②《礼记正义》卷第七《檀弓上》，阮刻《十三经注疏》，中华书局影印1980年版，第1277页下。

③《礼记正义》卷第七《檀弓上》，阮刻《十三经注疏》，中华书局影印1980年版，第1282页下。

信，如郑玄所言，子夏曾在此教授；如孔颖达所言，“西河之民无容不识”子夏。然而“孔子西行不到秦”，“龙门至华阴之地”的民众从未有一识孔子风采的机缘，又怎能将子夏“疑（拟）于夫子”？相反的事实是，孔子五次居卫，聚徒讲学，且参预政事，影响所及，卫国民众无人不知孔子之圣。而子夏作为卫人，在卫国西河传授先师遗教半个多世纪，西河之民“无容不识”子夏，而将其泽惠士林的成就“拟诸夫子”，也在情理之中。

第三，“龙门至华阴之地”实非子夏所能弦歌讲学之所。自平王东迁洛邑，西周文物东移。秦襄公以戎俗变周礼，以耕战为急务，关中文化急遽败落。孔子弟子三千，无一来自关中。下迄秦孝公，关中文化、民俗，几与戎狄无异。况且龙门至华阴一带，春秋以还，一直是秦、晋争锋的主要战场。战国之初，魏文侯、武侯之时，更是魏、秦攻防的前沿阵地。争战纪录，史不绝书。检《史记·十二诸侯年表》及《六国年表》便知。弦歌讲学需要和平安定的环境，好学切磋的氛围。而此时的“龙门至华阴”实为金戈铁马之地，岂是子夏弦歌讲学之所？说子夏在战国之初于此“教授不少人才，从那时起，此地的文化便发达了”，决非事实。战国诸子无一出自关中，西汉前期经师全部来自山东，便是子夏不曾在“龙门至华阴之地”教授的有力旁证。

第四，“龙门至华阴之地”亦决非子夏“退老”之地。且不说战国初年此地争战频仍，常人都难以安身立命；就拿《水经注》及诸多地志津津乐道的夏阳（今陕西韩城）、合阳等地位于悬崖侧畔人迹罕至的石室来说，隐士丹客或可在此居留一时，年近期颐血气早衰的卜子夏又岂能忍受荒寒在此等石室中安居养老？尊贤敬老的魏文侯又岂忍心将恩师安置在这等所在？这般不合人情的故事，郦道元等人其实也并不相信，试看他们在自己的文章中不断使用“相传”“疑似”等字眼便知端倪。

郑玄关于“西河”的一则缺乏考信的注语，引发了东汉以后诸多望风附会的传说，至今仍误导着读者群众。为了正本清源，不能不辨之如上。

此外，笔者颇疑《礼记·檀弓上》“退而老于西河之上”句中的“老”字，或系“教”字之讹。《檀弓》写本在长期流传中或因字迹漶漫，或传抄中脱落“攴”旁而成“孝”字。但“孝于西河之上”于义不通，而“孝”与“老”形近，抄者为求字顺文通，或以意改“孝”为“老”，遂成为“退而老于西河之上”，后经板刻固定而成今本。但我们如果细审《史记·仲尼弟子列传》的叙文：

孔子既没，子夏居西河教授，为魏文侯师。其子死，哭之失明。

并与《檀弓上·子夏丧其子而丧其明章》的叙文：

吾与女事夫子于洙、泗之间，退而老于西河之上，使西河之民疑女于夫子。

加以比照，则不难发现，“退而老于西河之上”与“事夫子于洙、泗之间”两事对举，其中的“退”字明明是指自孔子师门退而“教”，而非指自魏文侯朝廷退而“老”。而“西河之民疑［拟］女于夫子”，系直承“退教”，而非关“退老”。稍加思索，便知端委。故《檀弓》中这两句文字似可勘正为“吾与女事夫子于洙、泗之间，退而教于西河之上。”

本文的结论是：子夏系卫国人氏，其从孔子游当在夫子第四次访卫时起。子夏退教及归老的西河，在卫国故商墟王畿之内，而非如郑玄所说的在河西“龙门至华阴之地”。

1995年4月初稿。2005年7月改定于凤凰山下窳陶斋

［原载《首届钱穆学术思想研讨会论文集》(2005年·中国无锡)；《安徽师范大学学报》(人文社会科学版）2006年第6期转载时限于版面，证例颇有节略。本书按原稿收录］

史记三家注研究

程金造之“《史记正义佚存》伪托说”平议

一、前　言

司马迁《史记》流播于世后，宋以前为其书作注者，据史籍记录，始自东汉延笃《史记音义》，迄李唐裴安时《史记纂训》，将近二十种[①]。历经岁月筛汰，惟余学术价值最高的三种，即南朝刘宋之裴骃《史记集解》，李唐之司马贞《史记索隐》与张守节《史记正义》，经宋人刊刻而流传至今。

三家注各有所长。裴骃以东晋徐广《史记》校本为本，“采经传百家并先儒之说”，又“时见微意”，取合本子注形式，为《史记》一百三十篇作“集解”，合《史记》本文与裴氏注义为《集解史记》八十卷[②]。前此，《史记》或有本无注，或有注无本。自裴骃《集解史记》出，《史记》方有注本行世。裴氏注本亦为后世所有《史记》注本所从出。北宋初淳化五年（公元994年）官刻三史，《史记》即取裴氏《集解史记八十卷》为底本。唐玄宗时代成书的司马贞《史记索隐》与张守节《史记正

① 此据《隋书·经籍志》《旧唐书·经籍志》《新唐书·艺文志》及司马贞《史记索隐后序》所录统计。

②（唐）裴骃撰:《集解史记》八十卷，系取合本子注形式，注文附《史记》本文而行的结论，请参阅笔者《史记版本源流及叙事断限考论》第三节（未刊稿）。

义》，均仿唐初陆德明《经典释文》摘字列句为注之例，各为三十卷，单本别行，原不与《史记》正文相附。《索隐》“释文演注”，健于辩驳，虽不无谬误，实颇多发明。《正义》长于地理六书音韵之学，征引故实，亦颇为赅博。

由于《索隐》健于辩驳的文风与宋人喜尚讥评的学风颇相契合，故宋时《索隐》影响远大于《正义》。明末汲古阁主人毛晋曾言：“读史家多尚《索隐》，宋诸儒尤推《小司马史记》，与《小颜氏汉书》如日月并炤。”[①] 由于宋儒的推重，宋代不仅有多种单刻本《索隐》行世，而且将《索隐》附刻于裴骃《史记集解》而成二注合刻本亦为数不少。至于《史记正义》有无单刻本行世，因宋以后的官、私书录均未著录，实所罕闻。笔者臆度宋时单本《正义》或许仍以写本形态在读书界流通。直到南宋绍熙（公元1190—公元1194年）后始有将《正义》合刻于《集解》《索隐》的版本出现[②]。存世最早的版本当推庆元（公元1195—公元1200年）间建安黄善夫梓行的三注合刻本《史记》。

司马贞与张守节生当同时，他们作注的底本同为裴骃《史记集解》，作注所用资料又大同小异，二人虽各自为书，然英雄所见略同，注文不谋而合之处比比皆是。宋人合刻《史记》三家注时，由于《正义》是后附于《集解》《索隐》二注合刻本之内，编刻者以《集解》《索隐》为本注，以《正义》为增注，编者为减少《正义》与《索隐》相同的注文以免重复，书贾为压缩篇幅以降低成本，刊刻前对《正义》曾做了重大的整合重编，对其注文不仅有刊削、删节，而且某些注文的前后次第亦有调动。自《史记》三家注合刻本风行于世，单本《正义》亦遂湮没以至失传。自明代

① (明)毛晋:《单刻〈史记索隐〉跋语》,《史记索隐》,台湾商务印书馆影印文渊阁《四库全书》1972年版,第246册,第665页。

②《钦定天禄琳琅书目》卷四《后编宋版史部类》,著录有《史记六函六十册》一部,谓“目录后印‘校对宣德郎秘书省正字张耒’八分书条记。按《集解》《索隐》《正义》本各单行,至宋始合刻。据校书官乃张文潜,知为元祐时椠。”据此录文,是谓三家注本《史记》合刻始于北宋元祐年间。然据近人叶德辉勘定,该书木刻条记系书贾伪造,实不足信。故知三注合刻本实始于南宋中。

起，学人已无缘复睹《正义》的全貌[1]。

对于《史记》三家注及其撰者，尤其是遗佚最为严重的《史记正义》，清《四库全书》馆臣为《史记集解》《史记索隐》《史记正义》所作书录，以及钱大昕《十驾斋养新录》与《廿二史考异》、钱泰吉《甘泉乡人稿》、张文虎《校刊史记集解索隐正义札记》等，都做过程度不同的探究。日本学者对此亦颇关注，泷川资言于20世纪30年代出版的《史记会注考证》辑得《史记正义》佚文一千三百多条。

然而最受世人瞩目的《史记》三家注研究者，当首推程金造先生。程氏在20世纪50至70年代，相继发表《从史记三家注商榷司马迁的生年》《〈史记正义〉、〈索隐〉关系证》《〈史记会注考证〉新增正义的来源和真伪》《汲古阁单本〈史记索隐〉之来源和价值》《论〈史记〉裴骃〈集解〉司马贞〈索隐〉张守节〈正义〉三家注解》等系列论文[2]，提出几个独特的观点：《索隐》成书早于《正义》几二十年，张守节必参读《索隐》，并以《正义》疏通《索隐》；泷川资言《正义佚存》十九出自彼邦人士伪托。这些观点得到学界的普遍赞同，认为这几篇“不可多得的考证宏文”，“论者考释谨严，举证精确，洞察入微”[3]，“解决了钱大昕提出的‘二书不相称引’的疑案”，“揭开了《正义》佚文之谜”，“至今仍然保持着在三家注研究方面的权威地位”。有人引据程文的观点企图为司马迁生年研究做出最终的论定，有人著文推崇程氏“所撰文章宜反覆诵读，置之座右以为研读三家注者之指南”。

笔者二十几年前浏览程氏诸文，窃有所疑，曾作《司马迁“卒于武帝

① 明代国子监重刊《史记》三家注，在已删略的宋本基础上，对三家注大肆删削，其中《正义》尤多。清武英殿刻《史记》之《史记序考证》称，“[明监本]《正义》之文十缺四五，颠倒错乱，不可枚举……今……补刻阙文，不下千百条，而《正义》十居其九，不能逐条详载《考证》内。顾《正义》无古刻原本可据，各本彼此多寡不同……但校之明代监本，稍为详备焉。”

② 以上程文分别发表于《文史哲》1957年第1期、《文史哲》1962年第5期、《新建设》1960年第2期，《文史》第四辑（1965年版）、《文史》第七辑（1979年版）。

③ 此数语见《文学评论》，2000年第2期首篇《〈史记〉百年文学研究述评》对程氏诸文的品评。为笔者近日翻阅所见，摘补于此。

之后说”斠误》[①]，对程氏为证明其司马迁必卒于武帝之后的观点，所持的全部论据逐一考察，结果表明，这些“证据”有的是误解文献望文生义，有的是征引史料有意失真，有的原本乌有其事，有的是以偏概全顾此失彼，不仅不能证明司马迁必卒于武帝之后，而且有些“证据”恰恰证明司马迁必卒于武帝生前。最近几年因从事《史记》版本源流及叙事断限与主题迁变关系的研究的需要，认真研读程氏的论文，乃发现其研究方法及所得到的主要结论，都值得商榷。由于程文影响至巨，在相当长的一段时间内实际上已妨碍司马迁与《史记》研究的深入，故不得不对其主要观点予以平议。被程氏否定的《史记正义佚存》，对于《史记》研究来说，是一笔极其贵重的学术资产，其真其伪亟待澄清。下面谨提出对程金造先生的《史记正义佚存》伪托说的平议报告，以就教于海内外同仁。

二、一分本先入之见剪辑而成的文本

日本大正二年（公元1913年），泷川资言博士偶然翻阅彼邦东北大学所藏庆长（公元1596—公元1614年）、宽永（公元1624—公元1629年）年间刊行的二种古活字印本《史记》，发现栏外标注着被三家注合刻者所删略的一千二三百条《正义》佚文，以后又从米泽市立图书馆所藏《史记桃源抄》《史记幻云抄》、尊经阁文库所藏《博士家本史记异字》等公私所藏多种《史记》刻本、钞本栏外标注或抄录成册的同样的《正义》佚文，得到证实，于是手辑为《史记正义佚存》二卷。泷川氏撰《史记会注考证》，遂将佚存《正义》插入相关《史》文之下。昭和九年（公元1934年）全书十册出齐，于是元明之际即湮没无闻的一千余条《正义》重新面世。泷川资言亦颇自负，以为“略复张氏之旧云”。平心而论，其网罗之功至巨，嘉惠士林匪浅。读《史》者得以参考，盛赞其便。

自20世纪30年代起即潜心研究《史记》三家注的程金造先生，以横

① 原载《中国古典文学论丛》第二辑，人民文学出版社1985年版，第296—306页。

空出世的态势，于20世纪60年代初发表《〈史记会注考证〉新增正义的来源和真伪》，倡言日人泷川资言从彼国《史记》旧籍栏外标注的文字中辑得的一千三百余条《正义》佚文，“只有十分之一二是可靠的，绝大部分是读者的杂抄和注解”，“解释离奇，疑非中国学人所为者，此类占全部一半以上”，“《史记会注考证》对《正义》千二百多条的补苴，绝大部分是鱼目混珠，以伪为真的。”20世纪80年代中期，程氏出版《史记管窥》，收入此文，易题为《史记会注考证新增正义之管见》，内容有重大增补，观点则丝毫未变①。

程氏的这一重大“发现”被认为一文定谳，“作者考论翔实，揭开了人们信而不疑的《正义》佚文之谜，这也是他在研究三家注方面的一大贡献。”自程氏提出《史记正义佚存》伪托说至今四十年过去了，世人对程氏的这一“发明”坚信不疑，在司马迁与《史记》研究中，对泷川辑出的一千三百余条《正义》佚文依然不敢问津。这不仅是张守节的极大不幸，而且也应令《史记》学界感到悲哀。因为程氏的伪托说实际上是以真为伪，而他的“发明”的出台是依赖他一手制作的大谜。为避免程氏的伪托说继续误导学人，在步入新的世纪之际，笔者窃以为有必要将程氏的谜底公之于众。

程氏关于《史记会注考证》新增《正义》佚文系“以伪为真”的“发现”，赢得将近半个世纪的赞誉，使得佚存《正义》成为研究征引的禁区，亦并非偶然。原因在于程氏掌握了《正义佚存》伪托的“铁证”。铁证就在泷川自叙的本身。程氏征引了泷川资言《史记会注考证》后附《史记总论·史记正义佚存》的下述文字：

> 吾读三家书（程案：此指钱大昕《十驾斋》、钱泰吉《甘泉稿》及张文虎《札记》三书）益知三注本（程案：当即《集解》《索隐》

① 程金造:《史记管窥》,陕西人民出版社1985年版,第189—217页。此文代表程氏关于《史记正义佚存》系日人伪托的最后意见,故笔者所作平议主要针对此文。下不再注。

> 与《正义》合刻之本）多削落甚多也。偶缗东北大学所藏庆长、宽永活字本《史记》（泷川自注：狩野亨吉旧藏，盖依元彭寅翁本），上栏标记《正义》，一千二三百条，皆三注本所无，但缺十表。其后又得桃源《史记抄》（泷川自注：宽永三年阴山立佐活刷发行）、《幻云抄》（泷川自注：后于桃源）、《博士家史记异字》（泷川自注：或题天朝传本《史记说》），所载《正义》，略与此合。吾邦有《索隐》本，有《正义》本。《索隐》与此注所载大同。正义者，此注不载者夥，故诸本之上书之。余于是知大学本标记之所由，欣喜不能措，手录以为二卷，题曰《史记正义佚存》。今录之《会注·正义》各条，略复张氏之旧云。（《史记会注考证·总论》一四八页）

然后“细审泷川此言”，得到“五种认识”：

> 一，泷川氏曾读钱大昕、钱泰吉、张文虎书，明知今所行《史记》三家注本，其《正义》部分，已残缺不完。二，宽永活字本、桃源本、幻云本、博士家本《史记》，其上栏都有标注文字，而此标注文字，彼此大略相同。三，此标注之文字，为单行《正义》本所不载，亦《史记》三家注本《正义》之多所无。四，日本现存之单本《索隐》，其注文与《史记》三家注本《索隐》之条文多相同。所以认为《索隐》条文无缺。五，宽永等本上栏标注之文字，多为《史记》三家注本之所无，又为单本《正义》之所缺，因此泷川欣喜若狂，遂以为上栏标注一千三百条文字，都是《正义》脱落之部，故手录以为《佚存》二卷，而散入其《史记会注考证》之中。

程氏认为，除此之外，泷川“并无其它根据”（传璋案：以上所有字句着重号均为程氏所加），从而“判定，泷川之《正义佚存》原文，不是从单本《正义》及载录正义多的本子录出的。若必认为原本《正义》之脱文，此是事之大可疑者”。

既然程氏的“五种认识”与最终“判定”皆植根于泷川本人的自述，可谓“铁证如山”。程氏是作被某些学者奉若经典，亦不足怪。然而人们在折服于程氏目光之犀利、见解之独到的同时，却未曾料到已被程氏预先设置的路标导入了歧途。须知程氏征引的泷川的自述，并非真实的泷川的文本；而程氏据此得出的“认识”，其实是鱼龙混杂的欺人之谈。

有比较才有鉴别。为了查明真相，不妨将泷川氏的原创文本与程氏改制的文本加以比照：

泷川资言原创文本	程金造改制文本
吾读三家书，益知三注本所录《正义》多削落甚多也。偶缗东北大学所藏庆长、宽永活字本《史记》，上栏标记“正义”一千二三百条，皆三注本所无，但缺十表。其后又得桃源《史记抄》《幻云抄》《博士家史记异字》，所载“正义”略与此合。幻云标记《桃源抄》云：“幻谓：小司马、张守节，皆唐明皇时人也，而《索隐》不知《正义》，《正义》不知《索隐》，各出己意而注正之。今合《索隐》《正义》为一本者，出于何人乎哉？蕉了翁亦未详焉，况其余哉！吾邦有《索隐》本，有《正义》本。《索隐》与此注所载大同。《正义》者，此注所不载者夥，故诸本之上书之。”余于是知大学本标记之所由，欣喜不能措，手录以为二卷，题曰《史记正义佚存》。……今录之《会注·正义》各条，略复张氏之旧云。	吾读三家书，益知三注本多削落甚多也。偶缗东北大学所藏庆长、宽永活字本《史记》，上栏标记“正义”一千二三百条，皆三注本所无，但缺十表。其后又得桃源《史记抄》《幻云抄》《博士家史记异字》，所载“正义”略与此合。 吾邦有《索隐》本，有《正义》本。《索隐》与此注所载大同。《正义》者，此注不载者夥，故诸本之上书之。余于是知大学本标记之所由，欣喜不能措，手录以为二卷，题曰《史记正义佚存》。　今录之《会注·正义》各条，略复张氏之旧云。

两相比勘，谜底立现。泷川资言文本中自“幻云标记《桃源抄》云”至“故诸本之上书之”一段文字，原系征引前人幻云关于日本诸种《史记》栏外标注“正义”佚文来源的说明。程氏将其腰斩，删去上半截——

幻云标记《桃源抄》云：“幻谓：小司马、张守节，皆唐明皇时人也，而《索隐》不知《正义》，《正义》不知《索隐》，各出己意而注正之。今合《索隐》《正义》为一本者，出于何人乎哉？蕉了翁亦未详焉，况其余哉！

没去幻云其名，却存留幻云以下的文字——

> 吾邦有《索隐》本，有《正义》本。《索隐》与此注所载大同。《正义》者，此注[所]不载者夥，故诸本之上书之。

而将其直接泷川本人的自述。经过这番剪裁拼辑，五百年前的古人五山僧徒幻云的标注文字，便变成了近人泷川资言的话语。程氏预先营造出这样一分以利其批评的文本，然后以此为据，大谈其“认识”，遂引发了一系列错误的判断。

据泷川资言《史记会注考证》第十册后附《史记总论》之《史记正义佚存》自注，以及《史记流传·日本篇》所提供的资料，可知僧桃源（公元1430—公元1489年），名瑞仙，又号竹处、蕉雨、蕉了等，系日本五山学问僧，壮年师从牧中翁学《史记》，曾作笔录，晚年又加扩充，作《史记桃源抄》行世。僧幻云（公元1460—公元1533年）①，名寿桂，又号月舟，亦五山学问僧，稍后于桃源，作《史记幻云抄》。泷川氏所征引幻云的一段文字，见日本米泽市立图书馆所藏《幻云史记抄》的《史记列传第一·伯夷列传》首叶。幻云“标记”中的两个“此注”，均指上文“今合《索隐》《正义》为一本者”之《史记》三注合刻本。“吾邦有《索隐》本，有《正义》本”，是说在桃源、幻云生存的时代，日本尚存未经删削的单行本《索隐》与《正义》；经过程氏的换头术，这两句的文意变为在泷川氏作《史记会注考证》的20世纪30年代，日本尚有完整的单本《索隐》与《正义》。事实是传入日本的单本《正义》早在泷川之前已经遗佚。“《索隐》与此注所载大同”，是说单本《索隐》的注文与合刻本《史记》所录载的《索隐》注无大差异，故毋需在合刻本《史记》栏外补标。“《正义》者，此注所不载者夥”，是说以单本《正义》与合刻本《史记》对勘，发现在合刻本上《正义》失载的注文多不胜数。“故诸本之上书

① 释桃源、释幻云的生卒年，系据[日]小泽贤二：《南化本〈史记〉解说》，载《国宝史记南化本全十二卷》，东京汲古书院影印1998年刊，第501—502页。

之”，是说释桃源、幻云之前的读《史》者，遂在各种《史记》合刻本上据单本《正义》在栏外补标失载的注文。释幻云的“标记”文字相当清楚地交待了庆长、宽永古活字印本《史记》栏外标注及《桃源抄》《幻云抄》等抄录《正义》佚文的来历。

释幻云的“标记”文意本来是明白而无歧义的，但程氏为了证成己说，不仅任意删节原文，失真引录，而且还曲解原意，将“《正义》者，此注所不载者夥”这句并不深奥的话，故意删去其中的一个“所”字，引作“《正义》者，此注不载者夥”，使其含义模糊，然后按照自己的需要，将其解释成“此标注之文字，为单行《正义》本所不载”。像这种与原意南其辕而北其辙的曲说，委实有点“想入非非”。程氏在这种自欺欺人的基础上所提出的《史记正义佚存》伪托说，其稳固性无异于沙上建塔。

学术论著中，自不免要征引前修时贤的文字。为省篇幅，加以节引，亦属常事。但任何节略，都必须遵循“删其游辞，取其要实”的原则，不可伤筋动骨，更不待说失其本真。然而程氏与此反是。他对泷川氏原创文本加以剪接，张冠李戴，以售其说，决非偶然的疏忽。程氏在征引泷川文本时，同时不忘节引对论证己说有利的泷川自注。但泷川氏在征引幻云标记文字的最后原有特加提示的小注——“识语，依米泽文库藏《桃源抄》。”——却被程氏删除无遗。以程氏的功力，不会不知道以上的文字是泷川氏的引证，更何况泷川于此还用子注特加提明！

顺便指出，程氏在《史记》及其三家注研究中，为证成己说，任意裁截原文，制作便于立说或利于批评的文本，实非仅此一端。早在20世纪50年代，程氏为证明他所主张的司马迁必卒于汉昭帝时代，在《司马迁卒年之商榷》一文中，失真引录《史记·酷吏列传》中《杜周传》的文字，从而将发生在武帝时代的事件篡改成发生在昭帝时代，以偷天换日[①]。在《论史记三家注解》中，为证成他所谓的三家所据《史记》传本不同的观

① 请参见拙作《司马迁“卒于武帝之后说”斠误》的论述，人民文学出版社1985年版，第296—306页。

点，对所引证的注文大加裁截删落，削足适履。试看他的例证：

> （一）《始皇本纪》“然后斩华为城。”《集解》：“徐广曰：斩，一作践。骃按服虔曰，断华山为城。”《索隐》曰：“践亦出贾本论。又崔浩曰：践，登也。”（黄本四十四页下）
>
> 案裴氏《集解》本作斩，故引服虔说断华山为城。而又引徐广说一作践，是徐广见别本有作践者。《索隐》据本则作践，故引崔浩说践，登也。可证裴氏与小司马据本不同。[①]

其实小司马与裴氏据本并无不同，都作“斩华为城”。单本《索隐》为“斩华为城”作注云：“斩亦作践。贾本论。又崔浩云：践，登也。”据多种宋本校刻的金陵局本《史记》之《索隐》同样作“斩，亦作践。亦出贾本论。又崔浩云：践，登也。”黄本《索隐》承《集解》“斩，一作践”，注文有删节。程氏据并非《索隐》原貌的黄本来证明“裴氏与小司马据本不同”，只是一种无中生有的奇谈而已。

> （二）《魏其武安侯列传》：“魏其已为大将军后，方盛。蚡为诸郎，未贵。”《集解》：“徐广曰：诸卿，时人相号长老者为诸公，年少者为诸卿。”（黄本三页上）今黄、王、金陵局本，皆作诸郎，当本《索隐》或《正义》之本。而《集解》所释，仍作诸卿，足证《集解》之本原作卿字。注文与正文龃龉如此。[②]

其实《史记》三家注诸本，包括程氏特别钟爱的黄善夫本，其《集解》“诸卿”之前皆有“一云”二字。是徐广校定本作“诸郎”，而所见别本有的作“蚡为诸卿”，以“一云诸卿”标识，录以备考。程氏蓄意削去“一云”二字，以售其“足证《集解》之本原作卿字”、与《索隐》《正义》

① 程金造：《史记管窥》，陕西人民出版社1985年版，第246页。

② 程金造：《史记管窥》，陕西人民出版社1985年版，第246—247页。

据本不同之妄说。

诸如此类，不一而足。故其研究成果，借用程氏之言，“不能不令人怀疑”。太史公司马迁在与上大夫壶遂讨论能否取法《春秋》著述《太史公书》时，曾引《大易》“失之毫厘，差以千里。”程氏本先入之见对原始文本加以改制，以利其批评和立说的作法，本末皆失，其“差”岂可以道里计！

三、“疑非中国学人所为说”平议

程氏在提出《正义佚存》系“以伪为真”的基本观点之后，本此先入之见，遂对“千三百条文之内容实质”，搜罗证据，“进一步考核”。

程氏将他认为系日人伪托的占全部佚文十分之八九的条文分成四类：解释离奇，疑非中国学者所为者；袭取颜师古《汉书注》以为己有者；杂抄群书，又多可疑者；移录张氏旧《正义》之文者，各挑拣若干例句辩驳，以图证成己说。其最危言耸听、眩人耳目者，是程氏重点考核的第一类，即所谓“解释离奇，疑非中国学人所为者”，他认为“此类占全部一半以上”。他列举十例逐一论辩，或谓“这显然不是中国学人的看法”，或谓“这绝不是张守节的训解”，或谓“绝非《正义》原文”。语气斩截独断，直无讨论的余地。然而程氏的武断并不等于问题的终结。

泷川资言辑出的佚存《正义》，是如程氏所言的那样，真是浅薄不学的彼邦人士所伪托，抑或中土早已失传的张守节《正义》注文的重见天日，乃是“史记学”中亟待澄清的重大问题。为便于关心这一公案的学界同仁切磋琢磨，特逐条整录程氏的举证及其案语。笔者的商榷文字以[平议]标识，分置于程氏各条之下。

程氏举证之一：《曹相国世家》“择郡国吏，木诎于文辞重厚长者。”佚存《正义》曰：“诎、讷同，求物反，谓辞寡也。又音群勿反，击木之声无余响也。言择吏，老文辞，重厚长者，若击木质朴无余音也。”（《考证》六册，《世家》之十五页）

案古书无借诎为讷者，此应是借作拙。拙于文辞，意思是不善辞令。而此佚存《正义》却解为木讷。既解为木讷，自应引《论语·子路》“刚毅木讷”之成语训释。那料又想入非非，解成击木之声无余响。诎于文辞，又解成“老文辞”。此绝不类中国学者所释。

[平议] 程氏旁征博引，先断言佚存《正义》之训释全无根据，后又斥其训释为“想入非非”，进而判定“此绝不类中国学者所释”，亦即异邦人士伪托。言之凿凿，不容人们不信以为真。从“此绝不类中国学者所释”的断案，可知此条是程氏论定佚存《正义》系彼邦人士伪托的最坚强的证据。然而所谓“案古书无借诎为讷者”，开口便错。汉人借“诎”为“讷”，实属平常。如《史记·万石张叔列传·赞》“君子欲讷于言”句下裴骃《集解》：“徐广曰：‘讷字多作诎，音同耳。古字假借。’”是徐广所见写本《史记》别本多有借“诎”作“讷”者。又《史记·李斯列传》“辩于心而诎于口”句下佚存《正义》亦注云：“诎，犹讷也。”《资治通鉴》卷十二《汉纪四》：“参代何为相，举事无所变更，一遵何约束。择郡国吏木讷于文辞重厚长者。”司马光以“讷”代《史记》之“诎”，更是“诎”“讷”互通之显例。按《说文》：“诎，诘诎也。从言，出声。”而《说文》释讷曰：“言难也。从言，从内。”二字义同，故可假借。《史记·李将军列传》称李广“讷口少言”，以“少言”补足“讷”意。又如《楚辞》王逸《九思·疾世》“嗟此国兮无良，媒女诎兮謰謱”句下洪兴祖《补注》：“诎，与讷同。”可知宋人对此亦不含糊。佚存《正义》释诎、讷为“辞寡”，是为确诂，因辞寡正是少言之意。

程氏又说“诎”字“应是借作拙”，也欠妥。且看《老子》第四十五章：“大巧若拙，大辩若讷”，巧与拙，辩与讷，分别对应，其中的拙与讷不可相互置换。故程氏以为“诎”字应是借为“拙”，乃自我作故。《易·系辞下》：“将叛者其辞惭，中心疑者其辞枝，吉人之辞寡，躁人之辞多，诬善之人其辞游，失其守者其辞屈。”曹参相齐，服膺黄老，“其治要用黄老术”，当谙熟《周易》，他相信“吉人之辞寡，躁人之辞多”的道理，故择吏多取木诎之人。木诎意谓质朴少言。佚存《正义》的释义，与《论语·子路》"刚、毅、木、讷，近仁"的旧训："……仁者不尚华饰，木者质朴，故木近仁也；仁者其言也讱，讷者迟钝，故讷近仁也"，并不相违。

佚存《正义》关于"诎"字又出"击木之声无余响"的释义，也不是"想入非非"，因为诎"又音群勿反"，则假作"椎"字，取喻于击木，以补足辞寡少言之意。至于"老文辞"之"老"，与《左传·僖公二十八年》"师直为壮，曲为老"，《荀子·成相》"治之道，美不老"中之"老"，用法略同，皆有衰、弱之义。"老文辞"，即弱于文辞。佚存《正义》"言择吏老文辞重厚长者"应作一句读，意为选择吏员中弱于文辞持重敦厚的长者。程氏将《正义》整句裁为三截，不成句读，难怪他自己读不通了。通观此条《正义》的字义训解持之有故，句意串释也与史文契合。程氏指斥其"绝不类中国学者所释"，岂不冤哉枉也！

> 程氏举证之二：《绛侯周勃世家》"勃不好文学，每召诸生说士，东乡坐而责之：'趣为我语。'其椎少文如此。"佚存《正义》曰："责诸生说书，急为语。椎，若椎木无余响。直其事，少文辞。"（《考证》六册，《世家》之十页）
>
> 案此解"说士"为说书，"趣为我语"解为急为语，"椎少文"解为椎木无余响，少文辞。其意义皆离奇怪异，绝不似张守节之训释。

[平议] 佚存《正义》"责诸生说书急为语"，当作一句读。其中"书"字系"士"字之误。泷川资言据以辑录的日本《史记》古版本、钞本栏外标注的字体，有的相当潦草，而"书"字草体"𠀋"之形体与"士"字极似。[①]佚存《正义》"士"作"书"，当系泷川过录时因辨识不慎而致误。

① "士"字由唐卷子本转为宋刻本时，由于与"書"字草体"𠀋"字形似，易讹为"書"。《宋本大唐六典》（中华书局据南宋绍兴四年温州州学刻本影印1991年版，卷第八）门下省下属弘文馆"学士无员数"下原注："自武德、贞观以来，皆妙简贤良为学書。故事：五品以上为学士，六品以下为直学士。"其中"学書"之"書"，即"士"字之讹：先由士讹为"𠀋"，再易为正体"書"。

《史》文“诸生说士”具在，正可作证，如系伪托，作伪者当不至低能若此。

佚存《正义》释“趣”为“急”确切有据。《说文》曰：“趣，疾也。”趣字作为时间副词，与疾、亟、急同义。《史记·曹相国世家》即有显例：“惠帝二年，萧何卒。参闻之，告舍人趣治行，‘吾将入相。’”又如《张耳陈余列传》“陈王使使者贺赵，令趣发兵西入关。”两“趣”字皆为“急”义。唐人解“趣”为“急”，亦不乏其例。如《史记·孙子吴起列传》“吴王从台上观，见且斩爱姬，大骇，趣使使下令曰：‘寡人已知将军能用兵矣。’”司马贞《索隐》云：“趣，音促，谓急也。”“直其事”，据水泽利忠《史记会注考证校补》所征引的南化本、枫山文库本、三条西实隆公自笔本、伊佐早谦旧藏本、梅仙和尚自笔本等《史记》诸本栏外标注，“直”下均有“说”，作“直说其事”。泷川偶然钞脱，不足惊怪。“趣为我语”，犹今语“有话快快给我讲”，单刀直入，毫无华饰客套，正是佚存《正义》所释的“直说其事，少文辞”。

《正义》对“椎”字的释义也不错。按《说文》：“椎，击也。从木，隹声。”《集韵·脂韵》：“椎，木名，似栗而小。”是椎有二义，一为木名，一为敲击。《正义》释“椎”为击木无余响，是以上二义的引申义，作为周勃个性质朴少文形象的比喻。佚存《正义》对史文的训释准确无误，何来“皆离奇怪异”的责难！

> 程氏举证之三：《商君列传》“民之效上也捷于令。”佚存《正义》曰：“言民放效君上之命，须捷急遁之，畏商鞅也。”（《考证》七册，《传》之十七页）
>
> 案“民之效上”，指商君之教令；效非仿效。而“捷于令”解为须捷急遁之。此与句下所引中井积德之言，都是中国学者所难懂的，所以它不可能是张守节原文。

[平议]　《商君列传》“教之化民也深于命，民之效上也捷于令”二

句，系贤者赵良针对商鞅自诩其在秦"更制其教"如何如何、且欲与穆公贤臣五羖大夫（百里奚）之治秦一比高低时，所引的两句成语，以此为准则，批评商鞅所为"非所以为教也"。"教"者，《说文》曰："上所施下所效也。""教之化民"之"教"与"民"相对，当指君上之躬行垂范。化者，《说文》曰："教行也。"亦即感化推行之意。命、令，异文同义，当指成文之律令法规。赵良所引成语的含义，与《论语·颜渊》"政者，正也。子帅以正，孰敢不正？"及《论语·子路》"子曰：其身正，不令而行"，异曲同工。译成今语，意为：君上身教垂范感化人民的作用远比法令深刻，而人民仿效君上善行的速度也远比法令的驱使要快。

佚存《正义》释"教之化民"句为"言鞅受孝公命行之，更添加命"，释"民之效上"句为"言民放效君上之命，须捷急遁之，畏商鞅也"，显为曲解，不达《史》意。但程氏的说解亦显为曲说，误解《史》意。按程说本诸司马贞《索隐》。《索隐》释"教之化民"句为"刘氏云：教，谓商鞅之令也；命，谓秦君之命也。言人畏鞅甚于秦君"；释"民之效上"句为"上，谓鞅之处分；令，谓秦君之令。"若通观赵良与商鞅论辩的上下语境，则可知《索隐》的说解亦不比《正义》加进。其距《史》文原意之远，与《正义》相较，不过是九十步笑百步。因为《正义》释义不洽，程氏便判决"它不可能是张守节原文"。若循此逻辑，《索隐》释义同样有误，岂不也得认定它不可能是司马贞原文？程氏说"'民之效上'，指商君之教令；效非仿效"，实属不词，与原文对照，亦为"中国学者所难懂"，能否说这绝非程氏的原文呢？

注书难，注巨著尤难。宋代学者洪迈深知其中甘苦，他深有感慨地说："注书至难。虽孔安国、马融、郑康成、王弼之解经，杜元凯之解《左传》，颜师古之注《汉书》，亦不能无失。"[①]以《史记》之博大精深，有些含义深永的文句若欲得其正解，不仅要结合上下文的语境，而且还须通观全篇仔细揣摩，有时甚至要从全书的主意通盘打点。否则便会犯瞎子

① (宋)洪迈：《容斋续笔》卷第十五，《容斋随笔》，吉林文史出版社1994年版，第313页。

摸象的错误。清儒章学诚在论及“知难”时，也慨乎言之：“马迁班固……其书于今，犹日月也。然读《史》《汉》之书，而察徐广、裴骃、服虔、应劭诸家之注释，其间不得迁、固之意者，十常四五焉。以专门之攻习，犹未达古人之精微，况泛览所及，爱憎由己耶！”[①]由此言之，裴骃、司马贞、张守节的《史记》注义中出现若干失误，自属情理中事。此外，传世古书的本文和注疏还有某些不可解说之处，实由传钞梓刻过程中所致，更不必尽责原书之作者或注者。

> 程氏举证之四：《信陵君列传》“封公子为信陵君。”佚存《正义》曰：“信陵，地名。”（《考证》七册，《传》之二页）
>
> 案《春申君列传》“封为春申君”句下，张氏《正义》曰：“四君封邑，检皆不获。惟平原有地，又非赵境。并盖号谥。”此可知张守节曾检地志，确知信陵为封号。而《水经注》卷二十三汳水注曰：“汳水自梁国菑来，东径宁陵县之沙阳亭北，又径黄蒿坞北。又径蒿城北。蒿于六国属魏，以封公子无忌，号信陵君。在宁陵县西十里。”此又可证魏无忌封于宁陵，而号信陵君。乃此佚存《正义》，在此又注为地名，与《春申君列传》之注矛盾。所以，绝非张氏《正义》原文。

[平议]　程氏断定此条《正义》“绝非张氏《正义》原文”，证据有二：一是据《春申君列传》“封为春申君”句下《正义》，“确知信陵为封号”；二是据《水经注·汳水注》知魏无忌封在宁陵县，而宁陵非信陵。貌似证据确凿，其实根基并不牢靠。三注合刻本《春申君列传》的这条《正义》，原非全璧。程氏所引“四君封邑”前，黄善夫本及通行本《史记》并有“然”字，作“然四君封邑”，被程氏削去了。“然”乃承前以表转折之辞。但合刻本“然”前无文，上无所承，必有删节。所删之文必与“然”下之

① 章学诚:《文史通义·知难》,《章学诚遗书》,文物出版社据吴兴刘氏嘉业堂刊《章氏遗书》影印1985年版,第35页。

文意思相反，或为“春申，盖地名。”但张守节精于舆地之学，他遍阅现存唐以前古地志，“不获”春申之所在，又发现“惟平原有地，又非赵境”。若注春申为地名，于古地志无征，故于此推测四君“并盖号谥”。“盖”乃表揣测、推断的副词，与今语“大概”相当。由于加上“盖”字，则“号谥”之说，并不排除信陵仍是地名的可能。要知张守节作《正义》以毕生精力为之，首尾长达三十余年，对于散处于各篇中的某一事，先作之注，与后出之注，由于阅历学识的变化，间有不同，原极正常。况且守节又谨慎地用一“盖”字来表示保留，更扯不上“前后矛盾”，而程氏将张守节的拟测之辞误会为“确知”，未免厚诬古人。其实《正义》“并盖号谥”句下，还有被程氏删去的一句：“而孟尝君是谥”，倒是道地的“确知”之辞。张守节之所以下此断语，是因为有太史公撑腰——《孟尝君列传》有曰：“文卒，谥为孟尝君”。观此益知张守节于可以确知或疑不能定之事，措辞极有分寸。

再看程氏引作主证的《水经注·汳水注》[①]。笔者将其与原文对校，发现程氏引文不仅有删节，而且有增衍。引文开头第一句“汳水自梁国留来”，《汳水注》实无其文，乃程氏臆增；“葛于六国属魏，以封公子无忌，号信陵君”，在“魏”与“以封”之间，原有“魏襄王”三字，原文作“葛于六国属魏，魏襄王以封公子无忌，号信陵君”。按《史记》之《魏公子列传》及《六国年表》，封无忌为信陵君者为魏安釐王，封事在其元年（公元前276年），上距魏襄王之薨（公元前319年）已达四十三年。程氏明知《水经注》这段注文记事有误，不足凭信，故特意删去启人疑窦的“魏襄王”三字，以瞒天过海。程氏又据《汳水注》信陵君封地“在宁陵县西十里”其文，断言“此又可证魏无忌封于宁陵，而号信陵君”，却不知又犯一错。按宁陵为前汉初置之县，属陈留郡，《汉书·地理志上》记载的明明白白。《汉书》颜注于此引“孟康曰：故葛伯国，今葛乡是。”六国时实无宁陵这个地名，何来魏封无忌于宁陵之事？信陵并非美号，更非

① (北朝魏)郦道元撰，王国维校：《水经注校》，上海人民出版社1984年版，第747—751页。

谥名。观“陵”字之形，益知其为邑名。古时许多地名随着王朝的更迭，疆域的变动，及原居民众因战乱灾荒而群体迁徙，或湮没无闻，或失考其所在，然而却不能就此否认其地名昔时确实一度存在过。佚存《正义》注信陵为地名，原不为错。更不能据无根之说，指斥其“绝非张守节原文”。其实《史记·魏公子列传》在书无忌却秦救赵之后，还有如下记事：赵孝成王“以鄗为公子汤沐邑，魏亦复以信陵奉公子。”“信陵”与“鄗”对举，足证信陵为魏国邑名。程先生傥能复检《魏公子列传》，当不会作出无端的指责。

程氏举证之五：《刘敬叔孙通列传》“凡居此者，欲令周务以德致人，不欲依险阻（按：史文作‘阻险’。程氏引误），令后世骄奢以虐民也。”佚存《正义》曰：“言帝王险阻（按：《正义》作‘阻险’。程氏引误）之地，令后世骄奢之主，役民，则虐苦也。”（《考证》八册，《传》之四页）

案“虐民”二字，意极浅近，本无须解释，而此处却释为虐苦。更释“骄奢”为骄奢之主。此增字迂曲之妄解，难信其为中国学者之词。

[平议] 刘敬所言“居此”之“此”指洛阳。帝王大都凭借险阻之地建都，以利控扼天下。而洛阳却是四战之地，无险可据。武王灭商，周公营建并非帝王阻险之地的洛邑以定鼎，其用心诚如刘敬所推言的那样，希望周王朝的后代子孙居住在无险可据的洛邑，务必凭借德治来取得民众的拥护，而不想依傍险阻建都，使后世诸王有恃无恐而骄纵奢靡以残害民众。佚存《正义》以“后世骄奢之主”释《史》文“后世骄奢”并非“增字妄解”，因为史文“后世”二字即指后世之主。《正义》并未“释‘骄奢’为骄奢之主”，此乃程氏强加之不实之辞。《正义》以“役民则虐苦也”释《史》文“虐民”，意谓奴役人民，则人民就残苦了。（《说文》：“虐，残也，从虍，虎足反爪人也。”）也不仅仅如程氏所言“释为虐苦”。

至于佚存《正义》对《史》文“不欲依阻险，令后世骄奢以虐民也”的串释，是相对下文“以德致人”则“天下和洽，四夷乡风”的局面而言，契合刘敬话语原意，何来“迂曲”的指责？程氏肢解佚存“正义”，使其不成句读，然后断定“难信其为中国学者之词”，可谓失言。

程氏举证之六：《刺客列传》“是谓委肉当饿虎之蹊也，祸必不振矣。”佚存《正义》曰：“振，动也。言舍樊将军，祸必不动矣。”（《考证》八册，《传》之二十四页）

案《说文》，振字训举救，而古书振字多作救之解。此“祸必不振”本言祸不可救。“振”字作动字解，原是借为“踬”字（《说文》，踬，动也），并非本义。且祸患也论动静，这显然不是中国学者看法。

[平议] 程氏案语貌似有根有据，其实一无是处。《说文》手部“振”字除训举救外，尚有一义曰“奋”，却被程氏抹煞了。《说文》原文如此：“振，举救之也。从手，辰声。一曰奋也。”段玉裁注“奋”云：“此义则与‘震’略同。”按《说文》雨部：“震，劈历振物者，从雨，辰声。”段注云：“振与震叠韵。……引申之，凡动谓之震。”而《广雅·释诂一》曰：“振，动也。”又曰：“奋，动也。”是“振”本具动义，何必借为踬字！而“动”又有“起”义。《说文》力部：“动，作也。从力，重声。”段注云：“作者，起也。”然则振、奋、作、起，皆具动义，在一定的语境中均可互训。如《易·恒》“振恒”、《礼记·月令》“蛰虫始振”中之“振”字，汉人旧注均训作“振，动也”；《国语·晋语》“振废淹”、《史记·高祖本纪》“秦军复振”及“汉王得韩信军，则复振”中之“振”，汉人旧注均训作“振，起也。”又如《尚书·舜典》“有能奋庸熙帝之载”中之“奋”字，《孔传》解为“奋，起也”；《易·象上传》“雷出地奋”中之“奋”字，《郑注》云：“奋，动也。”可知程氏谓“古书振字多作救之解”，实属一叶障目之见。

澄清了“振”字的用法，进而可以讨论被程氏判为“显然不是中国学者的看法”的这条佚存“正义”。《刺客列传》“是谓委肉”句的上文说秦兵蚕食山东诸侯，“且至于燕，燕君臣皆恐祸之至”。可见其时秦祸将至而尚未至燕，燕尚有趋避的余地。而一旦太子丹接纳了得罪于秦王逃亡到燕国的秦将樊於期，则秦祸必至且必不可移易。故其傅鞠武认为接纳樊将军等于“委肉当饿虎之蹊也，祸必不振矣！”佚存《正义》训“振”为“动”，释“祸必不振”为“祸必不动”。不动犹不起，秦祸之降犹如尘埃落定，不可移易，无可幸免。其释皆有训故的坚实依据，且密合《史》文微妙的含义，岂能说“不是中国学者的看法”？倒是程氏的解释大有问题。佚存《正义》“祸必不动”之“动”，原本“动作”之动，乃动词，而程氏却妄解为“动静”之动，将它变为形容词，随即横加指责，岂不有失公平。至于他说“此‘祸必不振’本言祸不可救”，则本诸《索隐》：“振，救也。言祸及天下，不可救之。”然而鞠武与太子丹所议仅就燕国而言，何来“祸及天下”之论？与佚存《正义》相较，程氏所本《索隐》之迂曲不通，显而易见。

> 程氏举证之七：《魏豹彭越列传》“彼无异故，智略绝人，独患无身耳。得摄尺寸之柄，其云蒸龙变，欲有所会其度，以故幽囚而不辞云。”佚存《正义》曰：“言二人得绾摄一尺之柄，即生变动，欲有其度数。度，徒故反。”（《考证》八册，《传》之十一页）
>
> 案此本言二人略得微权，即可乘驭风云，如龙之从云变化上升，总想得机会以达其企图。《诗·皇矣》，《笺》曰：“度，谋也。”度乃图谋之意。而此处却释“龙变”为生变动，“会其度”解作有其度数，谁能会其文意呢？

[平议] 《史》文“其云蒸龙变”之“其”，系表假设关系的连词，与“若”相当。佚存《正义》以表假设关系的连词“即”对释，准确无误。云蒸，云气蒸腾，喻风云变幻的时势；龙变，取义于《易·乾》“飞龙在

天”，喻豪杰乘势而起。云蒸龙变，取异常之自然之象以喻利于豪杰奋起的异常之社会变动。佚存《正义》略过“云蒸龙变”字面的表象直探字底的实质，而释曰“生变动”，同样准确无误。

“欲有所会其度”中之“有”，《广雅》释曰“取也”，《玉篇》释曰“得也”，犹今语拥有、实现之意。“会”，《说文》释曰“合也”，犹今语符合、投合。“度”字据《广韵》有两读，读“徒故切”时为名词，有器度、抱负之义；读“徒落切”时则为动词，为图、谋之义。佚存《正义》特别注出本句中“度”字的读音为“徒故反”，明确指示为名词，与《左传·昭公十二年》“思我王度，式如玉，式如金”、《史记·高祖本纪》“常有大度，不事家人生产作业”中之“度”，用法正同，皆器度、胸襟、抱负之意。佚存《正义》以“度数”释“度”，使程氏大惑不解。殊不知这原是魏晋下迄隋唐的习惯用法，如《三国志·魏志·袁尚传》“太祖乃还救谭，十月至黎阳”句下裴松之注引晋人孙盛《魏氏春秋》：“仁君度数弘密，绰然有余，当以大包小，以优容劣。”句中的“度数”正是器量、胸襟、抱负之意。这条佚存《正义》若译成今语，则是：《史》文是说魏豹、彭越二人如能掌握丝微的权柄，假若社会发生异常的变动，他们就想乘时而起以实现胸中的抱负。其释切合《史》文原意。至于程氏的案语，无视“其”字的存在，将假设拟测中的“云蒸龙变”，当做“即可”实现的机遇；又将表器度、抱负的名词之“度”，误会成表图谋、企图的动词之“度”，倒真的是“谁能会其文意”了。

> 程氏举证之八：《淮南衡山列传》“臣无将，将而诛。”佚存《正义》曰“将，将带群众也。”（《考证》九册，《传》之三十八页）
>
> 案《汉书·淮南王传》有“《春秋》曰：臣毋将，将而诛”之语。王先谦引苏舆说，以为是《春秋》之义。但《汉书·叔孙通传》，“博士诸生三十余人前曰：人臣无将，将则反。”臣瓒曰：“将，谓为逆乱也。”汉时春秋或有此说。而佚存《正义》释为带领群众，殊误。群众亦非唐初之语。此显非中国学者释词。

[平议] 按《说文》寸部:“将,帅也”。《广雅·释言》同。《一切经音义》卷二十二引《字略》曰:“将,帅也,帅行也,谓帅领行也。”又《汉书·五行志》:“雌鸡化为雄,毛衣变化,而不鸣不将无距”句下颜师古注曰:“将,谓率领其群也。”可知“帅领行”“率领其群”,是“将”的本义。而命将兴师,乃人君独擅之权。人臣未奉君命而擅自帅领群众,则被视做犯上作乱,其罪当诛。程氏案语所引《汉书·叔孙通传》“人臣无将,将则反”句下臣瓒注:“将,谓为逆乱也”,并非“将”字本义,而是推究之言,所谓《春秋》诛心之论:未奉君命而擅自帅众,定为逆乱无疑。读一读《史记·卫将军骠骑列传·太史公曰》所引卫青的一番表白:“彼亲附士大夫、招贤绌不肖者,人主之柄也。人臣奉法遵职而已,何与招士?”或有助于对“人臣无将”的理解。佚存《正义》据“将”本义以释史文,何“误”之有?程氏引据臣瓒等人所注“将”字的引申义以驳《正义》所据的“将”字的本义,岂非本末倒置?

程氏又谓“群众亦非唐初之语。此显非中国学者释词”。确认当今使用频率极高的“群众”一词,同“干部”一样,系近代自东瀛舶来。此条“正义”自属彼邦人士伪托,铁定无疑。然而事有大谬不然者。且看几则常见的例子。《荀子·劝学》:“是故权利不能倾也,群众不能移也,天下不能荡也,生乎由是,死乎由是,夫是之谓德操。”又同书《富国》:“功名未成,则群众未悬也。群众未悬,则君臣未立也。”又《史记·礼书》:“洋洋美德乎!宰制万物,役使群众,岂人力也哉?”可见“群众”一词,古已有之,何待唐初,更何需进口!

程氏举证之九:《司马相如列传》“拘文牵俗”。佚存《正义》曰:“言武帝常拘系修法之文,牵引随化之俗。(传璋按:《正义》作“随俗之化”。程氏引误。)”(《考证》九册,《传》之七十一页)

案“拘文牵俗”意思被文、俗所拘制牵累,而此则如此增字释解,也未能使人理解其义。足证绝非张守节所撰之词。

[平议]　“拘文牵俗”系司马相如所作《难蜀父老》中语。若知佚存《正义》的注解是否贴切，则需先知此文的写作背景及其作意。据本传，司马相如奉使略定西夷时，蜀中长老多言通西南夷无用，汉廷用事大臣亦多言其不便。天子犹疑。相如因通西夷之议发自本人，欲谏而不敢，“乃著书，籍以蜀父老为辞，而己诘难之，以风天子。”风者，讽也，委婉陈辞以喻告也。用意是希望天子不要被蜀中父老及左右大臣的反对意见所左右，而要为“非常之人”，做“非常之事”，“建非常之功”。一句话，即不能“委琐握龊，拘文牵俗”。所谓文指常规的律令法规，亦即丞相公孙弘一辈用事大臣所坚持的文法[①]；所谓俗，指世俗的习惯势力，亦即《司马相如列传》所云“蜀长老多言通西南夷不为用”的世俗观点。“拘文牵俗”，译成今语则为：拘泥于通常的法规律令，牵制于世俗的风俗习惯。佚存《正义》释为“拘系修法之文，牵引随俗之化”。修者，长也，引申有琐细之意。修法之文，即繁琐细碎的律令法规。张守节根据《难蜀父老》的上下文义，补足“文”“俗”之意，使原文更易理解，应该说并不违背司马相如的作意，而非如程氏所指责的系“增字释解”。程氏说“‘拘文牵俗’意思被文、俗所拘制牵累”，倒是未“增字释解”，但说了等于未说，于理解相如的文意又有何补？

司马相如的辞赋大都为讽谏武帝而作，常言在此而意在彼。被太史公录入《史记》本传的诸篇，包括《难蜀父老》在内，尤其如此。若为其释文解意，仅仅停留在就字论字的层面上，而不上下观照涵泳，则实难得其用心。清儒蒋彤《书司马相如传后》、吴汝纶《桐城吴先生点勘史记读本》早发此论；今人阮芝生先生的《三司马与汉武帝封禅》[②]，对此更有赅切

---

①《周本纪》“有不享则修文”，《集解》：“韦昭曰：‘文，典法也。’”汉廷法苛。冯唐当面批评文帝，“[将士]斩首捕虏，上功莫府。一言不相应，文吏以法绳之，其赏不行。而吏奉法必用。臣愚以为陛下法太明，赏太轻，罚太重。且云中守魏尚坐上功首虏差六级，陛下下之吏，削其爵，罚作之。”（《史记·张释之冯唐列传》）这是对“拘文”的最好说明。宽厚如文帝尚且如此，严峻如武帝更不待言。

② 蒋彤说见《丹棱文钞》卷二。吴汝纶说见《桐城吴先生点勘史记读本》卷一百十七。阮芝生说见《台大历史学报》第20期，台湾大学出版委员会1996年版，第307—340页。

的分析。均足资参证。

程氏举证之十：《日者列传》“正襟危坐。”佚存《正义》曰：“危坐，谓小坐。”（《考证》十册，《传》之四页）

案此释“危坐”为小坐，中国学者，从无此种语言。《广雅·释诂》：“危，正也。”此言危坐，当即正坐、端坐。《论语·宪问》“邦有道危言危行”之语，即正言正行。佚存《正义》所释，显非张守节文字。

[平议] 要平判佚存《正义》与程氏案语的孰是孰非，先得体会太史公《史记·日者列传》的原文。列传叙写名儒中大夫宋忠、博士贾谊同日休假洗沐，“相从论议，诵易先王圣人之道术，究遍人情，相视而叹”，洋洋自得，于是同舆之市，见卜者司马季主闲坐论道，弟子三四人陪侍，即前拜谒。司马季主见二人似有知识，随即答礼，并命弟子延请入坐。坐定，司马季主继续以上的论题，由天地的终始，论及人生吉凶之本，“语数千言，莫不顺理”。此时宋忠、贾谊既震惊于司马季主的渊深莫测，又羞愧于自己的自大浅薄，“瞿然而悟，猎缨正襟危坐”。揽其冠缨，正其衣襟，避席危坐，以表礼敬。按《说文》：“危，在高而惧也。”此为“危”字的本义。《荀子·解蔽》“处一危之，其荣满侧”，唐人杨倞注曰：“危，谓不自安，戒惧之谓也。”[①]“此处“危坐”之“危”正有此意，观上文“瞿然而悟”自明。又《广韵·支韵》：“危，不正也。”此为“危”之引申义。《荀子·荣辱》“薄薄之地，不得履之，非地不安也，危足无所履者，凡在言也”，杨倞注曰：“危足，侧足也。”[②]然则宋忠、贾谊“危坐”者，乃心不自安避席侧坐也。

① (战国)荀况撰,(唐)杨倞注:《荀子·解蔽篇第十五》,清光绪间浙江书局辑刊《二十二子》本,上海古籍出版社影印浙江书局1986年版,第314页上栏。

② (战国)荀况撰,(唐)杨倞注:《荀子·荣辱篇第四》,清光绪间浙江书局辑刊《二十二子》本,上海古籍出版社影印浙江书局1986年版,第292页下栏。

佚存《正义》释"危坐"为"小坐"，实与侧坐同意。《世说新语·德行》："荀（淑）使叔慈（荀靖）应门，慈明（荀爽）行酒，余六龙下食。文若（荀彧）亦小坐箸膝前。"[①]按"小坐膝前"即侧坐膝前。《梁书·武帝纪下》："性方正，虽居小殿暗室，恒理衣冠、小坐押腰。盛夏暑月，未尝褰袒。"[②]《资治通鉴》卷一五九《梁大同十一年》引作"虽居暗室，恒理衣冠小坐。"胡三省注曰："小坐，宫中便坐也。"[③]侧坐、小坐、便坐，三者意同，均非正坐。佚存《正义》会通上下文意，所释简而有味。

程氏固执《广雅·释诂》"危，正也"一义，而不顾《日者列传》"猎缨正襟危坐"句的上下文意，释"危坐"为正坐、端坐，全然不符宋忠、贾谊此时此地的心境体势；反断定"佚存《正义》所释，显非张守节文字"，岂不应了《荀子·解蔽》所言："凡人之患，蔽于一曲而暗于大理？"[④]程氏又引《论语·宪问》："邦有道危言危行"即"正言正行"，来为己说作证，也大可商榷。《论语》汉人古注无直解"危言危行"为正言正行者。何晏《论语集解》引包氏（咸）曰："危，厉也。邦有道，可以厉言行也。"[⑤]《论语郑氏（玄）注》："危犹高也，据时高言高行皆见危，故以为谕也。"均据《说文》"危，在高而惧"的义训以解"危言危行"。佚存《正义》的解诂正与此合。

顺便指出，单本《索隐》"危坐"字作"免坐"，司马贞释为"免，谓俯俛为敬。"[⑥]俯俛，低首屈身之貌。亦非如程说之正坐、端坐，倒与佚存《正义》所释的戒惧不自安的"小坐"略同。

---

① 余嘉锡：《世说新语笺疏》，《陈太丘诣荀朗陵》，中华书局1983年版，第7页。

② （唐）姚思廉：《梁书·武帝纪下》，浙江古籍出版社据宋蜀大字本1998年影印，百衲本《二十五史》第二册，第705页，第四栏右。

③ （宋）司马光编著，（元）胡三省注：《梁纪十五》，《资治通鉴》卷一百五十九，上海古籍出版社据胡克家覆刻元刻本1987年影印，第1053页中栏。

④ （战国）荀况撰：《荀子》，清光绪间浙江书局辑刊《二十二子》本，上海古籍出版社影印浙江书局1986年版，第339页上栏。

⑤ （三国）何晏集解，（宋）邢昺疏：《宪问第十四》，《论语注疏》，阮刻《十三经注疏》，中华书局影印1980年版，第2510页上栏。

⑥ （唐）司马贞撰：《史记索隐》三十卷，文渊阁《四库全书》影印本第246册，第635页下栏。

以上对程氏的十项举证逐一平议，发现被程氏宣判为彼邦人士伪托的《正义》佚文，不仅在字义的训释上有根有据，反映出作者具有六书音韵之学的深厚修养，而且在文句的疏通上亦能上下照映，表现出作者对《史记》的娴熟和会通。这样的佚存《正义》非张守节必不能为，而绝非异邦人士所可炒作。倒是程氏的“考核”大都存在只知其一不知其二，甚至强不知以为知的毛病。被程氏精心筛选出来的例证尚且与彼邦人士无涉，其余的则毋庸辞费了。

四、“杂抄群书又多可疑者说”商略

在商略比较复杂的所谓“杂抄群书又多可疑者说”之前，先讨论程氏提出的另外两个较为轻松些的问题，即所谓袭取颜师古《汉书注》以为己有者及移录张氏旧《正义》之文者。

程氏认为泷川资言《史记正义佚存》有的条文是抄自唐人颜师古的《汉书注》，“此显然又是读者从《汉书注》中移录，而非张守节之文”。并举十例为证。

笔者认为这些“例证”似无需深辩。众所周知，古人注书，引用前修或时贤之说，有全标所引诸家姓名者；也有融会众说，出注之时有标有不标者；至于一般字义训诂，或并不关涉考证者，即使引用往往并不标名称姓。其全标所引诸家姓名者，如曹魏正始（公元240—公元248年）中何晏所上之《论语集解》，征引孔安国、包咸、周氏、马融、郑玄、陈群、王肃、周生烈之说，“集诸家之善”，逐条“记其姓名”[①]，其注说来源班班可考。其不标所引诸家姓名者，如汉末经学大师郑玄之注《论语》。《论语郑氏注》唐以后即佚而不传，但从1969年新疆吐鲁番县阿斯塔娜唐墓出土的唐景龙四年（公元710年）写本《论语郑氏注》残卷，尚可窥其旧貌。残卷原为《论语》的前五篇，现存《为政》“何为而民服”章以下十五行及《八

① (三国)何晏:《论语序》,《论语注疏》卷首第三页,阮刻《十三经注疏》,中华书局影印1980年版。

佾》《里仁》《公冶长》三篇。《论语》正文残存2242字，郑《注》残存147条、3490字。残存郑《注》中有37条，与何晏撰《论语集解》标出“孔曰”“包曰”“马曰”的注文一致或基本一致。可证这些郑注源自孔安国《古论训解》，包咸《论语章句》，以及郑玄业师马融之《古论训说》，郑氏采录上述诸家之说而未标其名[①]。

就是程氏特举的初唐颜师古之注《汉书》，也何尝不是如此。他在《汉书叙例》之末具列征引诸家自东汉荀悦至后魏崔浩二十三家的名氏爵里，并宣称“凡旧注是者，则无间然，具而存之，以示不隐”[②]。其实并不尽然。颜氏隐没众说，不少概见。如师古采录《汉书》最早注家东汉服虔《汉书音训》将近六百条，虽大都以“服虔曰”标示，但也有不加标识，而被后人误会为颜氏所独出者。今人杨明照先生曾著《〈汉书〉颜注发覆》予以揭发[③]。然而这并不足为颜《注》之病，因为古人注书实有此例。

张守节积三十余年之功，为《史记》作“正义”，力求“古典幽微，窃探其美，索理允惬……引致旁通”。为达此目标，锐心观采六籍九流地里苍雅，对于前贤所作《史》《汉》众训，亦精心权衡、较比而多所采择[④]。其中取自颜师古《汉书注》尤多。考察今本《史记》中的《正义》，我们会发现，凡转引颜《注》事关考证的，守节都以“颜师古曰”“师古曰”特加标示。如《史记·项羽本纪》汉王二年“春，汉王部五诸侯兵，凡五十六万人，东伐楚”句，裴骃《集解》并引徐广、应劭、韦昭诸家关于“五诸侯”之说，说各相异，而无裁断。守节为“五诸

① 参见中国科学院考古研究所资料室所作之《唐景龙四年写本〈论语郑氏注〉残卷说明》及唐景龙四年写本《〈论语郑氏注〉校勘记》，《考古》1972年第2期。

② (汉)班固撰，(唐)颜师古注：《汉书》，清同治八年九月金陵书局刊，卷首《汉书叙例》第一至四叶。

③ 杨明照：《〈汉书〉颜注发覆·服虔第四》，《学不已斋杂著》，上海古籍出版社1985年版。

④ (唐)张守节：《史记正义序》，中华书局1959年版点校本《史记》第十册，附录第11页。

侯”所作“正义”，为辩明《集解》所引诸家之非，首先征引《汉书·高帝纪上》颜《注》“师古云：诸家之说皆非”的断语，接著详引颜氏新说，然后复附己之补证，以“重明颜公之说是”[1]。称“颜公”，足见对其尊重的程度。《正义》有的注文，虽然采自颜《注》，因并不特见颜氏的功力，守节往往并不标名。如：《史记·高祖本纪》“为泗水亭长”句《正义》：“秦法：十里一亭，十亭一乡。亭长，主亭之吏。”显然参用《汉书·高帝纪上》“为泗上亭长”句颜《注》：“师古曰：秦法，十里一亭。亭长者，主亭之吏也。”《正义》并不标颜之名氏。又如《高祖本纪》“吕公因目固留高祖”句《正义》：“不敢对众显言，故目动而留之”，显然取自《汉书·高帝纪上》“吕公因目固留高祖”句下颜《注》：“师古曰：不欲对坐者显言，故动目而留之。”同样，守节亦未标出所自。另外，汉魏六朝《汉书》注家的著作，据《旧唐书·经籍志》《新唐书·艺文志》的著录，唐时大都现存，颜师古在秘书监注《汉书》，张守节在东宫注《史记》，都可征引。《正义》援引前贤之说而作的注文有与颜《注》相同或相近的现象，未必全自颜《注》转录。至于有些辞语的释义，由于源自相同的字书，即使《正义》与颜《注》全同，只能说所见略同，更未必是《正义》抄颜《注》而没其名。程氏为证明泷川资言手辑之《史记正义佚存》大量“袭取颜注《汉书注》以为己有者”所举十例，大都属于后三种情况，佚存《正义》的注例与三注合刻本《正义》的注例并无二致。与颜师古取前人之说而没其名，并不足以为颜《注》之病一样，《正义》取颜《注》一般的注文而未标颜氏之名，也不足以为《正义》之病。

其实程氏亦明此理。他曾说过：

> 现时若是注释某人之书，为之作义疏，一定要在序文中详论著者，大提姓字。而在千百年前，就未必如此。试看罗振玉影印的《郑

① 《史记》点校本第一册，第322—323页。

灼礼记子本疏残卷跋》说："郑灼抄其师皇侃《礼记义疏》，又益以己说，遂多至百卷，而不著注书人名。"……推想其原因，或许是作者名声籍盛，其书流行，最为广泛，人所共晓，因此就简略起来，也未可知。[①]

程氏是力主"张守节《史记正义》一书，在解释《史记》正文与裴氏《集解》之外，亦时时疏通小司马《史记索隐》之文"的[②]。以上这番话语意在申辩既然《正义》时时疏通《索隐》，为何张守节在《正义序》中又只字不提司马贞其人及《索隐》其书的原因——由于司马贞"名声籍盛"，《索隐》"人所共晓"，用不着提姓标名。

奇怪的是，程氏立此标准，却不适用于《史记正义佚存》中引颜《注》而未标名的注文，而一概断为非守节所作，纯系后世读者自颜注的移录照抄。试问，司马贞在新、旧《唐书》中均未立传，其"名声籍盛"何如颜师古？《史记索隐》在玄宗朝的流行，何如"最为广泛、人所共晓"的《汉书注》？既然张守节在《史记正义》中可以只字不提司马贞其人及《索隐》其书（姑依程氏之说），为何《正义》佚文引用颜《注》一般注文而不可以不标师古其名？笔者在上文已经指出今本《史记》中之《正义》在引用颜《注》无关考证的一般注文时，也往往不标名称姓，程先生是否也会认定这些注文出于后人自《汉书》颜《注》的照抄移录而阑入今本《史记》呢？

程氏又认为泷川氏辑佚的某些《正义》注文在《史记》前后篇第重复出现，"此则明是《正义》前后之移录，不得谓为佚存之《正义》"。

笔者以为此说亦嫌武断。古人为篇帙繁重的巨著作注时，为减少读者前后翻检之劳，提高阅读效率，同一事典在不同的篇第重复出现，则重复

① 程金造：《史记正义与索隐关系证》，见《史记管窥》，陕西人民出版社1985年版，第187页。

② 程氏断定张守节必见读过《史记索隐》并为其疏通的观点，有如《列子·说符篇》所讥"人有亡铁(fū)者"的故事。

作注，是常见的情形。颜师古《汉书注》即有重注的体例，其《汉书叙例》云：

> 字或难识，兼有借音，义指所由，不可暂阙。若更求诸别卷，终恐废于披览。今则各于其下，随即翻音。至于常用可知不涉疑昧者，众所共晓，无烦翰墨。①

假如师古《汉书注》宋时亡佚，后人于诸种总集、类书中将其佚文辑录成编，程氏见到其中同样的注文在不同的篇题下出现，恐怕也难免会作“此则明是原本《汉书》颜《注》前后之移录，不得谓为佚存之颜《注》”之讥。

《史记》一百三十篇，由汉魏的竹木简编，演变为唐人的纸本卷子，卷帙依然繁多，读者为求一事一辞之解，前后舒卷翻检，不免费时劳力，自不如随文注解为宜。此乃自然之理。张守节《史记正义》注文，既有前后互参之例，也有前后重注之例。今本《史记》中之《正义》如此，泷川氏辑得的《正义》佚文自不例外。因此，《史记正义佚存》中有前后重出的注文，亦得视为张氏原本《正义》之佚存，而并非读者所为之“《正义》前后之移录”。

程氏所提出的两个比较轻松的问题的讨论就进行到这里。下面集中商酌程氏所谓的“杂抄群书又多可疑者”一类的佚存《正义》的真伪。仍依本文第三节的体例，先逐条整录程氏的举证，然后笔者加以[平议]。

> 程氏举证之一：《夏本纪》“身为度，称以出。”《正义》曰：“言出教命皆众心，是称以出也。出，一作士。按称者，衣服也。禹服缁衣纁裳，是士之祭服也。《孝经钩命诀》云：禹，吾无间然矣。菲饮食而致孝乎鬼神，恶衣食而致美乎黻冕。是其义亦通，不及出字之义也。”（《考证》本一册，《纪》之四页）

① (汉)班固撰,(唐)颜师古注:《汉书》,清同治八年九月金陵书局刊,卷首《汉书叙例》,第1—4叶。

案此释"称以出"前一意，释"称"为衣服，中国书无此义。《左传》闵二年有"祭服五称"之文。但"称"是衣单复都具的量词。张守节似不能不知此。后文"缁衣纁裳"的傅会，当是异邦学者误会《左传》"称"字之真义，而增饰之。后一意所引《孝经钩命诀》，此本是《论语·泰伯》之一段。《艺文类聚》卷十一、《太平御览》卷十二，都引作《论语》。如果再检查孙珏、黄奭、赵任翰、乔松年诸人所辑之《孝经钩命诀》，都无此文。若这真是张守节《正义》之文，他也应引正经《论语》之目。

[平议] 程氏此论甚辩，但所谓"案此释'称以出'前一意""后一意"云云，其实皆文不对题。因为佚文释"称以出"只出一意；程氏所谓的"前一意""后一意"，乃别释异文"称以士"。程氏连《正义》佚文释义的层次内容都未弄懂便遽发高论，焉得不错！

今本《史记》三家注中之《正义》，释事常引异说。若诸说相较，某说义长，则曰："按：某说是也。"如《项羽本纪》"项王乃与汉约，中分天下，割鸿沟以西者为汉"句下《正义》，先引应劭说，次引张华说，然后曰："按：张华此说是。"①若两说难分短长，疑不能决，则曰："按：二说各异，未详也"，或曰："按：未详孰是。"如《五帝本纪》黄帝"西至于空桐，登鸡头"句下《正义》先引《括地志》所载肃州福禄县东南的空桐山，《抱朴子·内篇》云黄帝过空桐，从广成子受经即此山；复引《括地志》所载原州平高县西的"笄头山一名崆峒山"，"《庄子》云黄帝问道于广成子，盖在此。"张守节因两座空桐山各有所据，难分伯仲，故曰："二处崆峒皆云黄帝登之，未详孰是。"②若所引异说于《史》文均会通无碍，则加按曰"两通也。"如《秦本纪》"能诛其大臣，此其调也"句下《正义》："调音徒聊反。言能诛大臣丕郑，云是夷吾于百姓调和也。刘伯庄音徒吊反。按：调，选也。邪臣诛，忠臣用，是夷吾能调选。两

①《史记》点校本第一册，第331页。

②《史记》点校本第一册，第6—7页。

通也。”[①]

《夏本纪》的这条佚存“正义”，先按所据本子“称以出”，注曰：“言出教命皆众心，是‘称以出’也。”将“称”字按常义解作权衡称量之意。复为《集解》引徐广所见“出”字一作“士”即“称以士”的别本释义：“按：称者，衣服也。禹服缁衣纁裳，是士之祭服也。”最后比较二义短长，加以别裁：“是其义亦通。不及‘出’字之义也。”注文层次井然，用字审慎，完全符合今本《史记》中《正义》的注例。并与《五帝本纪》高辛“其动也时，其服也士”句下佚存《正义》“服，士之祭服，缁衣纁裳也”注义一致。司马贞《索隐》释“其动”二句为“举动应天时，衣服服士服，言其公且廉也。”[②]注义也与张守节同意。可证这也是唐人的一般理解。

佚存《正义》云：“按：称者，衣服也。”“称”字作为数计衣服的量词，特指单复具备的成套服装，“称”字同时也自然具有了衣服的性格。程氏所谓的“称”字的真义，乃指晋人杜预《春秋经传集解》于闵公二年“归公乘马，祭服五称”句下所作的注解：“衣单复具曰称。”[③]杜《注》实本《礼记·丧服大记》：“袍必有表不禅，衣必有裳，谓之一称。”[④]“缁衣纁裳”，正为一称。这里“称”字指衣服，不言而喻。程氏认为“中国书无此义”“当是异邦学者误会《左传》‘称’字的真义而增饰之”的指摘，并无多少道理。

援引纬书以注经史传记，是唐人的风尚。孔颖达领衔撰定的《五经正义》、章怀太子李贤的《后汉书注》、司马贞的《史记索隐》，都是如此。张守节也不例外。《正义》常引纬书以释《史》文，《五帝本纪》即援引《中候敕省图》《坤灵图》《尚书考灵耀》《尚书帝命验》《孝经援神契》多

①《史记》点校本第一册，第187—188页。

②《史记》点校本第一册，第13—14页。

③（晋）杜预注，（唐）孔颖达疏：《春秋左传注疏》卷第十一《闵公二年》，阮刻《十三经注疏》，中华书局影印1980年版，第1788页。

④（汉）郑玄注，（唐）孔颖达疏：《礼记注疏》卷第四十五《丧服大记》，阮刻《十三经注疏》，中华书局影印1980年版，第1579页。

种。唐皇室特重《孝经》，据《唐会要》记载，唐玄宗曾于开元十年（公元722年）六月，亲“注《孝经》，颁天下及国子学”[①]。因特重《孝经》，在纬书中也就特重《孝经纬》。张守节为《五帝本纪》《夏本纪》《秦始皇本纪》所作之“正义”，多处征引《孝经援神契》《孝经钩命诀》《孝经内记》。而盛唐以前，《论语》的地位并非如程氏所称之“正经”。直到唐文宗开成二年（公元837年）刻石经于国子学，《论语》始升为经。这比《史记正义》成书的开元二十四年（公元736年）已晚了一百零二年。明乎此，“禹，吾无间然矣”云云，张守节不引自《论语·泰伯篇》，而引自《孝经钩命诀》，实时代风习使然，而不必惊诧莫名了。至于程氏据清人的辑佚书中不见唐人张守节所征引的文字，从而否定其原本存在，无异于之楚而北行，其视角之谬误，自不待言。

> 程氏举证之二：《封禅书》“天子病鼎湖甚”，《正义》曰：“《郊祀志》云：黄帝采首山铜，铸鼎荆山之下，有龙垂胡髯下迎黄帝。后人名其处曰鼎湖。”（《考证》本四册，《书》之五十三页）
>
> 案此释鼎湖，引《汉书·郊祀志》以明之，且不必究其当否。而此篇下文……此黄帝鼎湖之事，本篇原自叙到。果是《正义》原文，张守节哪能不见，而必待引《汉书·郊祀志》方能说明？而且，在此篇前之《武帝本纪》中，亦有此黄帝鼎湖一段文字，《正义》并无注释。只因《武帝本纪》中原自叙出。可知此《封禅书》中《正义》鼎湖之释文，绝非张守节之原书。（又《酷吏列传》中《正义佚存》鼎湖之注，亦是伪文）

[平议]　程氏断定此条佚存《正义》“绝非张守节之原书”的理由，颇似充足：第一，《封禅书》鼎湖之事，本篇下文“原自叙到”，此处毋须加注；第二，“鼎湖”首出于《武帝本纪》，《正义》并无注释，反于后出的

①《旧唐书·经籍志》著录有“《孝经一卷》，玄宗注”。《新唐书·艺文志》著录有“《今上孝经制旨一卷》注：玄宗”。

《封禅书》加注，违背注书常例。但仔细推敲，恐皆难成立。

若以本篇下文“原自叙到”，则毋需加注做为注例来断定其为伪托，恐“伤人必多”。今本《史记·孝武本纪》“天子病鼎湖”下，《索隐》兀自出注：“案：鼎湖，县名，属京兆，后属弘农。昔黄帝采首阳山铜铸鼎于湖，曰鼎湖，即今之湖城县也。韦昭以为近宜春，亦甚疏也。”注文中“昔黄帝”云云，正是约举下文“原自叙到”之事。按照程氏所立标准，亦当断定这条《索隐》“绝非司马贞之原书”。这自然是荒唐之举。

若以《史记》“鼎湖”先出之篇无注后出之篇反而有注违背公认的注例来断定其为伪托，亦恐有失公允。因为宋人将《正义》附刻于《集解》《索隐》合刻本时，于《正义》删削甚夥，安知《孝武本纪》“天子病鼎湖”句下原来《正义》无注？人们实难否定存在《正义》注文因与先已梓刻的《索隐》注文犯复，而被合刻者整条芟削的可能性。

自“天子病鼎湖”，至齐人公孙卿言“黄帝采首山铜铸鼎”，中间有一千九百字的悬隔。“鼎湖”为何物，汉末三国时人已感模糊，遑论唐时一般读者。故司马贞、张守节不约而同的各自在《孝武本纪》和《封禅书》中为“鼎湖”重复作注。实非炫博多事。

张守节的这条《正义》佚文，系约举《汉书·郊祀志》中的相关文字而成，以简洁的文字，注明了鼎湖的故事，并点明其为地名。于读者大有裨益。尽管《汉书·郊祀志》上、中及下之前部皆录自《史记·封禅书》，张守节反而约“引《汉书·郊祀志》以明之”，并不失当。原因在于开元之前的唐人读《汉书》者远多于《史记》。观《旧唐书·经籍志》乙部史录的著录：《史记》及其注本仅为六种，而《汉书》却多达二十五种自明。

程氏附论“《酷吏列传》中《正义佚存》鼎湖之注亦是伪文”的断案，亦武断失当。且看“上幸鼎湖，病久，已而卒起幸甘泉”句下《正义》佚文：“鼎湖，今虢州胡城县也。《郊祀志》云黄帝采首山之铜，铸鼎荆山之下，有龙垂髯，下接黄帝。后人名其处曰鼎湖。已，止，愈也。卒，急也。”按《旧唐书·地理志一》，河南道虢州下属有“湖城，汉湖县，后加城字。乾元元年改为天平县，大历四年复为湖城。”乾元

（公元758—公元760年）为唐肃宗年号。大历（公元766—公元779年）为唐代宗年号。湖城县自肃宗乾元元年（公元758年）改为天平县以前，自李唐开国至玄宗开元、天宝年间，并属虢州，皆名湖城县。北宋熙宁四年（公元1071年）废，元丰元年（公元1078年）复置。元代至元（公元1280—公元1294年）中废，后不复置。且据《宋史·地理志三》，宋代湖城县属陕州，而不属于虢州。故《正义》佚文“今虢州胡城县也”中之“今”自必指张守节撰《正义》之开元年间，殆无疑义。“今虢州胡城县”，系以唐开元时地名对释汉时地名。佚文所引《郊祀志》云云，系在不同篇第中重要事典重注例。如此精当的注文，必为守节所作。宋代学人已难明湖城县置废的历史沿革，又岂是近世异邦人士所可伪托！

程氏举证之三：《梁孝王世家》“乘舆驷马迎梁王”，《正义》曰：“乘者，载也。舆者，车也。天子当乘舆以行天下。不敢指斥天子，故曰乘舆。”（《考证》六册，《世家》之七页）

案此条录自《独断》上。《独断》原文是：“天子至尊，不敢渫渎言之，故托之于乘舆。乘犹载也，舆犹车也。天子以天下为家，不以京师宫室为常处，则当乘舆以行天下，故群臣托乘舆以言之”。此以乘舆代称天子，表出封建帝王家天下之思想。解说完备，而佚存《正义》截割字句，失其完整解说。张守节似不至如此。

[平议] 前汉贾谊《新书》曰：“天子车曰乘舆，诸侯车曰乘舆，乘舆等也。”[①]特指天子或诸侯所乘之车，是“乘舆”的本义。以后方转用做皇帝的代称。《正义》佚文所释“乘舆”出自《梁孝王世家》“景帝使使持节乘舆驷马，迎梁王于关下”句内。全句主语是“景帝”，然则后面的宾词“乘舆”系用其本义，而非转义，皎然可知。全句意谓：景帝委派使者带

① （汉）贾谊撰，（清）卢文弨校：《贾谊新书》第一卷《等齐》，清光绪间浙江书局辑刊《二十二子》本，上海古籍出版社影印浙江书局1986年版，第735页上栏。

着代表皇帝的汉节和天子的座车并驾上四匹骏马，到函谷关去迎接梁孝王。《正义》佚文显然参考了汉人蔡邕的《独断》，但并未原文照录。因为《独断》的这段文字是阐述“天子”何以称“乘舆”，与《史》文原意不合，故特加镕裁，删去“天子至尊，不敢渫渎言之，故托之于乘舆”，而突出“乘犹载也，舆犹车也”以下的文字，点明“乘舆”乃天子所乘之车。注文亦较《独断》简炼，正符合裴骃《集解序》“删其游辞，取其要实”的要求。程氏的批评实属无的放矢。

真正“截割字句，失其完整解说”的，不是佚存《正义》，而是程氏自己。程氏“截割”了《史》文的主语“景帝”和谓语“使”“持”，使其变成“乘舆驷马迎梁王”，然后全引“以乘舆代称天子”的《独断》，却不自知所引“解说完备”的《独断》，以“天子”释乘舆，恰恰将《史》文歪曲成“天子（景帝）驾着四马拉的车子去迎接梁王”。错误一至如此，还要指责“守节不至如此”，岂不可悲！

程氏举证之四：《屈原贾生列传》“袭九渊之神龙”，《正义》曰：“吕向曰：袭犹察也。言察于神龙，则知藏于深渊之处，可以自珍重也。言君子在乱世可以隐也。”（《考证》八册，《传》之二十五页）

案吕向上有“顾野王曰：袭，合也。师古曰：九渊，九旋之渊，言至深也。”此当亦非张守节之文。袭合之义，乃是《小尔雅·广言》之文。抄者或误《小尔雅》为顾野王撰。师古注乃见《汉书·贾谊传》。但均非原《正义》之文。而吕向之言，见于《文选》六十《吊屈原文》五臣注。考吕延祚上《文选五臣注表》，在开元六年冬。张守节《正义序》成于开元二十四年秋。张氏注此《屈原传》时，未必见到五臣《文选注》。即使见到，亦不能不列其书名。所以这显然是后人读《史》者的移录，非张氏原文。

[平议]　程氏以《小尔雅·广言》之文误为顾野王之言、师古注乃见《汉书·贾谊传》，以及张守节《史记正义》成书前不及见《文选五臣注》

为由，断言此条《正义》佚文“非张氏原文”。

其实，“袭，合也”，乃经传旧籍中的常义。如《礼记·少仪第十》：“剑则启椟，盖袭之。”郑玄注曰：“袭，郤合之。”[①]又如《荀子·不苟第三》：“山渊平，天地比，齐秦袭。”杨倞注曰：“袭，合也。”[②]再如《淮南子·天文训》：“天地之袭精为阴阳。”高诱注曰：“袭，合也。”[③]可见“袭”有“合”义，并不为《小尔雅》所独擅。南朝萧梁王朝的太学博士顾野王自不会不知此义。

张守节撰《史记正义》，取颜师古《汉书注》甚多，上文早已论及。《正义》佚文引师古为《吊屈原文》所作之注以释《史记·贾谊传》何足为奇。至于《文选》一书，作为一部优秀的文章总集，在唐代备受重视，至有“《文选》烂，秀才半”的谚语流行。开元六年九月十日，工部侍郎吕延祚表上《五臣集注文选》，是书不仅引事，而且说义，玄宗遣将军高力士宣口敕嘉奖，称赞“此书甚好。”[④]《五臣注文选》自开元六年九月进上，至开元二十四年《史记正义》杀青，其间长达十八年之久，做为东宫诸王侍读的张守节不可能不见读此书，见读了又不可能不在《正义》中参用其注义。《文选》作为唐人熟知熟读的文章范本，其普及的程度远远超过《汉书》。张守节在其《史记正义》中引《汉书注》一般只标颜氏姓氏，并不标《汉书注》书名，引用《文选五臣注》何必一定标出书名！程氏以此作为伪托的“证据”，岂非过于牵强！

程氏举证之五：《刺客列传》：“天雨粟马生角也。”《正义》曰：

① (汉)郑玄注,(唐)孔颖达疏:《礼记注疏》卷第四十五《丧服大记》,阮刻《十三经注疏》,中华书局影印1980年版,第1514页中栏。

② (战国)荀况撰,(唐)杨倞注:《荀子·不苟第三》,清光绪间浙江书局辑刊《二十二子》本,上海古籍出版社影印浙江书局1986年版,第291页上栏。

③ (汉)刘安撰,(汉)高诱注:《淮南子》,第三卷《天文训》,清光绪间浙江书局辑刊《二十二子》本,上海古籍出版社影印浙江书局1986年版,第1215页中栏。

④ (唐)吕延祚:《进五臣集注〈文选〉表》,萧统编选,李善等注:《六臣注文选》卷首,浙江古籍出版社据《四部丛刊》影印宋本《六臣注文选》1999年版,第1页。

“太子丹质于秦，秦王遇之无理，不得意，欲归。秦王不听，谬曰：乌头白，马生角，乃可。丹仰天叹焉。乃为之乌头白，马生角。王不得已遣之，为机发桥，欲陷丹。过之，机为不发。”（《考证》八册，《传》之四十页）

案此条引自《燕丹子》卷上开首数语，与本篇前文“燕太子丹质秦亡归燕”句下，《正义》所引《燕丹子》之文，完全相同。一篇之内，数句之隔，竟如此重复，如果是张守节《正义》原文，何能如此？在此条引《燕丹子》后（《考证》八册廿三页），又引《风俗通》文，此当是见《索隐》有《燕丹子》《风俗通》《论衡》皆有此说一语（在四十页“天雨粟马生角”句下），因而就把《燕丹子》与《风俗通》文录来（《风俗通》见《正义》），故此条亦有可疑者。《燕丹子》一书，《隋书·经籍志》始著录。《宋史·艺文志》列入小说类。元、明之世，未必亡佚。此条若非直接移录，而《艺文类聚》卷九、卷九十二，《太平御览》皇亲部及人事部，均曾引之，则间接引来，亦有可能。

[平议]　《旧唐书·经籍志》之《子录小说家》著录有《燕丹子》三卷，为唐时现存之书，张守节自然见读。今本《史记·刺客列传》之《荆轲传》中，《正义》引述《燕丹子》即多达三则：一在“光不敢以图国事，所善荆卿可使也”句下，一在“拔剑，剑长，操其室”句下，一在“乃引其匕首擿秦王，不中，中铜柱”句下，皆有关荆轲刺秦之事。而耸人听闻的苍天为太子丹“乌头白，马生角”的传说，不容守节不采入《正义》，以助谈资。今本《史记》无有其文，当为宋人合刻《史记》三家注时，以《集解》《索隐》为本注，以后附的《正义》为补注，而《正义》之文与《索隐》所引《燕丹子》相重，故予以删落，并非《正义》原无其文。

张守节《史记正义》摘字列句为注，凡成三十卷，原不与《史记》正文相附。今本《史记》三注合编本中《刺客列传》之《正义》凡二十八条；泷川资言与水泽利忠辑得《正义》佚文又十八条。通计四十六条。

《正义》原本不容在一篇之内不足五十条而有两条完全相同者。若就张氏《史记正义》原本而言，程氏之疑不无道理。若就今本《史记》而言，情况就有所不同。《史》文自“会燕太子丹质秦亡归燕”，至篇终赞语“其称太子丹之命，‘天雨粟，马生角’也”，中间有三千余言的叙文，而非“一篇之内，数句之隔”。笔者窃以为守节原摘《史》文“会燕太子丹质秦亡归燕”句，引《燕丹子》以注太子丹自秦亡归之难。日本早先援引单本《史记正义》在《史记》栏外补标《正义》佚文者，为阅读参考之便，在太史公赞语之上空白处又重录前注，从而造成一篇之内两注重复的现象。泷川资言误以后者亦为独立《正义》佚文而收入《史记正义佚存》。其实后一条注文当非守节原本所有，应删。

> 程氏举证之六：《魏公子列传》“遍赞宾客”。《索隐》曰：“赞者。告也，谓以侯生遍告宾客。”《正义》曰：“刘熙云：称人美曰讚。讚，纂集其美而叙之。”（《考证》七册，《传》之五页）
>
> 案此条亦可知小司马作赞，而《正义》之本作讚字。讚与囋、赞本通用，为褒美之义。《后汉书·崔骃传》：“进不党以讚己”，即是其意。而佚存《正义》引刘熙《释名·释典艺》第二十，释文体之词以释此传“赞宾客”之义，则失之矣。张守节当不至此，故非《正义》原文可知。

[平议] 魏公子无忌亲自将年届古稀、身着敝旧衣冠的清贫的大梁夷门监者侯嬴引入上座，“遍赞宾客”（将他介绍给满堂的“魏将相宗室宾客”）。“赞”些什么，从《索隐》“赞，告也”的释义，并不明确。而佚存《正义》说“称人美曰讚”，则公子的“赞”语系讚颂侯生的道德文章，就一清二楚了。所引刘熙之言固然是释文体之词，然而“讚”这种文体的形成，正是根于“称人之美曰讚”的本义。刘熙的后一句话“讚，纂集其美而叙之”，方是文体“讚”的定义。《正义》佚文引刘熙《释名·释典艺》之词以释“遍赞宾客”一语中“赞”字的含义，并不失当。

程氏举证之七：《田儋列传》“横始与汉王俱南面称孤”。《正义》曰：“《老子》云：贵以贱为本。侯王自称谓孤、寡、不穀，谦称也。”（《考证》八册，《传》之十页）

案此条引《老子》文，见德经。但人君孤、寡之称，原本于礼。此孤之义，应引《礼记·玉藻》（按《玉藻》本记天子诸侯衣服食饮居之法，而其前后杂以礼貌称谓之法）“凡自称，小国之君曰孤”之文释之。而《佚存正义》乃引《老子》说解之。张守节恐不如此。

[平议]　《正义》佚文“贵以贱为本”云云，引自《老子》第三十九章，原文为：“故贵以贱为本，高以下为基。是以侯王自称孤、寡、不穀。”于引文之下复加按语“谦称也”。注说有据，且有裁断，远胜于缺乏历史感的程氏的“建议”。第一，就典籍的渊源说，《老子》成书在孔氏之前，而《礼记》不过是“七十子后学者所记”旧闻[①]，西汉中期以后方才成书，其文献价值岂可与《老子》等量齐观？第二，侯王为何自称孤、寡、不穀，《礼记·玉藻》无说，而《老子》申明了理由“贵以贱为本”，两相比较，优劣自见。第三，唐时老子地位尊崇高过孔子。李唐皇室自称为老子苗裔。高宗乾封元年（公元666年）“二月己未，次亳州，幸老君庙，追号曰太上玄元皇帝”[②]。《老子》是唐时科举之一艺，玄宗开元二十一年正月，诏每岁贡士加试《老子》策。张守节引《老子》以注《史记》，无论从学术看，还是从政治看，都有其必然。程氏见不及此，遂妄发“张守节恐不如此”之论。

程氏举证之八：《儒林列传》“使掌故朝错往受之”，佚存《正义》

① （汉）班固：《艺文志·六艺略·礼》：《汉书》，“《记》百三十一篇”，班氏原注：“七十子后学者所记也。”

② （后晋）刘昫等：《高宗本纪下》，《唐书》，浙江古籍出版社据宋绍兴刊本影印1998年版，百衲本《二十五史》第四册，第1页。

曰：“卫宏《诏定尚书序》云：征之，老不能行。遣太常掌故朝错往读之。生（伏生）年九十余，不能正言教错。齐人语多与颍川异，错不知者凡十二三，略以己意属读而已。”（《考证》九册，《传》之廿页）

案佚存《正义》此条，直引卫宏《古文尚书序》，此从《汉书·儒林传·师古注》录来。师古原作《定尚书序》，而无“诏”字。《后汉书·儒林传》只言宏从师受《尚书》事，不言受诏作序。此条当非中国学者所为。

[平议] 程氏以这条《正义》佚文录自《汉书·儒林传·师古注》，而师古注只作《定尚书序》，并无“诏”字，以及《后汉书·儒林传》并无卫宏受诏作序的记事为由，断定“当非中国学者所为”。说白了，即为日人伪托。乍看有证有据，而其实不过是捕风捉影。

程氏读书太过马虎，又勇于标新立异，往往以真为伪。他如果稍为细心一点，便会发现颜师古于《汉书·儒林传·前序》“及至秦始皇兼天下，燔《诗》《书》，杀术士”句下有长注云：“师古曰：……卫宏《诏定古文尚书序》云……”[①]张守节于《史记·儒林传·前序》“及至秦之季世，焚《诗》《书》，阬术士”句下，引《汉书》颜《注》所出《正义》亦为：“颜云：……卫宏《诏定古文尚书序》云……”[②]“诏”字赫然在目。《史记》黄善夫本及其他诸本皆同，岂得如程氏所云“师古原作《定尚书序》，而无‘诏’字”！

范晔《后汉书·儒林传》中的卫宏传略并非完备的个人传记，许多重要行事都未入载。卫宏的任职，卫传只说“光武以为议郎”，解经著述只言“作《毛诗序》，为《古文尚书》作《训旨》”；然而汉安帝建光元年（公元121年）九月，许冲表上其父许慎《说文解字》时，说卫宏在建武

①（汉）班固：《汉书·儒林传第五十八》，商务印书馆百衲本《二十四史》本，第2页背面。

②（汉）司马迁：《史记·儒林列传》，中华书局点校本1982年版，第3116—3117页。

（公元25—公元31年）时的任职为“给事中、议郎”，曾校定“孝昭时鲁国三老所献”之《古文孝经》[①]。许慎为卫宏的再传弟子，其言自可信据。建安（公元196—公元220年）中孔融在向汉献帝推荐谢该的奏疏中，还特别指出“光武中兴……卫宏修述旧业”，为东汉王朝擘画朝章国典[②]，而范《史》只字未提。因此不能只据范《史》片断的叙文而否定卫宏曾奉诏校定《古文尚书》之事[③]。其实《汉书》颜《注》“卫宏《定古文尚书序》”，不过是承前文之注省去“诏”字而已。试问在王朝统治时代，除了孔子，若非奉“诏”，有谁有“定”经的资格？

这条《正义》佚文必为张守节所作，还有个证据。清儒严可均“从群书纂录”唐以前文，费二十七年之功，于道光十四年（公元1834年）编定《全上古三代秦汉三国六朝文》，该书的《全后汉文》卷二十七，录有卫宏的《诏定古文尚书序》两节，其二正是程氏判为“当非中国学者所为”的文字，兹整录于下，以资参证：

> （上阙）征之。老不能行。遣太常掌故晁错往读之。年九十余。不能正言。言不可晓。使其女传言教错。齐人语多与颍川异。错所不知者凡十二三。略以其意属读而已。[④]

严可均于其下注其出处云：“《正义》引卫宏《诏定古文尚书序》。”严氏之书比泷川氏之《史记会注考证》成书整整早了一个世纪。程氏该不会认为严可均纂录的《史记正义》是抄袭彼邦人士的赝品吧！

---

① （汉）许慎撰，（清）段玉裁注：《说文解字注》第十五卷下，上海古籍出版社据经韵楼藏版1981年影印本，第987页。

② （汉）孔融：《上书荐谢该》，《后汉书·儒林列传下·谢该传》，商务印书馆百衲本《二十四史》本，第9页。

③ 关于卫宏的行历，拙作《为卫宏之司马迁“下狱死说”辨诬补证（〈太史公卒年考辨〉之四）》第二节有较详细的考证，可资参考。载《安徽史学》1984年第3期。

④ 严可均辑：《全上古三代秦汉三国六朝文》，《全后汉文》卷二十七第九叶，中华书局据广州广雅书局原刻本1958年复制影印，第623页。

程氏举证之（九）、（十），是认为《汲郑列传》及《酷吏列传》中有些佚存《正义》有标"颜曰""师古曰"或不标名者，"均当是后世读者从《汉书》中录来，而非张守节《正义》之原文可知。"这两条举证所提出的问题，笔者已在本节前文做出详细的讨论，这里似毋须重复。

以上对程氏为证明《正义佚存》有相当多的条目系"杂抄群书又多可疑者"所精选的十条举证，一一进行了考核。我们发现，这些《正义》佚文的注例，与今本《史记》中的《正义》相当一致。其对《史记》原文的解说，层次之有序，用字之审慎，与唐时地理及社会风习之切合，非张守节必不能为，岂是后世"异国学者"之可伪托！程氏出于对《史记》原文的误会，对《正义》佚文的曲解，对唐时上层读书界的风尚又不甚了了，因此针对《正义》佚文所发之"中国书无此义""当是异国学者所为""绝非张守节之原书"种种指摘，只能是无根之臆说。

五、余　论

程金造先生认为泷川资言辑得的"这千三百条《正义》佚存，只有十分之一二是可靠的，绝大部分是读者的杂抄和注解"。本此先入之见，从改制文本开始，作为立论的前提，便有意将读者引入歧途。他精心搜集的证例和所做的案断，貌似"考证翔实"，然经仔细辨析，无不以真为伪。程氏本末皆失，他所独创的"《史记正义佚存》伪托说"，自应推翻，以免贻误后学。

不过程氏的《史记》三家注研究所本之学风与方法，从另一个方面却对人们不无启示。

学术研究的要义是即实事以求真是。若因研究者的无意疏失，所即并非实事，而欲从中求得真是，则无异于缘木求鱼，然尚无大害。若研究者本先入之见，隐瞒或歪曲事实，以售其自以为独得之真是，即便能取信于一时，终不可尽掩天下人之耳目。结果只能是以欺人始，而以误己终。这是一种最不可取的学风和方法。

评判学术问题的是非，应有同一的标准，而不应随心所欲，予智自雄。程氏为了证明其独创之《正义》疏通《索隐》说，就坚执张守节必定见读而且参考过开元十年前后尚未成书更未呈御的司马贞《索隐》；程氏为了否定《正义》佚文为张守节所作，又提出张守节不可能见读开元八年呈御的《五臣集注文选》。同样一个张守节，程氏为了证成自己的不同观点，可任加摆布。其自相违舛、与夺无常，一至如此。若以“揆之本文而协，验之他卷而通”的原则，予以校比，则其弊立见。

在古书字义的释解上，务须兼顾本义、引申义、前后语境以及作者与注者的时代特点，而不可固执一见，不及其余。程氏曾作《论泷川资言的〈史记会注考证〉》，批评该书缺点产生的“基本原因，在于他对训诂掌握的不够”[①]。而程氏自己对《正义》佚文种种不应有的误解曲说，恐亦植根于此。古人所以“致论于目睫”[②]，不是没有道理的。

学术乃人类共用之公器，其进步亦需人类共同之努力。既不可党同伐异，也不应区分此畛彼域。作为全人类共同的文化遗产的《史记》，其博大精深，难见涯涘。对它的求解，尤须各国的《史记》学者从不同的角度协作切磋。谁在学术上取得突破，不管他来自司马迁的故土，还是来自异域重译，都应以平常的心态表示敬意。若纵放功利之心，徒逞敌忾之气，发为文字，则难免鉴衡失公。

泷川资言费二十余年之功，从日本公、私所藏多种《史记》古版本、钞本栏外标补的《正义》佚文，手辑《史记正义佚存》二卷，散入《史记会注考证》相关《史》文之下，使湮没七八百年的一千余条《正义》重见天日。作为20世纪《史记》研究史上空前的重大发现，对于研究太史公司马迁的生平、理解《史记》的文义，均具莫大的价值。这不仅是《史记正义》著者张守节的大幸，也是当今及后世的司马迁与《史记》研修者的大幸。泷川资言不愧为守节功臣。

泷川资言补入《史记会注考证》的一千余条《正义》佚文，其贡献

---

①《文史哲》，1958年第1期，第44页。

②（南朝宋）范晔：《后汉书·班彪传下》之《论》中语。

之伟，已见上述。惜其所采《正义》佚文皆未标明其所依据，难免启人疑窦。继泷川氏之后，水泽利忠为补其阙，广校现存各种《史记》版本、抄本的标注，其中包括泷川氏未见之黄善夫本《史记》的校记，于1957年至1970年刊行《史记会注考证校补》全九册，书中为泷川资言所辑《正义》佚文千百数十条（实为1418条）以及水泽新获“资言所未见佚文凡二百数十条”（实为227条），“一一明所据”[①]。小泽贤二又继水泽利忠之业，涉十余年之功，致力于《史记正义佚文》源流的探索，终于查明其蓝本乃京都东福寺旧藏“梅室本”（异称“心华和尚善本”，元刊彭寅翁本）版面框郭内外所标记的古注。而其古注则源于元亡明兴之际，由日本五山临济僧携归东瀛的单本《史记正义三十卷》[②]。经过日本三代学人前赴后继的努力，距“略复张氏《正义》之旧”的目标，已不为远[③]。

国人张衍田于20世纪80年代初，根据王利器的建议，将《史记会注考证》所录《正义》佚文及《史记会注考证校补》新增泷川氏未见《正义》佚文，凡1645条，纂辑一书，所有佚文均依《校补》补明出处，并对佚文做了一些校勘辨释的工作，命名为《史记正义佚文辑校》，由北京大学出版社于1985年出版。是书极便研究者参考。

当然，《史记会注考证》及其《校补》，也不是没有缺陷。其最著者，有以下数端。第一，十表《正义》佚文全缺。今本《史记》十表的注文，《索隐》有954条，而《正义》仅有18条。高祖功臣侯者凡143人，惠景间侯者凡93人，建元以来侯者凡117人，建元以来王子侯者凡

① [日]水泽利忠：《史记会注考证校补》卷首《自序》，东京史记会注考证校补刊行会1957年版。

② [日]小泽贤二：《〈史记正义佚存订补〉解说》，《史记正义佚存订补》，日本史记正义研究会代表水泽利忠编《史记正义之研究》所收，东京汲古书院1994年刊，第765—778页；又，小泽贤二：《〈史记正义〉单本何时传入日本》，《司马迁与史记论集》第三辑，陕西人民出版社1996年版，第538—540页。

③ 据笔者统计，今本《史记》三家注中，《索隐》共7053条；《正义》共5315条，若加上泷川、水泽所辑得的《正义》佚文1645条，《正义》则为6960条，接近今本《索隐》条数。

162人，通为515人。张守节长于地理，原本《正义》所有侯国封地，必定会据《括地志》以唐时地名对释汉时地名。然今本《史记》全缺，当系宋时合刻者的删削。日人当初据单本《史记正义三十卷》补标时，也是“自兹还一鸥借一鸥，始于列传，本纪次之。”[①]八书略为涉及，至于十表则不曾寓目。随着传入日本的单本《史记正义三十卷》的失传，张守节为《史记·十表》所作《正义》恐在天壤之间永远消失了。第二，泷川《佚存》、水泽《校补》从《史记》各本栏外标记所辑得的《正义》佚文，有的文字有讹误脱漏，以致文义难以索解；还有少量注文并非按《正义》原本照录，而是有节删压缩。如《魏公子列传》“日夜为乐饮者四岁，竟病酒而卒”句《正义》佚文：“四年信陵君死，当秦始皇四年。魏安釐王母弟云云。”“云云”即被节略的《正义》原文的概括。这种节略估计是由于框郭外可供标注的余地不足所致。被删节的文字恐也难以复原。第三，“南化本”《史记》栏外标记，有少数并未冠以“正义”字样，或“正义曰”的条文之后提行另起的条文，泷川资言的《正义佚存》亦以为《正义》佚文而误辑者，共计26条，约占总数的1.5%，好在水泽利忠与小泽贤二业已发现，并已纠正。

与日本学者专注于《史记》古版本、抄本栏外标注搜寻《史记正义》佚文不同，中国学者则从宋元人的著述中所征引的《史记正义》来访求遗佚，也迭有重要收获。田大宪从南宋吕祖谦的《大事记·解题》所引《史记正义》中辑得佚文97条，其中部分佚脱22条，全佚75条[②]。部分佚脱的《正义》佚文与今本《史记》中的《正义》比勘，正可证明宋人合刊《史记》三家注时，于所编刻的《正义》曾经编辑加工，而非按单本《正义》原文照录。大陆学人对《史记正义》佚文最近的一项重要发现，当推赵生群从宋人王应麟所撰《玉海》卷四十六所得：“《史记正义》：《博物志》

① [日]小泽贤二:《〈史记正义佚存订补〉解说》注[11]。注2所揭书,第778页。

② 田大宪:《〈史记正义〉佚文考释》,《司马迁与史记论集》第三辑,陕西人民出版社1996年版,第516—537页。

云‘迁年二十八，三年六月乙卯除六百石。’”[1]与司马贞《史记索隐》所引张华《博物志》“年二十八”正相吻合。这条《正义》佚文为笔者从前所作的“唐代《正义》单本与《索隐》单本并无十岁之差”，张守节的按语“系据《博物志》则是可以肯定的”之论断[2]，提供了确切的版本证据，从而司马迁必生于汉武帝建元六年（公元前135年）而非汉景帝中元五年（公元前145年）真正可以论定了。

中、日学人对张守节《史记正义》佚文的搜寻与发现，再次证明了《史记正义》于研究司马迁与《史记》的重大价值。笔者相信，经过中外学人的携手合作，搜寻研究，张守节《史记正义》的旧貌，除了十表，必将渐次恢复。

公元1999年9月初稿。公元2000年3月10日
(庚辰年二月初五日)改定于芜湖赭麓窳陶斋。
[本文原载台湾大学《台大历史学报》第25期，2000年6月出版]

① 赵生群:《从正义佚文考定司马迁的生年》,《光明日报》2000年3月3日。

② 袁传璋:《从书体演变角度论〈索隐〉〈正义〉的十年之差——兼为司马迁生于武帝建元六年说补证》,台湾《大陆杂志》第90卷第4期,1995年4月。

《唐张守节史记正义佚存》手稿之文献价值

一、引　言

日本泷川资言博士（公元1865—公元1946年）于1913年在东北帝国大学所藏庆长（公元1596—公元1614年）、宽永（公元1624—公元1629年）年间刊行的古活字本《史记》二种栏外标注中发现被宋人《史记》三家注合刻者删削的《史记正义》佚文“一千二三百条”，嗣后仙台斋藤报恩会资助其采访之费，得以见读日本公私所藏更多的《史记》宋元古板本、古活字印本、钞本，参互校订，手辑以为《唐张守节史记正义佚存》二卷。大批《正义》佚文的辑得，遂启《史记会注考证》“纂述之志。”[①]泷川资言编纂《史记会注考证》时，将辑得的《正义》佚文一一散入《史记》相应正文之下，自谓“略复张氏之旧”。1934年全书十卷出齐。《史记会注考证》出版过程中，由于泷川氏原稿字迹潦草，手民或因字不识而以空格处置，或因字形近似而致误植，甚至还有因跳行漏排多达数十字者。其时泷川博士年近古稀，校雠重任前后全委阿部吉雄、胜又宪治郎，而二人对手民所致的讹、夺、衍、倒大都未曾校出更正，且有臆改妄增处，遂使《史记会注考证》新增《正义》留下不少语意不明或难以索解的瑕疵。

① [日]泷川资言:《史记会注考证》卷十,《书史记会注考证后》。

自《史记会注考证》出，读《史》者在盛称其德的同时，也诟病其新增《正义》佚文不具出处以致真伪莫辨，甚至有学者如鲁实先、程金造等因此而武断这批《正义》佚文大都为日人伪托；而对于新增《正义》的讹、夺、衍、倒，读者咸以为泷川先生手辑《正义》佚文或史料原本如此而莫之疑。

针对《史记会注考证》新增《正义》佚文不具出处的缺陷，水泽利忠先生（公元1918—公元2013年）费二十年之功，博搜异本，广校《史记会注考证》正文及三注，字为校雠，悉记异同，又特为《正义》佚文一一补其出处。于1957—1970年间出版《史记会注考证校补》九巨册，弥补了《史记会注考证》新增《正义》不具出处的缺憾。但水泽氏《校补》原稿20世纪50年代末叶已经杀青[①]，无缘得见泷川资言《史记正义佚存》手稿，故《史记会注考证》新增《正义》佚文的讹、夺、衍、倒，大都被《校补》沿袭，所作校语虽大多精当，却也新增不少判断失误。

泷川资言先生于1946年逝世后，私人藏书流散，《唐张守节史记正义佚存》手稿亦不知所踪。直到《史记会注考证》出版四十多年后，日本书志学者长泽规矩也在坊间旧书肆偶得《史记正义佚存》手稿下卷，持赠《史记会注考证校补》作者水泽利忠，而其时距《校补》第九册出版已十数年。1991年，日本史记正义研究会在泷川资言故居意外发现《史记正义佚存》手稿上卷，至此二卷始成合璧。《唐张守节史记正义佚存》二卷手稿现藏日本京都大学人文科学研究所，但至今并未宣布于世。除小泽贤二先生据其为蓝本作《史记正义佚存订补》，订正并补足泷川资言《史记会注考证》及水泽利忠《史记会注考证校补》两书新增《正义》佚文的不少错讹、脱夺外，尚未有人对其以专题进行深入研究。

公元2012年秋七月，笔者承蒙日本史记正义研究会小泽贤二先生以泷川资言博士手录《唐张守节史记正义佚存》二卷复制本见赠，方得目击这部从未公开的珍贵手稿的庐山真影像。手稿以高二十八厘米、宽三十四点

① [日]水泽利忠:《史记会注考证校补》全九册，为《史记会注考证》所做《校补》止于第八册上半，以下及第九册为《史记之文献学研究》。第八册出版于1961年，故知水泽氏《校补》实杀青于20世纪50年代末。

六厘米的和纸誊钞，内叶双面对折，半叶宽十七点三厘米。上卷封面左侧以楷体题写“唐张守节史记正义佚存”书名，右侧四眼细线装订。凡一百六十四叶（内含《项羽本纪》篇题后空白四叶、《楚世家》篇佚文后空白一叶半、《三王世家》篇空白一叶半、《扁鹊仓公列传》篇空白一叶）。无界栏，天头留白七厘米，地脚留白二厘米。半叶十行或十一行，行二十二字。首叶首行书“唐张守节史记正义佚存”书名，次行低两字书“五帝本纪第一”，第三行提行摘引所注《史》文“名曰轩辕”，空一字后钞录《正义》佚文。《五帝本纪》佚文抄录完毕之后，空两行接书“夏本纪第二”。以下依此程式，按《史记》一百三十篇篇次于该篇篇名后摘钞《正义》佚文；无《正义》佚文之《史记》篇目亦书篇名。上卷终“三王世家第三十”，其后又补钞三家注合刻本《秦本纪》及《秦始皇本纪》的部分《正义》七叶。下卷始《伯夷列传第一》，终《太史公自序第七十》。卷末为书志学者长泽规矩也以《史记正义佚存》下卷持赠水泽利忠的识语：“史记正义佚文一卷，泷川君山所钞。予获诸坊贾矣。水泽君校订《史记》多年，业有可观，谨赠是书，以为资料。长泽规识。水泽君云：君山从东北大所藏古活字本钞出者。”钞本字体泰半为行书，部分为草书，故有少数文字颇难辨识。所录佚文条目有的有涂抹、圈改、钩乙、添注，有的在题头或文尾除标注“庆长本”“宽永本”之外，还有标注“枫山”“三条”“南化”“博”（璋按：指《博士家本史记异字》）、“札”（璋按：指清同治金陵书局刊张文虎《校刊史记集解索隐正义札记》）等版本或文献略称者，显露出泷川氏曾以所见多种《史记》古板本、钞本及相关文献与东北大学所藏古活字本《史记》参互校订的痕迹，而并非如水泽利忠所云仅从“东北大所藏古活字本钞出者”。这部手钞《唐张守节史记正义佚存》，当是泷川资言编撰《史记会注考证》新增《正义》佚文的原始依据。

为了扩展并深化正在进行的《史记正义佚文辑证》的研究内容，笔者以《唐张守节史记正义佚存》复制本（以下称佚存本）与泷川资言《史记会注考证》（以下称泷川本）、水泽利忠《史记会注考证校补》（以下称校补本）、张衍田《史记正义佚文辑校》（以下称辑校本）、小泽贤二《史记正义佚存订补》(以下称订补本)对读,发现张衍田先生从泷川本与校补本辑得的一千六百四十五条《正义》佚文,其中竟然有六百三十七条不同程度地存在讹、夺、衍、倒的失误,而其失误的十之七八又可据《史记正义佚存》手稿予以订正。兹以对读所见,从中选择一百五十条,作对读札记如下。

二、对读札记

凡例

(1)对读诸书所用版本

司马迁:《史记》,中华书局点校本1982年版。简称中华本。

泷川资言:《唐张守节史记正义佚存》,手录原稿复制本,未刊。简称佚存本。

泷川资言:《史记会注考证》,日本东方文化学院藏板,1932—1934年刊行;史记会注考证校补刊行会1956—1960年订正版,简称泷川本。

水泽利忠:《史记会注考证校补》,日本史记会注考证校补刊行会藏版,1957—1970年特制本。简称校补本。

小泽贤二:《史记正义佚存订补》,《史记正义之研究》所收,日本汲古书院1994年刊。简称订补本。

张衍田:《史记正义佚文辑校》,北京大学出版社1985年版。简称辑校本。

(2)列入札记的《正义》佚文诸条,都先标所属《史记》篇名,其次条列本篇佚文。

(3)每条《正义》佚文前,先标出佚文所注《史》文。《史》文用句号结止。为便于查考,每条《史》文前冠以辑校本的编号。《史》文后圆括号内的数码,标“中”者为本句《史》文在中华本的卷、页、行数;标“泷”者为本句《史》文在泷川本该篇的叶、行数。

(4)《史》文下提行整录泷川本《正义》佚文。佚文以正义冠首。

(5)凡泷川本无有而为校补本增补之《正义》佚文，正义前冠三角号△以示区别。

(6)笔者意见于《正义》佚文下提行书写，以“璋按”标识。

五帝本纪第一

2.禽杀蚩尤。(中1·3—14；泷8—8)

正义 髀，白采反。

璋按：佚存本手稿正义佚文作：“《集解》：‘肩髀。’髀，白米反。”知此则正义系为《集解》引《皇览》蚩尤“肩髀冢”之“髀”字注音。“白采反”并非“髀”字切音。显然泷川本“采”字为“米”字之形讹。

8.帝喾高辛者。(中1·13—6；泷19—2)

正义 少昊象日月之始，能师太昊之道，故号少昊氏。此谓象其德也。

璋按：“故号少昊氏”五字，张衍田辑校本《校》云：“泷川本无，今据《校补》补。”其实此五字佚存本手稿元有，手民排字偶脱。

10.其仁如天。(中1·15—8；泷22—4)

正义 郭璞注《尔雅》云：“仁覆悯下，谓之昊天也。”

璋按：张《校》云：“佚文‘昊’字，当是‘旻’字之误。”张《校》甚是。然佚存本手稿元作“旻”，当系手民排印时因形近而讹。

13.鸟兽氄毛。(中1·17—2；泷27—6)

正义 冬时其民因、鸟兽生氄毳细毛之时，当服精绵絮褚衣温之服，以御冬寒也。褚，音竹吕反。

璋按：泷川本“当服精绵絮褚衣温之服”，语意诘屈欠通。佚存本手稿无“精”字，“服”属下读，全句点作“冬时其民因鸟兽生氄毳细毛之时，当服绵絮褚衣温之，服以御寒也。褚，音竹吕反。”此当系张守节原文。

夏本纪第二

17.泥行乘橇。（中2·5—10；泷5—7）

正义 擿，天历反。今乘船犹云擿舡也。

璋按：泷川本“擿，天历反”的音注，似与《史》文“泥行乘橇”无关。而佚存本手稿正义佚文作：“《集解》‘擿行泥上。’擿，天历反。今乘船犹云擿舡也。”则知“擿，天历反”，系为《集解》所引“孟康曰：‘橇形如箕，擿行泥上’”句中“擿”字注音。泷川本脱引佚存本“《集解》‘擿行泥上’”六字，则不知所云。

21.大陆既为。（中2·52—13；泷8—1）

正义 水去大陆以成泽。

璋按：此则《正义》佚文系释“大陆既为”全句。大陆，泽名。佚存本手稿句首有“言”字，犹“意谓”。泷川本脱“言”字则语意欠明。

殷本纪第三

26.三人行浴。（中3·9—3；泷2—4）

Δ正义 行浴，音欲，本作“路”，非也。《三代世表》及《诗传》云：汤之先为契，无父，而契母与姊妹浴于玄丘水，有燕衔卵堕之，契母得之，误吞之，而生契之。

璋按：此为校补本新增正义佚文。然佚存本手稿元有，但无“行”字，而“路”作“洛”。显然校补本衍“行”字，而“路”字则系“洛”字之形讹。“而生契之”，语意欠通，张《校》云：“‘之’字衍，或‘也’误。”佚存本手稿此句作“而生契也”，可知校补本“之”字非衍，乃“也”字之讹。

29. 言素王及九主之事。（中3·94—5；泷7—3）

正义 专君，若汉宣之自专自断，不任贤臣也。法君，若秦孝公用商鞅之法，严急之君也。授君，若燕哙授子之之类，是人君不能自理，政归臣下也。劳君，若禹之勤劳天下也。等君，等者类也，若汉元、成以下，不能好恶，故云等君也。寄君，若春秋寄公，人困于下，主骄于上，邦分崩离析可立待，故孟轲谓之寄君也。破君，若桀、纣之类也。国君，言独征一国之政，蔽欺敌人，若智伯之类也。三岁社君，谓在襁褓而主社稷，若周成、汉昭、平之比也。一本云：九主者，法君、劳君、等君、寄君、专君、授君、破君、国君，以三岁社君为一君，并上八君成九主，恐非也。然伊尹说汤“素王”“九主”，当是三皇五帝及少昊，咸勤劳天下，广求贤佐而致太平。而裴氏引此九主，恐非伊尹之意也。

璋按：张《校》云：“自‘破君若桀纣之类也’至‘若智伯之类也’，泷川本无，今据《校补》补。”考佚存本手稿，“自破君”至“智伯之类也”二十七字佚存本元有，可能是泷川本排印时手民跳行漏排。

32. 帝太戊赞伊陟于庙，言弗臣，伊陟让，作《原命》。（中3·100—6；泷18—1）

正义 伊陟，伊尹子也。原，再也。言太戊赞于汤庙，言伊陟尊高，不可使如臣佐。伊陟让，乃再为书命之。

璋按：佚存本“太戊”之“太”作“大”，与唐写本合。“言太戊赞于汤庙”句首之“言”字，佚存本手稿作“书”；“乃再为书命之”句下，佚存本尚有“故云原命”四字，泷川本脱。据此可知，“书”指逸《商书》之《原命》篇，“太戊赞于汤庙”云云，当系该篇大意。本则《正义》佚文似应如此标点：正义伊陟，伊尹子也。原，再也。《书》：大戊赞于汤庙，言伊陟尊高，不可使如臣佐。伊陟让，乃再为《书》命之，故云《原命》。

周本纪第四

38.伯夷、叔齐在孤竹。（中4·116—3；泷11—2）

△正义 令支故城在卢龙县南七十里。按：后汉令支县属辽西郡也。

璋按：此为校补本新增正义佚文。泷川本无，而佚存本手稿元有，全文作：“《集解》：‘应劭曰：在辽西令支。’令支故城在卢龙县南七十里。按：后汉令支县属辽西郡。”先引《集解》应劭说，指出：“孤竹”在“辽西令支”，然后为《集解》补释“令支”在唐时及后汉的地理方位。注释明确精准。校补本漏引“集解应劭曰在辽西令支”十字，遂令读者莫明所指。

41.诸侯咸会。曰：“孳孳无怠。”（中4·121—15；泷22—4）

正义 “曰”，作“日”，言日日孳孳进，其心无怠慢也。

璋按：此则佚文表明，《正义》所据本《史记》“曰”字作“日”，故注文按“日”字解说。“言日日孳孳进”句，佚存本不重“孳”字，作“言日日孳进”；“其心无怠慢也”句，佚存本“无”字下有“有”字，作“其心无有怠慢也”，当系《正义》原貌。

42.武王使师尚父与百夫致师。(中4·124—10；泷25—8)

正义 致师，挑战也。

璋按：佚存本手稿“致师”正义佚文作：“《注》：‘环人’，掌往来之宾。‘致师’者，挑战，同一事也。‘摩’，犹历也。御车历御车垒而行疾，旌旗靡然而还也。‘菆’，音侧留反，字或作‘掫’，音菆，箭之美者也。杜预云：‘菆，矢善者。’‘㨾’，力丈反。‘掉’，田单反。㨾，拂拭马也，正鞅而还，以示闲暇无惧也。”系补释《史》文“致师”《集解》涉及的词语，“注”字正指《集解》。此段共八十四字，泷川本全脱，而泷川本之“致师，挑战也”五字则为衍文。佚存本“御车历御”，后一“御”字，据校补本则为“彼”字之形讹。

44.蜚鸿满野。(中4·129—1；泷33—5)

正义 《淮南子》云：“夷羊在牧。”按：夷羊，怪兽也。此云：“蜚鸿满野”，《淮南子》云“飞蛩满野”，高诱《注》云：“蛩，蝉，蠛蠓之属也。”按：飞鸿拾蛩，则鸟兽各别，亦须随文解之，不得引高诱解此也。既云“麋鹿在牧”，蠓蠛又在野外，则比干、商容之属，忠贤何厝？《诗》见《鸿雁》篇。此文“飞鸿”用比箕子、微子、比干、商容，被其放弃，若飞野外，或杀或去，后君子庶免疑焉。蜚，音飞，古“飞”字也。“于今”，犹当今。“于今六十年”，从帝乙十年至伐纣年也。麋鹿在牧，喻谗佞小人在朝位也。飞鸿满野，喻忠贤君子见放弃也。言纣父帝乙立后，殷国益衰，至伐纣六十年间，谄佞小人在于朝位，忠贤君子放迁于野。故《诗》云“鸿雁于飞，肃肃其羽。之子于征，劬劳于野。”毛苌云“之子，侯伯卿士也”。郑玄云“鸿雁知避阴阳寒暑，喻民知去无道就有道”。

璋按：泷川本此则正义佚文自“蜚音飞古飞字也”以下一百三十六字，乃《史记》合刻本正义注文。佚存本手稿无此，而止于“愿后君子庶免疑焉”句。与佚存本对校，“此云蜚鸿满野”句，泷川本脱

"随巢子云飞拾满野"八字;"淮南子云飞蛩满野"句,泷川本衍"云"字;"按鸿飞拾蛩",泷川本作"按飞鸿拾蛩","鸿飞"二字颠倒;"则鸟虫各异",泷川本作"则鸟兽各别","虫"字作"兽","异"字作"别";末句"愿后君子庶免疑焉",泷川本脱句首"愿"字。以上均应据佚存本手稿校改。

55.五刑不简,正于五罚。(中4·138—12;泷48—1)

正义 应,乙陵反,下同。应,当也。

璋按:佚存本"应"字注音之上有"集解孔安国曰云云。""云云"为泷川所录古本校记省文。佚存本正义佚文先引"集解孔安国曰:'谓不应五刑,当正五罚,出金赎罪也。'"然后为集解引文中"应"字注音释义。泷川本因脱引《集解》文,则不明正义所系。

58.夫王人者,将导利而布之上下者也。使神人百物无不得极,犹日怵惕怨之来也。(中4·141—10;泷52—8)

正义 极,至也。夫王人者,将导引其利而偏布之命,上下共同也。故神人百物皆得至其利,而犹日怵惕恐惧之来责也。怵,人质反。

璋按:"怵惕恐惧"乃自我精神状态,岂能"来责"?泷川本"恐惧"字下必有脱讹。考佚存本手稿,"惧"字下有"怨"字,作"犹日怵惕恐惧怨之来责也"。"怨"者,人怨也。泷川本脱"怨"字遂致文意欠明。又泷川本"偏布之命"句之"偏"字,佚存本作"徧"。徧、偏字义有别,佚存本作"徧"者是。"命"当属下读。

高祖本纪第八

102.与父老约,法三章耳。(中8·362—6;泷35—1)

正义 约,省也,省减秦之烦法。唯三章,谓杀人、伤人及盗。

璋按：佚存本手稿“省也”下有“减也”二字，故下文云“省减秦之烦法”。泷川本所脱“减也”二字，小泽贤二订补本已增补。

104. 魏王豹谒归视亲疾，至即绝河津，反为楚。（中 8·372—8；泷 50—4）

正义 绝，断也。河津，即蒲州蒲津关也，蒲津桥即此。豹从同州由桥至河东，即断之而叛汉也。

璋按：泷川本“蒲津桥即此”，意谓蒲津桥即蒲津关，二者为一。其实不然。佚存本手稿作“蒲津桥即其处也”，意谓蒲津桥在蒲津关处。泷川本易“其处也”三字为“此”，遂致此误。

吕太后本纪第九

126. 为吕氏右禮，为刘氏左禮。（中 9·409—7；泷 31—3）

正义 繵，音但，与“袒”同。

璋按：禮、繵，音同义异。佚存本手稿作“禮”，是也。泷川本“繵”字为“禮”之形讹。校补本、辑校本、订补本皆承泷川本之误而未改。

孝文本纪第十

130. 新喋血京师。（中 10·413—10；泷 2—10）

正义 喋血，上音歃，《汉书》作“喋”。《广雅》云：“喋，履也。”颜师古云：“字当作‘喋’。喋，谓履涉之耳。”

璋按：佚存本手稿所引《广雅》及颜师古注中之“喋”字皆作“蹀”，是也。泷川本作“喋”，字误。又佚存本正义摘《史》文“喋血”二字作注，故云“上音歃”，而不重“喋血”二字，泷川本此二字实为衍文。“喋”字，订补本已据佚存本订正为“蹀”。

133.臣谨请阴安侯列侯顷王后。（中10·415—16；泷7—1）

正义 颉，纪八反。顷，奇倾反。

璋按：“颉，纪八反”，系为《史》文“阴安侯”集解苏林曰：“高帝兄伯妻羹颉侯信母，丘嫂也”句中“颉”字注音。泷川本“顷，奇倾反”，佚存本手稿作“顷，音倾。”系直音。愚意泷川本校雠者或误认泷川资言行书手迹“音”字为“奇”字，而“奇倾”非音注，故添加“反”字而成反切式注音。然而“奇倾反”并非“顷”字切音。据佚存本手稿，知泷川本“奇”为“音”字形讹，应正；“反”为衍文，应删。校补本、辑校本、订补本皆承泷川本之讹而未改。

135.天下人民未有嗛志。（中10·419—7；泷14—5）

△正义 恨也，未有恩惠之志民也；又谦牒反，言未有惬洽之志于民。

璋按：此则佚文为校补本增补，但“未有恩惠之志民”，语意欠通，显有讹误。考佚存本手稿“志”字下有“于”字，作“未有恩惠之志于民”，则“未有恩惠之志”的主语明确为文帝自身，而“民”则为宾词，句意豁然明晰。校补本、辑校本、订补本均脱“于”字。

139.攻朝那塞。（中10·428—13；泷30—8）

正义 塞，先代反。《括地志》云：“朝那故城，在原州百泉县西七十里，汉朝那县是也。”塞，即萧关，今名陇山关。汉文帝十四年，匈奴入朝那县之地。鉼，白刑反。《地理志》云鉼属琅邪郡。

璋按：“汉朝那县是也”，“县”字下佚存本手稿有“城”字，“城”正承《史》文“塞”字而言，泷川本脱。“匈奴入朝那县之地”句，

“入”字下佚存本手稿有“朝那塞者也。按：百泉亭即”十字，泷川本脱，校补本已补。

144.令天下大酺。（中10·430—11；泷34—7）

正义 古者祭酺，聚钱饮酒，故后世听民聚饮，皆谓之酺。《汉书》“每有嘉庆，全民大酺”，是其事也。彼《注》云：“因祭酺而其民长幼相酬，郑《注》所谓祭酺合醵也。”酺，音蒲。

璋按：据佚存本手稿，“全民大酺”句泷川本之“全”，为“令”字之形讹；“彼注”之“彼”，为“颜”字之讹。“因祭酺而”之下脱“与”字，则失去与民同乐之意义。泷川本、校补本、辑校本、订补本同有此讹误。

146.军棘门。（中10·432—2；泷37—7）

正义 横，音光。秦舆乐宫北门对横桥，今渭桥。

璋按：“秦舆乐宫”之“舆”，佚存本手稿作“興”，是也。《史记·孝文本纪》“至高陵休止”句正义引《三辅旧事》云：“秦于渭南有興乐宫。”泷川本“舆”字为“興”字之形讹。校补本、辑校本、订补本皆承泷川本之讹而未改正。

147.发仓庾以振贫民。（中10·432—12；泷37—10）

正义 胡公名广，后汉太尉。《百官箴》者，广所著书名。应劭著《官仪次比》。

璋按：泷川本“应劭著《官仪次比》”，佚存本手稿作“应劭著官仪之比”。“之比”，犹“之类”。此则正义佚文意谓胡广所著《百官箴》属于应劭所著《官仪》之类。泷川本误“之”为“次”，遂为应劭添加了他从未所著之书《官仪次比》。此则正义应如此标点："胡公名广，后汉太尉。《百官箴》者，广所著书名，应劭著《官仪》之比。"校补本、辑校本、订补本皆承泷川本之误。

孝景本纪第十一

155.置南陵及内史，祋祤为县。（中11·440—1；泷4—4）

正义 《汉书·百官表》云：内史，周官，秦因之，掌京师。景帝二年，分置左内史、右内史。武帝太初元年，右内史更名京兆，左内史更左冯翊，主爵中尉更名右扶风，是为三辅。《地理志》云祋祤故城，在雍州同官县界。

璋按：泷川本"掌京师"，佚存本"掌"字下有"治"字，作"掌治京师"。泷川本脱"治"字。"同官县界"下，佚存本尚有"汉祋祤故城"五字，泷川本亦脱。校补本已补上。

157.殖兰池。（中11·443—6；泷8—4）

正义 《括地志》："兰池陵，即秦之兰池也，在雍州咸阳县界。《三秦记》云：'始皇都长安，引渭水为长池，筑为蓬莱山，刻石为鲸，长二百丈。'"刘伯庄云："此时兰池毁溢，故堰填。"

璋按："兰池陵"，佚存本手稿作"兰池陂"，是也。"陂"，泷川本形讹为"陵"，校补本、辑校本、订补本皆承其讹。

封禅书第六

197.掊视得鼎。（中28·1392—1；泷61—3）

正义 掊，音白侯反。师古曰："掊，手把土也。"

璋按：佚存本手稿作"师古曰：'掊，手抱土也。'""抱""捊"

字之或体。《说文·手部》："捊，引取也。从手，孚声。抱，捊或从包。"义同"刨""挖"。"掊视"《索隐》注引《说文》亦作"掊，抱也。"是"抱"字泷川本形讹作"把"。校补本、辑校本、订补本均承泷川本之讹。辑校本还讹"土"作"上"。

198. 文镂无款识。（中28·1392—2；泷61—3）

正义 刘伯庄曰："自古诸鼎皆有铭，记识其事，此鼎能无款识也?"

璋按：泷川本"此鼎能无款识也"，作疑问句，与《史》文"文镂无款识"的肯定句相悖，必有讹误。考佚存本手稿此句作"此鼎独无款识也"，与《史》文契合。知泷川本讹佚存本手稿之"独"字为"能"字，遂致此误。

201. 其牛色白，鹿居其中，彘在鹿中，水而洎之。（中28·1394—14；泷67—8）

正义 又以水合肉汁内鹿中也。晋灼曰："此说合牲物燎之也。"

璋按：《史》文"彘在鹿中，水而洎之"，而"肉汁"为流体，非彘肉，"以水合肉汁内鹿中也"，显与《史》文扞格。考佚存本手稿作"又以水合汁肉内之鹿中也"，"汁肉"则为固态，系以汤汁浸洎之彘肉，故可纳入鹿腹中，注文契合《史》文原意。泷川本颠倒《正义》原文"汁肉"为"肉汁"，大悖物理。而校补本、辑校本、订补本皆承泷川本之误而不改。

209. 行所过毋有复作。（中28·1398—11；泷76—10）

正义 毋，音无。复，音伏。毋有，弛刑徒也。

璋按："弛刑徒也"句，佚存本手稿"弛"字之上有"谓"字，作“谓弛刑徒也。”泷川本夺“谓”字，则易造成“毋有”为“弛刑徒”刑罚名目的误会。“谓”字，校补本、辑校本、订补本均脱。

吴太伯世家第一

230. 见舞《象箾》《南籥》者。（中31·1453—3；泷16—9）

△正义 北方南舞曲也，执羽籥舞南北夷之曲也。

璋按：此为校补本新增正义佚文。“北方南舞曲也”，其意颇难索解。考佚存本手稿“北方”之上有“按”字、“南”字下有“方”字，此句作“按：北方南方舞曲也”，则语意分明。此则《正义》佚文当如此标点：“按：北方、南方舞曲也，执羽籥舞，南、北夷之曲也。”

243. 吴召鲁、卫之君会于橐皋。（中31·1473—11；泷40—9）

正义 橐，音柘。

璋按：佚存本手稿作“橐，音拓。”泷川本“柘”字乃“拓”字之形讹。校补本、辑校本、订补本皆承其讹。

齐太公世家第二

270. 景公坐柏寝。（中32·1504—4；泷48—5）

正义 柏寝在青州千乘县东北二十里。《韩子》云：“景公与晏子游于少海，登柏寝之台，而望其国。公曰：‘美哉堂堂乎！后代孰有此？’晏子曰：‘其田氏乎？’曰：‘寡人有国，而田氏有之，奈何？’对曰：‘君欲夺之，则近贤远不肖，治其烦乱，缓其刑罚，赈穷乏，恤孤寡，行恩惠，崇节俭，虽十田氏，其如君何？’”按：与此文不同也。

璋按：佚存本手稿“柏寝”之上冠“括地志云”四字，标明注释“柏寝”方位的根据来自魏王李泰的《括地志》，泷川本脱。又“柏寝”下有“台”字，作“柏寝台”，“二十”下有“一”字，作“二十一”里。“台”“一”二字泷川本均脱。“括地志云”四字，校补本、订补本已补上，但“台”字仍夺。

鲁周公世家第三

287.成王与大夫朝服以开金縢书。（中33·1522—15；泷16—3）

正义 按：《尚书》武王崩后，周公被流言而东征，王亦未敢诮公，乃有风雨之异。此乃是周公卒后，疑太史公不见《古文尚书》，有斯乖误矣。

璋按：“此乃是周公卒后”句，“此”字下佚存本手稿有“文”字，“文”指“金縢书”，泷川本脱此至关紧要的“文”字。校补本、辑校本、订补本均脱。佚存本于“有斯乖误矣”之下，尚有引自谯周《古史考》及张守节按语的大段文字：

《古史考》云：“金縢之事失其本末。今据《金縢》篇中，克商二年，王有疾不愈。且武王即位崩，何待十年事终而续二年之后，得为《金縢》之篇后？孔安国云：‘此已上在《大诰》后，因武王丧并见之。’”则谯周之言，不虚诞矣。太史公有所见乃作《世家》。

凡八十九字，泷川本全脱未录。

288.尽起而筑之。（中33·1523—3；泷7—6）

△正义 孔安国云：“木有偃，拔起而立之，筑其根，叶无亏，百谷丰熟，周公之德也。”

璋按：此则正义佚文，泷川本无，为校补本新增。然佚存本手稿元有：“孔安国云：‘木有偃，起而立之，筑其根叶，其禾无亏，百谷丰熟，周公之德也。’”两相比较，校补本所衍“拔”字，不合物理；又夺“其禾”二字，则“百谷丰熟”上无所承，以致全则佚文意难索解。辑校本、订补本皆承校补本之衍、脱。

300.获乔如弟棼如。（中33·1535—8；泷6—9）

△正义 棼，本作“焚”。

璋按：佚存本手稿正义佚文系于《史》文“获其弟荣如”之下，其文作：“杜预云：荣如之弟棼如后死，而先说者，其兄弟伯季相次也。”《史》文“获乔如弟棼如”之下，佚存本手稿无《正义》佚文。

燕召公世家第四

306.封召公于北燕。（中34·1549—3；泷2—5）

正义 《括地志》云：“滑州城，古之燕国也。”应劭曰：“南燕，姞姓之国，黄帝之后也。”

璋按：佚存本手稿所钞正义佚文，先引“《集解》：宋忠曰：‘有南燕，故云北燕。’”再引“《括地志》云：滑州城，古之南燕国也”，补释《集解》“南燕”之地理方位。据此，知泷川本“之”字下夺“南”字，则易造成武王封召公于唐代滑州城域内古燕国地盘的误解。校补本承其误。小泽贤二的订补本已订正。

315.王因令章子将五都之兵，以因北地之众以伐燕。（中34·1557—4；泷16—6）

正义 谓齐之北境沧、德等五众也。

璋按：佚存本手稿“谓齐”之上有“北地”二字，泷川本脱。唯订补本据佚存本于句首补“北地”二字。

317.齐田单伐我，拔中阳。（中34·1559—3；泷20—1）

正义 中阳故城，份州隰城县南十里。

璋按：佚存本手稿“中阳”正义作：“《括地志》：中阳故城，在汾州隰城县东南十里。”泷川本脱“括地志”“在”“东”等五字，又讹“汾”为“份”。订补本已据佚存本订正。

陈杞世家第六

340. 叶公攻败白公，白公自杀。（中36·1583—5；泷18—2）

正义 《括地志》云：“白亭在许州扶□县北四十五里，即胜所封。”按：白亭在豫州褒信县者是也。以解在《楚世家》。

璋按：泷川本“扶”字下空一字，以“□”标识。校补本补“洊”字，作“扶洊县”。洊，即“溝”之异体字[①]。其实佚存本手稿“扶”字下有草书“𰿳”字，手民不识，而以“□”处置。辑校本、订补本已订正为“扶溝县”，与佚存本手稿合。

346. 江、黄、胡、沈之属，不可胜数。（中36·1586—9；泷4—6）

正义 《括地志》云：“安阳故城，在豫州新息县西南八十里。应劭曰：‘故江国也。’黄国故城，在光州定城县西十二里，春秋时黄国都也。”“胡”“沈”解在前。

璋按：佚存本手稿“应劭曰古江国也”句下有“《地理志》云：安阳县，古江国。”“春秋时黄国都也”句下有“《续汉书》云：江、黄，嬴姓国也。”共二十字，泷川本脱。校补本、辑校本、订补本皆承泷川本之夺而未补。

卫康叔世家第七

360. 虽杀之，必或继之。（中37·1601—7；泷25—2）

① 元代王祯《农书》卷十二“随耧种所过溝垄碾之”，明代徐光启《农政全书·农器·图谱一》引作“随耧种所过洊垄碾之。”故知“洊”即“溝”之异体字。

△正义 子路云："太子若不合孔悝，虽杀已，必有继续而政太子。"杀孔悝。

璋按：此则正义佚文为校补本新增。然佚存本手稿元有，但文字有重要差异。佚存本作："子路云：'太子若不舍孔悝，虽杀之，必有继续而攻太子。'杀孔悝。"与《左传·哀公十五年》："大子焉用孔悝，虽杀之，必或继之"合。校补本讹"舍"作"合"，讹"之"为"已"，讹"攻"为"政"。或因形近而讹，或因音近而讹。

晋世家第九

387.晋唐叔虞者。（中39·1635—3；泷2—7）

正义 餘才宋《国都城记》云："唐国，尧之裔子所封，为唐。太叔因故唐侯之地封于唐，在河汾之东，方百里，故曰唐叔虞。"叔者，仲叔次第；虞，名也，

璋按：佚存本手稿"餘才宋"，"餘"字圈去，右上注大字"徐"，"宋"字右下注"宗"字。是泷川资言已更正"餘才宋"为"徐才宗"。（请参见图版三）泷川本"餘才宋"之讹，应据佚存本手稿订正。又佚存本"唐国因帝尧之裔子所封为唐侯"，泷川本夺"因帝"及"侯"三字，遂使语意欠明。校补本、辑校本、订补本皆承泷川本之夺而未补。

393.君行则守。（中39·1643—6；泷16—7）

△正义 守，音狩，不同守者狩也。若巡狩，而令境内监守也。

璋按：此为校补本新增正义，文字讹误，不堪卒读。考佚存本手稿，"君行则守"句下正义作："守，音狩。下同。守者，守也。君若巡狩，而令境内监守也。""下同"者，谓《史》文下文"有守则从"

之“守”，同音狩。校补本讹“下同”之“下”为“不”，则“不同守者狩也”，不知所云；擅改“守者，守也”为“守者，狩也”，则行同僭越。校补本“若巡狩”句首夺“君”字。辑校本因未校出“不”为“下”之讹，遂致断句失当。

415.王若曰：“父义和”。（中39·1667—1；泷58—5）

正义 王，平王也。孔安国曰：“文侯同姓，故称曰父。义和，字也，称父者非一人，故以字别之。”按：“王若曰：父义和”至“永其在位”，是《尚书·命文公仇》之文，而太史公采《左传》作此《世家》。然平王至襄王六代，文侯仇至重耳十一公，县隔一百三十余年，极疏谬矣。及裴氏于孔、马注不考，年代亦依前失矣。《左传》《尚书》各有文，盖周襄王自命文公作侯伯及赐弓矢，《左传》文分明，而太史公引《尚书》平王命文侯之文，太史公误。

璋按：泷川本“是《尚书·命文公仇》之文”，佚存本作“是《尚书·命晋文侯仇》之文”，泷川本讹“文侯仇”为“文公仇”，且脱“晋”字；泷川本“文侯仇至重耳十一公”，佚存本作“文侯仇至文公重耳十一代”，泷川本于“重耳”上脱“文公”二字，且误“十一代”为“十一公”。

435.使吕相让秦。（中39·1679—12；泷80—2）

正义 杜预曰：“魏锜子也。”

璋按：佚存本手稿“杜预曰”之上有“贾逵曰：‘吕相，晋大夫’”七字，泷川本脱。校补本、辑校本皆脱。订补本据佚存本补“贯達曰：‘吕相，晋大夫’”，但形讹“逵”为“達”。

438.愿公试使人之周微考之。（中39·1680—11；泷82—2）

正义 按：周，洛阳，时周王都洛。

璋按：佚存本手稿“时周王都洛”之下尚有“《年表》云：立襄公子纠为悼也”十一字，泷川本脱。校补本、辑校本皆承泷川本之脱，唯订补本补上。

楚世家第十

451.陆终生子六人，坼剖而产焉。（中40·1690—1；泷3—9）

正义 陆终娶鬼方氏之妹，谓之女嬇，产六子，孕而不毓三年，启其右胁，六人出焉。

璋按：佚存本手稿“陆终”字上有“《世本》云”三字，交待故事出处，泷川本夺。订补本补“世本云”三字。

466.张丑伪谓楚王曰。（中40·1721—3；泷51—7）

正义 为，音伪。言张丑为田婴故，伪设此辞。

璋按：佚存本手稿此则正义作：“《正义》作‘张丑为’。为，音伪。言张丑为田婴故，伪设此辞。”是《正义》所据《史记》文本作“张丑为”，与合刻本作“张丑伪”者不同，故先为“为”字注音，后释句意。

476.膺击韩魏。（中40·1731—2；泷73—6）

正义 膺，作“鹰”。如鹰鸟之击也。

璋按：佚存本手稿此则正义作：“《正义》作‘鹰’。如鹰鸟之击也。”据此，知《正义》所据《史记》文本原作“鹰击韩魏”。然按之《史》文：“秦为大鸟，负海内而处，东面而立，左臂据赵之西南，右臂傅楚鄢郢，膺击韩魏，垂头中国”，则史公原稿以作“膺”者为是。《正义》据本作“鹰”者，当为唐以前传抄者妄改，《正义》注文亦违《史》文原意，不可取。

越王勾践世家第十一

486.持满者与天。（中41·1740—11；泷5—3）

正义 言执持满之德，维天能之。《越绝》云：“天道盈而不溢，盛而不骄。”

璋按：“言执持满之德”，佚存本手稿“满”字下有“足”字，作“言执持满足之德”，语意语气似更充足。

495.所待者如此其失计。（中41·1748—12；泷19—10）

△正义 其以失计犹为王也。

璋按：此为校补本新增正义。然佚存本手稿元有，“其以”之下有“此”字，作“其以此失计犹为王也。”按之《史》文“奈何其以此王也”，则“其以”下有“此”字是，较之校补本所增佚文语意更为完足。

502.复约要父子耕畜废居。（中41·1753—1；泷26—8）

正义 畜，许六反。耕，耕田也。畜，养五牸也。废，停也。居，贮也。停贱物，贵而卖之也。

璋按：佚存本手稿“畜，许六反”之下，直接“畜，养五牸也。”而泷川本误倒于“耕，耕田也”之下。校补本、辑校本、订补本承泷川本之误而未改。

郑世家第十二

504.郑桓公友者。（中42·1757—2；泷1—7）

正义 《毛诗谱》云：郑国者，“周宣王封其弟友于宗周畿内棫林之地，是为郑桓公。”

璋按：佚存本手稿“郑国者”之下有“宗周畿内之故国”七字，泷川本脱。泷川本“封其弟友于宗周畿内棫林地”句，佚存本无“宗周畿内”四字。

507.东徙其民雒东，而虢、郐果献十邑。（中42·1758—2；泷5—1）

正义 《括地志》云：“故莘城，在郑州管城县南三十里。鄢，今许州鄢陵是。”杜预曰：“鄢，颍川郡鄢陵县”，即汜水县也。余邑皆相近。《毛诗·疏》曰：“《郑世家》云桓公言于王，东徙其民雒东，而虢、郐果献十邑。如《世家》言，则桓公自取十邑。而《诗谱》云‘死后武公取之’者，司马迁见《国语》‘史伯为公谋取十邑’之文，不知桓公身未得，故傅会为此说耳。《外传》云‘皆子男之国，虢、郐为大。’则八邑各为其国。则虢、郐之地，无由得献之桓公也。明司马迁之说谬耳。”

璋按：《正义》所引《括地志》“故莘城”云云，系为《史》文“虢、郐果献十邑”集解虞翻《注》中十邑之一的“莘”邑补释。虞《注》据《国语》为说，张《校》改“莘”为“華”，与《集解》相违，欠妥。“余邑皆相近”句下，佚存本有“未详的处”四字，泷川本脱。“《毛诗·疏》”下“《郑世家》云桓公言于王东徙其民雒东”十五字，佚存本手稿无。“而虢、郐果献十邑”句，“而”字佚存本作“说”，则“毛诗疏曰”以下文字当如此标点：“《毛诗·疏》曰：‘说虢、郐果献十邑，如《世家》言则桓公自取十邑’。”泷川本“而《诗谱》云‘死后武公取之’者”，佚存本手稿无“诗谱”及“之”三字，当系衍文。泷川本“则八邑各为其国，则虢、郐之地无由得献之桓公也”，“则虢、郐之地”句首之“则”字，佚存本手稿作“非”，与《毛诗·疏》合，此句应如此标点：“《外传》云：‘皆子男之国，虢、郐为大。’则八邑各为其国，非虢、郐之地，无由得献之桓公也。”

赵世家第十三

519.韩不佞。（中43·1790—5；泷25—3）

正义 韩简子也。本作“佞”也。

璋按：佚存本手稿此则正义佚文作：“《正义》作韩不信。《注》曰：韩简子也。‘信’，本作‘佞’也。”据此，知《正义》所据《史》文作“韩不信”，与合刻本作“韩不佞”者异。泷川本脱“信”字。辑校本依校补本校语补“信”字，是。然佚存本元有“信”字。

533.见其长子章傫然也。（43·1815—1；泷68—1）

正义 低垂貌。傫，失意也。《孔子世家》“傫然若丧家之狗。”

璋按：佚存本手稿于“低垂貌”之上有“傫，亦追反”四字，此乃《正义》注例：先为难字注音，然后释义。泷川本脱。校补本、辑校本、订补本皆承泷川本脱此注音四字。

魏世家第十四

547.魏献子生魏侈。（中44·1837—11；泷6—2）

正义 侈音他；侈，尺氏反。

璋按：佚存本手稿无“侈尺氏反”四字。《正义》已为“侈”字直音，毋须再作反切。泷川本比佚存本多出之“侈尺多反”四字，显为衍文。

549. 故曰"君终无適子，其国可破也。"（中44·1843—8；泷15—7）

正义 "適者嫡。"是故旧所言，故曰"故曰"也。

璋按："適者嫡"，语意欠通。而佚存本手稿作"適，音嫡"。是泷川本"者"为"音"之形讹。校补本、辑校本、订补本皆承泷川本之讹未改。

田敬仲完世家第十六

578. 惠王请献观以和解。（中46·1888—15；泷20—3）

正义 观，音馆。魏州观城县，古观国，夏启子太康弟之所封也。夏相灭之。汉为县。

璋按："夏启子太康弟之所封也"，佚存本手稿"太康"之下有"第五"二字，作"夏启子太康第五弟之所封也。"泷川本脱"第五"二字，校补本、辑校本、订补本皆承其脱。

孔子世家第十七

584. 由是孔子疑其父墓处，母讳之也。（中47·1906—16；泷8—9）

正义 梁纥葬时，征在既少，不能教□其的处。

璋按：泷川本此则正义佚文语意欠明。校补本于"教"字下空格处补"往忠"二字，依然无法卒读。考佚存本手稿"既少"之下有"后"字；泷川本空格下方，佚存本有草书"忘"字，当即"忘"字。佚存本此则正义佚文作："梁纥葬时，征在既少，后不能教□，忘（忘）其的处。"小泽贤二订补本据佚存本手稿，并参考校补本，将佚存本空格补上"往"字，整条正义为"梁纥葬时，征在既少，后不能教往，忘其的处"，则涣然可读。

593.叔孙氏车子鉏商获兽。（中47·1942—2；泷80—8）

正义 鉏，音锄。服虔云："车，车士，微者也。子，姓，鉏商，名。"按：姓鉏，名商。车子，御车之人也。

璋按："车士"之"士"，佚存本手稿圈去，右侧旁注大字"子"，作"车子"，与《史》文及《左传》杜《注》合。泷川本误"子"作"士"。泷川本正义引服虔注"子，姓；鉏商，名。"佚存本手稿无"商"字，作"子，姓；鉏，名。"

陈涉世家第十八

600.念鬼。（中48·1950—7；泷5—5）

正义 言常思扶苏、项燕，曰："卜者以此教我先威众也。"

璋按："言常思"之上，佚存本手稿有"念鬼"二字；"曰卜者"三字，佚存本作"日者"二字；"先威众"，佚存本作"以感众"。佚存本正义全文为："'念鬼'，言常思扶苏、项燕，日者以此教我以感众也。"举"扶苏、项燕"之名，以启发戍卒明君、良将之思，而非以此二人之名以威胁之也。较泷川本义长。是泷川本讹"日"为"曰"，讹"感"为"威"。校补本、辑校本、订补本皆承泷川本之讹。

605.且耰棘矜。（中48·1964—14；泷24—9）

△正义 鉏，音锄。耰，音忧。矜，音勤。鉏，鉏柄也。耰，块椎也。槿，矛柄也。棘，木戟也。

璋按：此为校补本新增正义佚文，然佚存本手稿元有，泷川本脱。校补本"槿，矛柄也"，与《史》文"矜"乖违，而佚存本手稿作"矜，矛柄也"，是。辑校本、订补本皆同校补本误"矜"作"槿"。

外戚世家第十九

612.因欲奇两女，乃夺金氏。（中49·1975—7；泷15—3）

正义 奇，作“倚”；倚，于绮反，倚依也。问卜筮，两女当贵，乃依恃之，故夺金氏之女。

璋按：“奇，作‘倚’”，知正义所据《史记》文本作“因欲倚两女”。泷川本下“倚”字，佚存本手稿作“并”。依佚存本手稿，此则正义佚文当如此标点：奇，作“倚”，并于绮反。倚，依也。问卜筮，两女当贵，乃依恃之，故夺金氏之女。

613.景帝以故望之。（中49·1976—10；泷16—7）

正义 望，犹恨也。

璋按：佚存本手稿此则正义佚文作“望，衔恨也”，义长。泷川本讹“衔”作“犹”。订补本已订正为“望，衔恨也”。

曹相国世家第二十四

632.王武反于[外]黄。（中54·2025—4；泷8—1）

正义 故黄县，在曹州黄城县东二十四里。《左传注》云：“陈留外黄县东有黄城”，是也。

璋按：佚存本手稿“故黄县”之上有“《括地志》曰”四字，点明注文来源，泷川本脱。订补本已补正。

绛侯周勃世家第二十七

661.东乡坐而责之：“趣为我语。”其椎少文如此。（中57·2071—10；泷11—1）

正义 责诸生说書急为语。椎，若椎木无余响，直其事，少文辞。

璋按：泷川本及佚存本手稿均作“诸生说書”，“書”字草体“书”与“士”字形似。泷川资言所见《史记》古本校记当原作“诸生说书”，泷川氏误认“书”为“書”之草体，并改为正体“書”字。其实《史》文正作“每召诸生说士”，泷川氏失察而致讹。泷川本“直其事”，佚存本手稿“直”字下有“说”字，作“直说其事”。泷川本脱“说”字，遂致不词。泷川本的讹、夺造成严重后果，程金造先生曾据此例而疑其“绝不似张守节之训释”。

梁孝王世家第二十八

668.景帝使使持节乘舆驷马。（中58·2084—10；泷7—1）

正义 乘者，载也。舆者，车也。天子当乘舆以行天下，不敢指斥天子，故曰乘舆。

璋按：“指斥”，佚存本手稿作“斥言”，是也。泷川本当据其改正。

伯夷列传第一

688.天之报施善人，其何如哉。（中61·2124—16；泷12—3）

正义 太史公叹天之报施颜回非也。

璋按：佚存本手稿“叹”字下有“非”字，而“颜回”字下无“非”字。泷川本移“叹”下“非”字于“颜回”之下，非《史》文及《正义》原意。校补本校语指出“幻本‘非’字移在‘天’上”，与佚存本手稿合。

老子韩非列传第三

690.观往者得失之变。（中63·2147—9；泷15—9）

△正义 凡治国之道，□□无事之时，则用□□名誉之人。急难之时，

则以介胄之士攻伐也。言所以养所用皆失之矣。

璋按：此则正义泷川本原脱，系水泽利忠据南化本栏外校记增补，然残缺殊甚。辑校本仍之。但佚存本手稿有钞录完整的佚文："凡治国之道，宽缓无事之时，则用尊宠名誉之人。急难之时，则以介胄之士攻伐也。言所以养所用皆失之善矣。"订补本据《佚存》手稿于"道"字下两空格补"宽後"二字，于"用"字下两空格补"尊茏"二字，较校补本为优。然错识"缓"字为"後"字，错认"宠"字为"茏"字，又与校补本同样于"失之"下脱"善"字。

691. 故作《孤愤》《五蠹》《内外储》《说林》《说难》十余万言。（中63·2147—9；泷15—10）

正义 《内外储》，□□□□《孤愤》，臣主暗昧，贤良好孤直，不得意，故曰"孤愤"。《五蠹》，《韩子》曰商贾作苦窳恶滥器害五民，故曰"五蠹"。《说林》，谓取众妙之士谏争，其多若林，故云《说林》。《说难》，说难当人之心，故曰《说难》。已上皆《韩子》篇名也。

璋按：佚存本手稿此则正义作"此中《内外储》，《注》同，故不书也。《孤愤》，臣主暗昧，贤良好孤直，不得意，故曰'孤愤'。《五蠹》，《韩子》曰商贾作苦窳恶滥器害五民，故曰'五蠹'。《说林》，谓取众妙之士谏争，其多若林，故曰'说林'。《说难》，谓说难当人主之心，故曰'说难'。已上皆《韩子》篇名也。"与佚存本相较，泷川本脱"此中""《注》同故不书也"；又于"《说难》"下脱"谓"字，"说难当人"下脱"主"字，则语意含混。校补本、辑校本、订补本同有此病。

693. 所说出于名高者也。（中63·2149—4；泷17—8）

正义 前人好五帝、三皇名高之道，乃以厚利说之，则卑贱之，必见弃远矣。

璋按："乃以厚利说之"句中"以"字，佚存本手稿为"陈"字，该句作"乃陈厚利说之"；"则卑贱"句"则"字上，佚存本有"见"字，该句作"见，则卑贱之"。佚存本《正义》义长。

司马穰苴列传第四

696.如其文也，亦少褒矣。（中64·2160—3；泷8—10）

△正义 《司马兵法》闳廓深远矣。虽夏、殷、周三代征伐，未能意尽其理也。如是，其文意也，以三代用兵，亦少褒扬，《司马穰苴兵法》尚未尽者妙也。若区区小齐，何暇得申《司马穰苴兵法》揖让乎！言不得申。

璋按：此则正义佚文为校补本新增。然佚存本手稿元有，以其相较，校补本、辑校本、订补本有多处因形近而讹。"《司马兵法》闳廓"，"廓"字佚存本原作"廓"；"未能意尽其理也"，"意"字佚存本原作"竟"；"《司马穰苴兵法》尚未尽者妙也"，"者"字佚存本原作"所"；"何暇得申《司马穰苴兵法》揖让乎"，"暇"字佚存本作"[illegible]"，乃"得"之草体，下"得"字为衍文。细味佚存本所钞佚文，可知其保持张守节《正义》原貌："《司马兵法》闳廓深远矣。虽夏、殷、周三代征伐，未能竟尽其理也。如是，其文意也，以三代用兵亦少褒扬，《司马穰苴兵法》尚未尽所妙也。若区区小齐，何得申《司马穰苴兵法》揖让乎！言不得申。"

仲尼弟子列传第七

699.司马耕，字子牛。（中67·2214—6；泷42—6）

正义 孔安国曰："牛，宋人，弟子司马犁也。《家语》云宋桓魁之弟也。魁为宋司马，故牛以司马为氏。"

璋按：辑校本据《左传》《史记·宋世家》及《孔子家语》，改“魁”为“魋”，甚是。然佚存本手稿正义佚文原作“魋”。愚意以“魋”作“魁”者，当系泷川本排印时手民因字形相似而误植所致。

商君列传第八

711.舂者不相杵。（中68·2234—11；泷17—3）

正义 相，谓送杵以音声。《曲礼》：“不舂不相。”

璋按：校补本校记云：“‘礼’下有‘自劝也’三字，泷川本讹脱。”其实佚存本手稿于“音声”下有“自劝也”三字，但并非如校补本所说的在“礼”字之下。

苏秦列传第九

727.韩绝其粮道。（中69·2249—2；泷14—10）

正义 韩引兵至崤关、武关之外，绝其粮道。

璋按：“绝其粮道”，佚存本手稿作“绝其运粮之道”，泷川本夺“运”与“之”字。

736.吷芮。（中69·2251—2；泷20—2）

正义 吷，音伐；下音仁锐反。《方言》云：“盾自关东谓之瞂，关西谓之盾。”

璋按：“下音仁锐反”，佚存本手稿“锐”作“税”。泷川本所引“方言云”至“关西谓之盾”十五字为《史记》三家注合刻本正义注文，佚存本手稿无有。但佚存本手稿在“下音税反云云”下，有“《说文》云：‘盾，瞂也。’按：音代。刘伯庄云：‘谓系盾之绶。’吷，盾也；芮，谓系盾之绶也。言细物备有。”共三十三字，泷川本脱。校补本、辑校本、订补本皆脱。

741.嫂委蚍蒲服，以面掩地而谢曰。（中69·2262—2；泷34—7）

正义 蒲服，犹匍匐。以而掩地而谢者，若蛇行，以而掩地而进。刘伯庄云："蛇谓曲也。"按：本作"委蛇"者非也。

璋按：佚存本手稿正义摘《史》文"蒲服"作注曰："蒲服犹匍匐，以面掩地而进者若蛇行，以面掩之而谢。刘伯庄云：'蛇谓曲也。'按：本有作'委蛇'者非也。"两相比较，《佚存》所录当为《正义》原貌。泷川本改"以面掩地而进者"句中"进"字为"谢"字，改"以面掩之而谢"句中"谢"字为"进"字，与《史》文原意不合，失当。而且两"面"字皆形讹为"而"字。

761.燕赵之秦者，皆以争事秦说其主。（中69·2276—8；泷61—6）

正义 言燕、赵之士，往秦者皆争事秦，而却说燕、赵之主也。

璋按："却说燕、赵之主也"句中之"主"字，佚存本手稿作"[illegible]"（恶）字。细味《史》文及《正义》注文，当以作"恶"字者为是。

张仪列传第十

768.两虎相搏。（中70·2291—12；泷25—2）

正义 搏音博，犹戟也。

璋按：依泷川本"搏，犹戟也"，则"两虎相搏"犹"两虎相戟"，岂有此理？必有讹误。考佚存本手稿作"搏，音博，犹戰也。"知此"戰"字，泷川本因形似而讹为"戟"字。校补本、辑校本、订补本皆承泷川本之讹。

771.蹄间三寻。（中70·2293—5；泷28—8）

正义 七尺曰寻。马蹄间有二丈一尺，亦疾也。

璋按："七尺"之上，佚存本手稿有"三寻者"三字，泷川本夺。订补本已补上。

772.秦人捐甲徒裼以趋敌。（中70·2293—5；泷28—10）

正义 徒，跣。裼，袒也。言六国之卒皆着甲及兜□而战，秦人弃甲徒跣，袒肩而战。

璋按："六国之卒皆着甲及兜□"，佚存本手稿"兜"字下有"牟"字。牟，通"鍪"，头盔也。泷川本夺"牟"字，以空格处置。订补本已补上"牟"字。

樗里子甘茂列传第十一

792.鬼谷。（中71·2316—16；泷19—5）

正义 鬼谷，阳城县北也。

璋按："阳城县北"，佚存本手稿"阳"字上有"在"字，作"在阳城县北"。泷川本脱"在"字。订补本补"在"，但点作"鬼谷在，阳城县北也"，则误。

795.大项橐生七岁为孔子师。（中71·2319—8；泷23—9）

正义 尊其道德，故曰大。

璋按：佚存本手稿"尊"字下有"大"字，作"尊大其道德，故曰大。"泷川本脱"大"字。订补本补"大"字，但于"故曰大"下增"项橐"二字，佚存本原无，乃新增衍文。

796. 借臣车五乘。（中71·2320—5；泷24—9）

正义 借，时夜反。

璋按："时夜反"非"借"字切音。考佚存本正义作"借，将夜反。"此"将"字泷川本形讹为"时"。校补本、辑校本、订补本皆承泷川本之讹。

孟子荀卿列传第十四

820. 齐有三驺子。（中74·2344—5；泷4—10）

正义 三驺：驺忌、衍、奭。

璋按："奭"字之下，佚存本手稿有"三人仕燕。《七录》云：'《邹子》，邹衍撰。'《七略》云：《邹子》二种，合一百条，篇亡，今惟此。又似后人所记。"共三十四字，泷川本脱。校补本、辑校本、订补本皆承泷川本之脱。

孟尝君列传第十五

840. 谥为靖郭君。（中75·2353—7；泷6—2）

正义 靖郭君，邑名，盖卒后赐邑号。

璋按："靖郭君"，非邑名。佚存本手稿无"君"字，是。泷川本衍"君"字。"盖卒后赐邑号"，佚存本手稿"邑号"二字为"名"字，作"盖卒后赐名"。校补本、辑校本、订补本皆承泷川本之衍，误。

843. 齐愍王不自得，以其遣孟尝君。（中75·2355—14；泷10—3）

正义 言自嫌无德而遣孟尝。

璋按：佚存本手稿“言”字之上有“本‘不自得’作‘不自德’”八字，是《正义》所据《史记》本“得”作“德”，注文亦依“德”字释义。泷川本脱此八字。又“无”字，泷川本形讹为“旡”字，辑校本已据校补本校语改“旡”为“无”。

846.秦必重子以取晋。（中75·2358—6；泷14—10）

△正义 取晋，谓齐、晋取。

璋按：此则正义佚文为校补本新增，然意难索解。佚存本原有此则正义，但与校补本文字有异。手稿“齐晋取”，“晋取”二字用～号颠倒，作“齐取晋”，取者，亲也，意谓齐亲晋，与《史》文契合。

850.长铗归来乎。（中75·2359—5；泷17—8）

△正义 长铗，剑名，古侠反。

璋按：此则正义佚文为校补本新增，但不合《正义》先注音后释义的注释体例，必有讹误。考佚存本手稿，此则正义元有，但无“长”字，佚文作“铗，古侠反，剑名。”校补本衍“长”字。辑校本、订补本皆承校补本之衍误。

平原君虞卿列传第十六

860.且虞卿操其两权，事成，操右券以责。（中76·2369—15；泷10—10）

正义 右券，上契也。言虞卿事成，常取上契之功，以责平原报己之德。

璋按：“言虞卿事成”句，“虞卿”字下，佚存本手稿有“为平原取封”五字，泷川本夺。“常取”之“常”，佚存本作“尝”。

魏公子列传第十七

871.平原君负韊矢。（中77·2381—12；泷10—8）

正义 若胡鹿而短。忱，时林反，字伯雍，任城人，吕姓，晋弦令，作《字林》七卷。

璋按：泷川本此则正义佚文叙次混乱，莫明所指。考佚存本手稿，《史》文“平原君负韊矢”正义作“《集解》云：吕忱曰。忱，其林反。忱，字伯雍，任城人，吕姓，晋弦令，作《字林》七卷。吕忱云：‘若胡鹿而短。’”先为《集解》所出“吕忱”简介行历著作，然后引吕忱《字林》“若胡鹿而短”为“韊矢”作注。注文井然有序，指向分明。校补本、辑校本因未见泷川资言《正义佚存》手稿，故多承泷川本之误。

春申君列传第十八

881.注齐、秦之要。（中78·2388—7；泷5—7）

△正义 要，音腰。要得魏氏诸邑，又割濮磨之北地，而东西注齐、秦之腰也。

璋按：佚存本手稿“注齐秦之腰”之下，尚有“刘伯庄曰：‘注，音朱谕反，犹截也’”十二字，校补本脱。辑校本、订补本均承校补本之脱。

廉颇蔺相如列传第二十一

923.以数千人委之。（中81·2450—7；泷22—6）

△正义 委之，反以少年先常以委。

璋按：此则正义佚文为校补本新增，而意不可晓。辑校本断句亦欠妥。考佚存本手稿正义作：“委，伪□反。以少军先尝以委。”先为

“委”字注音，“□”，参考校补本应为“之”字，故“委，伪□反”当为“委，之伪反”；然后解说句意：以少数军士先尝试着委弃给敌人（以探虚实）。故知校补本“委之，反”，当为“委，之伪反”，中脱“伪”字；“少年”之“年”，则为“军”字之形讹；“常”字则为“尝”字之音讹。辑校本、订补本皆承校补本之讹、夺。

鲁仲连邹阳列传第二十三

929.新垣衍。（中83·2459—11；泷3—3）

正义 新垣，姓；衍，名。汉有新垣平。

璋按：“汉有新垣平”句下，佚存本手稿尚有“辛垣衍，魏客将军也”八字，泷川本脱。校补本、辑校本、订补本皆承泷川本之脱。

942.恶之梁孝王。（中83·2469—8；泷19—5）

正义 颜师古曰：“恶，谓谗毁也。”

璋按：佚存本手稿无“颜”字，泷川本衍。“谓谗毁也”句下，佚存本有“其下亦同”四字，泷川本脱。诸本皆同泷川本之衍、脱。

屈原贾生列传第二十四

955.皭然。（中84·2482—8；泷5—2）

正义 皭然，上白若反，又子笑反。

璋按：“白若反”非“皭”字切音。佚存本手稿作“上自若反”，方是“皭”字正确切音。泷川本“白”为“自”之形讹。“又子笑反”句下，佚存本手稿有“疏濯之貌”四字以释“皭然”之义，泷川本脱。校补本补“疏静之貌”、订补本补为“疏眠之貌”，“疏静”“疏眠”均非“皭然”之义，其实“静”“眠”均为草书“濯”字之形讹。

吕不韦列传第二十五

997.举立以为适而子之。（中85·2507—16；泷5—10）

正义 言华阳夫人举才逹子而为安国君嫡嗣，而又养之为嗣也。

璋按："举才逹子"，意不可晓，字必有误。考佚存本手稿此四字作"举才建子"，则意晓然，是泷川本"逹"字为"建"字之形讹。"而为"之"而"，佚存本无，盖为衍文。校补本、辑校本、订补本皆承泷川本之讹、衍。

刺客列传第二十六

1004.公子光。（中86·2516—11；泷4—7）

正义 公子光，诸樊之子也。

璋按：《正义》摘《史》文"公子光"为注，毋须重"公子光"三字，佚存本手稿无此三字，是。泷川本"公子光"为衍文。

1017.却行为导。（中86·2530—2；泷25—7）

正义 为导，谓引导田光。

璋按：佚存本手稿无"为导"二字。泷川本将此则正义佚文系于《史》文"却行为导跪而蔽席"句下，不得不添加《正义》原无之"为导"二字，以系注文。

李斯列传第二十七

1027.税驾。（中87·2547—9；泷14—8）

正义 税，舍车也，止也。

璋按：佚存本手稿"税"字之上有"顾野王曰"四字，标明注文来源，泷川本脱。辑校本、订补本皆承泷川本之脱。

1041.丞相岂少我哉？且固我哉。（中87·2558—13；泷36—1）

△正义 言丞相幼少，且以我为故旧哉。

璋按：此则正义佚文为校补本新增。“言丞相幼少”，时李斯已是高年，何来“幼少”之说？注文必有脱夺。考佚存本手稿正义原作“言丞相幼少我，且以我身为故旧哉！‘固’与‘故’通。”意谓二世皇帝认为丞相李斯欺我年龄幼少，而且以我为他的故旧而轻易我。语意豁然开朗。校补本、辑校本、订补本于“幼少”下方脱“我”字，“且以我”下脱“身”字，又夺“‘固’与‘故’通”四字，遂致意不可晓。

魏豹彭越列传第三十

1066.得摄尺寸之柄，其云蒸龙变，欲有所会其度。（中90·2595—6；泷11—2）

正义 言二人得绾摄一尺之权柄，即生变动，欲有其度数。度，徒故反。

璋按：“欲有其度数”，佚存本手稿“欲有”之下有“会”字，作“欲有会其度数”。“会”，《说文》释曰“合也。”犹今语符合、投合。“会”字泷川本脱。校补本、辑校本、订补本皆脱。校补本校语又疑“度，徒故反”四字非《正义》注文。然此四字佚存本手稿原有。按《广韵》，“度”字有两读：读“徒故切”时为名词，有器度、抱负之义；读“徒落切”时为动词，意谓图、谋。《史》文“会其度”之“度”乃名词，正为胸襟、抱负之义，故《正义》精准地读为“徒故切”。校补本之疑非是。

淮阴侯列传第三十二

1081.又不能治生商贾，常从人寄食饮。（中92·2609—3；泷2—3）

正义 行卖曰商，坐卖曰贾也。案：食饮，谓托饮食于人，犹乞食也。

璋按：原本《正义》摘“商贾”与“寄食”为两条注文。《史记》三注家合刻本合二注为一。考佚存本手稿“寄食”条正义作：“寄饮食，谓托饮食于人，犹乞食也。”泷川本误将“寄饮食”之“寄”，形讹为“案”，又颠倒“饮食”为“食饮”，作“食饮，谓托饮食于人”。“食饮”上无动词，致文理不通。校补本、辑校本、订补本皆同泷川本之误。

张丞相列传第三十六

1123.明于事有大智，后世称之。（中96·2687—11；泷21—9）

正义 《汉书》：吉道上见杀人，不问；见牛喘吐舌，使吏问之。或让吉，吉曰：“民间相伤杀，长安令、京兆尹职。岁竟，丞相课其殿最赏罚。宰相不亲小事，非所当于道问也。方春少阳用事，未可以热。恐牛近行，以暑故喘，此时节失气，恐有所伤害也。三公典阴阳，职所当忧，是以问之。”以吉知大体，故世称之。

璋按：泷川本“此时节失气”，不通。佚存本手稿作“此时气失节”，是，且与《汉书·丙吉传》合。

郦生陆贾列传第三十七

1145.一岁中往来过他客。（中97·2700—1；泷18—4）

△正义 言余处作宾客，一年之中不过三两过，到莫数见不鲜洁，及久厌我也。

璋按：此为校补本新增正义佚文，“到莫数见不鲜洁”，意颇难解，实属不辞，必有讹误。考佚存本手稿此则正义佚文作：“余处为宾客、一年之中三两过到、若数见不鲜洁、及久厌我也。”两相比较，校补本衍“言”及“不过”三字，而“莫”字为“若”之形讹。辑校本点逗亦欠妥。按佚存本手稿，此则正义佚文当如此标点：“余处为宾客。一年之中三两过到，若数见不鲜洁，及久厌我也。”

刘敬叔孙通列传第三十九

1160.刘敬者，齐人也。（中99·2715—3；泷2—2）

正义 本姓娄，《汉书》作“娄敬”。高祖曰“娄者刘也”，赐姓刘氏。

璋按：佚存本手稿此则正义作：“本姓娄，高祖曰‘娄者，刘也’，赐刘氏。《汉书》作‘娄敬’。”文从字顺。泷川本将《正义》后置旁参的文字“《汉书》作‘娄敬’”提到“本姓娄”下，切断文气，失当。

1162.杖马箠居岐。（中99·2715—12；泷3—2）

正义 杖，音直尚反。箠，音竹委反。杖，持也。

璋按：辑校本据校补本在“持也”下补“颜师古曰：‘箠，马策也。杖，谓柱之也。云杖马垂者，以其无所携持也。’”此二十五字，佚存本手稿元有，但文字稍异，如“杖谓柱之也”句，佚存本“柱”作“拄”，字从“手”不从“木”；“云杖马垂者”句，佚存本无“云”字，而“垂”作“箠”；“以其无所携持也”句中“其”字，佚存本作“示”。佚存本正义所引颜《注》均与《汉书》颜《注》契合，可知泷川本“柱”为“拄”之形讹，“其”为“示”之形讹；“垂”脱“竹”头。

袁盎晁错列传第四十一

1211. 夫一旦有急叩门，不以亲为解。（中101·2744—6；泷14—6）

正义 言人有急叩门被呼，则依父母自解说也。

璋按：《史》文“一旦有急叩门，不以亲为解”云云，系袁盎评论雒阳侠士剧孟之语。泷川本所收正义佚文，与《史》文原意相反，必有讹误。考佚存本手稿此则正义作：“言人有急叩门被呼，则不依父母为解免也。”泷川本“则”字下夺一“不”字，一字之脱含意全反。“自解说”句，“自”系“为”字之误，“说”为“免”字之讹。校补本、辑校本、订补本皆袭泷川本之脱、误。

万石张叔列传第四十三

1228. 醇谨无他。（中103·2768—12；泷11—3）

正义 性醇谨，无他伎能也。

璋按：佚存本正义“醇谨”之下有“而已”二字，泷川本脱。“伎能”之下无“也”字。

扁鹊仓公列传第四十五

1238. 邪气辟矣。（中105·2811—6；泷50—2）

正义 辟，言辟恶风也。刘伯庄云“辟，犹聚也”，恐非其理也。

璋按：“辟，言辟恶风也”，佚存本作“辟，言辟除恶气也”，与《史》文“邪气辟”契合。泷川本脱“除”字，又讹“气”为“风”。

匈奴列传第五十

1273. 作周。（中110·2881—6；泷4—10）

△正义 初作固，一本“周”字作“固”也。

璋按：此为校补本新增正义佚文，然文字有讹误。佚存本手稿《史》文“作周”正义作：“初作周。一本‘周’字作‘固’。”“初作周”者，古公亶父于岐山下周原初创周国也。校补本“初作固”者，“固”字显为“周”字之形讹。辑校本、订补本皆承校补本之讹而未改。

1283.患其徼一时之权。（中110·2919—7；泷69—3）
△正义 言世俗说匈奴者患者。

璋按：校补本所补此则正义佚文语意欠明。考佚存本手稿，句首无“言”字，“患者”作“患苦”，全条佚文作“世俗说匈奴者患苦”，知校补本最后之“者”字为“苦”之形讹。手稿又在“苦”字右下方旁注“有缺文”三字，可知泷川资言从《史记》古本栏外校记所钞原文即有残缺。

卫将军骠骑列传第五十一

1286.大将军姊子霍去病。（中111·2928—8；泷4—6）
△正义 徐广云：“姊，即少儿。”

璋按：校补本新增此则正义佚文，只全录《史》文“大将军姊子霍去病”句下集解文。考佚存本手稿，此下尚有张守节据《汉书》所作的注文：“按：《汉书》云，其父霍仲孺先与少儿通，生去病。及卫皇后尊，少儿更为詹事陈掌妻。”共三十一字，校补本、辑校本均脱。订补本补上三十一字，但“生去病及卫皇后尊”句，“去病”后未逗断，易滋误解；又“詹事陈掌”中之“詹”字形讹为“詹”字，均需更正。

南越列传第五十三

1295.讯臣不讨贼。（中113·2974—9；泷15—1）

△正义 谓識密之臣，事见《春秋》。

璋按：此为校补本新增正义佚文，但佚存本手稿元有："谓機密之臣，事见《春秋传》。"两相比较，知校补本之"識"，为"機"字之形讹；"春秋"字下夺"传"字。

朝鲜列传第五十五

1296.都王险。（中115·2985—8；泷3—5）

正义 臣瓒曰："主险在乐浪郡也。"

璋按："臣瓒"之上，佚存本手稿有"作'主险'"三字，标明《正义》所据《史》文作"主险"而非"王险"。所引臣瓒注，亦为"主险"而作。泷川本脱"作主险"三字。校补本校语称"'臣瓒'上有'《正义》作主险'五字"，按之佚存本手稿并无"正义"二字。又，订补本补"作主险"三字置于句尾，亦与佚存本不合。

1299.朝鲜相路人、相韩阴、尼谿相参、将军王唊相与谋曰。（中115·2988—14；泷8—3）

正义 已上至路人，凡四人。

璋按："已上"者，指将军王唊以上。"凡四人"之下，佚存本手稿尚有"此《注》：'《汉书音义》曰：凡四人。'"共十字，泷川本脱。此《注》，指《史记集解》。然《史》文此下《集解》作"《汉书音义》曰：'凡五人也。'"

西南夷列传第五十六

1301.士罢饿离湿死者甚众。(中116·2995—6;泷8—6)

正义 漯,音温,言士卒历暑热而死者众多也。

璋按:佚存本手稿于标目“离湿”下有双行夹注:“《正义》作‘离漯’”,随即为“漯”字注音释义,如泷川本正义所言。可知佚存本正义系为《正义》据本“离漯”作注,而非为《史记》三家注合刻本“离湿”释义。但泷川本脱“《正义》作离漯”五字夹注,则令读者莫明所以。

1303.皆同姓相扶,未肯听。(中116·2997—6;泷11—9)

正义 扶,直亮反。颜师古曰:“杖,犹倚也。相倚为援,不听滇王入朝。”

璋按:佚存本手稿正义于标目“同姓相扶”之下夹注“《正义》‘相扶’作‘相杖’”,故注文先为“杖”字注音,再引颜《注》为“相杖”释义,句尾且无“入朝”二字。泷川本据金陵书局《史记》三家注合刻本作“同姓相扶”,注文亦改原本正义“杖”字为“扶”,却保留“杖”字注音“直亮反”不变,与“扶”读音相违而不知。

司马相如列传第五十七

1323.若乃俶傥瑰伟。(中117·3015—5;泷24—8)

正义 俶傥,犹非常也。

璋按:佚存本手稿“也”字下尚有“《广雅》:‘卓异也。’‘俶’读如‘倜’同。”共十字,泷川本脱。校补本、辑校本、订补本皆承泷川本之脱而未补。

1344. 隤墙填堑，使山泽之民得至焉。（中117·3041—7；泷55—7）

正义 言得刍牧樵采也。

璋按：佚存本手稿“言”字下有“重”字，意谓重新开放御苑，使山泽之民能进入其中刍牧樵采。“重”字义长，泷川本脱。校补本、辑校本仍之。订补本据佚存本补“重”字。

1346. 射《狸首》，兼《驺虞》。（中117·3041—13；泷56—5）

正义 《说文》云：“驺虞，白虎黑文，尾长于身，太平乃至，天子射以为节。”《山海经》云：“如虎五采，日行千里。”《周礼》云：“九射，王以《驺虞》为节，诸侯以《狸首》为节，大夫以《采蘩》为节。”郑云：“乐章名也。”《礼·射义》云：“《驺虞》者，乐官备也。《狸首》者，乐会时也。《采蘋》者，乐循法也。《采蘩》者，乐不失职也。是故天子以备官为节，诸侯以时会天子为节，卿大夫以循法度为节，士以不失职为节。”按：《狸首》，逸诗。《驺虞》，《邵南》之卒章。

璋按：泷川本“周礼云九射”之“九”，佚存本手稿作“凢”，乃“凡”字或体。泷川本排印时，手民不识“凢”字而误植为“九”。“卿大夫以循法度为节”句中之“度”字，佚存本手稿无，与《礼记·射义》合，是泷川本衍“度”字。

1347. 弋玄鹤。（中117·3041—13；泷56—8）

正义 鹤，古或反。《礼·射义》作“鹄”，音同。

璋按：泷川本《正义》佚文止于“音同”。佚存本手稿此下尚有“《射义》云：孔子曰：‘射者发而不失正鹄者，其贤者乎？’郑云：‘画曰正，栖皮曰鹄。’”共二十八字，泷川本脱。校补本脱“郑云画曰正栖皮曰鹄”九字，又据南化本等另补自“正之侯中朱”至“弋亦射也”，共二百四十七字，佚存本手稿元无，疑非《正义》文。又辑校本“射者发而不失正，鹄者其贤者乎?”断句欠妥，应作“射者发而不失正鹄者，其贤者乎?”

1363.今割齐民以附夷狄，弊所恃以事无用。（中117·3049—14；泷69—6）

正义 所恃，齐民，言帝王依恃。无用，谓夷狄也。

璋按：泷川本此则正义实为《史》文“弊所恃以事无用”的注文。“所恃齐民”，佚存本手稿“恃”字之下有“即”字，作“所恃，即齐民”，与《史》文上句“今割齐民”句相应。泷川本脱“即”字。辑校本“言帝王所恃”句之“所”字，泷川本、佚存本皆作“依”字，辑校本“所”字误。

1381.莅飒卉翕。（中117·3057—4；泷83—6）

正义 莅飒，飞相及也。卉翕，走相追也。

璋按：“走相追”句之“走”字，佚存本手稿作草书“足”字，泷川本形讹为“走”。校补本、辑校本、订补本皆承泷川本之讹。

1396.摅之无穷。（中117·3068—3；泷99—8）

正义 摅，布也。

璋按：佚存本手稿作“摅，饰也。”

淮南衡山列传第五十八

1406.男子之所死者一言耳。（中118·3089—12；泷30—4）

正义 言男子出一言，至死不改，言反也。

璋按："言反也"，佚存本手稿作"言必反也"。泷川本脱"必"字。校补本、辑校本皆承泷川本之脱。订补本已补"必"字。

1410.辩武。（中118·3090—14；泷34—3）

正义 按：辩武，谓辩口而武，所说必行也。

璋按：佚存本手稿作"按：辩武，谓辩口而武烈，说必行也。"泷川本夺"烈"字，衍"所"字。校补本、辑校本、订补本皆承泷川本之夺、衍。

1415.臣无将，将而诛。（中118·3094—4；泷38—7）

正义 将，将带群众也。

璋按：佚存本手稿"将"上有"按"字，"将带"上有"谓"字，整条佚文作："按：将，谓将带群众也。"泷川本夺"按""谓"二字。校补本、辑校本承泷川本之脱。订补本已据佚存本补足。

汲郑列传第六十

1435.推毂士及官属臣史诚有味。（中120·3112—13；泷16—3）

正义 推毂，谓荐举人如车毂转运无穷也。有味者，言其推荐之辞甚美也。

璋按：佚存本手稿于此《史》文下有正义，但无"推毂"二字，全文作："谓荐举人，如车毂转运无穷也，言荐士及官属丞史。'有味'者，其荐举之辞甚美也。"泷川本脱"言荐士及官属丞史"八字。辑校本误将另条《正义》"'其言之也'四字属下句"附于"推毂"条《正义》之末，此九字应删。

儒林列传第六十一

1441. 瓦合适戍。（中121·3116—14；泷5—4）

正义 言如众瓦全聚盖屋，先无计谋也。

璋按："瓦全"，佚存本手稿作"瓦合"。泷川本"全"字为"合"字之形讹。订补本已据佚存本订正。

1444. 言《春秋》于齐自胡毋生，于赵自董仲舒。（中121·3118—3；泷7—10）

正义 《汉·艺文志》："事为《春秋》，言为《尚书》，帝王靡不同之。仲尼思存前圣之业，以鲁周公之国，礼文备物，史官有法，故与左丘明视其史记，据行事，仍人道，因兴以立功，就败以成罚，假日月以定历数，藉朝聘以正礼乐。有所褒讳贬损，不可书见，口授弟子。弟子退而异言。丘明恐弟子各安其意，以失其真，故论本事而作传，明夫子不以空言说经也。所贬损大人有权威，皆形于传，是以隐其书而不宣，所以免时难也。末代口说流行，故有《公羊》《穀梁》《邹》《夹》之传。"《七录》曰："汉兴，有《公羊》《穀梁》并立国学。《左氏》始出乎张苍家，本无传之者。建武中，《邹》《夹氏》皆灭绝。自汉末稍贵《左氏》，服虔、杜预二注与《公羊》《穀梁》俱立国学。"按：左丘明，鲁史也。夹，音颊也。

璋按：泷川本、辑校本此则正义佚文，与佚存本手稿相较，脱落甚多。"汉艺文志"下脱"云"字；"所贬损大人"句，"所"字之上脱"《春秋》"二字，"大人"之下脱"当世君臣"四字；"有权威"之下脱"势力，其事实"五字；"末代口说流行"句，"末代"之上脱"及"字。订补本已据佚存本手稿补足。

1452. 言《诗》虽殊，多本于申公。（中121·3122—8；泷16—2）

正义 言《诗》，于鲁则申培公，于齐则辕固生，于燕则韩太傅。申公为《诗》训诂，而齐辕固、燕韩生皆为之传，或取采杂说，咸非其本义，与不得已，三家皆列于学官。又有毛公之学，自为子夏所传。《七录》云："毛公《诗传》，后郑玄笺之，诸儒各为注解。其《齐诗》久亡，《鲁诗》亡于西晋，《韩诗》虽有，无传之者，毛氏、郑氏独立国学也。"

璋按：佚存本手稿有此正义，与泷川本相较，则知泷川本颇有脱落。"言《诗》"下脱"者"字；"韩太傅"下脱"《艺文志》"三字；"申公为《诗训诂》"，"诂"字佚存本作"故"，与《汉书·艺文志》合；"或取采杂说"，佚存本作"或取《春秋》，或采杂说"，与《汉志》合，泷川本脱"《春秋》或"三字；"自为子夏所传"下，泷川本脱"而河间献王好之，未得立"十字；"毛公《诗传》，后郑玄笺之，诸儒各为注解"中"各"字，佚存本手稿作"合"字。郑玄为《毛诗》作"笺"，融会今、古文《诗》说诸家为一体，"合"正得其实。泷川本"各"字实为"合"字之形讹。

1455.伏生年九十余，老不能行。（中121·3124—11；泷20—3）

正义 卫宏《诏定尚书序》云："征之，老不能行，遣太常掌故朝错往读之。生年九十余，不能正言教错，齐人语多与颍川异，错所不知者凡十二三，畧以其意属读而已。"

璋按：佚存本手稿正义佚文与泷川本颇有差异。"齐人语多与颍川异"句中"语"字，佚存本手稿作"读"，与上文"朝错往读之"之"读"相呼应；"畧以其意属读而已"句中"畧"字，佚存本手稿作"異"，与上文"与颍川異"之"異"相呼应。是泷川本"语"为"读"之形讹，"畧"为"異"之形讹。校补本、辑校本因未见《史记正义佚存》手稿，故皆承泷川本之讹。

酷吏列传第六十二

1471. 以危法中都。（中 122·3133—13；泷 7—1）

正义 以危忍之法中射于都，令有罪也。

璋按：校补本校语“忍”字作“恶”，且指出泷川本误作“忍”字，甚是。但其实佚存本正义原作“[illegible]”，“[illegible]”即“恶”之草体，泷川本排印时手民以形似而误植为“忍”。

1492. 会春。益展一月。（中 122·3148—6；泷 32—7）

△正义 立春之后，不复行刑。

璋按：佚存本正义摘《史》文“会春”及“益展一月”标目作注：“立春之后，不复行刑，故云然。展，伸也。”校补本脱“故云然展伸也”六字。

大宛列传第六十三

1517. 及使失指。（中 123·3171—9；泷 26—6）

正义 失指，失天子之本意也。

璋按：《正义》摘《史》文“失指”二字作注，毋须重书“失指”。此二字乃泷川本所添加，实为衍文。泷川本“本意”二字，佚存本正义作“旨”一字。

1528. 今自张骞使大夏之后也，穷河源，恶睹本纪所谓昆仑者乎。（中 123·3179—10；泷 44—2）

正义 按：张骞穷河源不审，今太史公有疑也。

璋按：“张骞穷河源不审”句中之“穷”字，佚存本手稿正义作

“极”字，以“极”训《史》文之“穷”字；“今太史公”之“今”，佚存本作“使”。而泷川本之“今”字或为“令”之形讹，令者、使也。

游侠列传第六十四

1531. 昔者虞舜窘于井廪。（中124·3182—6；泷3—10）

正义 舜涂廪凿井，在《五帝纪》。

璋按：“在《五帝纪》”，佚存本手稿正义作“语在《五帝本纪》”。泷川本脱“语”“本”二字。

滑稽列传第六十六

1559. 前有堕珥。（中126·3199—6；泷5—10）

正义 珥，珠之在耳。

璋按：佚存本手稿正义作“珥，珠玉在耳”。泷川本“之”字为“玉”字之误。

1560. 罗襦襟解。（中126·3199—8；泷6—4）

正义 襟，巨禁反。解，闲买反。衿，或作“终”，带结也。

璋按：“衿，或作‘终’，带结也”，佚存本手稿正义作“衿，或作‘终’。终，带结也。”泷川本脱一“终”字。

日者列传第六十七

1577. 今夫卜筮者利大而谢少，岂异于是乎。（中127·3219—4；泷9—2）

正义 言卜者于天下利则大矣，天下宜以财雠谢则少也。

璋按："言卜者于天下"，佚存本手稿正义于"天下"之下有"宜"字，全句作"言卜者于天下宜，利则大矣。"泷川本脱"宜"字。校补本于"天下"之下补"宣"字，校语且谓"泷川本脱'宣'字"，校补本"天下宜"作"天下宣"。其实校补本所补之"宣"字为"宜"字之形讹。此则正义佚文愚以为应如此点读："言卜者于天下宜，利则大矣。天下宜，以财雠谢，则少也。"

货殖列传第六十九

1591.至治之极。（中129·3253—4；泷2—9）

△正义 言至治之极时，犹邻国相望，其俗至死不往来也。

璋按：此则正义泷川本原无，为校补本新增。然佚存本手稿元有，且于"相望"之下、"其俗"之上有一"乐"字，校补本脱。辑校本、订补本皆承校补本脱"乐"字。此则正义当如此点读："言至治之极时，犹邻国相望，乐其俗，至死不相往来也。"

1603.旱则资舟，水则资车。（中129·3256—5；泷9—1）

正义 资，取也。《国语》大夫种曰："贾人夏则资皮，冬则资絺；旱则资舟，水则资车，以待之也。"

璋按：佚存本手稿此则正义无泷川本之"国语"及"夏则资皮、冬则资絺"十字，全条正义作："资，取也。大夫种曰：贾人旱则资舟，水则资车，以待之也。"张守节针对《史》文旱资舟、水资车之叙文，节引《国语》作注，故删削夏资皮、冬资絺无关之辞而取其要实。

1620.蹑利屣。（中129·3271—5；泷29—3）

正义 言屣鲜好，蹑而行之，会人爱尚，故云利屣也。

璋按："鲜"，佚存本手稿作"雖"；"会"作"令"。全则正义作"言屣雖好，蹑而行之。令人爱尚，故云利屣也。"语意上下贯通，应为《正义》原貌。订补本已据其改正。

太史公自序第七十

1635.争于机利。（中130·3306—11；泷37—7）

正义 争于机利，谓机巧之利也。

璋按："谓机巧之利"系释"机利"一词，而非释"争于机利"一句。佚存本手稿正义作"争于机利，谓争机巧之利也。"据此可知泷川本、校补本、辑校本、订补本均因夺一"争"字遂致欠通。

1636.栗姬偩贵。（中130·3311—3；泷44—6）

正义 负，恃也。

璋按：佚存本手稿正义先注音，后释义，作"偩，音负。负，恃也。"泷川本脱"偩音负"三字。校补本、辑校本、订补本皆脱此三字。

1638.出委以梁。（中130·3312—8；泷47—1）

正义 以梁付吴、楚也。

璋按：佚存本手稿正义"以"字之下有"出"字，"付"字作"委于"二字。全文作"以出梁委于吴、楚也。"

三、文献价值

宋代以前的《史记》古注，据史籍记载有二十余种，历经岁月筛汰，唯余学术价值最高的南朝刘宋裴骃的《史记集解》、李唐王朝司马贞的《史记索隐》和张守节的《史记正义》，学界习称《史记》三家注，经宋人合刻为《史记集解索隐正义》而流传至今。《史记》三家注汇集了《史记》成书以来下迄盛唐八百余年间诸多学者的研究成果，合刻本又保存了东汉时形成的《史记》文本，遂成为《史记》研究史上第一座里程碑。《史记》作为正史之祖，三家注之后的历代研究者留下专门著作或单篇零札的不下数百家。但可惜直至20世纪初叶一千一百多年间，无人能如裴骃、司马贞、张守节那样对《史记》全书作出新而全面的整理疏证。

泷川资言博士穷二十余年之功，于1933—1934年间出版《史记会注考证》十册。该书起初以日本明治年间刊行的凤文馆本《史记评林》为工作本，以后又改以当时所见校订最为精善的清同治九年金陵书局梓行的《史记集解索隐正义合刻本》为底本，“正文以我邦（璋按：指日本）所存钞本校，《正义》以僧幻云所录补。”[①]注文除保存刻本三家注的全部成果外，又广搜博采“禹域”（中国）上起盛唐开元刘知几的《史通》，下迄清末梁启超的《史传今义》，中间包括宋代的洪迈、郑樵、王应麟，元代的马端临，明代的凌稚隆、胡应麟，清代的顾炎武、方苞、王鸣盛、钱大昕、梁玉绳、王念孙、张文虎、王先谦等学术大家关涉到《史记》的著作一百余种，日本本土上起恩田仲任、下迄新城新藏，中间包括冈白驹、中井积德、僧瑞仙（桃源）、僧寿桂（幻云）等著名汉学家的相关著作二十余种，以事串联，爬梳整理、辨析折中，然后取其精义，以考证的名目，分系于相应《史》文三家注之下。泷川氏若遇疑难《史》文前人未曾解说或说而未明，而自己又有心得者，亦加以考辨注说。全书之末又附泷川氏自撰之

① [日]泷川资言:《史记会注考证》,日本东京大学东洋文化研究所藏版,卷十卷尾附《史论总论·史记钞本刊本》,第136页。

《史记总论》，就太史公事历、史记资材、史记名称、史记记事、史记体制、史记文章、史记残缺、史记附益、史记流传、史记钞本刊本、史记集解索隐正义、史记正义佚存、司马贞张守节事历、引用书目举要等“史记学”中重要事项，分列条目予以论述，亦足备为了解太史公其人其书的参考。其书问世以来一直成为海内外研习汉学者不可或缺的最佳《史记》读本。

《史记会注考证》继《史记》三家注之后，在保存《史记》三家注全部成果的基础上，第二次对盛唐以下直至近世的历代《史记》研究成果进行了全面的总结疏证，以资料最富、体例最精而树立起《史记》研究史中又一座里程碑。唐贞观中，颜师古《汉书注》成，时人称“颜秘书为班孟坚忠臣”①。《史记会注考证》出，愚以为泷川资言当亦无愧“司马子长忠臣”的品题。

《史记会注考证》的面世，离不了《唐张守节史记正义佚存》手稿的催生，诚如泷川资言本人所言：“予得《史记正义》遗佚于东北大学，始有纂述之志。”②因此，若论《唐张守节史记正义佚存》的文献价值，则莫此为大。自然，《史记正义佚存》手稿尚有自身不可替代的文献价值。所录《正义》佚文有助对《史》文的深化理解自不待言，除此之外，尚有数端可圈可点。

首先，泷川资言手辑《史记正义佚存》“略复张氏之旧”。张守节作为盛唐东宫属官，职任诸王侍读，有幸自青年时代起便得依东宫崇贤馆《史

① (宋)欧阳修等:《新唐书》卷一九八《儒学上·颜师古传》,中华书局点校本1975年版,第十八册,第5642页。

② [日]泷川资言:《书史记会注考证后》,《史记会注考证》第十册卷末,第168页。

记》《汉书》名师门墙[1]，并可检阅东宫丰富藏书[2]。“涉学三十余年，六籍九流地里苍雅锐心观采，评《史》《汉》诠众训释而作《正义》，郡国城邑委曲申明，古典幽微窃探其美，索理允惬，次旧书之旨，兼音解注，引致旁通，凡成三十卷，名曰《史记正义》。”（张守节：《史记正义序》）“正义”者，“传以通经为义，义以必当为主。至当归一，精义无二”之谓也[3]。张守节以《正义》为所撰《史记》注命名，其自我期许已非浅。故北宋庆历元年（公元1041年）皇家藏书定著的《崇文总目》著录称：唐张守节撰“《史记正义》三十卷。为《汉书》学者，此最精博。”[4]但由于张守节与作《史记索隐》的唐弘文馆学士司马贞生当同世，著书所引图籍资材大抵相同，故二人之《史记》注文常有雷同之处。南宋合刻《史记》三家注时，以先已梓行的《史记集解索隐》为本注，而以《正义》为增注附刻其后。编刻者为减少重复，对附刻的《正义》删削独多。自《史记》三家注合刻本风行于世，单本《史记正义》渐次湮没，明代士人已无缘复睹原本。泷川资言的《史记会注考证》之所以备受重视，原因之一正是由于他据手辑《史记正义佚存》为该书增补了因被宋人《史记》三家注合刻者删削而湮没八百余年的一千余条《正义》。

其次，《佚存》手稿保存的《史》文异字有助《史记》文本校勘。《史记》在长期流传过程中，辗转相钞，各种钞本形成“文句不同，有

① 唐代东宫学馆讲授《史记》《汉书》由来有自。高宗龙朔中，刘伯庄以弘文馆学士、国子博士，兼授崇贤馆学士，撰《史记音义》《史记地名》《汉书音义》各二十卷，行于世。见《旧唐书·儒林传上》。崇文馆学士张嘉会独善《史记》，司马贞曾“少从张学”，见《史记索隐后序》；而张守节在《正义》中多次称道“张先生”“张先生书”，可证张守节亦师从张嘉会受《史》《汉》。东宫学馆为诸王讲授《史记》等“三史”，其制亦传于东瀛。当唐肃宗时，日本已有其制。

② 安史之乱前，唐东宫崇贤馆典藏极富。开元间褚无量校内府书，玄宗曾诏无量借崇贤馆藏书钞写以补充内府书。东宫又有司经局，掌“四库图籍缮写刊辑之事。”

③（唐）唐玄宗：《孝经序》，阮刻《十三经注疏》，中华书局影印1980年版，第2540页。

④（宋）王尧臣等奉敕撰：《崇文总目十二卷》（《永乐大典》本）卷三“正史类”，《文渊阁四库全书·史部·目录类一》所收。

多有少，是非相贸，真伪舛杂”的现象[1]。虽经东晋徐广“研核众本，具列异同”，又经裴骃“以徐为本”，再加整理而成定本，但在北宋初年板刻《史记集解》前的手钞阶段，《史》文仍难免出现豕亥鲁鱼般的错讹。张守节注《史记》主要依据其师“张先生旧本”，而守节又以“精博”著称，故佚文《正义》所保存的《史》文异字，大多优于三家注合刻本的今本，实有助于《史记》文本校勘，以期接近太史公《史记》原貌。如《外戚世家》“因欲奇两女，乃夺金氏。”（中华本第六册，第1975页）《佚存》手稿《正义》：“奇，作‘倚’，并于绮反。倚，依也。问卜筮，两女当贵，乃依恃之，故夺金氏之女。”按之《史记》上下文，佚《正义》作“倚”深契太史公原意，又与《汉书》作“倚”合。一“倚”字直探臧儿夺女的深心。《索隐》本作“奇”，注曰：“奇者，异之也。”显然与欲恃“两女”以获大富大贵之父母私心不符。《史记》今本“奇”字当依《佚存》手稿《正义》佚文校正为“倚”。又如《李将军列传》“广家世世受射。”（中华本第九册，第2867页）今本“受”字，《佚存》手稿《正义》佚文作“爰”，全句为“广家世世爰射。”佚文释“爰”云：“爰，好也，习也。”然则“受”耶“爰”耶，孰是孰非？且看太史公下文：“广讷口少言，与人居则画地为军陈，射阔狭以饮。专以射为戏，竟死。”直是“爰射”的绝妙注脚。据太史公所叙李将军秉性，《史记》原文以作“爰”为是，“受”则为“爰”字之形讹。又如《朝鲜列传》“真番旁衆国。”（中华本第九册，第2986页）《佚存》手稿《正义》“衆”作“辰”，全句为“真番旁辰国。”佚《正义》除引《后汉书》“朝鲜有三韩：一曰马韩，二曰辰韩，三曰弁韩”外，复引《魏志》及《括地志》佐证今本“衆国”为“辰国”。是“衆”乃“辰”之形讹。再如《酷吏列传》“天水骆璧推咸。”（中华本第十册，第3154页）汉无“推咸”刑名，而“推咸”又别无可解。《索隐》：“上音直追切，下音减。谓椎击以成狱也。”司马贞读“推”为“椎”、“咸”为“减”，改字

[1] （南朝宋）裴骃：《史记集解序》，中华书局点校本《史记》1982年版，第十册，卷末第3页。

立说，强勉为解，实不足训。而《佚存》手稿《正义》佚文作“推成”，释为“言推掠以成罪也。”不烦改字而文从义顺。今本“咸”显为“成”之形讹。

然而《佚存》手稿所存《史》文异字亦有欠妥者。如《楚世家》“膺击韩魏。”（中华本第五册，第1731页）佚《正义》“膺”作“鹰”。“鹰击韩魏”，若从单句看，“鹰”自较“膺”佳。若联系此句的上下文“秦为大鸟……左臂据赵之西南，右臂傅楚鄢郢，膺击韩魏，垂头中国……”，则作“膺”者是，作“鹰”者非，且佚《正义》：“膺作‘鹰’。如鹰鸟之击也”，也与《史》文原义违戾。凡此均应仔细甄别。

第三，《佚存》手稿保存古佚书遗文可资史事考证。张守节注《史记》，凭借东宫书府，征引浩博。据《佚存》手稿所见，守节注地大都征引魏王李泰主编之《括地志》，据其引文，得知某地地里方位、政区沿革、历史故实、风土民俗。注书大都征引《汉书·艺文志》、阮孝绪《七录》，据其引文，得知某书作者谁何及目录卷帙。据其所引卫宏《诏定尚书序》，得知古文《尚书》文多假借，实因颍川人朝错奉诏赴齐地从伏生受读，而两地音读有异，错所不解者直以颍音属读所致。又如《史记·鲁周公世家》“成王与大夫朝服以开金縢书”，（中华本第五册，第1522页）周公卒后雷风变异事，史公叙事前后错缪，张守节佚《正义》征引三国蜀汉谯周《古史考》论金縢之文予以辨析，实有助古史疑案考证。还有佚《正义》引述过的《世本》《竹书纪年》《燕丹子》、陆贾《楚汉春秋》、《汉故事》、蔡邕《天文志》，张华《博物志》《荆州图考》等等，宋以后大都亡佚，由于《正义》的征引方得存其片段。即使是断帛碎锦，于解读《史记》其书、理解太史公其人均有所裨益。

第四，《佚存》手稿可校正泷川本、校补本讹、夺、衍、倒的失误，其价值往往胜过“一字千金”。《唐张守节史记正义佚存》手稿由泷川资言独力过录自日本公私所藏《史记》宋元古板本、古活字印本（庆长、宽永本）、钞本校记，又据所见多种板本、钞本参互校订，未经二手转抄或手民排印，故最为完好地保存了所录《正义》佚文的原始面貌。泷川本、校补本存在的讹、夺、衍、倒之失误，大都可据《佚存》手稿订正。拙作第二节“对读札记”对此已多有讨论。这里再略举数例予以阐释。

泷川本正义佚文不可索解者，得《佚存》手稿订正则如拨云见日。如《廉颇蔺相如列传》“以数千人委之。”（中华本第八册，第2450页）泷川本正义佚文云“委之，反以少年先常以委。”意不可晓。而《佚存》手稿正义佚文作“委，之伪反。以少军先尝以委。”先为“委”字注音，然后为全句释义，句意豁然明朗。于是知泷川本“年”为“军”之形讹，“常”为“尝”之形讹。

泷川本正义佚文叙次混乱不可卒读者，得《佚存》手稿订正，则叙次犁然有序。如《魏公子列传》“平原君负韊矢。”（中华本第七册，第2381页）泷川本此下佚正义叙次颠三倒四，与《史》文若无关联。《佚存》手稿正义先节录《集解》引出“吕忱”，然后补释吕忱行历及其著作《字林》，最后引《字林》释“韊”文：“若胡鹿而短。”元元本本，正见守节非凡功力。

泷川本有些形近而讹，如“自”讹“白”、“旻”讹“昊”、“洛”讹“路”之类，尚无大碍；有的形讹则使含义背反，甚至匪夷所思。如《孝景本纪》“殖兰池。”（中华本第二册，第443页）泷川本佚文正义“《括地志》：兰池陵，即秦之兰池也。”而《佚存》手稿佚文正义作：“兰池陂，即秦之兰池也。”泷川本“陵”为“陂”之形讹。“陂”为泽，“陵”为山，泷川本一字之讹，遂人为地变泽为山，含义不啻天壤之别。又如《孝文本纪》“发仓庾以振贫民。”（中华本第二册，第432页）泷川本此下佚文正义“《百官箴》者，广所著书名。应劭著《官仪次比》。”而《佚存》手稿佚正义作“《百官箴》者，广所著书名，应劭著《官仪》之比。”胡广所著《百官箴》属于应劭所著《官仪》之类。泷川本讹《佚存》手稿之“之”字为“次”字，遂闹出应劭曾著《官仪次比》一书的笑话。

泷川本、校补本所录《正义》佚文的脱夺往往造成严重误会，得《佚存》手稿方能澄清。如《孝文本纪》“天下人民未有嗛志。”（中华本第二册，第419页）校补本于此下补正义佚文云：“恨也，未有恩惠之志民也。”“未有恩惠之志民”，文句不通，且与文帝诏书原义不合，定有讹夺。《佚存》手稿佚正义作“未有恩惠之志于民”，则契合文帝自责之本意。校补本补正义夺一“于”字，则误人匪浅。又如《吴太伯世家》“见舞《象箾》《南籥》者。”（中华本第五册，第1453页）此下校补本补正义曰：“按：北方南舞曲也。”“北方南舞曲”成何话说？按《佚存》手稿佚正义作“按：北方、南方舞曲也”，则涣然解疑。校补本夺一“方”字则使读者茫然。再如《李斯列传》“且少我哉？且固我哉？”（中华本第八册，第2558页）校补本补正义曰：“言丞相幼少，且以我为故旧哉。”《史》文主体是秦二世皇帝胡亥，丞相指李斯。李斯时已高龄，何来“幼少”之说？其误显白。《佚存》手稿佚正义作：“言丞相幼少我。”二世意谓李斯欺我年龄幼少，佚文正符二世恼怒的心态。校补本夺《正义》原本中的“我”字，遂与《史》文原义背戾。再如《袁盎鼂错列传》“夫一旦有急叩门，不以亲为解。”（中华本第八册，第2744页）泷川本佚正义“言人有急叩门被呼，则依父母自解说也。”意谓面对有急求助者，以父母为托辞而拒人于门外。其猥琐平庸之态令人齿冷。这绝非袁盎盛誉为“天下所望”的雒阳剧孟之为人。泷川本佚文必有错讹。考《佚存》手稿佚正义作：“言人有急叩门被呼，不依父母为解免也。”古道热肠之侠士形象立现人前。泷川本夺一“不”字，则使剧孟无端蒙羞；补一“不”字，则焕发剧孟侠义风彩。“一字千金”，此之谓也。

由于泷川本与校补本新增《正义》佚文大量存在讹、夺、衍、倒的失误，泷川资言先生“略复张氏之旧”的愿望不仅未能完好的实现，而且还招致对《史记会注考证》的误会，更使《史记正义》的作者张守节蒙受不白之冤。笔者期望《史记会注考证》的出版者日本东方文化学院及史记会注考证校补刊行会择机依据《唐张守节史记正义佚存》手稿，对《史记会注考证》及《史记会注考证校补》新增《正义》佚文进行全面校订，重新推出《史记会注考证》校正版，以真正实现泷川资言先生生前“略复张氏之旧”的夙愿，并满足海内外研读《史记会注考证》者能有一个更完美文本的期望。

正如笔者在“引言”中所言，对《唐张守节史记正义佚存》手稿的专题研究尚未开始。本文作为抛砖引玉之作，希望能充当一片垫路的燕石，以期引发海内外《史记》研究者对这一重要课题的重视。

今年（公元2013年）适逢泷川资言先生于东北大学藏书中发现湮没八百余年的《史记正义》佚文“一千二三百条”，手辑以为《唐张守节史记正义佚存》二卷，遂启《史记会注考证》“纂述之志”一百周年。谨以此小文作为对《史记》研究史中这一胜事的纪念，并对泷川资言先生辛勤的耕耘表示由衷的敬意！

壬辰年腊月初五(2013年1月16日)起笔，癸巳年
二月初五(2013年3月16日)完稿于芜湖赭麓窳陶斋。

[本文的第一章及第三章首发于《点校本“二十四史”及〈清史稿〉修订工程简报》第76期，中华书局点校本“二十四史”及《清史稿》修订工程办公室编辑，2013年3月31日出版。全文载《史记论丛》第十集，中国文史出版社2013年版。又载日本京都大学人文科学研究所附属东亚细亚人文情报学研究センター（中心）《センター研究年报2013》。《センター（中心）研究年报2013》纸质本以“特别寄稿”名义抄录了论文的第三章，《中心研究年报2013》网络版发布论文全文，2014年3月25日发行。]

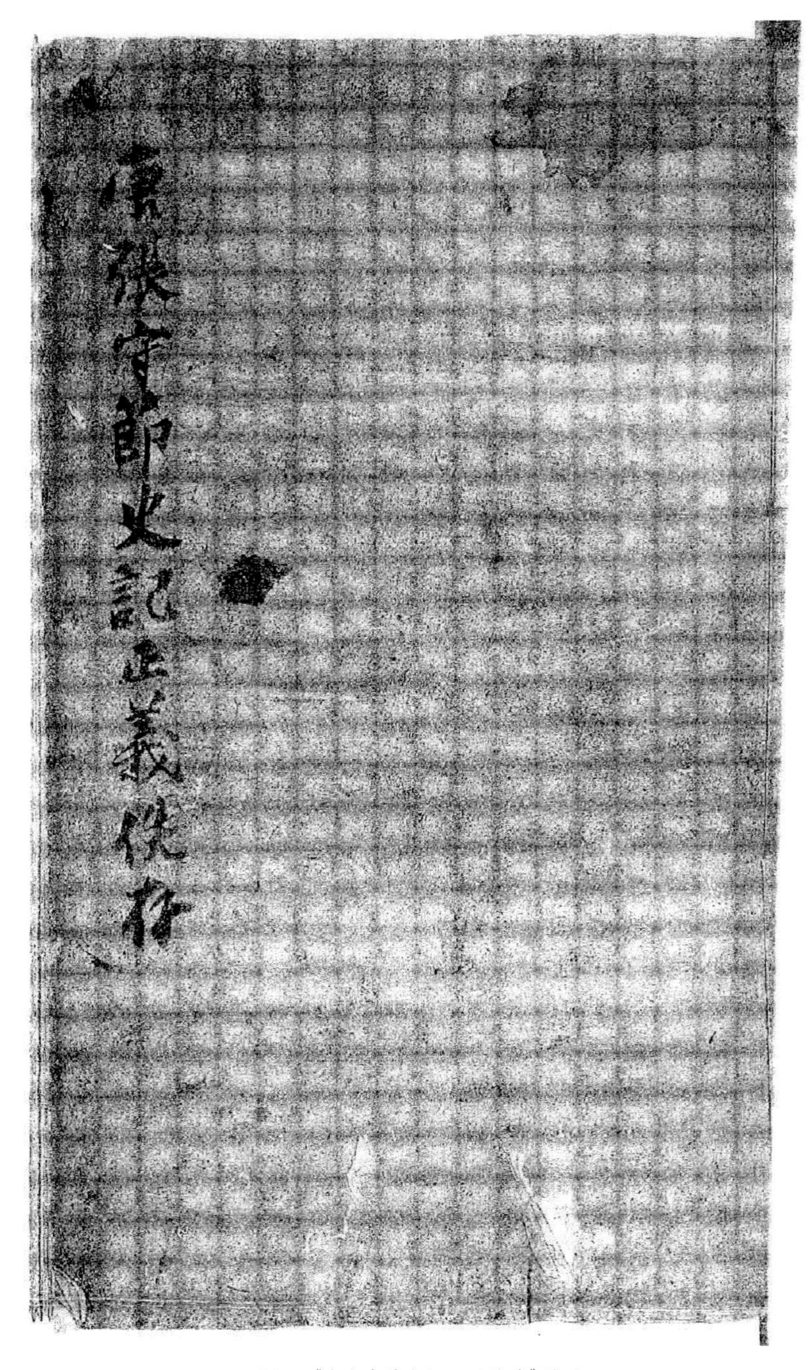

图版一《唐张守节史记正义佚存》封面

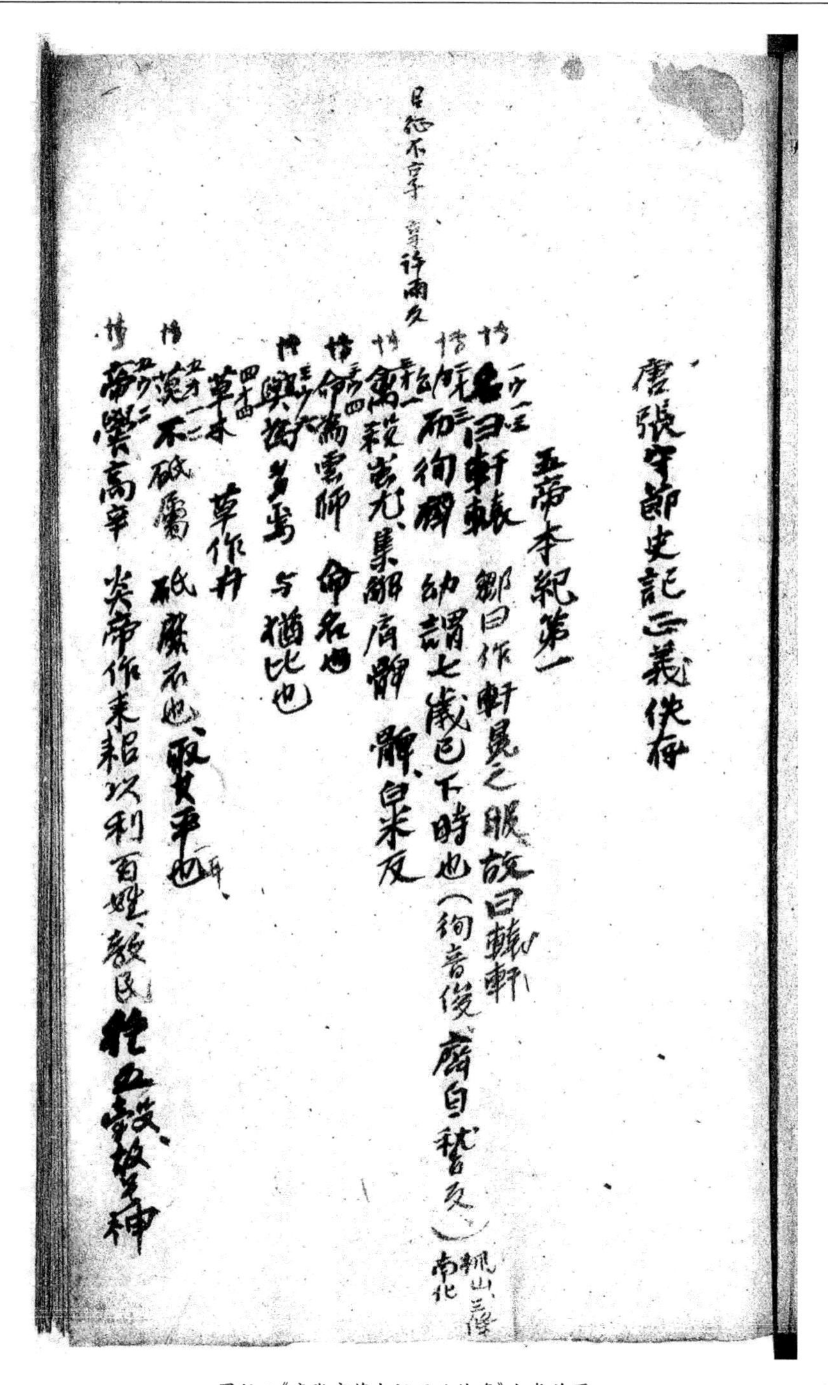

唐張守節史記正義佚存

五帝本紀第一

图版二《唐张守节史记正义佚存》上卷首页

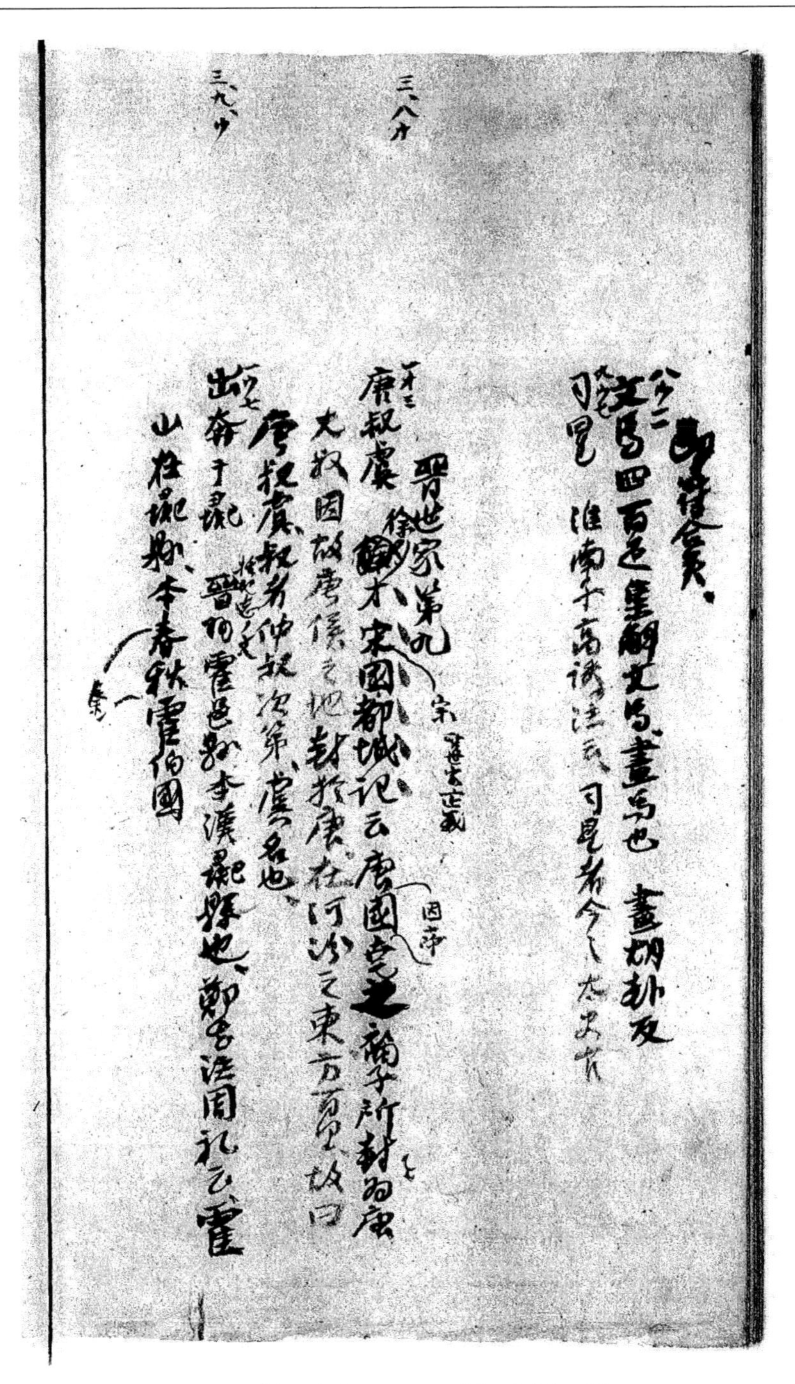
晋世家第九

唐叔虞 徐广曰……宋国都城记云唐国帝尧之裔子所封……

太叔国故唐侯之地，封于唐，在河汾之东，方百里，故曰……

唐叔虞，叔者仲叔次第，虞名也。

出奔于彘 ……霍邑……今汉彘县也。郑玄注周礼云，霍山在彘县，今春秋霍伯国。

图版三《唐张守节史记正义佚存》上卷《晋世家》

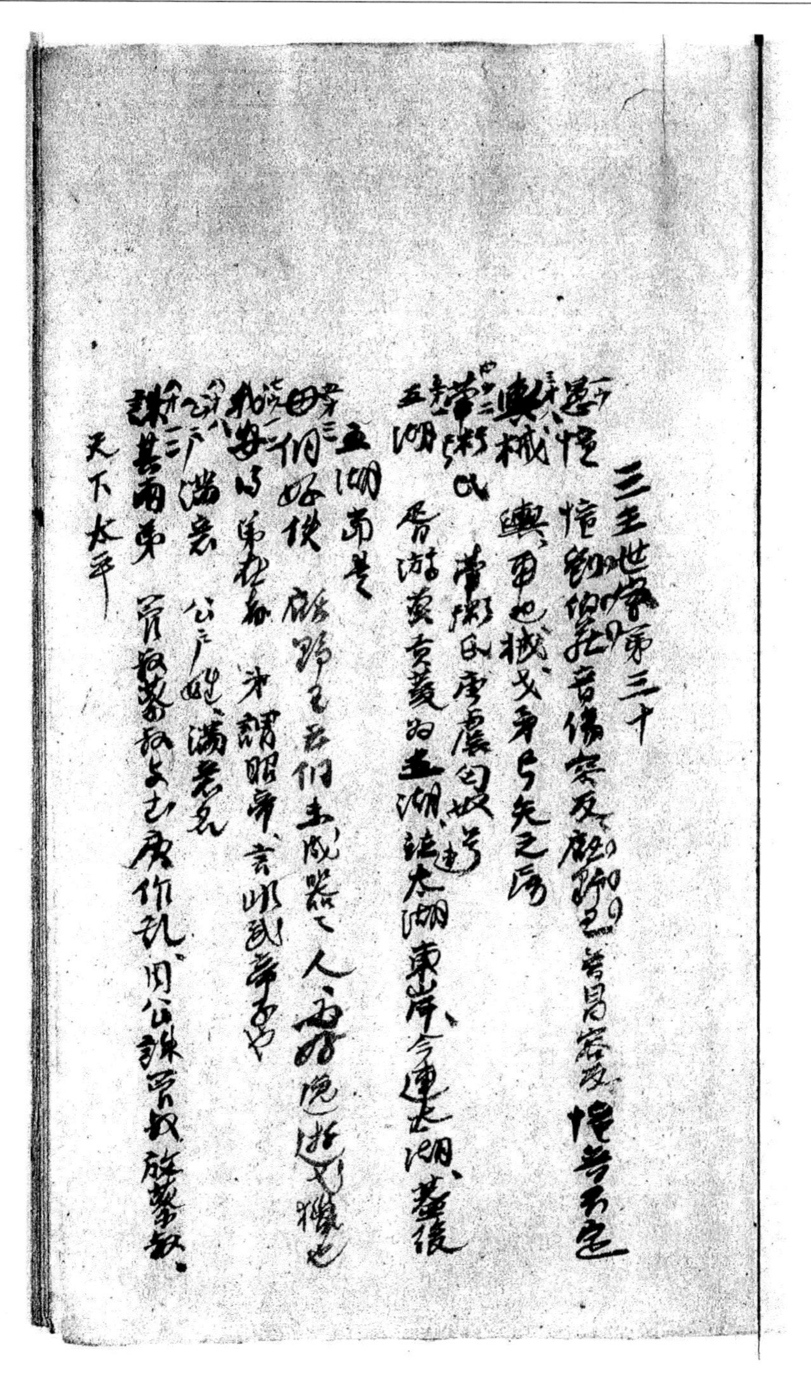

图版四《唐张守节史记正义佚存》上卷终

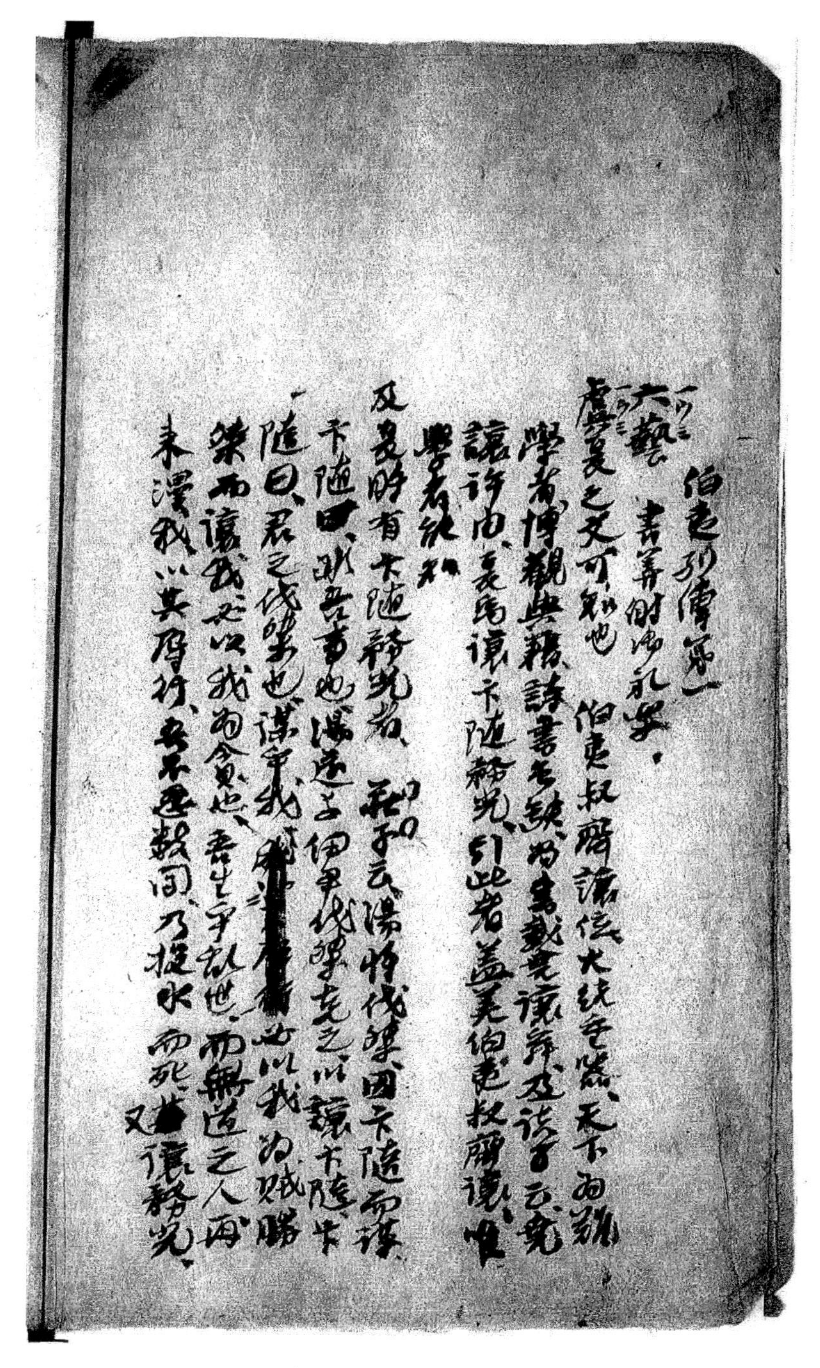
伯夷列傳第一

六藝 書籍謝卿孔安

虞夏之文可知也 伯夷叔齊讓位大統之際天下為職

學者博觀典籍詩書多缺為高載堯讓舜及許由云堯

讓許由、夏禹讓卞隨務光、引此者蓋美伯夷叔齊讓、惟

學者統知

及夏時有卞隨務光者、 莊子云湯將伐桀因卞隨而謀

卞隨曰、非吾事也、湯遂與伊尹伐桀克之以讓卞隨卞

隨曰、君之伐桀也謀乎我、[illegible]必以我為賊也勝

桀而讓我、必以我為貪也、吾生乎亂世、而無道之人再

來漫我以其辱行、吾不忍數聞、乃投水而死 又讓務光、

图版五《唐张守节史记正义佚存》下卷首页

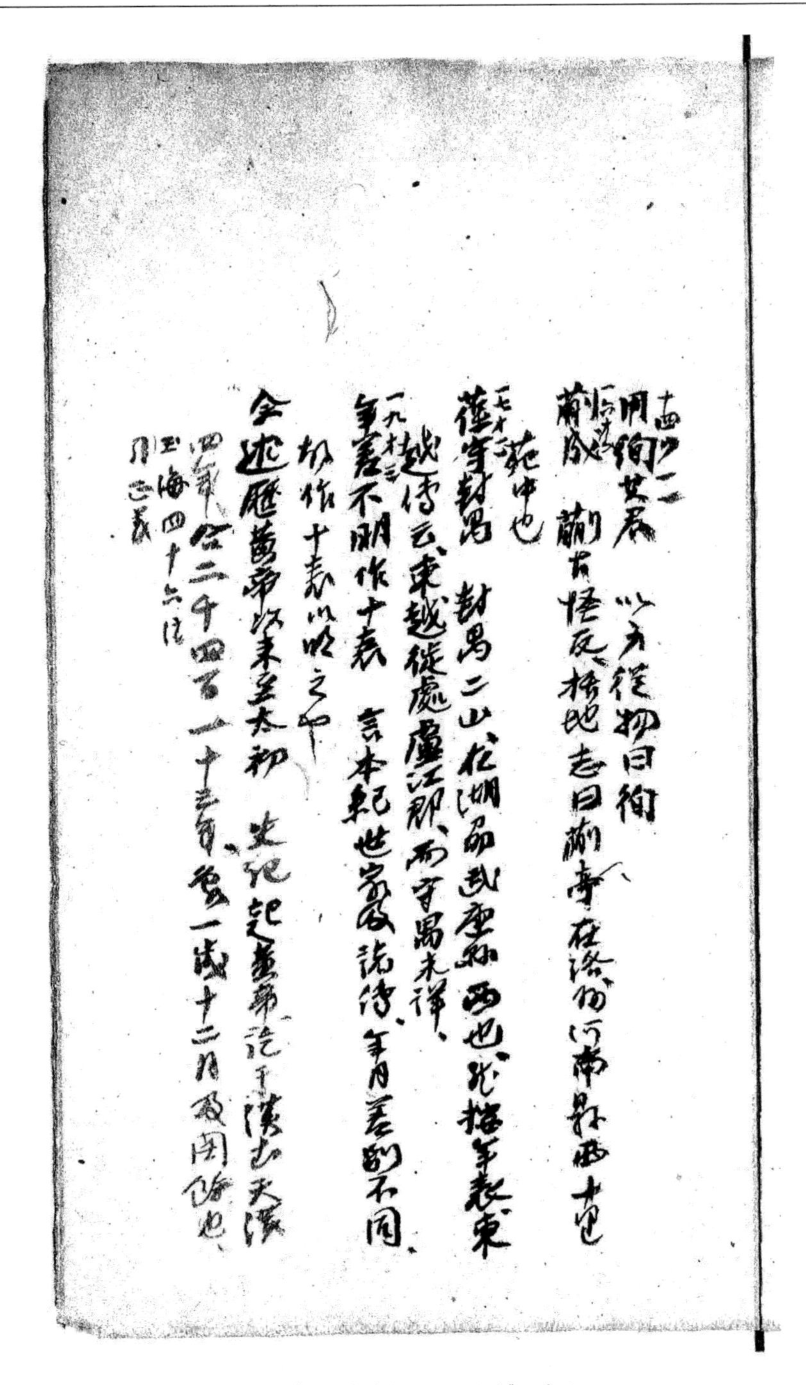
西夕二一
用徇其表　以方從物曰徇
一七六注 薊縣　薊古怪反，括地志曰薊亭在洛州河南縣西十[illegible]
一七六注 在中也
汪守封禺　封禺二山，在湖州武康縣西也，此據年表東
一九注 越傳云，東越從處廬江郡，而守禺未詳。
年差不明作十表　言本紀世家諸侯年月差別不同，
故作十表以明之也
全述歷黃帝以來至太初　史記記黃帝訖于漢武天漢
四年，合二千四百一十三年，盈一歲十二月及閏餘也。
至海四十六注
正義

图版六《唐张守节史记正义佚存》下卷终

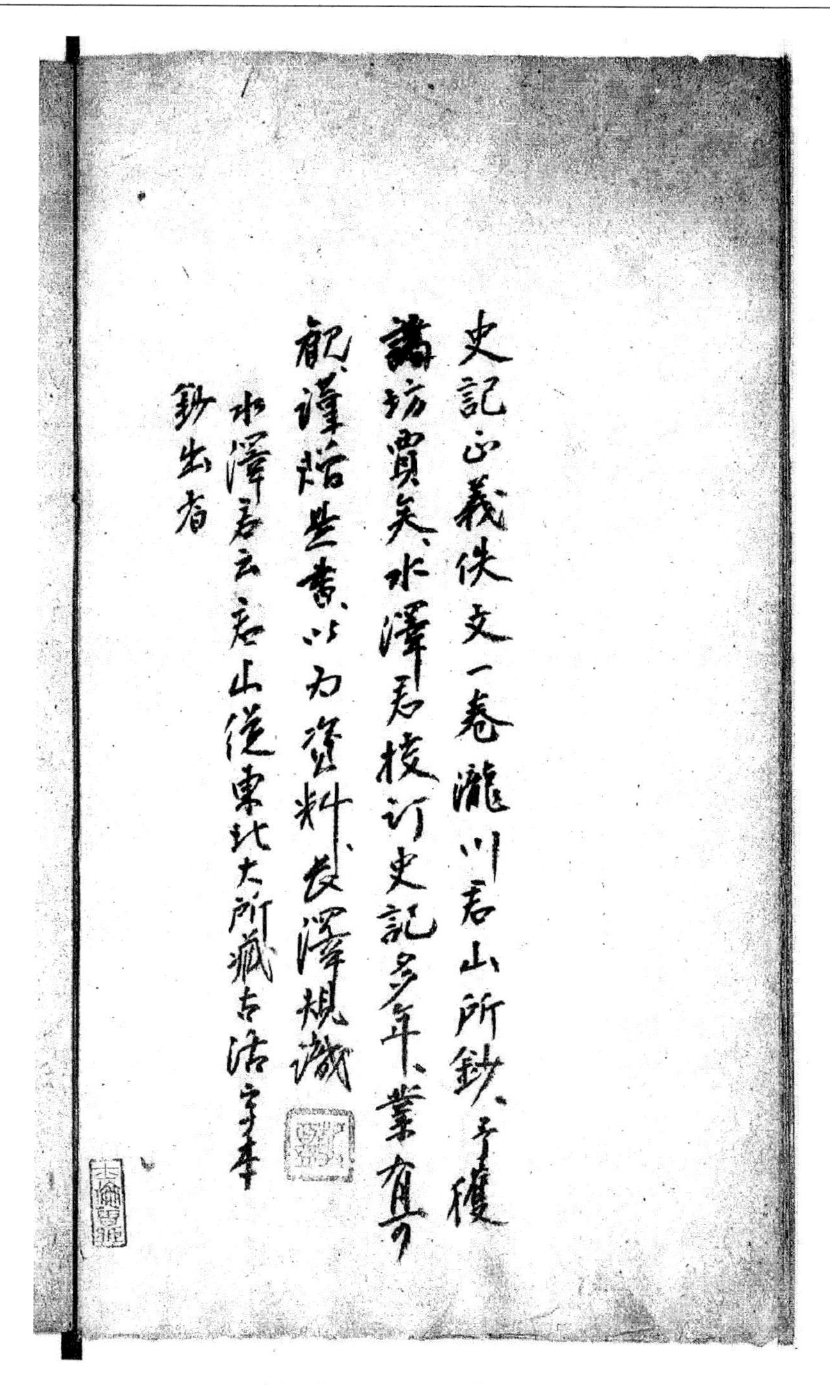

史記正義佚文一卷瀧川君山所鈔、予獲諸坊賈矣、水澤君校訂史記多年、業有成、績謹贈此書、以爲資料、長澤規識

水澤君云君山從東北大所藏古活字本鈔出者

图版七《唐张守节史记正义佚存》下卷末长泽规识语

宋人著作五种征引《史记正义》佚文考索及相关问题讨论

本文是对宋人吕祖谦《大事记解题》与王应麟《玉海》《通鉴地理通释》《诗地理考》及胡三省《新注资治通鉴》等五种著作征引《史记正义》之佚文考索及相关问题的综合讨论。首先对裴骃《史记集解》、司马贞《史记索隐》、张守节《史记正义》三种古注做一简明的描述，然后对张守节的经历学养进行钩沉，并探讨《史记正义》的成就所在、遗佚的发生及日本学者辑佚的成绩，接着对笔者从宋人著作五种考索所得《正义》佚文394条做一概述，再对《括地志》其书及宋人著作五种征引之《括地志》与《史记正义》的关系进行研究，最后对宋人著作五种征引《史记正义》佚文的文献价值做重点阐述。

一、《史记》三家注简说与张守节事历钩沉

赵宋王朝以前学术价值最高的《史记》古注共有三家，即南朝刘宋之裴骃《史记集解》、李唐王朝之司马贞《史记索隐》与张守节《史记正义》，经宋人合刻而流传至今。裴骃以东晋徐广校本为本，“采经传百家并先儒之说，豫是有益，悉皆抄内”，又“时见微意，有所裨补”（《史记集解序》），为《史记》130篇作注，仿魏何晏《论语集解》、晋杜预《春秋经传集解》注例，取合本子注形式，随文施注，合《史记》本文与裴氏注义为一体，为《史记集解》80卷。此前，《史记》或有本无注，或有注无

本。自裴骃书出，《史记》方有注本行世。裴氏本亦为后世所有注本所从出。宋太宗淳化五年（公元994年）殿刻三史，《史记》即取《史记集解》80卷为底本而按《史记》篇名析为130卷。裴骃对《史记》的广泛流行居功至伟。唐玄宗时成书的司马贞《史记索隐》与张守节《史记正义》，均依傍裴骃《史记集解》，仿唐初陆德明《经典释文》标字列句为注之例，各为30卷，原不与《史记》本文相附而单本别行。

司马贞在裴骃《史记集解》的基础上，"探求异闻，采摭典故，解其所未解，申其所未申者，释文演注，又重为述赞，凡三十卷，号曰《史记索隐》"（《史记索隐序》），"盖欲以剖盘根之错节，遵北辕于司南也"（《史记索隐后序》），于《史记》义蕴探寻颇多发明。其健于辩驳的文风又与宋人喜尚讥评的学风契合，故"近代号为奇书"[①]，而以"小司马史记"名义与"小颜氏汉书"并称，备受推崇。宋时不仅有多种单刻本《史记索隐》行世，而且将《索隐》附刻于《史记集解》而成《史记集解索隐》二家注者亦有数本。故《索隐》旧貌至今犹存。

《史记正义》的作者张守节，旧、新《唐书》无传，生平事历阙如。但据其上呈《史记正义》所署官衔及相关唐史文献，尚可推知其生平学养之大概。张守节自叙云"涉学三十余年"而撰《史记正义》，于开元二十四年（公元736年）八月杀青斯竟，则其时年龄必在55岁上下。由此年上推，当生于唐高宗永淳元年（公元682年）前后。较司马贞晚生10年左右。张守节官任"诸王侍读宣议郎守右清道率府长史"，为大唐太子东宫属官。《新唐书·百官志四·东宫官》有"侍读，无常员，掌训导经学。"东宫设有作为太子学馆的崇贤馆（后避太子李贤名讳，更名崇文馆），置学士、直学士，掌经籍图书教授诸王。自贞观十三年（公元639年）设馆起，便集中了大批博学通儒，如孔颖达、刘伯庄、王元感、李善、褚无量、刘知几、张嘉会之辈，使东宫成为李唐王朝的学术文化重镇。在崇贤馆就读的太子、诸王，要修习五经（《易》《书》《诗》《左氏春秋》《礼

① 中国国家图书馆藏蒙古中统二年平阳道段子成刊本《史记集解索隐》卷首董浦《序》。

记》）四史（《史记》《汉书》《东观汉记》《三国志》），必“读文精熟，言音典正，粗解注义”方为及格。“掌训导经学”的侍读则须经明行修、史学娴熟。如肖德言（？—卒于高宗初，年97）“博涉经史，尤精《春秋左氏传》，太宗诏为晋王（李治）授经讲业”，及晋王为太子，德言“仍兼侍读”（《新唐书》卷198《儒学上·肖德言传》）；许叔牙（？—公元649年）“少精《毛诗》《礼记》，贞观初累授晋王（李治）文学兼侍读”（《新唐书》卷198《儒学上·许叔牙传》）；李敬玄“该览群籍，尤善于礼。高宗在东宫，马周荐其材，召入崇贤馆侍读，假中秘书读之”，后“撰次《礼论》及它书数十百篇”（《新唐书》卷106《李敬玄传》）；褚无量（公元646—公元720年）“励志好学，尤精《三礼》及《史记》，召拜国子司业，兼皇太子（李隆基）侍读。”（《新唐书》卷200《儒学下·褚无量传》）由以上任职侍读者资历学养例之，张守节被遴选担任诸王侍读，其经史学殖之富自可想见。

张守节撰著《史记正义》，得益于他担任东宫学官所处的优越的学术环境。大唐东宫学馆由名家讲授《史记》《汉书》渊源有自。高宗龙朔（公元661—公元663年）中，刘伯庄以弘文馆学士国子博士兼授崇贤馆学士，撰《史记音义》《史记地名》《汉书音义》各20卷，行于世，奉诏讲《史记》，见《旧唐书·儒林上·刘伯庄传》；崇文馆学士张嘉会独善《史记》，司马贞曾“少从张学”，见《史记索隐后序》；而张守节在《史记正义》中多次称道“张先生”“张先生书”，可证张守节亦师从张嘉会受《史》《汉》；褚无量兼崇文馆学士，著、讲《史记至言》12篇，见《新唐书·儒学下·褚无量传》。张守节作为东宫学官，有幸自青年时代起，得依崇贤馆《史》《汉》名师门墙。东宫有司经局，掌四库图籍缮写刊辑之事，安史之乱前，经籍图书典藏极富。开元初，褚无量奉诏校理内府书，玄宗曾令其借崇贤馆藏书抄写以补充内府书。开元六年（公元718年）冬，玄宗自东都洛阳还驾京师长安，诏令将经过校理的东都乾元殿图书迁“于京大内东宫之丽正殿安置”[①]。东宫在西内

① 王应麟：《玉海》卷167引韦述《集贤注记》，元至正十二年庆元路阿殷图埜堂补刊本。

太极宫之东，而丽正殿则在东宫正殿崇教殿之北、光天殿之南。玄宗开元七年（公元719年）于此设丽正殿修书院，“令丽正殿写四库书，各于本库每部为目录。”[①]东宫遂成为大唐皇家最重要的图书中心。张守节以诸王侍读的身份，有阅读中秘书之便，为撰著《史记正义》而在书海优游涵泳，得以“涉学三十余年，六籍九流地里苍雅锐心观采，评《史》《汉》诠众训释而作《正义》”，终于达成“郡国城邑委曲申明，古典幽微窃探其美，索理允惬，次旧书之旨，兼音解注，引致旁通，凡成三十卷，名曰《史记正义》”的目标（《史记正义序》）。“正义”之名出自唐纂《五经》注疏。贞观中，孔颖达、颜师古、司马才章等诸儒受诏撰定《五经》义训凡百余篇，号《五经义赞》。太宗下诏曰：“卿等博综古今，义理该洽，考前儒之异说，符圣人之幽旨，实为不朽”（《旧唐书》卷73《孔颖达传》），诏改《五经义赞》之名为《五经正义》（《新唐书》卷198《儒学上·孔颖达传》）。“正义”者，“传以通经为义，义以必当为主。至当归一，精义无二”之谓也（唐玄宗御撰《孝经序》）。以“正义”为自己的《史记》注本命名，张守节是第一人，在正史史注中也是唯一的一家。可见张氏自我期许之高。北宋庆历元年（公元1041年），王尧臣等奉敕定著的皇家藏书《崇文总目》著录称：张守节“《史记正义》三十卷。为《汉书》学者，此最精博。”[②]“精博”之目，可谓《史记正义》定评。然而在宋代一般读书界，《史记正义》远不及《史记索隐》之被推崇。笔者臆度宋时《史记正义》似无单刻本，仍以写本形态在上层读书界流通。

二、合刻本对《正义》的删削与日本学者的辑佚

司马贞为弘文馆学士，张守节任东宫诸王侍读，生当同世而略有后

①（宋）王溥：《唐会要》卷35第18叶《经籍》，《文渊阁四库全书》所录，台湾商务印书馆影印本。

②《永乐大典》本《崇文总目》卷3《正史类》，《文渊阁四库全书》收录，台湾商务印书馆影印本。

先，二人为《史记》作注的底本同为裴骃《集解》，征引资料文献同出唐室馆阁秘书，虽各自为书，但为同一事典作注时因引据同源，故所作注文往往相同或相近。宋人合刻《史记》三家注时，以先刻行世的《史记集解索隐》为本注，而以《正义》为增注附刻于相应《史》文之《集解》《索隐》之后，凡《正义》注文与《索隐》相同或相近者大都削而不录。自《史记集解索隐正义》三家注合刻本风行于世，单本《史记正义》遂渐次湮没以致在中土失传。明人已无缘复睹《正义》全貌。清代学者如四库馆臣、钱大昕、钱泰吉、张文虎等，注意到《史记正义》遗佚严重的状态，并做过程度不同的探究与搜辑，但因他们无缘见读流散于日本的公私所藏多种珍贵的宋元《史记》古板本、古写本，难以校比，故总体成绩并不理想。

《史记正义》大量遗佚亦引起东瀛学者的关注。日本泷川资言博士（公元1865—公元1946年）于1913年在东北帝国大学所藏两种古活字印本《史记》框郭外之标注中，发现被宋人《史记》三家注合刻者删削的《史记正义》佚文“一千二三百条”，手辑以为《唐张守节史记正义佚存》二卷，遂启《史记会注考证》“纂述之志”[①]。此后又费二十余年之功，遍访日本公、私所藏多种《史记》古板本、古活字印本栏外标注以及《史记》抄录本[②]，参互校订，得到证实。泷川资言撰著《史记会注考证》时，将所辑《正义》佚文编入相应《史》文之下。1934年《史记会注考证》全书10册出齐，泷川氏自谓“略复张氏之旧”，读《史》者亦盛赞其便。但泷川先生辑得的《正义》佚文在《史记会注考证》中均未注明出处，故引起不少大陆学人的质疑。鲁实先先生于民国二十六年（公元1937年）春夏之际阅读《史记会注考证》后，撰写并排印《史记会注考证驳议》长文二万余言，即寄东京帝国大学东洋文化研究所，在其封面题签处亲笔作书曰：“贵所发行之泷川博士著《史记会注考证》一书，疵谬百出，绝无一善，请接仆此文之后，毁该书停止发行。否，对贵所刊行书报，予将加非常打

① [日]泷川资言:《史记会注考证》卷10,卷尾第168页,《书史记会注考证后》。

② 日本京都建仁寺两足院藏幻云手泽《幻云史记抄》。

击，所失愈大。请贵所及泷川博士火速回信。”[①]关于《史记会注考证》新增《正义》，《驳议》云：“殊不知正义佚文中土自有古籍可求，无庸取之三岛（笔者按：“三岛”指日本国）。”[②]贺次君先生在1958年10月商务印书馆出版的《史记书录》之《史记会注考证一百三十卷》题下，认为今泷川所辑《正义》“余颇疑之，曾为仔细查对，乃知其所补《正义》一千二三百条，非尽属删佚之正义也。”尔后程金造先生在1960年第2期《新建设》发表的《史记会注考证新增正义之来源与真伪》的论文中更认为十之八九出自日人伪托。以致半个多世纪以来，在司马迁与《史记》研究中，大陆学者对泷川氏辑得的一千余条《正义》佚文依然不敢问津。

继泷川资言先生之后，水泽利忠（公元1918—公元2013年）教授为补其阙，辛勤研讨二十余年，广校日本现存各种《史记》古板本、古活字印本的栏外标注，以及古抄录本，包括泷川氏未见之现存最早的黄善夫《史记》三家注合刻本（即所谓的“南化本”）的校记，于1957—1970年间陆续刊行《史记会注考证校补》全9册，为泷川资言所辑《正义》佚文千百数十条（实为1418条）以及水泽本人新获“资言所未见佚文凡二百数十条”（实为227条）“一一明所据”。此后，小泽贤二（公元1956—）先生又继水泽氏之业，涉十余年之功，致力于《史记正义佚存》源流的探索，查明其蓝本乃京都东福寺旧藏“梅室本”《史记》（又称“心华和尚善本”）叶面框郭内外所标记的古注。而其古注则源自元亡明兴之际，由日本五山临济学问僧从中国携归东瀛的单写本《史记正义三十卷》。小泽贤二的成绩为《史记正义佚存订补》，在泷川、水泽二氏之外，又新发现《正义》佚文29条（泷川1418＋水泽227＝《校补》1645条；《校补》1645条＋小泽29＝《佚存订补》1674条），此书收入日本史记正义研究会代表人水泽利忠教授所编《史记正义之研究》[③]。

① [日]池田英雄：《史记研究书目解题·稿本》，1978年长年堂出版。

② [日]水泽利忠：《史记会注考证校补》第八册《史记之文献学的研究》，第186页第9行，史记会注考证校补刊行会1961年版。

③ [日]水泽利忠：《史记正义之研究》，东京汲古书院刊1994年版。

笔者曾于公元2000年在台湾大学《台大历史学报》25期发表《程金造之“〈史记正义佚存〉伪托说”平议》专论四万余言，指出：程金造先生认为泷川资言辑得的“这千三百条佚存，只有十分之一二是可靠的，绝大部分是读者的杂抄和注解”。本此先入之见，从改制文本开始，作为立论的前提，便有意将读者引入岐途。他精心搜集的证例和所做的按断，貌似“考证翔实”，然经仔细辨析，无不以真为伪。程氏本末皆失，他所独创的“《史记正义佚存》伪托说”，自应推翻，以免贻误后学。而泷川资言辑得的佚存《正义》实为失传已久的部分《正义》的重见天日。泷川资言不愧为守节功臣。

不过泷川资言诸人对《史记正义》的辑佚，仅限日本现存之《史记》古板本、古活字印本之栏外标注，以及《史记》古抄录本，却未涉及《史记》三家注本以外的宋人著作。

笔者在做《史记》版本源流、叙事起迄与主题迁变研究的过程中，曾对《史记》三家注本以外的《史记正义》的留存情况做过一番调查，发现宋人吕祖谦的《大事记解题》，王应麟的《玉海》《通鉴地理通释》《诗地理考》，胡三省的《新注资治通鉴》中，都大量征引了单本《史记正义》，其中相当数量为《史记》三家注合刻本所未载而成《正义》佚文。笔者当时做了详细的札记。值得关注的是，吕祖谦、王应麟与胡三省三人的学术素养有先后师承关系。

三、宋人著作五种征引《史记正义》佚文考索概述

魏晋六朝以降下迄盛唐之前，班固《汉书》以“文赡事详”而备见尊崇。唐初善说《汉书》者名家辈出，“是时‘《汉书》学’大盛”（《新唐书》卷198《儒学上·敬播传》），颜师古《汉书注》为特出的代表。张守节深受“《汉书》学”精严学风的浸润陶冶，他虽以《史记正义》名世，而宋《崇文总目》却称他为“此最精博”的“《汉书》学者”。清《四库全书》馆臣颇疑《崇文总目》“此注似不应在《史记正义》下”。其实若知

张守节的前辈崇贤馆学士刘伯庄坐拥多种《史记》著作，时人仍称“其章章者以《汉书》学名家”的故事，此疑当会冰释。

张守节精研六经九流以及汉魏以来诸家传、说，会通《史》《汉》文本，长于六书音韵舆地之学，广搜博采，权衡较比，而作《史记正义》。卷首有历代史注中最为详备的注释体例，在《史记正义序》之后，依次为《论史例》《论注例》《论字例》《论音例》《音字例》《发字例》《谥法解》《列国分野》，以提点《史记》精义及五体内涵，备论裴骃《集解》注义来源，交代《史记》文本文字取舍、注音释义的准绳，为读其书者指示门径。张守节学风严谨平实，引用前人著作均署姓氏名讳以示尊重，即使驳正前代注家甚至《史》文的失误，也都引据辩证，充分说理，从不作率尔武断之词。《正义》征引浩博，多为时人所难得一见的御府秘书。这些典籍连遭安史、黄巢之乱两大浩劫，“亡散殆尽”，有的甚至“尺简无存”（《旧唐书》卷46《经籍志·序》），幸赖《正义》征引，盛唐以后遗佚的许多宝贵文献得以保存若干片段。这也是《史记正义》在宋代虽不为一般读书界如《索隐》般看重，而却是学术大师们在自己的著作中征引《正义》远多于《索隐》的原因所在。

在宋人著作中征引《史记正义》最多的当数吕祖谦的《大事记解题》，王应麟的《玉海》《通鉴地理通释》《诗地理考》，胡三省的《新注资治通鉴》。这五种著作除《大事记解题》及《诗地理考》外，皆成于元初。但其作者的学术活动主要在赵宋，宋亡之后以遗民自居，所著成书之年只书甲子，而不记蒙元年号，故仍当以宋人著作视之。

吕祖谦，字伯恭，生于宋高宗绍兴七年（公元1137年），卒于宋孝宗淳熙八年（公元1181年），祖籍河南府洛阳县，生于婺州（今浙江金华）。人称东莱先生，与朱熹、张栻为友，时人尊为“东南三贤”而“鼎立为世师”。出身簪缨世家，八世祖至六世祖有四人为北宋名相，五世祖至父辈皆为朝廷命官。祖谦初以荫补入官，后举进士，复中博学鸿词科。历任太学博士兼国史院编修官实录院检讨官，除秘书郎，迁著作郎，诏除值秘阁，主领史职多年。在本职工作之外，则以教授学子及著述为事。作为南宋著名的道学家，祖谦之学本于家庭，以关洛为宗，又兼收并蓄，注重开物成务，经世致用，关切时政，而不若一般道学家之专言性命。祖谦博通史传，常劝人读《左传》《史记》，以汲取历史的经验教训。淳熙七年（公元1180年）43岁时，着手编撰《大事记》，编年系月以记春秋后事，始于周敬王三十九年（公元前481年），即西狩获麟之年，下拟迄于五代终结（公元960年）。次年编至汉武帝征和三年（公元前90年）时因病辍笔，仅成12卷。旋卒，享年44岁，谥曰“成”。学者尊其为“吕成公”。《大事记》12卷，与所附《大事记通释》3卷、《大事记解题》12卷为一整体。《解题》之于《大事记》，“则如经之有传，略具本末而附以己见”，征引《史记正义》达279条，其中三家注合刻本《史记》未收《正义》全佚82条，部分遗佚18条，二者合计100条。

王应麟，字伯厚，浙东鄞（宁波）人。祖籍开封祥符县，西汉初于此地置浚仪县，故王氏著书署名皆作“浚仪王应麟伯厚甫”。生于宋宁宗嘉定十六年（公元1223年），卒于元成宗元贞元年（公元1295年），享年73岁。19岁时，其父任婺州（金华）通判，应麟随侍，在婺从王埜受学，得吕成公（吕祖谦）、真文忠公（真德秀）之传。19岁进士及第，31岁试博学宏词科中选。自20岁入仕，至53岁辞归乡里，三十多年间除少数几年在地方任职外，绝大部分时间均在朝廷中枢，历任秘书郎、著作郎、直学士院、秘书监兼权中书舍人，官至礼部尚书兼给事中。王氏除天才绝识、好学精进有大过人者外，又得尽读馆阁秘府所藏天下未见之书，故成有宋一代通儒。一生著书30余种，凡690余卷。《玉海》200卷，系为博学宏词科应用而编的大型类书，专精力积三十余年而后成，为应麟最重要的著作。是书分门析类，特为详密。上自天文律历，下至礼乐器用，凡分21门、240余类。其摭集文献，则自六经诸史、百家子集、注疏传记、艺文谱牒、宋室记注，靡有孑遗。纂次详备，谨而有序。书成之时，即有“天下奇书”之目。《四库全书总目》称《玉海》“其贯穿奥博，唐宋诸大类书未有能过之者。”《玉海》分类叙事，凡涉三代以下、汉武帝天汉以前的事典，常引馆阁所藏的《史记集解》《史记索隐》《史记正义》作注。《玉海》

征引《史记索隐》凡74条，4条不见今本《史记》三注本，可见作为王氏征引底本的是《索隐》单本而非二家注或三家注合刻本。所引《史记正义》亦然。因系馆阁秘书，其可信度极高。检视《玉海》全书，共征引《史记正义》112条。以之与中华书局1982年第2版点校三家注合刊本《史记》比照，发现中华本遗佚《正义》计72条。

《通鉴地理通释》14卷，也是王应麟的重要著作。据作者《通鉴地理通释序》，是书完成于“上章执徐橘壮之月”，以表宋亡以后只书甲子之意。上章执徐是庚辰年，当元世祖至元十七年（公元1280年），橘壮之月是阴历八月。关于此书的作意及纲目，《四库全书总目提要》有一简明的提点：“是书以《通鉴》所载地名，异同沿革，最为纠纷。而险要阨塞所在，其措置得失，亦足为有国者成败之鉴。因各为条例，厘定成篇。首历代疆域，次历代都邑，次十道山川，次历代形势，而终以唐河湟十一州、石晋十六州、燕云十六州。其中征引浩博，考核明确，而叙列朝分据战攻，尤一一得其要领，于史学最为有功。”《通释》释地，大量征引《史记正义》和《括地志》。所引《括地志》其实也自单写本《史记正义》转引，其故留待本文第四节详论。《通释》征引《史记正义》152条，其中不为《史记》三家注合刻本所收者，全佚45条，部分遗佚31条；征引《括地志》104条，其中不为《史记》三家注合刻本所收者，全佚21条，部分遗佚18条。《通释》征引《史记正义》及《括地志》合计256条，其中全佚66条，部分遗佚49条。全佚与部分遗佚合计115条。

《诗地理考》6卷，是王应麟的又一重要著作。卷首有《序》，指出“《诗》由人心生也，风土之音曰风，朝廷之音曰雅，郊庙之音曰颂，其生于心一也”，而“人之心与天地山川流通，发于声见于辞莫不系水土之风，而属三光五岳之气。因《诗》以求其地之所在，稽风俗之厚薄，见政化之盛衰，感发善心而得性情之正，匪徒辨疆域云尔。”故全录郑玄《毛诗谱》，又旁采《尔雅》《说文》《地志》《水经》及诸儒说地之言，特撰《诗地理考》。其《序》并未交待该书作于何时。据清人陈僅辑、张恕编《王深宁先生年谱》，宋度宗咸淳三年（公元1267年），王应麟45岁时，兼侍立修注官，升权直学士院，除试秘书少监，进讲《毛诗》《礼记》。《诗地理考》或准备为度宗进讲《毛诗》而撰于此年。《诗地理考》考释《诗》中地名，引用《史记正义》12条，其中不见于《史记》三家注合刻本者，全佚凡6条，部分遗佚1条；引用《括地志》73条，其中不为《史记》三家注所收者，全佚15条，部分遗佚14条。所引《括地志》也实自单写本《史记正义》转引。《诗地理考》征引《史记正义》及《括地志》合计85条，其中全佚21条，部分遗佚15条。全佚与部分遗佚共36条。

胡三省，字身之，生于宋理宗绍定三年（公元1230年），卒于元成宗大德六年（公元1302年），享年73岁。宋台州宁海（今浙江宁海县）人。《宋史》与《元史》均无传。赖胡氏《新注资治通鉴序》中的简略自叙及陈垣先生《通鉴胡注表微》之《解释篇第四》中的相关考证，尚可得其生平大概。父胡钥，笃好史学，人称“山泽遗才”。三省幼少时随父诵读经史，颖悟异常。其父鉴于蜀人史炤《通鉴释文》等《通鉴》注本“乖剌乃尔”，生前对三省遂有“刊正”之托。胡三省15岁丧父。宋理宗宝祐四年（公元1256年），27岁时登集英殿殿试进士榜，同榜有宋末名臣文天祥、陆秀夫、谢枋得等，而王应麟奉诏宣入殿庐，充覆考检点试卷官。故以此王应麟与胡三省有师生之谊。胡氏历任庆元府慈溪县尉、扬州江都丞、江陵县令、怀宁县令，宋度宗咸淳三年（公元1267年）38岁时，应两淮制置使李庭芝聘，任寿春府学教授，佐淮东幕府，咸淳六年（公元1270年）返临安。咸淳十年（公元1274年），元兵大举南侵，胡三省差充主管沿江制置使汪立信机宜文字，作《江防三策》，由汪立信上陈督师江防的相国贾似道，遭拒，汪立信罢官。既而沿江军溃。胡三省痛感回天无力，遂间道返归宁海故里。自此乡居不出，谢绝人事，潜心著述《新注资治通鉴》，编成294卷。此书自宝祐四年（公元1256年）发轫，至蒙元至元二十二年（公元1285年）冬杀青，前后历时30年。胡三省于自序之末署杀青时地为“旃蒙作噩冬十有一月乙酉日长至天台胡三省身之父书于梅涧蠖居”。“旃蒙作噩”为乙酉年。宋亡之后，不书蒙元年号，系仿陶渊明于晋亡之后所作只书甲子之意。胡三省擅长考据，尤精于舆地之学，《新注资治通鉴》

成就卓著，其注于名物训诂浩博周详，所释地理尤以精审见称。胡注征引《史记正义》188条，其中不见于《史记》三家注合刻本者，全佚31条，部分遗佚21条；又从《史记正义》转引《括地志》177条，其中不见于《史记》三家注合刻本者，全佚5条，部分遗佚13条。《新注资治通鉴》征引《史记正义》及《括地志》合计365条，其中全佚36条，部分遗佚34条。全佚与部分遗佚共70条。

宋人著作五种征引《史记正义》（含自《正义》转引的《括地志》）总共1097条，其中全佚276条，部分遗佚118条。全佚与部分遗佚合计394条。此处收录的五篇宋人著作征引《史记正义》佚文考索论文，考出每条佚文原当系于《史记》何篇何句之下，因何被宋人合刻者删削，并对这批佚文的价值作出实事求是的评价。

四、《括地志》与《史记正义》关系之探究

张守节《史记正义》最受后人推重的方面之一，是该书的古地理注释独具丰厚的人文底蕴。而这要归功于对《括地志》的大量征引。宋人著作五种不仅大量征引《史记正义》，而且除《大事记解题》外，其余四种还大量标名征引了《括地志》。《括地志》是怎样的一部书？这些被宋人著作征引的《括地志》条目与单写本《史记正义》又有怎样的关系？都是值得关注的问题。

《括地志》550卷及《括地志序略》5卷，是唐魏王李泰主编的唐贞观十五年（公元641年）年底成书的国家地理总志。李泰生于唐高祖武德元年（公元618年），卒于唐高宗永徽三年（公元652年）。据《旧唐书》卷76《太宗诸子·濮王泰传》记载，他是唐太宗的第四子，贞观十年19岁时封魏王，留京，遥领相州都督。泰以“少善属文”，“好士爱文学”，而为太宗所宠异，特许在王府设置文学馆，自行引召学士。太宗李世民即位为皇帝后，政治稳定，经济富庶，文化繁荣，疆域辽阔，为适应国家发展的需要，自贞观元年（公元627年）起，对隋以来混乱的行政区划进行调整

改革，实行监察区与行政区并行制度，依山川走向将全国划分为十道监察区，道以下为州、县两级行政区。贞观十三年（公元639年），调整改革完成，编制了简明的包括10道、358州、1551县的《贞观十三年大簿》。在调整改革行将完成的贞观十二年，司马苏勗建议魏王李泰奏请编撰《括地志》，以全面反映大唐王朝行政区划调整改革的成果。得到批准后，李泰奏引著作郎肖德言、秘书郎顾胤、记室参军蒋亚卿、功曹参军谢偃等就府修撰。肖德言等皆当世俊彦，供他们修撰取资的内府图经地志，如晋挚虞《畿服志》，王隐《晋书地道记》《太康三年地志》，南齐刘澄之《永初山川古今志》，陆澄《地理书》，萧梁任昉《地志》，陈顾野王《舆地志》，北魏阚骃《十三州志》，以及隋炀帝敕撰《区宇图志》1200卷等，据《旧唐书·经籍志》著录，当时均有全帙；魏王李泰又遣使者分赴诸州查阅地方图经地志，以备核实补充。历经四载寒暑星霜，规制宏伟、征引浩博的初唐盛世国家地理总志《括地志》方告克成。此书别称魏王《坤元录》。贞观十六年（公元642年）正月三日，魏王李泰表上《括地志》。太宗称赞该书："博采方志，得于旧闻，旁求故老，考于传信。内殚九服，外极八荒。简而能周，博而尤要。度越前载，垂之不朽。"[①]诏付秘阁。大唐秘阁经籍图书由秘书监掌管，"凡四部之书，必立三本，曰正本、副本、贮本，以供进内及赐人。凡赐人书，秘书无本，皆别写给之。"（唐玄宗御撰：《大唐六典》，中华书局影印宋本1991年版，第192页）两京（长安与洛阳）正、副本各备一本。由于《括地志》记载天下地形险阨，关乎国防机要，此书并未颁布道、州，有资格进入内府披阅抄录者为数亦鲜。

《括地志》燬于安史之乱。天宝十五年（公元756年）六月长安沦陷以后，唐人再无缘得读《括地志》全书。《旧唐书》卷46《经籍志序》曰："禄山之乱，两都覆没，乾元旧籍，亡散殆尽。""及广明（公元880年）初，黄巢干纪，再陷两京，宫庙寺署，焚荡殆尽，曩时遗籍，尺简无存。"

① (宋)王应麟:《玉海》卷14《地理》引。元至正十二年庆元路补刊《玉海》本，日本京都建仁寺两足院藏，日本京都中文出版社影印出版《合璧本玉海》，台北大化书局1977年印行。

（《旧唐书》，中华书局点校本1975年版，第1962页）《旧唐书》卷46《经籍志·乙部史录·地理类》仅著录“《括地志序略》5卷，魏王泰撰”，而无“《括地志》550卷”的记录，可见已无《括地志》其书；《新唐书》卷57《艺文志·史部·地理类》虽著录有“《括地志》550卷，又《序略》五卷”，其实正如《艺文志序》所言，“今著于篇，有其名而无其书”，不过虚列书目而已。杜佑（公元735—公元812年）自大历三年（公元768年）在淮南道幕府任上始撰《通典》，历时30载，于贞元十七年（公元801年）成书200卷，献纳御府，“其书大传于时，大为士君子所称”（《旧唐书》卷147《杜佑传》）。然而检阅《通典·州郡部》，可以确认引自《括地志》的仅有卷177“榖州永宁县”下“《括地志》云：按文王所避风雨”云云一条，引自《坤元录》的也仅有卷173“长安县”下“《坤元录》云：汉长乐宫”云云及卷177“郑州荥泽县”下“《坤元录》云：其汴口堰在”云云两条[①]。李吉甫（公元758—公元814年）以宰相之尊，撰中唐国家地理总志《元和郡县图志》40卷，有权调阅御府有关藏书以备撰著，然而不仅在其《元和郡县图志序》中只字未提魏王李泰主编《括地志》这一盛事，而且在其书中也只字未引《括地志》的条文。《元和郡县图志》40卷，其规模尚不及《括地志》550卷的1/10。倘若李吉甫能有《括地志》全帙供其取材，《元和郡县图志》岂会简略若此！可见杜佑在淮南幕府与李吉甫在朝廷中枢均实未睹《括地志》全帙。宋太宗太平兴国八年（公元984年）诏纂成书的《太平御览》1000卷，所引经史图籍，据该书首册卷首所附《太平御览经史图书纲目》，多达1689种。其中征引宋以前的舆地图志即有260余种，唐代地理总志著录有《元和郡国志》《元和郡县志》《元和郡县图》，但最为名著的《括地志》（《坤元录》）却不在其列。可见北宋

① 贺次君：《括地志辑校》（中华书局1980年版）中，其余三条标为引自《通典》所录“魏王泰《地志》”者，经复检《通典》原书，发现“《地志》”前并无“魏王泰”三字。而《地志》亦非《括地志》省称。新、旧《唐书·地理志》著录有《晋太康地记》《晋元康地记》，而沈约《宋书·州郡志》、李善《文选注》、司马贞《史记索隐》、张守节《史记正义》征引以上二书，均作《晋太康地志》《晋元康地志》，或省作《地志》。

开国之初御府已无《括地志》其书[①]。而贺次君先生认为“宋南渡后，《括地志》全书散佚，南宋作者不及见”，恐不得其实。

中日文化交流源远流长。当魏王李泰《括地志》全帙燬于安史之乱前，曾有部分篇卷传入日本。日本宇多天皇宽平（公元889—公元897年）中[②]，朝臣藤原佐世奉敕编撰《日本国见在书目录》，其书卷21《土地家》著录有“《括地志》一，魏王泰撰，元数六百卷，《图书录》只载第一卷；《坤元录》百卷”[③]。据《新唐书》卷220《东夷·日本传》的记录，日本国王曾多次遣使者入朝大唐。太宗贞观五年（公元631年），首次遣使入朝。武后“长安元年（公元701年），其王文武立，遣朝臣真人粟田（据日本学者小泽贤二先生见告：“粟田”是姓，“真人”是名。《新唐书》误倒姓与名）贡方物。朝臣真人者，犹唐尚书也。真人好学，能属文。武后宴之麟德殿，授司膳卿，还之……开元初，粟田复朝，请从诸儒受经……悉赏物买书以归。”（《新唐书》，中华书局点校本1975年版，第6207页）《日本国见在书目录》著录的《括地志》第1卷及《坤元录》100卷，极有可能是大唐王朝从内府所藏《括地志》正、副本之外用于“赐人”的“贮本”中，选择不涉国家机密又有益于文化灌输的篇卷，颁赐日本国王而由使臣粟田真人携归东瀛者。其时最早在武后长安元年，至晚当在玄宗开元之初。日本国宫内厅书陵部现尚宝藏有西园寺侯爵家于1942年呈献的写本《括地志》残卷2卷（宫内厅书陵部藏《管见记》卷六纸背所抄《括地志》残卷），即《括地志》卷第123《河南部·兖州三·曲阜县上》及卷第124《河南部·兖州四·曲阜县下》。该卷首先用421字引经据典详细介绍曲阜

① 中华书局1960年缩印商务印书馆1935年影印宋本《太平御览》，其卷第47《地部》12《会稽东越诸山》之《乌岭山》条，引有“魏王泰《坤元录》云：邵武北有庸岭，一名乌岭。北隰中有大蛇，为将乐令李诞女所杀者。”此在《太平御览》的《地部》《州郡部》《居处部》3部63卷中，为仅有的一条。这条异闻或转引自某种小说类书籍所引《坤元录》。贺次君《括地志辑校》卷4“建州：闽中越地，即古东瓯”条，标其出处为“《太平御览》卷170引《坤元录》”；经检阅影印宋本《御览》，知贺辑所称之“《坤元录》”实为“《开元录》”之讹。

② 时当唐昭宗龙纪元年至乾宁四年。

③ 日本国宫内厅书陵部藏。黎庶昌光绪十年影印《古逸丛书》之19《影旧钞本日本国见在书目录》。

县建制的历史沿革（笔者按：李吉甫撰《元和郡县图志》介绍曲阜县建制沿革仅寥寥81字），然后分类按山原、川谷、薮泽、城郭、郊庙、泮宫、庠序、冢墓的次第，逐一叙述该县的山岳形胜、河川泉泽、城郭宫室、往古遗迹、物产风俗、神话传说、名贤故实等，完整地展现了《括地志》县级政区的编撰体例及丰富内容。该卷避唐太宗名讳，改“民”为“人”，而高宗名讳“治”字不避，则知该抄本的母本写于贞观年间。《曲阜县》残卷残存3213字，为李吉甫所撰《元和郡县图志》卷11《河南道六·兖州·曲阜县》389字的8倍还有余。由《括地志·曲阜县》征引之浩博，资料之翔实，不难想见《括地志》全书的规模。张守节为《史记》注地，独钟情于《括地志》，正缘于此，今本《史记》三家注合刻本所收《史记正义》中涉及曲阜县的条目，就全部抄自该卷。

由于《括地志》550卷及《序略》5卷全帙，除《序略》第1卷于大唐开元中被徐坚等所编《初学记》征引外，已燬于安史之乱，开元及以后编撰的类书如《初学记》《太平御览》，政书如《通典》，地志如《元和郡县图志》《太平寰宇记》等，都不能为吕祖谦、王应麟、胡三省的撰著事业提供《括地志》原著的资材[①]。王应麟的《玉海》《通鉴地理通释》《诗地理考》，胡三省的《新注资治通鉴》中所征引的《括地志》条目，只能出自单写本《史记正义》。虽然标目曰“括地志”，其实皆自《史记正义》转引而没《史记正义》书名而已。故以上四部著作中所征引的《括地志》条文，仍当以《史记正义》视之。

---

① 贺次君:《括地志辑校·前言》又以《长安志》《大藏音义》所引《括地志》“都在张守节引的范围之外”,作为“晚唐及北宋人是得见《括地志》原书的”证据。其说可议。北宋人宋敏求所撰《长安志》,系以唐集贤院学士韦述在开元中所撰《西京记》为蓝本,更博采群籍扩展而成;唐释慧琳于唐宪宗元和五年撰成《一切经音义》(又称《大藏音义》)一百卷,则承袭了释玄应于贞观末奉敕所造《一切经音义》25卷的成果。释玄应与韦述著书时,《括地志》全帙具在,二人皆有权参阅引述。因此,《长安志》《大藏音义》两书中包含《括地志》引文,自在情理之中。

五、宋人著作五种征引《史记正义》佚文之文献价值

宋人著作五种征引《史记正义》1097条中不见于《史记》三家注合刻本的394条佚文，对于深入认识司马迁其人其书，具有很高的文献价值。

（一）阐幽发微，注义精审，委曲申明，引证充分，有助于对《史》文的深入理解

张守节以“汉书学”的严谨学风为《史记》作《正义》，体现出“精博”的特质。即以宋人著作五种中征引的《正义》佚文而言，也随处可见。

张守节为《史记》作注着力于“古典幽微窃探其美”，故其注文博征故实引致旁通。如《魏世家》“通韩上党与共、宁”句下，《通鉴地理通释》（以下简称“通释”）所引《正义》佚文为“共”城作注，不仅注出与之对应的唐时州县，还援引“《水经注》：共县，共和故国。共伯归政，逍遥于共山之上。山在国北，所谓共北山也”，讲述共伯和的出与处的故事，其功成身退的超逸人生，读来极有滋味。又如《周本纪》“幽王嬖爱褒姒”，褒姒可是影响西周历史走向的名人，《诗经·小雅·正月》有云“赫赫宗周，褒姒灭之。”她是何方人士？合刻本于“幽王嬖爱褒姒”句下附刻的《正义》仅引《括地志》注褒国对应于唐时州县的18字；而《诗地理考》所引佚文《正义》不仅注出褒国对应于唐时州县所在，而且征引《国都城记》及《水经注》，详述褒国的地理位置及该国自夏代至战国的历史，长达116言，大大拓展了读《史》者的认知领域。

张守节长于地理，其注“郡国城邑委曲申明”。如《燕召公世家》“封召公于北燕”句下，《大事记解题》（以下简称“解题”）征引佚文“《史记正义》曰：地在燕山之野，故国取名焉。燕山在幽州渔阳县东南六十里。燕，姞姓之国，黄帝之后，在滑州。”此注先说明召公封国得名之由在于燕山，再述燕山的地理位置在北方，然后又指出早先在南方的滑州有黄帝之后的姞姓燕国，故召公所封的燕国就称之为“北燕”了。短短36字

包含了如许多的北燕、南燕的历史、地理信息，委曲详明若此。又如《赵世家》“败林人于荏”句下，合刻本所引《正义》仅“即林胡也”4字，至于林胡属于何种，种落地处何方，概无说明。而《通释》所引佚文《正义》则有详尽的辨说：“林人，即林胡也。《匈奴传》：‘晋北有林胡、楼烦之戎。’如淳曰：‘林胡即澹林，为李牧所灭。’《括地志》：‘朔州地。’冯唐曰：李牧‘破东胡、灭澹林。’《李牧传》云：‘灭襜褴，破东胡，降林胡’，则襜褴非林胡也。”（笔者按：《正义》引文中凡有存有佚者，大字为佚文，小号仿宋字为合刻本所有。下同。）此则佚文先下断语“林人即林胡”，并引《匈奴传》指出其生存范围，然后引如淳《汉书注》异说“林胡即澹林，为李牧所灭”，随即征引《括地志》、冯唐说、《李牧传》，相互参证，辨明如淳说之非是，最后得出结论“襜褴非东胡”，与注首断语呼应。

有的《正义》佚文可补《史》文叙事之缺略。《周本纪》中文王之父公季的纪传极为简略，仅有“季历立，是为公季”等25字。《逸周书·大匡解第十一》云：“维周王宅程。”但《周本纪》并无公季都程的记录。《通释》征引佚文“《史记正义》：《周书》云‘惟周王季宅郢。’郢故城在雍州咸阳县东二十一里，周之郢邑也。《诗·正义》：‘《周书》称文王在程，作《程寤》《程典》。’皇甫谧云：‘文王徙宅于程’，盖谓此也。《地理志》‘右扶风安陵’，阚骃以为本周之程邑也。”《孟子·离娄下》：“文王生于岐周，卒于毕郢。”此“郢”当读为“程”，乃公季的国都。《通释》征引的这条佚文，或原系于《周本纪》“季历立是为公季”句下，张守节引据《逸周书》以补《周本纪》叙公季史迹之不足。

有的《正义》佚文还可勘正合刻本误倒、误植的失误。如《廉颇蔺相如列传》“设九宾于廷”句下，有《解题》征引的一条有存有佚的《正义》：“《史记正义》曰：韦昭云：‘九宾则《周礼》九仪也。’刘伯庄云：‘九宾者，周王之备礼，天子临轩，九服同会。秦、赵何得九宾？但亦陈设车辂文物耳。’”“周王之备礼”，三家注合刻本作“周王备之礼”。按：“备礼”之“备”为“完备之备”，有隆重、最高之义；“备之”之“备”为“准备之备”，无高下等次，于义欠通。愚以为今本三家注所作“周王备之礼”，应据吕祖谦《大事记解题》所引《正义》乙正为“周王之备礼”。

统合观察《史记》三家注合刻本所收《正义》、泷川资言和水泽利忠在其著作中增补的佚文《正义》以及笔者新近从宋人著作五种中辑出的佚文《正义》，张守节的《史记》注，其卓越的学术成就确实无愧于《史记正义》的书名。

（二）为司马迁生年疑案的考定提供确凿的文献根据

司马迁生年，由于《汉书·司马迁传》失载，遂成千古疑案。今人考证史公生年，主要依据三家注本《史记·太史公自序》中两条唐人古注：一为“卒三岁而迁为太史令”句下司马贞《索隐》：“太史令，茂陵显武里，大夫司马迁，年二十八，三年六月乙卯除六百石。”一为下文“五年而当太初元年”句下张守节《正义》：“按：迁年四十二岁。”王国维疑《索隐》“年二十八”为“年三十八”之讹，据《正义》定“史公生年当为孝景中元五年”（公元前145年）。郭沫若据《索隐》“年二十八”为说，定司马迁生于武帝建元六年（公元前135年）。两者相差10年。聚讼纷纭，久不能决。

王应麟《玉海》为司马迁生年疑案的解决，提供了确凿的文献根据。《玉海》卷46《艺文·正史·汉史记》注引：“《史记正义》：‘《博物志》云：迁年二十八，三年六月乙卯，除六百石。’”王应麟又于《玉海》卷122《官制·九卿属官》注引：“《索隐》曰：‘《博物志》：太史令司马迁年二十八，三年六月乙卯，除六百石。’”王应麟纂辑《玉海》所征引的《史记正义》与《史记索隐》，均为南宋馆阁所藏单行唐写本，二者引用张华《博物志》都确凿无疑的记录司马迁于武帝元封三年继任太史时“年二十八”，亦与今本《史记》三家注本录入的《索隐》纪年吻合。张守节于“五年而当太初元年”句下的《正义》“按”语系承上文《正义》所引《博物志》“年二十八”作出，故只能作“按：迁年三十二岁”，而不可能作“按：迁年四十二岁”。唐人书“三十”作合体“卅”，书“四十”作合体“卌”。卅、卌常易互讹，《史》《汉》中有大量实例。今本“四十（卌）”

实为“三十（卅）”之讹。根据《玉海》所引《正义》《索隐》及今本《史记》三家注中《索隐》所引的《博物志》，皆作元封三年“迁年二十八”，以及修正后的《正义》按语“迁年卅二岁”推算，司马迁必生于汉武帝建元六年（公元前135年）。

（三）保存为他书失载的制度、史料，有助史实考证

如《高祖本纪》“高祖置酒雒阳南宫”句下，吕祖谦《大事记解题》卷九引《正义》佚文曰：“以此考之，秦虽都关中，犹仿周东都之制，建宫阙于洛阳。高帝之西，洛阳名为郡，而终西京之世，实以为别都。”张守节考证秦与西汉均有两京制度，此说鲜见，可备参考。又如《高祖本纪》“葬长陵”句下，《史记》三家注本仅引“《括地志》：在雍州咸阳县东三十里”，点出“长陵”的方位；而胡三省《新注资治通鉴》卷12所引《正义》佚文，除征引《括地志》外，还详引“《汉官仪》曰：‘古不墓祭。秦始皇起寝于墓侧，汉因而不改。诸陵寝皆以晦朔、二十四气、三伏、社腊及四时上饭其亲。陵所宫人随鼓漏理被枕、具盥水、陈妆具。陵旁起邑，置令、丞、尉奉守。’”所引《汉官仪》记载的秦汉陵寝制度，可与《后汉书·明帝纪》李贤注引《汉官仪》以及《续汉纪·祭祀志下》所叙两汉陵寝制度相互参证。在《汉官仪》早已亡佚的情况下，胡三省自单本《史记正义》的征引，实为今人讨论陵寝制度的宝贵资材。

又如《秦始皇本纪》“五年，将军骜攻魏，定酸枣”句下，《通释》引佚文《正义》：“《括地志》：故城在县北十五里古酸枣县南。《水经注》：‘《竹书纪年》曰：魏襄王十年大霖雨，疾风，河水〔溢〕酸枣郭。’”这条《正义》的价值并不在于指出古酸枣城的确切位置，而在于所引《竹书纪年》纪灾的史料：战国时期在黄河中游的酸枣一带，曾因久霖疾风造成黄河洪水漫溢酸枣城郭的巨大灾难。牢记这一灾异，足为后人备灾抗灾的鉴戒。合刻者无识，将这段重要引文删削无遗。

再如现今的旅行者常为川西山谷中高耸入云的羌民雕楼惊叹，却不知其起源。《史记·司马相如列传》“邛筰冉駹者近蜀”句下胡注《通鉴》注引《正义》佚文“《括地志》：蜀西徼外羌，茂州、冉州本冉駹国。康曰：

'其人依山居土，累石为室至十余丈。'"与《后汉书》卷八六《南蛮西南夷列传》："冉駹夷者，武帝所开，元鼎六年以为汶山郡"，其人"皆依山居止，累石为室，高者至十余丈，为邛笼"，正相印证。"康曰"之"康"，系孟康，三国魏散骑常侍中书令，为距今1800年前之古人，元鼎六年距今则多达2100余年。而在此之前，羌人早就会建造高达十余丈的石楼了。这条《正义》佚文对于考证羌人古老的生活习俗及建筑历史，实具重大价值。

（四）从有存有佚的条文可见合刻本删削失当，且存者节略欠妥处也为数不少

宋人以《史记集解索隐》为本注、以《正义》为增注附刻其中时，对《正义》做了重大的整合。以宋人著作五种所征引的《正义》佚文与《史记》三家注合刻本所收的《正义》对勘，会发现合刻本对《正义》既有大量的整条削除，也有对《正义》注文的部分删节。在宋人著作五种征引的《正义》不为《史记》合刻本收录的394条中有276条被整条削除，其不当自不待言；其余有存有佚的118条中，被删节的部分，其失当也显而易见。

在有存有佚的条文中，凡注地名者，合刻本一般只保留该地的方位里程，而删削与该地有关的历史掌故。如《魏世家》"通韩上党于共、宁"句下《通释》引《正义》佚文"共，卫州共城县。《水经注》：'共县，共和故国。共伯归政，逍遥于共山之上。山在国北，所谓共北山也。'"合刻本仅保留"共，卫州共城县"六字，却删削共伯和稳定周室后即退处林泉足令后人遐思的故事，大失《正义》的人文内涵。又如《苏秦列传》"苍梧"句下《通释》引《正义》佚文"苍梧山在道州南。《檀弓》：舜葬于苍梧之野。"合刻本删削所引《檀弓》文字，"苍梧山"就变得平淡无奇。

原本《正义》一般摘字为注。合刻本有为适应句下为注的需要合两条《正义》为一而致误者。如《六国年表》赵敬侯四年"魏败我兔台"句下，《解题》引佚文"《史记正义》曰：在河北。"《赵世家》同年"筑刚平"句下，《解题》引佚文"《史记正义》曰：刚平盖在河北。"合刻本将单写本《正义》为"兔台"及"刚平"所做的两条注文合二为一，置于《赵世家》赵敬侯“四年，魏败我兔台。筑刚平”句下，改编为“《正义》：兔台、刚平并在河北。”与《正义》原本相较，删“兔台”条全注“在河北”三字，在新注中又不得不增衍“兔台”二字，还删去“盖在河北”中表疑不能定之“盖”，更违背张守节的本意。

即使合刻本存有的部分，也有因合刻者历史地理修养不足而妄删致误者。如《范雎蔡泽列传》“秦昭王之四十二年，东伐韩少曲、高平，拔之”句下，《通释》征引原本“《正义》：《括地志》：高平故城在怀州河阳县西北四十里，俗称韩王城，非也。周桓王以与郑。《竹书纪年》云魏襄王四年，郑侯使辰归晋阳、向，更名阳为河雍、向为高平。则少曲当与高平相近。《水经注》：唐沟又东迳扶沟县之向亭北，又东迳少曲亭。《陈留风俗传》：“尉氏县有少曲亭，俗谓小城。”合刻本亦征引了这条《正义》，但对《正义》原文颇多删节。如“竹书纪年”删“竹书”二字作“纪年”，又删“魏襄王四年”纪年文字；至于与少曲、向城相关的《水经注》及《陈留风俗传》的文献资料则全部削除。更为严重的是，合刻者不知“归晋”之“晋”系指三晋之一的韩国，而将“阳向”误认作一城名，遂节引为“《纪年》云‘郑侯使辰归晋阳向，更名高平’”；而据《通释》所引“更名阳为河雍、向为高平”，则知“阳、向”显为二城。合刻者妄删《竹书纪年》“阳为河雍向为”六字，就造成“阳、向”二城为一城的人为错误，并延续至今。

合刻本还有将《正义》移位而致大误者。如《殷本纪》“祖乙迁于邢”句下，《通释》引《正义》佚文：“《括地志》：邢国故城在邢州外城内西南角。《十三州志》云：殷时邢国，周〔公子〕封为邢侯，都此。”合刻本“祖乙迁于邢”句下有《正义》引“《括地志》云：‘绛州龙门县东南十二里耿城，故耿国也。’”与《通释》所引不同。按：殷代诸王建都、迁都，均在今冀、豫两省，黄河南、北，从无建都、迁都于并州河东者。考《十二诸侯年表》周定王十八年栏，楚共王二年“秋，申公巫臣窃征舒母奔晋，以为邢大夫。”合刻本所引《正义》，原当系于《年表》“邢大夫”之下。宋人以《正义》附刻于《史记集解索隐》时，删十表《正义》注，而取此则关于“邢”邑的《正义》移置于《殷本纪》“迁于邢”句下。尽管

"邢""耿"二字古时音义互通，但违背殷商诸王迁都、建都所在方位的史实，仍为大误。

《史记》三家注本对《正义》的删削失当，还表现在对《年表》中地名《正义》的削除。合刻本十《表》封国地名仅有《索隐》据《汉书·地理志》《晋书地道记》等以汉时地名释汉及汉以前地名，而《正义》全付阙如。其实从宋人著作五种征引《正义》佚文观察，可以证实十《表》地名原都具有《正义》注文。例如，《楚世家》"悼王二年，三晋来伐楚，至乘丘而还"句下有《正义》："《年表》云：三晋公子伐我，至乘丘，误也。已解在《年表》中。"《正义》此处所称的《年表》，指《六国年表》，明示此《表》实有《正义》注。《史记》三家注合刻本《高祖功臣侯者年表》表首首栏为"国名"，其下有《正义》："此国名匡左行一道，咸是诸侯所封国名也。"张守节提示此下封国所在县邑皆有《正义》注。《魏世家》"秦拔我新垣、曲阳之城"句下，胡注《通鉴》引佚文"《史记正义》曰：《年表》及《括地志》：曲阳故城在怀州济源县西四十里。"胡三省所引原本《正义》明确指出"曲阳故城"注来自《年表》，这又是十《表》原有《正义》的明证。宋代的行政区划及地名与唐代相较，已发生重大变化，合刻者或以为十《表》中张守节以唐代的区划及地名对释汉代及以前的古地名，对宋人而言已无多大参考价值，故一概删削不录。其中缘由请参看拙作《〈玉海〉征引〈史记正义〉佚文考索》之三之（三）"《正义》佚文的发现有助于了解单本《史记正义》旧貌"的考证。

吕祖谦、王应麟、胡三省在其著作中引用《史记正义》，根据行文需要，有时也对《正义》有所节略，但都掌握分寸，取其要实，绝不致伤筋动骨。

黄善夫作为南宋光宗、宁宗时期福建建宁府建安县的刻书家，除出版《史记》三家注合刻本外，同时还刊刻了《汉书》《后汉书》。在《汉书·目录》之后刻有识语："集诸儒校本三十余家，又五、六友澄思静虑，雠对异同，是正舛讹。始甲寅年之春，毕丙辰之夏。建安黄善夫谨启。"同一版式的《后汉书》补史序后有"庆元戊午良月刘元起父谨识。"然则与黄善夫为编刻《史记》三家注及梓行前、后《汉书》而“雠对异同，是正舛讹”的“五、六友”中，定有刘元起其人。应该承认黄善夫、刘元起等人能够编刻前三史并传于后世，实具相当高的经史学养；但作为刻书家，除了追求做出一部好书外，还有商业利润的考量。这就与作为学术大师的吕祖谦、王应麟、胡三省，为开物成务、经世致用而征引《史记正义》力求保存其真相较，在识见和拿捏上显有高下之别。黄善夫等以《史记正义》附刻于《史记集解索隐》，对于《正义》的广泛流传自有莫大的贡献；但其对于《正义》不当的大量削除和删节，则严重损伤了《正义》的筋骨，又不能不说是一场梓灾。

（五）保存唐以前因安史之乱而遗佚的古籍片段，有助史文理解，且为辑佚渊薮

《史记正义》征引浩博。即以宋人著作五种所录《正义》佚文征引的典籍而言，经传有《周书》《尚书孔传》《诗经》《禹贡》《大戴礼记》《左传》《左传注》《穀梁传》《尔雅》；古史有《周书》《春秋外传国语》《世本》《帝王世纪》、刘氏《外纪》《汲冢古文》《竹书纪年》《战国策》《秦纪》《楚汉春秋》《汉书》《三辅故事》《三辅旧事》《古史考》《华阳国志》《晋志》；古地志有《山海经》《三辅黄图》《郡国志》、张勃《吴地志》、潘岳《关中记》、《晋太康地志》、王隐《地道记》、陆澄《地理志》、任昉《地志》、顾野王《舆地志》、《九域志》、《三秦记》、徐才宗《国都城记》、《后魏地形志》《上党记》《广州记》、伍绰之《从征记》、阚骃《十三州记》《宫殿疏》《庙记》《括地志》；纬书有《尚书帝命验》《尚书考灵曜》《河图》；子书有《管子》《孔子家语》《鬼谷子》《吕氏春秋》《韩非子》《淮南子》、张华《博物志》、郭子衡《洞冥记》、医经《八十一难》；官仪有卫宏《汉旧仪》、《汉官仪》、胡广《汉官解语》、《释名》；史注有姚察《汉书训纂》、颜师古《汉书注》、《汉书音义》；书录有《七略》《七录》，等。这些典籍历经安史之乱和黄巢之乱两大浩劫，大都亡佚。幸赖张守节注《史》的征引，得以保存某些片段，有如裂帛碎锦的文字，记录了消失的古代制度、旧时山川与人文故事，不仅有助于对《史》文的理解，也成为古籍辑佚者的宝库。

（六）宋人著作征引的《正义》佚文不少与《史记会注考证》新增《正义》重合，可证《史记会注考证》所收佚文非日人“伪托”

泷川资言于1932—1934年间出版《史记会注考证》全10册，增入《正义》佚文“一千二三百条”（实为1418条），被认为是20世纪《史记》研究史上的重大发现。但也有学者如程金造等严重质疑其真实性，认为“只有十分之一二是可靠的”，绝大部分出于日人的伪托。笔者曾于公元2000年在《台大历史学报》发表长文《程金造之“〈史记正义佚存〉伪托说”平议》，指出“伪托说”为不实之论。在宋人著作五种征引的《正义》佚文中，有不少也为《史记会注考证》所征引。如：1.《孝文本纪》“成侯赤”句下《史记正义》：“音赫。”（《胡注通鉴》卷15）；2.《孝景本纪》“止马舂”句下《正义曰》：“马碾磑之比也。”云云（《解题》卷11）；3.《孝景本纪》“禁天下食不造岁”句下《正义曰》：“造，至也。禁天下费米谷”云云（《解题》卷11）；4.《封禅书》“封泰山下东方”句下《史记正义》：“伍缉之《从征记》曰”云云（《玉海》卷98）；5.《吴太伯世家》“败吴师于笠泽”句下《史记正义云》：“《吴地志》云：笠泽”云云（《解题》卷1）；6.《齐太公世家》“封师尚父于营丘”句下《正义》：“《括地志》：营丘”云云（《通释》卷4）；7.《鲁周公世家》“周公旦者周武王弟也”句下《史记正义》：“《括地志》云：周公故城”云云（《玉海》卷173）；8.《燕召公世家》“封召公于北燕”句下《史记正义曰》：“地在燕山之野”云云（《解题》卷6）；9.《管蔡世家》“封叔振铎于曹”句下《正义》：“《括地志》：有曹南山”云云（《诗地理考》卷2）；10.《卫康叔世家》“卫康叔”句下《正义》：“《括地志》：故康城”云云（《诗地理考》卷1）；11.《卫康叔世家》“更徙卫野王县”句下《史记正义曰》：“野王”云云（《解题》卷6）；12.《楚世家》“其长一曰昆吾”句下《正义》：“《括地志》：濮阳县”云云（《诗地理考》卷5）；13.《楚世家》“战于蓝田”句下《史记正义曰》：“蓝田县”云云（《胡注通鉴》卷3）；14.《越王勾践世家》“范蠡事越王勾践”句下《正义》：“二卷”云云（《玉海》卷

62)；15.《赵世家》“与魏惠王遇葛孽”句下《史记正义》云：“《括地志》云葛孽”云云（《解题》卷3)；16.《商君列传》“因孝公宠臣景监以求见孝公”句下《史记正义》：“监，甲暂翻”云云（《胡注通鉴》卷2)；17.《苏秦列传》“东事师于齐而习之于鬼谷先生”句下《史记正义》：“鬼谷谷名”云云（《玉海》卷53)；18.同传“南有碣石”句下《史记正义》曰：“山在平州”云云（《解题》卷3)；19.同传“令天下之将相会于洹水之上”句下《正义》：“出相州林虑县”云云（《通释》卷8)；20.同传“赵涉河漳、博关”句下《正义》：“涉贝州南河”云云（《通释》卷8)；21.同传“乘船出于巴”句下《正义》：“巴岭山”云云（《通释》卷10)；22.又同传“决白马之口”句下《正义云》：“在滑州白马县”云云（《通释》卷9)；23.《白起列传》“到乾河”句下《正义》：“源出绛州”云云（《通释》卷9)；24.《廉颇蔺相如列传》“设九宾于廷”句下《史记正义曰》：“韦昭曰”云云（《解题》卷5)。以上24条《正义》佚文，亦为泷川资言《史记正义佚存》全部或部分辑得。然而泷川资言辑佚《正义》及撰《史记会注考证》时，并未从吕祖谦、王应麟及胡三省的五种著作取材。这一事实足以证明，泷川博士从日本存世的《史记》古板本、古活字印本栏外标注以及《史记》古抄录本辑录的《正义》佚文，与宋人著作五种征引的《正义》佚文系出同源，皆过录自张守节单写本《史记正义》。这批宋人著作征引《史记正义》佚文的发现，也极大地增强了《史记正义佚存》的可信度。

（七）澄清四库馆臣以来认为《正义》疏通《索隐》的误解

《史记》三家注中，《索隐》与《正义》在注释《史记》正文外，间有疏解、补充甚至驳正《集解》处，已成海内外《史记》学界共识。至于司马贞《索隐》与张守节《正义》之间有无关联，则颇有歧见。清儒钱大昕认为司马贞与张守节“两人生于同时，而其书不相称引。司马长于驳辨，张长于地理，要皆龙门功臣，难以偏废。”[①]而四库馆臣邵晋涵所作《史记

① (清)钱大昕:《廿二史考异》卷5《正义序》条，上海古籍出版社2004年版，第89页。

正义》书录则说："《史记正义》三十卷，唐张守节撰。守节自言涉学三十余年，六籍九流地理苍雅锐心观采。盖积一生精力为之，故能通裴骃之训辞，折司马贞之同异。"[1]近人程金造承邵氏之说，作《史记正义与索隐关系证》，坚执张守节"确乎是见到小司马《索隐》之书的"，"《正义》在解释正文之外，又时时疏通《集解》和《索隐》"的观点。（《史记管窥》，陕西人民出版社1985年版，第170页）其实不然。

宋人黄善夫合刻《史记》三家注时，以先已梓行的《史记集解索隐》为本注，而将《正义》为增注附刻其中。从对宋人著作五种征引《史记正义》状况的仔细考察中发现，合刻者为减少与《集解》尤其是与《索隐》的重复，对《正义》不仅有削除、节引，还有条目的合并或位置的移置，而随着合并或移置又不得不增溢《正义》原无的文字。经过合刻者的重编，已大失张守节《正义》原本旧貌。黄本之后的《史记》三家注合刻本无不受到黄本的影响，元明刊本如彭本、柯本、凌本，均自黄本衍生，自不待言，即使殿本、金陵局本《史记》也不例外。吕祖谦、王应麟、胡三省在各自的著作中，为某一事典作注而征引《史记索隐》与《史记正义》时，还有一种现象值得关注，即往往只引《正义》而不取《索隐》，或以《正义》为正解而以《索隐》为附录。吕、王、胡三氏的五种著作中，征引《史记正义》凡1097条，其中不为《史记》三家注合刻本所收而全佚者多达276条，即是如此。如《大事记解题》卷四《史记·匈奴列传》"燕北有东胡"句下引"《史记正义》云：乌桓之先也，后为鲜卑。在匈奴东，故曰东胡。《括地志》云：乌桓国本匈奴，汉初冒顿灭其国，余保乌桓山，因以为号。"《史记》合刻本此句有《索隐》，注文与《解题》所引《正义》大体相同。宋人合刻者为避复重删削《正义》不录而致佚。但吕祖谦于此句注文却全取《正义》而不录《索隐》。又如《五帝本纪》黄帝"合符釜山"句下，合刻本有《索隐》81字的长注，而《正义》仅有引《括地志》以释釜山地望

[1] (清)邵晋涵:《南江书录》1卷,刘氏聚学轩丛书第5集,贵池刘世珩校刊。

的20字。然而《玉海》卷十五为释"黄帝合符釜山"事典，则全引注文与《索隐》基本相同的《正义》86字，至于《索隐》仅节引23字附录于后。可见王应麟是以《正义》注义典正故作此取舍。再如《玉海》卷五十《艺文·谱牒》，于《史记·五帝本纪·太史公曰》"《五帝德》及《帝系姓》"句下，征引"《正义》：'《大戴礼》及《孔子家语》篇名。'"而于其后接书双行小字夹注："《索隐》同。"意谓单本《索隐》亦有与所引单本《正义》相同的注文，而王氏显然以《正义》为正解，故对《索隐》则不录注文只做简单的提示。从宋人著作五种征引《正义》《索隐》的特点，也可推知张守节、司马贞所著二书是各自独立的著作。但由于黄本编辑合刻时，大量删削《正义》注文，又多处将《正义》误置于《索隐》之后，再加上论者所见《史记》版本有限，遂导致如邵晋涵、程金造等学者臆断《正义》疏通、辨正《索隐》的误判。

张守节、司马贞各自为书、不相为谋的结论，从大唐内府藏书编目的实际亦可得到佐证。大唐内府藏书如何编目，唐玄宗于开元七年九月下敕："令丽正殿写四库书，各于本库每部为目录。其经史子集及人文集，以时代为先后，以品秩为次第"[①]，做了原则指示。《旧唐书·经籍志》著录御府藏书下限断自开元十年。《甲部经录·孝经类》著录玄宗御注"《孝经》一卷"，是书开元十年六月颁行天下；《丁部集类》著录"《刘子玄集》十卷"，而刘知几卒于开元九年，其个人文集已进呈御府并已入录。可证。但《旧唐书·经籍志》并未著录司马贞《史记索隐》，可见开元十年前《索隐》尚未成书，自不可呈御入录。《新唐书·艺文志》著录"司马贞《史记索隐》三十卷"，本《注》其官衔为"开元润州别驾"，而非今本所署之"国子博士弘文馆学士"，可见其书实杀青于其离京外任润州别驾时。《新唐书·艺文志》抄自晚唐内府书录，著录唐人著作，系按入藏御府先后排列。故《史记索隐》在《新唐志》中编录于开元十七年（公元729年）呈御的"李镇《注史记》130卷"及德宗贞元（公元785—

①（宋）王溥：《唐会要》卷35《经籍》，《文渊阁四库全书》所收，台湾商务印书馆影印本，第18页。

公元804年）中呈御的“陈伯宣《注史记》130卷”之后。由此可知司马贞生前实未及将《索隐》上呈御府，呈献其书者或为其后裔，而其时上距开元之末已过半个世纪。开元年间，张守节更不存在见读司马贞《索隐》的现实可能性，何来为《索隐》疏通、辨证之事？

研究张守节《史记正义》对《史记》的重大贡献和学术成就，不能仅据今本《史记》三家注所收的经过宋人合刻时删削重编的5315条《正义》条文①，而应该集合泷川资言《史记会注考证》、水泽利忠《史记会注考证校补》、小泽贤二《史记正义佚存订补》三书新增《正义》佚文1674条，加上笔者新近从宋人著作五种中辑出的394条《正义》佚文，做通盘的点检。（本文校订过程中，日本史记正义研究会主干小泽贤二先生提供许多宝贵意见。谨表谢忱！）

公元二〇一三年八月二十日起草，九月十九日
中秋月明之夜完稿于芜湖赭麓窳陶斋。二〇一四年四月一日修订。

［原载《安徽师范大学学报》（人文社会科学版）2014年第3期］

① 今本《史记》所收《史记正义》条数系据笔者逐篇统计所得。

《玉海》征引《史记正义》佚文考索

——宋人著作五种征引《史记正义》佚文考索之一

一、引　言

赵宋王朝以前学术价值最高的《史记》古注共有三家，即南朝刘宋之裴骃《史记集解》、李唐王朝之司马贞《史记索隐》与张守节《史记正义》，经宋人刊刻而流传至今。裴骃以东晋徐广校本为本，“采经传百家并先儒之说，豫是有益，悉皆抄内”，又“时见微意，有所裨补”（《史记集解序》），为《史记》一百三十篇作注，仿魏何晏《论语集解》、晋杜预《春秋经传集解》注例，随文施注，取合本子注形式，合《史记》本文与裴氏注义为一体，为《集解史记》八十卷。前此，《史记》或有本无注，或有注无本。自裴骃书出，《史记》方有注本行世。裴氏本亦为后世所有注本所从出。宋太宗淳化五年（公元994年）殿刻三史，《史记》即取《史记集解》八十卷为底本而析为一百三十卷。裴骃对《史记》的广泛流行居功至伟。唐玄宗时成书的司马贞《史记索隐》与张守节《史记正义》，均依傍裴骃《史记集解》，仿唐初陆德明《经典释文》标字列句为注之例，各为三十卷，原不与《史记》本文相附而单本别行。

司马贞“探求异闻，采摭典故，解其所未解，申其所未中者，释文演注，又重为述赞，凡为三十卷，号曰《史记索隐》”（《史记索隐序》），“盖欲以剖盘根之错节，遵北辕于司南也”（《史记索隐后序》），于《史》

义探寻颇多发明。其健于辩驳的文风又与宋人喜尚讥评的学风契合，故“近代号为奇书”[1]，而以“小司马史记”名义与“小颜氏汉书”并称，备受推崇。宋时不仅有多种单刻本《史记索隐》行世，而且南宋将《索隐》附刻于《集解》而成《史记集解索隐》者亦有数本。故《索隐》旧貌至今犹存。

张守节作为东宫学官，有幸自青年时代起，得依崇贤馆《史》《汉》名师门墙，又有阅读大唐皇室中秘书之便，涉学《史记》三十余年，“六籍九流地里苍雅锐心观采，评《史》《汉》诠众训释而作《正义》”，终于达成“郡国城邑委曲申明，古典幽微窃探其美，索理允惬，次旧书之旨，兼音解注，引致旁通，凡成三十卷，名曰《史记正义》”的目标。(《史记正义序》）张氏以“正义”为自己的《史记》注命名，可见其自我期许之高。北宋庆历元年（公元1041年）王尧臣等奉敕定著的皇家藏书《崇文总目》著录称：张守节“《史记正义》三十卷。为《汉书》学者，此最精博。”[2]“精博”之目，可谓《史记正义》定评。然而在宋代一般读书界，《史记正义》似不及《史记索隐》之被推崇。笔者臆度宋时《正义》似无单刻本，仍以写本形态在读书界流通。司马贞为弘文馆学士，张守节为东宫诸王侍读，生当同时而略有后先，二人为《史记》作注的底本同为裴骃《史记集解》，征引资料文献同出馆阁秘书，虽各自为书，但为同一事典作注时因引据同源，故所作注文往往相同或相近。宋人合刻《史记》三家注时，以先刻行世的《史记集解索隐》为本注，而以《正义》为增注附刻于相应《史》文之《集解》《索隐》之后，凡《正义》注文与《索隐》相同或相近者大都削而不录。《史记》三家注本中的《正义》实际是以削除、删节、移置的面貌呈现于世的。自《史记集解索隐正义合刻本》风行于世，单本《史记正义》

①中国国家图书馆藏蒙古中统二年平阳道段子成刊本《史记集解索隐》卷首董浦《序》。

②《永乐大典》本《崇文总目》卷三《正史类》,《文渊阁四库全书》收录。台湾商务印书馆影印本。

遂渐次湮没以至在中土失传。明人已无缘复睹《正义》全貌。清代学者如四库馆臣、钱大昕、钱泰吉、张文虎等，注意到《史记正义》遗佚严重的状态，并做过程度不同的探究，但总体成绩并不理想。

《史记正义》大量遗佚亦引起东瀛学者的关注。泷川资言博士（公元1865—公元1946年）1913年在东北帝国大学所藏庆长（公元1596—公元1614年）、宽永（公元1624—公元1629年）年间刊行的两种古活字印本《史记》栏外标注中，发现被宋人《史记》三家注合刻者删削的《史记正义》佚文"一千二三百条"，手辑为《史记正义佚存》二卷，遂启《史记会注考证》"纂述之志"。此后又费二十余年之功，从日本公、私所藏多种《史记》古板本、古活字本、《史记》抄录本（京都建仁寺两足院藏幻云手泽《幻云史记钞》栏外标注得到证实，纂著《史记会注考证》时，遂将其散入相应《史》文之下，1934年《史记会注考证》十册出齐，泷川自谓"略复张氏之旧"，读《史》者亦盛赞其便。但泷川辑得的《正义》佚文均未注明出处，故遭到以程金造先生为代表的大陆学人的质疑，认为十之八九出自日人伪托。以致半个多世纪以来，在司马迁与《史记》研究中，对泷川辑得的一千余条《正义》佚文依然不敢问津。继泷川氏之后，水泽利忠教授为补其阙，广校日本现存各种《史记》板本、抄本的标注，包括泷川氏未见之黄善夫《史记》三家注合刻本的校记，于1957—1970年间陆续刊行《史记会注考证校补》全九册，为泷川资言所辑《正义》佚文千百数十条（实为1418条）以及水泽本人新获"资言所未见佚文凡二百数十条"（实为227条）"一一明所据"。此后，小泽贤二先生又继水泽之业，涉十余年之功，致力于《史记正义佚存》源流的探索，查明其蓝本乃京都东福寺旧藏"栴室本"（又称"心华和尚善本"）版面框郭内外所标记的古注。而其古注实源于元亡明兴之际，由日本五山临济僧从中国携归东瀛的单本《史记正义》三十卷。小泽的成绩为《史记正义佚存订补》，收入水泽利忠所编《史记正义之研究》（日本东京：汲古书院刊1994年版）。

笔者曾于公元2000年在《台大历史学报》25期发表《程金造之"〈史记正义佚存〉伪托说"平议》报告四万余言，指出：程金造先生认为泷川资言辑得的“这千三百条佚存，只有十分之一二是可靠的，绝大部分是读者的杂抄和注解”。本此先入之见，从改制文本开始，作为立论的前提，便有意将读者引入岐途。他精心搜集的证例和所做的按断，貌似“考证翔实”，然经仔细辨析，无不以真为伪。程氏本末皆失，他所独创的“《史记正义佚存》伪托说”，自应推翻，以免贻误后学。而泷川资言辑得的佚存《正义》实为失传已久的部分《正义》的重见天日。泷川资言不愧为守节功臣。

不过泷川资言诸人对《史记正义》的辑佚，仅限日本现存之《史记》古板本、古活字本及《史记》抄录本之栏外标注，却未涉及《史记》三家注本以外的宋人著作。

笔者在做《史记》版本源流、叙事起迄与主题迁变研究的过程中，曾对《史记》三家注本以外的《史记正义》的留存情况做过一番调查，发现宋人吕祖谦《大事记解题》，王应麟《玉海》《通鉴地理通释》《诗地理考》，胡三省《资治通鉴音注》等书中，都大量征引了单本《史记正义》，其中相当数量为《史记》三注合刻本所未载而成《正义》佚文。笔者当时做了详细的札记。值得关注的是，吕祖谦、王应麟与胡三省三人的学术素养有先后师承关系。

王应麟，字伯厚，浙东鄞（宁波）人。祖籍开封祥符县，西汉初置为浚仪县，故王氏著书署名皆为“浚仪王应麟伯厚甫”。生于宋宁宗嘉定十六年（公元1223年），卒于元成宗元贞元年（公元1295年），享年73岁。十九岁进士及第，三十一岁试博学宏词科中选。自十九岁入仕，至五十三岁辞归乡里，三十多年间除少数几年在地方任职外，绝大部分时间均在朝廷中枢，历任秘书郎、著作郎、直学士院、秘书监兼权中书舍人，官至礼部尚书兼给事中。王氏除天才绝识、好学精进有大过人者外，又得尽读馆阁秘府所藏天下未见之书，故成有宋一代通儒。一生著书三十余种，凡六百九十余卷。《玉海》二百卷，系为博学宏词科应用而编的大型类书，专精力积三十余年而后成，为应麟最重要的著作。是书分门析类，特为详密。上自天文律历，下至礼乐器用，凡分二十一门、二百四十余类。其摭集文献，则自六经诸史、百家子集、注疏传记、艺文谱牒、宋室记注，靡有孑遗。纂次详备，谨而有序。书成之时，即有“天下奇书”之目。《四库全书总目》称《玉海》“其贯穿奥博，唐宋诸大类书未有能过之者。”

《玉海》在王应麟殁后四十余年，元顺宗至元三年（公元1337年），由浙东道宣慰使司都元帅也乞里不花报经朝廷批准后，命庆元路（今浙江宁波市）儒学以王应麟家藏手稿鸠工镌刻，至元六年（公元1340年）毕工，称元至元庆元路儒学刊本。十一年后，庆元路总管阿殷图埜堂因儒学刊本讹误甚多，乃命王应麟之孙王厚孙重加校雠，得缺漏讹舛六万字，于至正十二年（公元1352年）补刊，重印问世，称至正庆元路阿殷图埜堂刊本。此本其实是至元刊本的补刊本，也是《玉海》刊定本。有学者称至正本为重刊本，不确。可惜此本的全本中国本土早已失传。康熙二十六年（公元1687年）江苏学政李振裕欲就明南监刊本《玉海》修补，已无善本可资参校。乾隆年间编《四库全书》录入的《玉海》底本是“两江总督采进本”，其非元至正刊本可知。

《玉海》分类叙事，凡涉三代以下、汉武帝天汉以前的事典，常引馆阁所藏的《史记集解》《史记索隐》《史记正义》作注。《玉海》征引《史记索隐》凡74条，4条不见今行《史记》三家注本，可见作为王氏征引底本的是《索隐》单行本而非合刻本。所引《史记正义》亦然。因系馆阁秘书，其可信度极高。

笔者检阅、考索《玉海》征引《史记正义》所用的底本，原来是安徽师范大学中国诗学研究中心资料室庋藏的明初南监刊行明清递修本，以台湾商务印书馆1977年影印《文渊阁四库全书》所录《玉海》为参校本，而与北京中华书局点校三家注合刊本《史记》1982年第2版对照。《玉海》征引《史记正义》有如下的体例：

1.子目叙事若出自《史记》，下引张守节注，有时仅标“《正义》”，或“《正义》曰”；

2.子目引《史记》文后所标“注”字，必指裴骃《史记集解》；

3.子目叙事若出自《汉书》，下引张守节注，必标“《史记正义》”，不作简称；

4.子目引《汉书》文后所标“注”字，必指颜师古《汉书注》；

5.张守节注前若无纪事之文，必标“《史记正义》”提明，以与《玉海》引《五经》唐疏所称之“《正义》”判别；

6.《玉海》征引《史记正义》诸条，有的是从单本《史记正义》全文过录，有的则视情“删其游辞，取其要实”而有所裁节。所引《史记索隐》亦同样处理。

7.《玉海》征引有单标《括地志》者，实自单写本《史记正义》转引而省去《正义》书名，其不见于三家注合刻本《史记》者（中华本同此），亦当以《史记正义》佚文视之，故在其首加冠Δ正义标识。

检视《玉海》全书，共征引《史记正义》112条。以之与中华书局点校三家注合刊本《史记》（1982年第2版）比照，发现中华本遗佚《正义》计72条。《玉海》征引《正义》及《史记》三家注合刊本遗佚《正义》情况如下表：

天文门	7条，佚1条；	律历门3条，佚1条；
地理门	26条，佚17条；	圣文门3条，佚2条；
艺文门	13条，佚11条；	器用门2条，佚1条；
郊祀门	22条，佚14条；	学校门1条，佚1条；
官制门	3条，佚3条；	兵制门4条，佚2条；
宫室门	28条，佚19条。	

2010年春，笔者在安徽师范大学图书馆特藏部见读《合璧本玉海》全八册，日本京都中文出版社出版，台北大化书局1977年印行。该书将天壤间仅存的由日本京都建仁寺两足院宝藏的元至正十二年补刊《玉海》影印面世。笔者将此书与安徽师范大学中国诗学研究中心所藏明初南监刊行明清递修本对勘，发现至元四年前翰林国史院编修官胡助《玉海序》虽为“万历癸未年补”刻、至元六年婺郡文学中山李桓《玉海序》及至正十一年庆元路总管阿殷图埜堂序，虽为康熙二十六年补刻，但版式、字体与《合璧本玉海》影印元至正十二年补刊《玉海》相同，显然是据元刊本叶

面摹刻而成。据明人黄佐撰《南雍记》卷十八《经籍考下篇·梓刻本末》："本监所藏诸梓，多自旧国子学而来也，明矣。自后，四方多以书板送入，洪武、永乐时，两经钦依修补。"又据清乾隆三年知江南江宁府事张华年为修复《玉海》所撰《序》言称："《玉海》一书……书成于宋，镂版于元。其在江南者，版藏上元学中"，可知所谓"明初南监《玉海》刊本"，其实是就庆元路移送金陵国子学的《玉海》版片修补缺损后的刷印本，明洪武初南监并未整体刊刻《玉海》。这部书版历经岁月，漫漶朽蚀严重，迭经明正德、嘉靖、万历、崇祯、清康熙、乾隆修补，元至正刊版版片已所剩无几。但这个本子与元至正本最为接近，文本讹误远较《四库全书》录入的《玉海》为少。

笔者对《玉海》征引《史记正义》的考索、研究，最终是以日本京都建仁寺两足院所藏元至元六年初刻、元至正十二年补刊《玉海》影印本（以下简称"元刊《玉海》"，标出卷数与叶码）为底本，附以《合璧本玉海》（以下简称"合璧本"）的册数、页码，以便查考；以明初南监补刊明清递修本《玉海》（以下简称"明监《玉海》"，标出卷数与叶码）及影印《文渊阁四库全书》（以下简称"文渊影印本"，标出册数、页码）抄录的《玉海》为参校本，共同与中华书局点校三家注合刊本《史记》（1982年第2版）对照。笔者的考索以"传璋按"标识。

二、《玉海》征引《史记正义》佚文考索

1.《玉海》卷三《天文·天文书下》

史记正义一度二千九百三十二里千四百六十一分里之三百四十八，凡周天一百七万一千里。（元刊《玉海》卷三，第三十七叶；合璧本第一册，第93页；明监《玉海》卷三，第三十七叶；文渊影印本第943册，第102页上）

传璋按：此则《正义》当在《史记·五帝本纪》之《尧本纪》"岁三百六十六日，以闰月正四时"句下。《史记集解索隐正义合刊

本》此下因有《索隐》长注，（中华书局点校本《史记》第一册，第19—20页）宋人合刻时，弃《正义》不用。《玉海》录此《正义》当有节略，节略者或为在“一度”二字前有“凡周天三百六十五度四分度之一”十四字。

2.《玉海》卷十一《天文·律历·漏刻·尧刻漏》

《选》陆佐公曰：“卫宏载传呼之节，较而不详；霍融叙分至之差，详而不密。”《注》：“《汉旧仪》曰：‘夜漏起，宫中宫城门传，五伯官直符行，卫士周庐击木柝，欢呼备火。’”

史记正义按：马融以昏明为限，郑元以日出入为限，故有五刻之差。（元刊《玉海》卷十一，第七叶；合璧本第一册，第240页；明监《玉海》卷十一，第七叶；文渊影印本第943册，第271页）

传璋按：《选》指梁萧统编《昭明文选》，《注》指唐李善《文选注》。陆佐公（名倕）文见《文选》卷五十六《新漏刻铭》。由王应麟所引《汉旧仪》“欢呼备火”句，可知此则《史记正义》当原系于《史记·五帝本纪·尧本纪》“日永星火以正中夏”句下。《史记》三注合刻本有裴骃《集解》：“孔安国曰：‘永，长也，谓夏至之日。火，苍龙之中星，举中则七星见可知也，以正中夏之[气]节。’马融、王肃谓日长昼漏六十刻，郑玄曰五十五刻。”又《尧本纪》“日短，星昴，以正中冬”句下，有《集解》：“马融、王肃谓日短昼漏四十刻。郑玄曰四十五刻，失之。”（见中华本《史记》第一册，第18—19页）而无《正义》。张守节这条佚文“引致旁通”，指出马融、王肃与郑玄所说不同的原由，并对《集解》指摘郑玄“失之”予以驳正，有补正之功。又《文渊阁四库全书》引陆佐公文“霍融叙分至之差”，“至”字讹作“正”。

3.《玉海》卷十四《地理·汉司空舆地图》

史记正义天地有覆载之德，天为盖，地为舆，故云舆地图。（元刊《玉海》卷十四，第十五叶；合璧本第一册，第300页；明监《玉海》卷十四，第十五叶；文渊影印本第943册，第339页下）

传璋按：此则《正义》佚文当原系于《史记·三王世家》“御史奏舆地图”句下。三注合刻本《史记》此句有《索隐》：“谓地为‘舆’者，天地有覆载之德，故谓天为‘盖’，谓地为‘舆’，故地图称‘舆地图’。疑自古有此名，非始汉也。”宋人将《史记正义》附刻于《史记集解索隐》二注本时，因此则《正义》与《索隐》大同，为避重复而割弃不用，幸《玉海》征引而得留存。

4.《玉海》卷十五《地理·晋太康地志》

《前汉》:《梁王传》,《地理志》师古《注》,《史记正义》引《晋太康地志》。（元刊《玉海》卷十五，第二十叶；合璧本第一册，第322页；明监《玉海》卷十五，第二十叶；文渊影印本第943册，第365页）

传璋按：《汉书·文三王传》之《梁孝王武传》“广睢阳城七十里”句下颜《注》：“师古曰：更广大之也。《晋太康地志》云：‘城方十三里，梁孝王筑之。鼓倡节杵而后下和之者，称《睢阳曲》。今踵以为故，今之乐家《睢阳曲》是其遗音。’”（浙江古籍出版社百衲本《二十五史》，第一册，第446页上栏）而王应麟称《史记正义》在《梁王传》亦引《晋太康地志》，则应在《史记·梁孝王世家》与《汉书·梁孝王传》对应的史文下。今检《史记》三注合刊本《梁孝王世家》“广睢阳城七十里”句下，有《索隐》：“苏林云：‘广其径也。’《晋太康地志》云：‘城方十三里，梁孝王筑之。鼓倡节杵而后下和之者，称《睢阳曲》。今踵以为故，所以乐家有《睢阳曲》，盖采其遗音也。’”（中华本《史记》，第六册，第2084页）合刻本此句下无《正义》。而王应麟征引文本《史记正义》有引《晋太康地志》文如《汉书》颜《注》所引者，《玉海》出其事而省其文。宋人以《史记正义》附刻于《史记集解索隐》时，因张守节所引《晋太康地志》与司马贞《索隐》所引全同，故未将此则《正义》附刻。幸《玉海》书其事，故得增补《史记正义》一则佚文：

《史记·梁孝王世家》“广睢阳城七十里。”史记正义《晋太康地志》云：“城方十三里，梁孝王筑之。鼓倡节杵而后下和之者，称《睢阳曲》。今踵以为故，今之乐家《睢阳曲》是其遗音。”

5.《玉海》卷二十《地理·山川·禹九山》

《史记》：“道九山：汧及岐至于荆山。”正义九州之山，谓汧、壶口、砥柱、太行、西倾、熊耳、嶓冢、内方、汶。（元刊《玉海》卷二十，第九叶；合璧本第一册，第427页；明监《玉海》卷二十，第九叶；文渊影印本第943册，第488页）

传璋按：此则《正义》当为《史记·夏本纪》“道九山：汧及岐至于荆山”的注文。检中华点校本《史记》，此句下有《索隐》长注（《史记》，第一册，第67页）。此则《正义》因与《索隐》前段文字复重，故三家注合刻者将其删削而未附刻。

6.《玉海》卷二十《地理·山川·禹龙门山》

史记正义龙门山，在绛州龙门县。《括地志》云：“龙门，在同州韩城县北五十里。”其山更黄河，夏禹所凿者也。龙门山，在夏阳县。（元刊《玉海》卷二十，第十一叶；合璧本第一册，第428页；明监《玉海》卷二十，第十一叶；文渊影印本第943册，第489页）

传璋按：此则《正义》当原系于《夏本纪》“道河积石至于龙门”句下。检中华本《史记》，此处三家无注。此句前“黑水西河惟雍州，浮于积石，至于龙门西河”（中华本《史记》，第一册，第65页），于“龙门”有《集解》：“孔安国曰：龙门山在河东之西界。”有《索隐》：“龙门山在左冯翊夏阳县西北。”也有《正义》长注，但除“龙门山在同州韩城县北五十里”文字与佚文相同外，无一重合，佚文针对《集解》引孔安国谓龙门山“在河东”、《索隐》谓在河西的不同说法，《正义》根据龙门山的山形走势，兼取二说，而以“其山更黄河”加以调停，更切龙门实际。

7.《玉海》卷二十《地理·山川·周岐山》

史记正义《括地志》云“岐山，岐州岐山县东北十里。徐广云：其南有周原。”（元刊《玉海》卷二十，第十四至十五叶；合璧本第一册，第429—430页；明监《玉海》卷二十，第十四至十五叶；文渊影印本第943册，第491页）

传璋按：此则《正义》当系于《周本纪》古公“踰梁山止于岐下”句下，今检中华点校本《史记》此句有《集解》：“徐广曰：‘山在扶风美阳西北，其南有周原。’骃案：皇甫谧云‘邑于周地，故始改国曰周。’”（中华本《史记》，第一册，第114页）而无《正义》。当系宋人将《史记正义》附刻于《史记集解索隐》二注本时，因已有《集解》注，故割弃此则《正义》不用。又案：三注合刻本《夏本纪》“治梁及岐”“荆岐已旅”“导汧及岐”三句下，均有《正义》“岐山在岐州岐山县东北十里”相同的注文。这是张守节《史记正义》在不同篇卷中为便阅读而设置的重注例。

8.《玉海》卷二十《地理·山川·汉河源》

《张骞传》：“汉使使穷河源，天子案古图书名河所出山曰昆仑。赞曰：《禹本纪》言‘河出昆仑。昆仑高二千五百里余，日月相避隐为光明。’自骞使大夏之后，穷河源，恶睹所谓昆仑者乎？”《注》：“邓展曰：《尚书》‘导河积石’，河原出于积石，在金城河关，不言出昆仑也。”

史记正义《括地志》："河州有小积石山，即《禹贡》'浮于积石至龙门'者。"然黄河源从西南下，出大昆仑东北隅，东北流经于阗，入盐泽，即东南潜行入吐谷浑界大积石山，又东北流至小积石山，河始闾。《图》云："黄河出昆仑东北角刚山东，自北行千里，折西行于浦山，南流千里至文山，东流千里至秦泽，西流千里至潘泽陵门，东北流千里至华山之阴，东南流千里至下津。"然河水九曲，其长九千里，入渤海。《尔雅》云："河出昆仑虚，其色黄。"百里一小曲，千里一曲一直。（元刊《玉海》卷二十，第十九至二十叶；合璧本第一册，第432页；明监《玉海》卷二十，第十九至二十叶；文渊影印本第943册，第494页）

传璋按：此则《正义》当原系于《史记》卷一百二十三《大宛列传·太史公曰》"今自张骞使大夏之后也，穷河源，恶睹本纪所谓昆仑者乎"句下。此句下《史记集解索隐合刻本》原有《索隐》长注（中华本《史记》第一册，第3179—3180页），已略叙黄河源与昆仑山事梗概，故宋人将《史记正义》附刻时舍去此则《正义》。然张守节此注将黄河源流"委曲申明"，学术价值甚高，宋人未予合刻，殊为可惜。幸《玉海》征引得以复见于世。又按：《史记·夏本纪》"道九川……至于南海"句下《正义》有自"然黄河源"至"至小积石山"凡47字（中华本《史记》第一册，第71页）。

9.《玉海》卷二十一《地理·河渠·禹九河》

史记正义徒骇在沧州景城，马颊、覆釜在德州安德，胡苏、鬲津在沧州胡苏，简在贝州历亭县界。（元刊《玉海》卷二十一，第三叶；合璧本第一册，第448页；明监《玉海》卷二十一，第三叶；《四库全书》，第943册，第513页）

传璋按：此则《正义》当原系于《史记·夏本纪》"济河维沇州九河既道"句下。《史记》三注合刻本此句有《集解》释"九河"："马融曰：九河名徒骇、太史、马颊、覆釜、胡苏、简、絜、句盘、鬲津。”（中华本《史记》，第一册，第55页）而无《正义》。此则《正义》为《集解》补注九河唐代所在州县。

10.《玉海》卷二十一《地理·河渠·汉灵轵渠》

《地理志》：扶风盩厔县有灵轵渠，武帝穿。

△正义《括地志》：“灵轵渠，一名蒙茏渠，首起雍州盩厔东十五里平地。《水经注》：‘蒙茏源亦曰灵轵源。’”（元刊《玉海》卷二十一，第二十叶；合璧本第一册，第456页；明监《玉海》卷二十一，第二十一叶；文渊影印本第943册，第523页）

传璋按：此则《括地志》当系《史记·河渠书》“自是之后，用事者争言水利。……而关中辅渠、灵轵引堵水”（中华本《史记》第四册，第1414页）句下《正义》所引。三家注合刻本此下仅有《集解》“徐广曰：一作‘诸川’”，别记异文，而削《正义》不录。

11.《玉海》卷二十一《地理·河渠·鸿沟》

《史记·高纪》：四年，项羽与汉王约，中分天下，割鸿沟而西为汉、东为楚。

正义应劭云：“在荥阳东南二十里。”文颖曰：“于荥阳下引河东南为鸿沟，以通宋、郑、陈、蔡、曹、卫，与济、汝、淮、泗会于楚，即今官渡水也。”张华云：“大梁城在浚仪县，此县西北渠水东经此城南，又北屈分为二渠，其一渠东南流，始皇凿引河水以灌大梁，谓之鸿沟，楚、汉会此处也；一渠东经阳武县南，为官渡水。”今鸿沟口在河口西百里。鸿沟历大梁城东南，入淮、泗，俱入淮，会于楚地。（元刊《玉海》卷二十一，第三十叶；合璧本第一册，第461页；明监《玉海》卷二十一，第三十叶；文渊影印本第943册，第529—530页）

传璋按：此则《正义》当原系于《史记·高祖本纪》“项羽恐，

乃与汉王约，中分天下，割鸿沟而西者为汉，鸿沟而东者为楚”长句下。《史记》三注合刻本此句下有《索隐》而无《正义》。《索隐》曰：“应劭云‘在荥阳东南三十里，盖引河东南入淮泗也。’张华云：‘一渠东南流，经浚仪，是始皇所凿，引河灌大梁，谓之鸿沟。一渠东经阳武南，为官渡水。’《北征记》云中牟台下临汴水，是为官渡水也。”（中华本《史记》第二册，第378页）与本则《正义》所征引应劭、张华说文字略同，故三注合刻时舍却《正义》所释。但两相比较，《正义》所引文颖说鸿沟流向及作用，为《索隐》注所缺，且《正义》所引张华说文字亦较《索隐》为全，正符张守节《史记正义序》所云“六籍九流地里苍雅锐心观采……郡国城邑委曲申明”的注释宗旨。又按：宋人吕祖谦撰《大事记解题》卷八，第四十二页叙“西楚与汉约中分天下以鸿沟为界”事，所引《史记正义》，与《玉海》所引正同，唯略去“今鸿沟口”以下10字。

12.《玉海》卷二十三《地理·陂塘堰湖》禹五湖

《史记》太史公曰：上姑苏，望五湖。

正义 “五湖者，连太湖，在苏州西四十里。”又曰：“游、莫、贡、蔆、胥为五湖，并太湖东岸五湾。”（元刊《玉海》卷二十三，第一叶；合璧本第一册，第495页；明监《玉海》卷二十三，第一叶；文渊影印本第943册，第569页）

传璋按：此则《正义》当原系于《史记·河渠书》“太史公曰：……上姑苏望五湖”句下。检《史记》三家注合刊本，此句下无注。唯《史记·夏本纪》“淮海维扬州……三江既入，震泽致定”句下有《正义》释三江、五湖长注，凡497字。（中华本《史记》，第一册，第59页）其中释“五湖”云：“五湖者，菱湖、游湖、莫湖、贡湖、胥湖，皆太湖东岸五湾为五湖，盖古时应别，今并相连”。宋人附刻《史记正义》于《史记集解索隐》时，因《夏本纪》之《正义》已有“五湖”释文，故于此弃而不录。幸《玉海》征引得以存世。又案：日人泷川资言辑《史记正义佚存》，于《史记·三王世家》"五湖之间"句下所附《正义》佚文，与《玉海》征引的"又曰"云云文字相同。（参见张衍田《史记正义佚文辑校》，第211页）《玉海》附刻的《小学绀珠》卷三"太史公曰：上姑苏望五湖"，引《史记正义》释"五湖：游、莫、贡、蔆、胥，并太湖东岸五湾。"与《玉海》所引"又曰"《正义》全同。

13.《玉海》卷二十四《地理·道涂·禹九道》

《史记·纪》：禹"开九州、通九道、陂九泽、度九山。"

正义 通达九州之道路。（元刊《玉海》卷二十四，第十一叶；合璧本第一册，第522页；明监《玉海》卷二十四，第十一叶；文渊影印本第943册，第601页）

传璋按：此则《正义》当原系于《史记·夏本纪》"开九州，通九道"句下。《史记》三家注合刊本此下无注。宋人合刻时或以为"通九道"无须设注，故未录此《正义》。泷川资言《史记正义佚存》辑得此则《正义》佚文。（参见张衍田《史记正义佚文辑校》之《夏本纪第二》"以开九州通九道"句下《正义》佚文，第6页）

14.《玉海》卷二十四《地理·关塞·汉武关》

《高纪》：秦三年"八月，沛公攻武关。"《注》："应劭曰：'武关，秦南关，通南阳。'文颖曰：'武关在析西百七十里。'"

史记正义 《括地志》曰："故武关在商州商洛县东九十里，春秋时少习。"（元刊《玉海》卷二十四，第二十叶；合璧本第一册，第526页；明监《玉海》卷二十四，第二十叶；文渊影印本第943册，第607页）

传璋按：《玉海》叙文所称《高纪》，指《汉书·高帝纪》，《注》系颜师古《汉书注》。此则《史记正义》当原系于《史记·高祖本纪》"乃用张良计……因袭攻武关"句下。《史记》三注合刻本此句下有

《索隐》而无《正义》。《索隐》曰：“《左传》云楚司马起（营所）[丰析]以临上雒，谓晋人曰‘将通于少习’，杜预以为商县武关也。又《太康地理志》武关当冠军县西，峣关在武关西也。”（中华本《史记》，第二册，第361页）宋人附刻《正义》时，因《索隐》已注明武关位置，故舍弃《正义》。《史记·淮南衡山列传》“陈定发南阳兵守武关”句下有《正义》：“故武关在商州商洛县东九十里。春秋时。阙文。”（中华本《史记》，第十册，第3080页；黄善夫梓《史记》三注合刻本引《正义》与今本同）与王应麟所引《正义》“春秋时”之前文字全同，《淮南王列传》所引《正义》盖为便于阅读而重注。唯宋时《淮南传》“武关”句下《正义》“春秋时”后文字残阙，故以“阙文”二字标示。其实所缺者即《高祖本纪》“攻武关”句下《正义》“春秋时少习”句中“少习”二字。“少习”者，山名也。

15.《玉海》卷二十四《地理·关塞·临晋关》

灌婴定南阳郡，西入武关，从东出临晋关击降殷王。

史记正义 临晋关即蒲津关也，在临晋县。今在同州。（元刊《玉海》卷二十四，第二十一叶；合璧本第一册，第527页；明监《玉海》卷二十四，第二十一叶；文渊影印本第943册，第607页）

传璋按：此则《正义》当原系于《史记·樊郦滕灌列传》“从东出临晋关”句下。检《史记》三注合刻本，此句下三注全无。（中华本《史记》第八册，第2668页）《史记·曹相国世家》“曹参从汉王出临晋关至河内”句下有《正义》：“临晋关即蒲津关也。在临晋县，故言临晋关。”注文微有不同，故《玉海》所录当为佚文。

16.《玉海》卷二十四《地理·关塞·灵关》

司马相如《难蜀父老》曰：乃关沬若，徼牂柯镂灵山。

史记正义 凿灵山以通关也。（元刊《玉海》卷二十四，第二十二叶；合璧本第

一册，第527页；明监《玉海》卷二十四，第二十二叶；文渊影印本第943册，第608页）

传璋按：此则《正义》当原系于《史记·司马相如列传》“镂零山”句下。三家注合刊本无注。泷川资言辑得此则《正义》并附入《史记会注考证》卷一百十七《司马相如列传》“镂零山，梁孙原”句下。（参见张衍田《史记正义佚文辑校》，第406页）

17.《玉海》卷二十四《地理·关塞·汉函谷关》

《史记》楚怀王攻函谷关。

正义古函谷关在陕州桃林县西南十二里。今属灵宝县。（元刊《玉海》卷二十四，第二十五叶；合璧本第一册，第529页；明监《玉海》卷二十四，第二十五叶；文渊影印本第943册，第610页）

传璋按：此则《正义》当原系于《史记·楚世家》“十一年，苏秦约从山东六国共攻秦，楚怀王为从长，至函谷关”句下。（中华本《史记》第五册，第1722页）《史记》三家注合刻本此下无注。幸《玉海》收录而得存此。吕祖谦撰《大事记解题》卷四亦征引此则《正义》。

18.《玉海》卷二十四《地理·关塞·隋榆关》

史记正义曰：今榆木塞也。在胜州北。王恢所谓“植榆为塞”也。颜师古曰：“在朔方，或谓之榆中。”（元刊《玉海》卷二十四，第三十一叶；合璧本第一册，第532页；明监《玉海》卷二十四，第三十一叶；文渊影印本第943册，第614页）

传璋按：此则《正义》当原系于《史记·秦始皇本纪》：三十三年“自榆中并河以东属之阴山，以为四十四县，城河上为塞”句下为

“榆中”所作注解。（中华本《史记》第一册，第253页）此句有裴骃《集解》：“徐广曰：‘在金城’。”按：金城郡，汉昭帝始置，榆中县亦当时新设，在今甘肃榆中县西北。张守节不同意裴注，而认为蒙恬拓境建塞在上郡，当在唐时“胜州北”，即今内蒙古河套东北岸，故别出新注。宋人合刻《史记》三家注时弃此则《正义》，殊为疏失。张守节在《史记·赵世家》武灵王二十年“西略胡地至榆中”句下为“榆中”设注：“胜州北河北岸也。”（中华本《史记》第六册，第1811页）与《秦始皇本纪》所注“榆中”同。“榆中”，《始皇本纪》始见，必设《正义》注明，而三家注本无有，幸《玉海》引录而存留典册。

19.《玉海》卷二十五《地理·标界·畿封》

《书·正义》：“陕县，汉之弘农郡治，其地居二京之中，故以为二伯分掌之界。”

史记正义《括地志》云：“陕原在陕县西南二十五里。”分陕不因其城，乃以原为界。（元刊《玉海》卷二十五，第一叶；合璧本第一册，第537页；明监《玉海》卷二十五，第一叶；文渊影印本第943册，第618页）

传璋按：此则《正义》当原系于《史记·燕召公世家》“其在成王时，召公为三公，自陕以西，召公主之；自陕以东，周公主之”句下。（中华本《史记》第五册，第1549页）三家注合刊本有《集解》：“何休曰：陕者，盖今弘农陕县是也。”《正义》为《集解》补充说明周、召二伯分陕的标界，但宋人合刻时惜未收录。

20.《玉海》卷二十八《圣文·黄帝书》

《史记》黄帝老子言。

正义曰：黄帝道书十卷。盖公善治黄老言。曹参治齐用黄老术。窦太后好黄老言。（元刊《玉海》卷二十八，第十九叶；合璧本第二册，第590页；明监《玉海》卷二十八，第十九叶；文渊影印本第943卷，第680页）

传璋按：此则《正义》当原系于《史记·孝武本纪》“会窦太后治黄老言”句下。（中华本《史记》第二册，第452页）此句无《集解》《索隐》注，此则《正义》亦未收。

21.《玉海》卷二十九《圣文·御制诗歌·三侯章》

《史记·乐书》高祖过沛，诗《三侯之章》，令小儿歌之。

正义三“兮”也。（元刊《玉海》卷二十九，第五叶；合璧本第二册，第603页；明监《玉海》卷二十九，第五叶；文渊影印本第943册，第695页）

传璋按：此则《正义》当原系于《史记·乐书》“高祖过沛诗《三侯之章》”句下。《史记》三家注合刻本有《索隐》：“按：过沛诗即大风歌也。其辞曰‘大风起兮云飞扬，威加海内兮归故乡，安得猛士兮守四方’是也。侯，语辞也。《诗》曰‘侯其祎而’者是也。兮亦语辞也。沛诗有三‘兮’字，故云三侯也。”（中华本《史记》第四册，第1177页）因《索隐》对此有详注，且涵《正义》释文辞义，故宋人合《史记正义》于《史记集解索隐》二注本时，未附刻此则《正义》。

22.《玉海》卷四十《艺文·古文春秋》

《自序》：“余闻之董生，《春秋》文成数万，其指数千。”《注》：“张晏曰：《春秋》万八千字。”

正义左丘明所修皆古文旧书，多者二十余通，藏于秘府，伏而未发。汉武帝时，河间献《左氏》及《古文周官》。成帝时，刘歆校秘书，见府中《古文春秋左氏传》，大好之。《传》多古字古言，学者传训诂而已。及歆引《传》文释《经》，转相发明。（元刊《玉海》卷四十，第三叶；合璧本第二册，第784页；明监《玉海》卷四十，第三叶；文渊影印本第944册，第107页）

传璋按：此则《正义》当原系于《史记·太史公自序》司马迁答壶遂问难时所说“《春秋》文成数万其指数千”句下。《史记》三家注合刊本于此有《集解》（即《玉海》所引之《注》）及《索隐》（中华本《史记》，第十册，第3298—3299页），而佚此则《正义》。

23.《玉海》卷四十《艺文·春秋五传》

夹氏　《汉志》：邹氏无师，夹氏未有书。

史记正义《七录》云：建武中邹、夹皆绝。（元刊《玉海》卷四十，第七叶；合璧本第二册，第786页；明监《玉海》卷四十，第七叶；文渊影印本第944册，第109页）

传璋按：此则《正义》当原系于《史记·十二诸侯年表序》“及如荀卿、孟子、公孙固、韩非之徒，各往往捃摭《春秋》之文以著书，不可胜纪”下，邹氏、夹氏亦为“捃摭《春秋》之文以著书”者流，其书亡于东汉光武帝建武年间。

24.《玉海》卷四十《艺文·春秋·汉春秋决狱》

《前传》：“淮南衡山反，使仲舒弟子吕步舒治淮南狱，以《春秋》之义颛断于外，不请。”《注》：“应劭曰：仲舒居家，朝廷每有政议，遣廷尉张汤问其得失，于是作《春秋决狱》二百三十二事，动以经对，言之详矣。”《繁露》曰：“《春秋》之听狱也，必本其事而原其志。”

史记正义《七录》曰：“《春秋断狱》五卷。”（元刊《玉海》卷四十，第十三叶；合璧本第二册，第789页；明监《玉海》卷四十，第十三叶；文渊影印本第944册，第112页）

传璋按：此则《正义》当原系于《史记·儒林列传·董仲舒传》仲舒弟子吕步舒“至长史，持节使决淮南狱，于诸侯扤专断，不报，以《春秋》之义正之，天子皆以为是”句下，《史记》三家注合刊本于此无《集解》《索隐》，此则《正义》亦未收。《玉海》于《前传》文后所称之《注》，系指《前汉书》颜师古注。又按：泷川资言所辑《正义》佚文，于《史记·儒林列传·董仲舒传》下有如《玉海》所录“《七录》曰：《春秋断狱》五卷”一样的文字。（参见张衍田《史记正义佚文辑校》第430页。）

25.《玉海》卷四十六《艺文·正史·汉史记》

《司马迁传》：司马氏世典周史。谈为太史公，有子曰迁云云。迁俯首流涕曰：“小子不敏，请悉论先人所次旧闻，不敢缺。”卒三岁，而迁为太史令，䌷史记金镄石室之书。

《汉官仪》：司马迁父谈，世为太史。迁年十三，使乘传行天下，求诸侯之史记。又见《西京杂记》。

史记正义《博物志》云：“迁年二十八，三年六月乙卯除六百石。”（元刊《玉海》卷四十六，第十一叶；合璧本第二册，第902页；明监《玉海》卷四十六，第十一叶；文渊影印本第944册，第246页）

传璋按：《史记》三家注合刊本《太史公自序》“卒三岁而迁为太史令”句下有《索隐》：“《博物志》：‘太史令，茂陵显武里，大夫司马迁，年二十八，三年六月乙卯除六百石’”三十字（中华本《史记》第十册，第3996页），而无《正义》此注。显然是宋人将《史记正义》附刻于《史记集解索隐合刻本》时，见“卒三岁而迁为太史令”句下《正义》与《索隐》所引《博物志》相同，为避复重而削此则《正义》不用。而《玉海》于“卒三岁而迁为太史令”句下保存的这则《正义》，为解决司马迁生年疑案提供了确切的文献根据。又按：《玉海》卷一百二十三《官制·九卿》，太常属官“太史令”目引《司马迁传》，在“谈为太史公”句下，引“如淳曰”云云、“师古曰”云云之后，双行夹注：“《史记》‘太史公掌天官’《索隐》曰：‘《博物志》：太史令司马迁，年二十八，三年六月乙卯除六百石。’”（元刊

《玉海》卷一百二十三，第六叶；合璧本第五册，第2355页；明监《玉海》卷一百二十三，第六叶；文渊影印本第946册，第293页）与《正义》佚文所引“迁年二十八”相同。

26.《玉海》卷四十六《艺文·正史·史记》

《司马迁传》：……上记轩辕，下至于兹……凡百三十篇，五十二万六千五百字。

正义曰：《史记》起黄帝，讫于汉武天汉四年，合二千四百一十三年。百三十篇，象一岁十二月及闰余也。《后汉》杨终“受诏，删《太史公书》为十余万言。”（元刊《玉海》卷四十六，第十二叶；合璧本第二册，第902页；明监《玉海》卷四十六，第十二叶；文渊影印本第944册，第247页）

传璋按：此则《正义》当原系于《史记·太史公自序》“凡百三十篇，五十二万六千五百字，为《太史公书》”句下。（中华本《史记》第十册，第3319页）三注合刊本此下有《索隐》而无《正义》。《索隐》只释司马迁著作何以称《太史公书》，而对“百三十篇”的含义未著一字。此则《正义》节自张守节《史记正义·论史例》（中华本《史记》第十册，附录第13页）。按《论史例》当置于《史记正义》卷首，而上引《正义》在《史记正义》三十卷之末，首尾悬隔，有必要重注。泷川资言《史记正义佚存》亦辑得此《正义》佚文。（见张衍田《史记正义佚文辑校》，第476页）。

27.《玉海》卷五十《艺文·谱牒》

《史记·太史公曰》：孔子所传宰予问《五帝德》及《帝系姓》，儒者或不传。予观《春秋》《国语》，其发明五帝德、帝系姓章矣。

正义《大戴礼》及《孔子家语》篇名。《索隐》同。（元刊《玉海》卷五十，第四叶；合璧本第二册，第986页；明监《玉海》卷五十，第四叶；文渊影印本第944册，第344页）

传璋按：此则《正义》当原系于《史记·五帝本纪·太史公曰》“五帝德及帝系姓”句下。中华书局点校本（第一册，第46页）所据底本为清同治九年（公元1870年）金陵书局刻成之《史记集解索隐正义合刻本》，此句下《正义》仅有“系音奚计反”五字音注。检南宋黄善夫所梓三注合刻本，此句下有“《正义》曰：系，音奚计反。《五帝德》及《帝系姓》，皆《大戴礼》文及《孔子家语》篇名。汉儒者以二书非经，恐不是圣人之言，故或不传学也。”比金陵书局刻本多出整整40字。《玉海》所引《正义》正出于其中，显为节略。黄善夫本于《史》文“儒者或不传”句下又有“《索隐》曰：《五帝德》《帝系姓》皆《大戴礼》及《孔子家语》篇名，以二者皆非正经，故汉时儒者以为非圣人之言，故多不传学也。”宋人合刻三家注时，将二注并存，证明此条《正义》释文的是从单本《史记正义》原文中采辑。清儒张文虎主持金陵书局校刻《史记》三家注时，误以为《正义》为“系”字音注下，“原衍‘五帝德’云云四十字，乃《索隐》文，官本无”，擅自删削《正义》四十字，大误。而中华书局校点《史记》时，又误从张文虎校勘札记。其实唐玄宗时，司马贞与张守节同注《史记》，各自为书，不相为谋，亦互不相见文本，只因注书所据典籍基本相同，故注文相同或相近时有出现，实属正常。又按：《玉海》于上引《正义》“篇名”二字下，有双行小字夹注“《索隐》同”三字，说明单本《索隐》亦有与单本《正义》相同的释文。而此处王应麟以《正义》释文为正解，以《索隐》为附录，故曰“《索隐》同”。

28.《玉海》卷五十三《艺文·诸子·鬼谷子》

《唐志·纵横家》：《鬼谷子》二卷苏秦，又乐壹《隋志》云乐一注三卷，尹知章注三卷。

史记正义 鬼谷，谷名，在雒州阳城县北五里。《七录》有《苏秦书》，乐壹注云："秦欲神秘其道，故假名鬼谷也。"《鬼谷子》三卷，乐壹注，字正，鲁郡人。有《阴符七术》，有《揣》及《摩》二篇。《战国策》云："得太公《阴符》之谋，伏而诵之，简练以为揣摩。期年，揣摩成。"按：《鬼谷子》乃苏秦书，明矣。（元刊《玉海》卷五十三，第二十一至二十二叶；合璧本第二册，第1059页；明监《玉海》卷五十三，第二十一至二十二叶；文渊影印本第944册，第429—430页）。

传璋按：此则《正义》当原系于《史记·苏秦列传》"东事师于齐而习之于鬼谷先生"句下。《史记》三家注合刊本此下有《集解》《索隐》而无《正义》。泷川资言《史记正义佚存》所辑《正义》佚文有《玉海》征引《正义》的前半部，自"鬼谷谷名"起，迄"乐壹字正鲁郡人"。（参见张衍田《史记正义佚文辑校》第225页）

29.《玉海》卷五十八《艺文·汉六经异传》

《史记·自序》"厥协六经异传。"《索隐》云："如子夏《易传》、毛公《诗传》、韩婴《诗外传》、伏生《尚书大传》之流也。"

正义云如左丘明《春秋外传国语》。（元刊《玉海》卷五十八，第六叶；合璧本第二册，第1153页；明监《玉海》卷五十八，第六叶；文渊影印本第944册，第536页）

传璋按：此则《正义》当原系于《史记·太史公自序》"厥协六经异传"句下。《史记》三家注合刊本，此句有《索隐》长注（中华本《史记》第十册，第3319页），而无《正义》。上引《正义》宋人合刻时割弃。汉人以《左氏传》为《春秋经》正传，或称《内传》；而视《国语》为《春秋经》外传，非正，故要"协"。

30.《玉海》卷五十八《艺文·汉列仙列士传》

《隋志》：汉时阮苍作《列仙图》。刘向典校经籍，始作《列仙》《列士》《列女》之传。

史记正义《七略》云:《列仙传》二卷,刘向撰。(元刊《玉海》卷五十八,第八叶;合璧本第二册,第1154页;明监《玉海》卷五十八,第八叶;文渊影印本第944册,第537页)

传璋按:此则《正义》当原系于《史记·封禅书》始皇"求仙人羡门之属"(中华本《史记》第四册,第1367页)句下。《史记》三家注合刊本三家均无注。

31.《玉海》卷五十八《艺文·录·越计然万物录》

计然者,濮上人也,博学无所不通,尤善计算。尝南游越,范蠡卑身事之。其书则有《万物录》,著五方所出皆述之。事见《皇览》及《晋中经簿》。

史记正义《方物录》。(元刊《玉海》卷五十八,第十八叶;合璧本第二册,第1159页;明监《玉海》卷五十八,第十八叶;文渊影印本第944册,第544页)

传璋按:此则《正义》当原系于《史记·货殖列传》"昔者越王勾践困于会稽之上,乃用范蠡、计然。计然曰:'知斗则修备,时用则知物,二者形则万货之情可得而观之'"数句之下。《玉海》特提"越计然《万物录》",意指这番言论出自计然的著作《万物录》中。元至正本、明初南监本均作"方物录",《文渊阁四库全书》亦作"方物录"。"方"当为"万"之讹。盖"万"为"萬"字六朝以降的俗体,《正义》原本亦当作"万"而不作"萬"。四库馆臣不明"万物录"的含义,或附会《国语》中有"民神杂糅不可方物"的成句,误抄《万物录》为《方物录》。

32.《玉海》卷六十二《艺文·论·汉素王妙论》

《史记·越世家》《注》:"太史公《素王妙论》云:范蠡本南阳人。"

正义二卷。《七略》云："司马迁撰。"（元刊《玉海》卷六十二，第一叶；合璧本第二册，第1225页；明监《玉海》卷六十二，第一叶；文渊影印本第944册，第622页）

传璋按：此则《正义》当原系于《史记·越世家》"范蠡事越王勾践"句下，三注合刊本有《集解》，如上《注》说。《正义》又为《集解》补注。按《史记正义》注例，当先引《集解》说，后释《素王妙论》篇卷，并谁氏所著。三注合刻本删削此则《正义》，遂成佚文。

33.《玉海》卷八十五《器用·符节·黄帝合符釜山》

《史记》：帝修德振兵，未尝宁居，东至于海，登丸山及岱宗；西至于空峒，登鸡头；南至于江，登熊湘；北逐荤粥，合符釜山，而邑于涿鹿之阿。

正义合符，谓合诸侯符瑞于釜山封禅也。犹禹会会稽玉帛万国。《括地志》："釜山在妫州怀戎县北三里，上有舜庙。"郭子横《洞冥记》称："东方朔云'东海大明之墟有釜山，山出庆云，应王者之符命。'"黄帝有黄云之瑞，故合符应于釜山也。（元刊《玉海》卷八十五，第一叶；合璧本第三册，第1621页；明监《玉海》卷八十五，第一叶；文渊影印本第945册，第334页）

传璋按：此则《正义》当原系于《五帝本纪》黄帝"合符釜山"句下。《史记》三家注合刊本有《索隐》（中华本《史记》第一册，第7页），注文与此则《正义》基本相同，故宋人以《史记正义》附刻于《史记集解索隐》时，删去与《索隐》重合的文字，而仅取《正义》所引《括地志》指明釜山所在的15字。而《玉海》却先征引《正义》全文，而以《索隐》附后，且仅节引"合诸侯符契圭瑞，而朝之于釜山，犹禹会诸侯于涂山然也"23字。可知王应麟以《正义》注文典正，故全取而不删节。此事亦可证明所谓"《正义》疏通《索隐》"

为无根之说。

34.《玉海》卷九十二《郊祀·汉九天祠》

《郊祀志》：高祖六年，长安置祠祀官，九天巫祠九天，皆以岁时祠宫中。《注》："师古曰：九天者，谓中央钧、东方苍、东北旻、北元、西北幽、西方浩、西南朱、南炎、东南阳。其说见《淮南子》。一说：东旻、东南阳、南赤、西南朱、西成、西北幽、北元、东北变、中央钧。"

史记正义《尚书考灵曜》云："东昊、东南阴"云云，同上。东苍、东北闵、北元、西北幽、西昊、西南朱、南炎、东南阳。《太元经》云：中、羡、徒、罚更、晬、郭、咸、治、成天。（元刊《玉海》卷九十二，第十五叶；合璧本第四册，第1746页；明监《玉海》卷九十二，第十五叶；文渊影印本第945册，第478页）

传璋按：此则《正义》当原系于《史记·封禅书》"九天巫祠九天"句下。《史记》三家注合刊本此句下有《索隐》，亦有《正义》（中华本《史记》第四册，第1379页）。但《正义》仅引《太玄经》，《玉海》所录《正义》中的《尚书考灵曜》等全部删削。不过《玉海》所引《正义》亦有节略，所谓"云云同上"者，指同上"一说"所引《尚书考灵曜》。这则《正义》佚文的全文当是：

史记正义《尚书考灵曜》云："东方昊天、东南阳天、南方赤天、西南朱天、西方成天、西北幽天、北方玄天、东北变天、中央钧天也。"东苍、东北闵、北玄、西北幽、西昊、西南朱、南炎、东南阳。《太玄经》云："一中天、二羡天、三徒天、四罚更天、五晬天、六郭天、七咸天、八治天、九成天也。"

35.《玉海》卷九十二《郊祀·汉五畤》

《地理志》：扶风雍县有五畤。

史记正义西畤在秦州。《括地志》：三畤原在岐州雍县南二十里。鄜，上、下畤并在此原上，因名三畤原，在吴山之阳。畦畤在雍州栎阳县东二十五里栎阳故城中。晋灼云："形如种韭一畦，畤中各一土封也。"张晏云："汉祠五畤于雍丘，五里一烽火。"《括地志》云："渭阳五帝庙，在雍州咸阳县东三十里。"《宫殿疏》云："五帝庙，一宇五殿也。"一宇之内设五帝各依其方，帝别为一殿，而门各如帝。（元刊《玉海》卷九十二，第十九叶；合璧本第四册，第1748页；明监《玉海》卷九十二，第十九叶；文渊影印本第945册，第480页）

传璋按：此则《正义》当原系于《史记·封禅书》"西畤、畦畤祠如其故"句下。《史记》三家注合刊本此下无《集解》，亦无《索隐》（中华本《史记》第四册，第1377页）。此《正义》在宋人合刻三家注时亦未附刻，遂佚。

36.《玉海》九十二《郊祀·圜丘》

《郊祀志》……地贵阳，祭之必于泽中圆丘云。

史记正义盖在今宝鼎县北圜丘上，祠后土是也。（元刊《玉海》卷九十二，第二十叶；合璧本第四册，第1389页；明监《玉海》卷九十二，第二十叶；文渊影印本第945册，第481页）

传璋按：此则《正义》当原系于《史记·封禅书》"始立后土祠汾阴脽丘"句下。《史记》三家注合刊本此下有《集解》："徐广曰：元鼎四年。"（中华本《史记》第四册，第1389页）注出作后土祠的年份，此则《正义》为《集解》补注其所在。

37.《玉海》卷九十五，《郊祀·唐虞五府》

《史记》：舜受终于文祖。

正义郑玄云："文祖，五府之大名，犹周之明堂也。"《尚书帝命验》云："帝者承天立府，以尊天重象也。五府者，赤曰文祖，黄曰神斗，白曰显纪，黑曰玄矩，苍曰灵府。"《注》云："唐虞谓之天府，夏谓之正室，殷谓之重室，周谓之明堂：皆祀五帝之所也。文祖者，赤帝熛怒之府火精光明，文章之祖。周曰明堂。神斗者，黄帝含枢纽之府斗，主也。土精澄净，四行之主。周曰太室。显纪者，白帝招拒之府纪，法也。金精割断万物。周曰总章。玄矩者，黑帝光纪之府矩者，法也。水精玄昧，能权轻重。周曰玄堂。灵府者，苍帝威灵仰之府，周曰青阳。"（元刊《玉海》卷九十五，第三至四叶；合璧本第四册，第1790页；明监《玉海》卷九十五，第三至第四叶；文渊影印本第945册，第527页）

传璋按：此则《正义》当原系于《史记·五帝本纪·舜本纪》"舜受终于文祖"句下。《史记》三家注合刻本此下有《集解》《索隐》与《正义》注文。（中华本《史记》第一册，第23—24页）但合刻者删去《正义》开首所引《集解》文，所引《尚书帝命验》"五府者"以下脱夺"赤曰文祖，白曰显纪，黑曰玄矩，苍曰灵府"16字，所引注文"水精玄昧"，"昧"字又讹作"味"。

38.《玉海》卷九十五《郊祀·汶上明堂》

《武纪》：济南人公玊带上黄帝时明堂图，中有一殿，四面无壁，以茅盖，通水，水圜宫垣，为复道，上有楼，从西南入，名曰昆仑。天子从之入，以拜祀上帝焉。于是上令奉高作明堂汶上如带图。

史记正义《括地志》云："明堂故城在兖州博城县东北三十里汶水上。"《汉书》云：古时明堂处，明年秋乃作明堂。（元刊《玉海》卷九十五，第十八至十九叶；合璧本第四册，第1797—1798页；明监《玉海》卷九十五，第十八至十九叶；文渊影印本第945册，第535—536页）

传璋按：此则《正义》当原系于《史记·封禅书》"于是上令奉高作明堂汶上"句下（中华本《史记》第四册，第1401页）。《史记》三家注合刻本有《集解》："徐广曰：在元封二年秋。"而无《正义》。此则《正义》为《集解》补注所作明堂所在。

39.《玉海》卷九十七《郊祀·宗庙·高庙》

《后百官志》："高庙令，六百石。"《本注》曰："守庙，掌按行扫除。无丞。"《注》："《汉官仪》曰：员吏四人，卫士一十五人。"

史记正义《括地志》云："高庙在长安县西北十三里渭南。"（元刊《玉海》卷九十七第十三至十四叶；合璧本第四册，第1827页；明监《玉海》卷九十七，第十三至十四叶；文渊影印本第945册，第572页）

传璋按：此则《正义》当原系于《史记·刘敬叔孙通列传》"衣冠月出游高庙，高庙，汉太祖"句下（中华本《史记》第八册，第2725页）。此句有《集解》引应劭释"游衣冠"，引如淳释高祖衣冠收藏处，而未注出高庙方位所在。此则《正义》为《集解》补注。宋人以《史记正义》附刻于《史记集解索隐》时割弃未用。又按：泷川资言《史记正义佚存》辑得有此，系于"大孝之本也"句下。（参见张衍田《史记正义佚文辑校》第351页）

40.《玉海》卷九十七《郊祀·汉诸帝庙号》

景帝庙号德阳，中四年三月起。

史记正义《括地志》云："德阳宫，汉景帝庙，在雍州咸阳县东北二十九里。自作之，讳不言庙，故言宫。"（元刊《玉海》卷九十七，第十四叶；合璧本第四册，第1827页；明监《玉海》卷九十七，第十四叶；文渊影印本第945册，第572页）

传璋按：此则《正义》当原系于《史记·孝景本纪》"中四年三月置德阳宫"句下。（中华本《史记》，第二册，第445页）《史记》三家注合刊本有《集解》："瓒曰：'是景帝庙也，帝自作之，讳不言庙，故言宫。'《西京故事》云景帝庙为德阳宫。"而未注其庙所在。此则《正义》为《集解》补注德阳宫处所。宋人以《史记正义》附刻于《史记集解索隐》时，因其文与《集解》大致相同，故不附刻而亡佚。

幸《玉海》征引而留存天壤。

41.《玉海》卷九十九《郊祀·周寿星祠》

《汉志》：秦于杜、亳有五社（《史记》作“三社”）主之祠、寿星祠，各以岁时奉祀。

史记正义 角、亢在辰为寿星。三月之时，万物始生，春气布养，各尽其性，故寿。《尔雅》：“寿星，角、亢也。与老人别星。”（元刊《玉海》卷九十九，第二十三叶；合璧本第四册，第1874页；明监《玉海》，卷九十九，第二十三叶；文渊影印本第945册，第626页）

传璋按：此则《正义》当原系于《史记·封禅书》“杜、亳有三社主之祠、寿星祠”句下（中华本《史记》第四册，第1375页）。《史记》三家注合刻本此句有《正义》曰：“角、亢在辰为寿星。三月之时，万物始生建，于春气布养，各尽其性，不罹灾夭，故寿。”部分佚失单本《史记正义》所引《尔雅》文，而《正义》引《尔雅》注出“寿星”与“老人星”非一星甚有意义。

42.《玉海》卷九十八《郊祀·封禅·汉武封禅》

史记正义 伍缉之《征记》曰：“汉武封坛广丈三尺，高丈尺，下有玉策书，以金银为镂，封以玺。”（元刊《玉海》卷九十八，第九叶；合璧本第四册，第1581页；明监《玉海》卷九十八，第九叶；文渊影印本第945册，第599页）

传璋按：此则《正义》当原系于《史记·封禅书》“封泰山下东方，如郊祠太一之礼。封广丈二尺，高九尺，其下则有玉牒书，书秘”句下（中华本《史记》第四册，第1398页）。《史记》三家注合刊本此下无注。《玉海》所引伍缉之“《征记》”，书名应为“《从征记》”，“征”上夺“从”字；“高丈尺”，据《史记》“丈”当为“九”之讹。又按：泷川资言《史记正义佚存》于《史记·封禅书》“上于是乃令诸儒习射牛、草封禅仪”句下，辑有《正义》引伍缉之《从征记》，文字与《玉海》所引全同。（参见张衍田《史记正义佚文辑校》第63—64页）

43.《玉海》卷九十九《郊祀·社稷·枌榆社》

《高纪》：后四岁，天下已定，诏御史令丰治枌榆社，常以时春以羊彘祠之。

史记正义曰高祖里社也。（元刊《玉海》卷九十九，第七叶；合璧本第四册，第1866页；明监《玉海》卷九十九，第七叶；文渊影印本第945册，第617页）

传璋按：此则《正义》当原系于《史记·封禅书》“诏御史令丰谨治枌榆社”句下。此句《史记》三家注合刊本无注。但前此有《史记》文“高祖初起，祷丰枌榆社”，其下有《集解》：“张晏曰：‘枌，白榆也。社在丰东北十五里。或曰枌榆，乡名，高祖里社也。’”（中华本《史记》第二册，第1378页）张守节因刘邦称帝后特诏御史令丰邑“谨治枌榆社”，其事严重，故特于其下设《正义》点明此“枌榆社”非他，乃高帝“故里社”。宋人合刊时或因前文已有《集解》详注，故弃此则《正义》不用。

44、45.《玉海》九十九《郊祀·汉雍诸星祠》

《志》：雍有日、月、参、辰、南北斗、荧惑、太白、岁星、填星、辰星、二十八宿、风伯、雨师、四海、九臣、十四臣之属百有余庙。

史记正义《汉旧仪》：“祭参、辰星于池阳谷口，夹道左右为坛。文王都丰，武王都鄗，二都有昭明祠。”《河图》云：“荧惑星散为昭明。”《春秋传》：“昭明起，有德如太白。”（元刊《玉海》卷九十九，第二十五叶；合璧本第四册，第1875页；明监《玉海》卷九十九，第二十五叶；文渊影印本第945册，第627页）

传璋按：此则《正义》当原分系于《史记·封禅书》“雍有日月参辰”及“沣、滈有昭明”二句下。（中华本《史记》第四册，第1375—1376页）《史记》三注合刊本于“雍有日月参辰”句下有《索隐》：“案：《汉旧仪》云：祭参、辰星于池阳谷口，夹道左右为坛也。”于“沣滈有昭明”句下有《索隐》：“案：乐产引《河图》云‘荧惑星散为昭明’。”此二则《正义》释文与《索隐》大同，故宋人将《正义》附刻于《史记集解索隐》本时，为避复重而未将《正义》附入。值得注意的是，王应麟著《玉海》，于此只取《正义》而弃《索隐》。

46.《玉海》卷一百一《郊祀·祠坛·鲁雩坛》

《郊特牲·疏》郑注《论语》云：“沂水在鲁城南，雩坛在其上。”

史记正义《括地志》云：“沂水，亦名雩水。卫宏《汉旧仪》云：‘鲁雩坛在城东南，引龟山水为沂，至坛西行曰雩水。’”（元刊《玉海》卷一百一，第五至六叶；合璧本第四册，第1907页；明监《玉海》卷一百一，第五至六叶；文渊影印本第945册，第665页）

传璋按：此则《正义》当原系于《史记·仲尼弟子列传》“浴乎沂风乎舞雩”句下。（中华本《史记》，第七册，第2210页）《史记》三家注合刊本此下有《集解》引包氏释曾点语意，而不及雩坛位置。张守节《史记正义》为裴骃《集解》补注，惜宋人合刻时未收。

47.《玉海》卷一百二《郊祀·汉六祠》

《郊祀志》：诸所兴如薄忌泰一及三一、冥羊、马行、赤星，五，宽舒之祠官以岁时致礼。凡六祠，皆太祝领之。

正义赤星即灵星。祠“五”者，谓太一、三一、羊、马行、赤星，并令祠官宽舒致礼。“凡六祠”，谓后土兼上五为六。后土在汾阴，非宽舒领祠，故别言“凡六祠”。（元刊《玉海》卷一百二，第二十七叶；合璧本第四册，第

1936页；明监《玉海》卷一百二，第二十七叶；文渊影印本第945册，第700页）

传璋按：此则《正义》当原系于《史记·封禅书》“今天子所兴祠……凡六祠皆太祝领之”句下。（中华本《史记》第四册，第1403页）有《索隐》“案：《郊祀志》云‘祠官宽舒议祠后土为五坛’，故谓之‘五宽舒祠官’。”司马贞《史》文断句有误，故注文不知所云。张守节《正义》则对“五祠”“六祠”注释精准。又按：泷川资言于《史记·封禅书》“凡六祠”句下，辑有《正义》佚文：“谓后土兼上五凡六祠也。后土在汾阴，非宽舒领祠，故别言凡六祠。”（参见张衍田《史记正义佚文辑校》，第57—58页）

48.《玉海》卷一百十一《学校·周辟雍》

《史记·封禅书》：丰、滈有天子辟池。《索隐》曰：即周天子辟雍之地。

正义曰周文、武丰、滈皆置辟雍，故秦立祠。（元刊《玉海》卷一百十一，第十三叶；合璧本第四册，第2113页；明监《玉海》卷一百十一，第十三叶；文渊影印本第946册，第9页）

传璋按：此则《正义》当原系于《史记·封禅书》“沣、滈有昭明、天子辟池”句下。（中华本《史记》第四册，第1375页）此下有《索隐》：“乐产云未闻。顾氏以为璧池即滈池，所谓‘华阴平舒道逢使者，持璧以遗滈池君’，故曰璧池。今谓天子辟池，即周天子辟雍之地。故周文王都酆，武王都滈，既立灵台，则亦有辟雍耳。张衡亦以辟池为雍。”此则《正义》内容不及《索隐》丰富，但指出“天子辟池”为秦时神祠之一，可补《索隐》未及之义。惜被宋人合刻《史记》三家注者割弃。

49.《玉海》卷一百三十五《官制·诏封·汉十八侯位次》

《汉功臣表》……申之以丹书之信，重之以白马之盟，又作十八侯之位次。

史记正义载姚察说同。(元刊《玉海》卷一百三十五，第六叶；合璧本第五册，第2581页；明监《玉海》卷一百三十五，第六叶；文渊影印本第946册，第551页)

传璋按：《玉海》叙文所称《汉功臣表》，指《汉书·高惠高后文功臣表》。"《史记正义》载姚察说同"者，指同于《汉表》"又作十八侯之位次"句下颜师古为十八侯姓名及位次所做的注释。姚察，《陈书》有传，陈吏部尚书领著作，学兼儒史，所著《汉书训纂》三十卷，见重于世。此则《正义》所引姚察说当原系于《史记·高祖功臣侯者年表》表首"侯第"栏。因与表首"侯第"栏《索隐》所引姚氏所叙十八侯位次文字全同，故宋人附刻单本《史记正义》于《史记集解索隐》者弃而不录。现将《玉海》提而未录的《史记正义》"姚察说"辑佚于下：

史记正义按：姚察曰："萧何第一，曹参二，张敖三，周勃四，樊哙五，郦商六，奚涓七，夏侯婴八，灌婴九，傅宽十，靳歙十一，王陵十二，陈武十三，王吸十四，薛欧十五，周昌十六，丁復十七，蛊逢十八。"

50.《玉海》卷一百三十五《官制·诏封·汉十八侯位次》

史记正义云《楚汉春秋》无奚涓、薛欧，有韩钦、陈溃，而王吸为王崇，丁復为丁侵。(元刊《玉海》卷一百三十五，第六叶；合璧本第五册，第2581页；明监《玉海》卷一百三十五，第六叶；文渊影印本第946册，第551页)

传璋按：此则《正义》亦当原系于《史记·高祖功臣侯者年表》之"侯第"栏首，张守节于先引姚察说后，再引所见陆贾《楚汉春秋》所载高祖功臣侯封的原初纪录，作为“一说”备考。宋人合刊《史记》三家注时亦予割弃。

51.《玉海》卷一百三十五《官制·诏封·列侯位次簿》

《史记世家》：列侯毕已受封，及奏位次，皆曰：曹参第一。鄂千秋进曰云云，萧何第一，曹参次之。

史记正义曰顾胤云：“高祖止定十八侯，吕后令陈平终竟第录。”按：高祖定十八侯，陈平定一百一十九侯，凡一百三十七人八人孝惠、高后封。功臣凡一百四十三人，一百二十九预侯第，十四人不预有罪及改封王。西汉列侯及建武而存者，平阳、建平、富平、爰戚、高昌、归德、义成、长罗。（元刊《玉海》卷一百三十五，第七叶；合璧本第五册，第2582页；明监《玉海》卷一百三十五，第七叶；文渊影印本第946册，第552页）

传璋按：此则《正义》当原系于《史记·高祖功臣侯者年表》之“功第”栏首引姚察说、《楚汉春秋》说后。

52.《玉海》卷一百四十《兵制·兵法·吕尚七术》

史记正义《六韬》《三略》《阴符》《七术》之属。《鬼谷子》有《阴符》《七术》，有《揣》及《摩》二篇。（元刊《玉海》卷一百四十，第六叶；合璧本第五册，第2697页；明监《玉海》卷一百四十，第六叶；文渊影印本第946册，第686页）

传璋按：此则《正义》当原系于《史记·苏秦列传》“得周书《阴符》”句下。此下有《集解》《索隐》而无此《正义》。盖宋人以《史记正义》附刻于《史记集解索隐》时为避复重而不取此《正义》。又按：泷川资言所辑《史记正义佚存》在《史记·苏秦列传》“以出揣摩”句下有佚文《正义》：“《鬼谷子》有《揣》及《摩》二篇，言揣诸侯之情，以其所欲切摩，为揣之术也。按：《鬼谷子》乃苏秦之

书明矣。”（参见张衍田《史记正义佚文辑校》第226页）

53.《玉海》卷一百四十四《兵制·讲武·汉讲武场》

史记正义《功臣表》：《括地志》云：“故平县城，在洛州偃师县西北二十五里，有汉祖讲武场。”《水经注》：“平县有高祖讲武场。”（元刊《玉海》卷一百四十四，第十一叶；合璧本第五册，第2750页；明监《玉海》卷一百四十四，第十一叶；文渊影印本第946册，第750页）

传璋按：此则《正义》当原系于《史记·高祖功臣侯者年表》“国名”栏“平”国下。（中华本《史记》第三册，第917页）平侯名沛嘉，以“兵初起，以舍人从击秦，以郎中入汉，以将军定诸侯，守洛阳，功侯”。《史记》三家注合刊本“平”下有《索隐》：“县名，属河南。”而无《正义》，盖阙。考三注合刊本《史记·高祖功臣侯者年表》表首第一栏为“国名”，下有《正义》：“此国名匡左行一道，咸是诸侯所封国名也。”据此，再参照《玉海》所引“平国”《正义》，可知单本《史记正义》为此表“国名”栏所有汉时封国（县）均按唐时地名对应设注解说。而宋人以《史记正义》附刻于《史记集解索隐》时，因行政区划与唐时不同，地名亦甚多变化，张守节按唐时地名所对释的汉时地名对宋人已无多大参考价值，而一概删削不录。幸王应麟《玉海》释汉高祖讲武场地望而征引了“平”国的《正义》，使我们得窥单本《史记正义》所作《史记·高祖功臣侯者年表》的旧貌。

54.《玉海》卷一百五十五《宫室·汉长乐宫》

《纪》：高祖五年五月，车驾西都长安。后九月，徙诸侯子关中。治长乐宫。

正义长乐宫，在长安县西北十五里。（元刊《玉海》卷一百五十五，第九叶；合璧本第六册，第2945页；明监《玉海》卷一百五十五，第九叶；文渊影印本第

947册，第82页）

传璋按：此则《正义》当原系于《史记·高祖本纪》七年“长乐宫成”句下。三家注合刊本此下无《集解》《索隐》，此则《正义》也未附刻。《史记·樗里子列传》“樗里子葬渭南章台之东。……至汉兴，长乐宫在其东，未央宫在其西。”其下有《正义》：“汉长乐宫在长安县西北十五里。”（中华本《史记》，第七册，第2310页）与《玉海》“汉长乐宫”条下《正义》注同。《高祖本纪》“长乐宫成”，为“长乐宫”名首见，按《史记正义》注释体例，应于其下设注。《史记》三家注本无《正义》注，盖脱漏。《樗里子列传》“长乐宫在其东”句下出《正义》，乃《史记正义》同一事典在不同篇卷重注例。

55.《玉海》卷一百五十五《宫室·汉沛宫》

《礼乐志》：孝惠时以沛宫为原庙，令歌儿习吹相和，以百二十人为员。

史记正义 《十三州志》云：“汉兴四年，改泗水为沛郡，理相城，故以沛为小沛。”《括地志》云：“泗水亭，在徐州沛县东一百步，有高祖庙。”（元刊《玉海》卷一百五十五，第十八叶；合璧本第六册，第2949页；明监《玉海》卷一百五十五，第十八叶；文渊影印本第947册，第88页）

传璋按：此则《正义》当原系于《史记·高祖本纪》“为泗水亭长”句下。《史记》三家注合刊本此下有《正义》：“秦法，十里一亭，十亭一乡。亭长，主亭之吏。高祖为泗水亭长也。《国语》有‘寓室’，即今之亭也。亭长，盖今里长也。民有讼诤，吏留平辨，得成其政。《括地志》云：‘泗水亭在徐州沛县东一百步，有高祖庙也。’”（中华本《史记》第二册，第343页）合刻本散佚“十三州志”云云24字。

56.《玉海》卷一百五十六《宫室·汉宜春宫》

《司马相如传》：……临曲江之隑州兮，望南山之参差。张揖曰：隑，长也。苑中有曲江之象，中有长州。师古曰：临曲岸之州，今谓曲江。

史记正义曲池，武帝造，周回五里，在宜春苑中。（元刊《玉海》卷一百五十六，第一叶；合璧本第六册，第9957页；明监《玉海》卷一百五十六，第一叶；文渊影印本第947册，第96页）

传璋按：此则《正义》当原系于《史记·司马相如列传》之《哀二世赋》“临曲江之隑州兮”句下。此句《史记》三家注合刊本有《集解》与《索隐》。（中华本《史记》第九册，第3055页）而无《正义》。此为宋人以《史记正义》附刻于《史记集解索隐》时割弃。

57.《玉海卷一百六十二《宫室·台·周灵台》

Δ正义《水经注》：“自丰水北经灵台西，文王又引水为辟雍灵沼。”《括地志》：“今悉无复处所，唯灵台孤立。”今按：台高二丈，周四百二十步。（元刊《玉海》卷一百六十二，第六叶；合璧本第六册，第3077页；明监《玉海》卷一百六十二，第六叶；文渊影印本第947册，第240页）

传璋按：此则《正义》当原系于《史记·周本纪》文王“而作丰邑”句下（中华本《史记》第一册，第118页）。此句三家注本有《集解》“徐广曰：丰在京兆鄠县东，有灵台。”张守节引《水经注》及《括地志》为《集解》补释。

58.《玉海》卷一百六十二《宫室·台·鲁观台》

《史记》：魏伐宋，取仪台。

正义灵台也。《庄子》：义台，路寝。（元刊《玉海》卷一百六十二，第八叶；合璧本第六册，第3078页；明监《玉海》卷一百六十二，第八叶；文渊影印本第947册，第241页）

传璋按：此则《正义》当原系于《史记·魏世家》“伐宋取仪台”句下。此下有《集解》：“徐广曰：一作‘义台。’”有《索隐》：“按：年表作‘义台’，然义台见《庄子》，司马彪亦曰台名，郭象云‘义台，灵台’。”（中华本《史记》第六册，第1844页）而无《正义》。此则《正义》因与《索隐》涉同而割弃。又按：吕祖谦《大事记解题》卷二周显王四年下有《史记正义》：“郭象曰：‘仪台，灵台也。’”当与《玉海》所引同一来源。

59.《玉海》卷一百六十二《宫室·台·楚章华台》

《楚语》：灵王为章华之台。

Δ正义《括地志》：“在荆州安兴县东八十里。”（元刊《玉海》卷一百六十二，第九叶；合璧本第六册，第3079页；明监《玉海》卷一百六十二，第九叶；文渊影印本第947册，第241页）

传璋按：此则《括地志》当系《史记·楚世家》灵王“七年，就章华台”（中华本《史记》第五册，第1705页）句下《正义》所引。《史记》三家注本此下有《集解》“杜预曰：南郡华容县有台，在城内。”系按晋时行政区划作注。张守节引《括地志》注其在唐时所在。

60.《玉海》卷一百六十二《宫室·台·楚阳云之台》

《子虚赋》：楚王乃登阳云之台。

正义言其高出云之阳。（元刊《玉海》卷一百六十二，第九叶；合璧本第六册，第3079页；明监《玉海》卷一百六十二，第九叶；文渊影印本第947册，第241页）

传璋按：此则《正义》当原系于《史记·司马相如列传》“于是楚王乃登阳云之台”句下。此下有《集解》：“徐广曰：‘宋玉云楚王游于阳云之台。”骃案：郭璞曰“‘在云梦之中。’”引郭璞释阳云台的所在方位。（中华本《史记》第九册，第3014页）而无《正义》。《玉海》征引之《正义》释此台得名之由。宋人合刻时未附入而成佚文。

61.《玉海》卷一百六十二《宫室·汉鸿台》

史记正义云甘泉有瑶台。（元刊《玉海》卷一百六十二，第十三叶；合璧本第六册，第3081页；明监《玉海》卷一百六十二，第十三叶；文渊影印本第947册，第243页）

传璋按：此则《正义》当原系于《史记·封禅书》“又作甘泉宫，中为台室”句下。（中华本《史记》第四册，第1388页）《史记》三家注合刊本此下无注。

62.《玉海》卷一百六十二《宫室·台·汉露台》

Δ正义《括地志》：“新丰县南骊山上犹有露台之旧址，其处名露台。”（元刊《玉海》卷一百六十二，第十三叶；合璧本第六册，第3081页；明监《玉海》卷一百六十二，第十三叶；文渊影印本第947册，第243页）

传璋按：此则《括地志》当系《史记·孝文本纪》“尝欲作露台”（中华本《史记》第二册，第433页）句下《正义》所引。《史记》三家注本有《集解》“徐广曰：露一作‘灵’”，别记异文；有《索隐》“顾氏按：新丰南骊山上犹有台之旧址也。”而无《正义》。当因《正义》与《索隐》涉同而被宋人合刻时删削。

63.《玉海》卷一百六十二《宫室·台·汉龙台》

《司马相如传》：《上林赋》“登龙台”。《注》：“张揖曰：‘观名，在丰水西北，近渭。’”

史记正义《三辅故事》云："龙台，高六丈，去丰水五里。汉时龙见陂中，故作此台。"《括地志》云："龙台，一名龙台观。在雍州鄠县东北三十五里。"（元刊《玉海》卷一百六十二，第二十叶；合璧本第六册，第3084页；明监《玉海》卷一百六十二，第二十叶；文渊影印本第947册，第248页）

传璋按：此则《正义》当原系于《史记·司马相如列传》中《上林赋》"登龙台"句下。此句有《集解》，如《玉海》叙文所称之"《注》"。张守节嫌《集解》所引张揖《汉书音义》释"龙台"语焉不详，故引《三辅故事》说明兴建龙台的原由，又引《括地志》指出其具体位置。此则《正义》是对《集解》的极好补充，正符《史记正义序》"引致旁通"的旨趣。又明监《玉海》"故作此台"句中"此"字讹作"比"字。

64.《玉海》卷一百六十四《宫室·楼·汉井斡楼》

史记正义斡，司马彪云："井栏也。"《关中记》云："宫北有井斡台，高五十丈，积木为楼，言筑累方木，转于交架如斡。"（元刊《玉海》卷一百六十四，第二叶；合璧本第六册，第3113页；明监《玉海》卷一百六十四，第二叶；文渊影印本第947册，第283页）

传璋按：此则《正义》当原系于《史记·孝武本纪》作建章宫"井斡楼"句下。其下有《索隐》："《关中记》：'宫北有井斡台，高五十丈，积木为楼。'言筑累万木，转相交架，如井斡。司马彪注《庄子》云：'井斡，井阑也。'又崔譔云：'井以四边为斡，犹筑墙之有桢斡。'又诸本多作'斡'，一本作'榦'。音[韩]。《说文》云：'斡，井桥。'"（中华本《史记》第二册，第483页）此则《正义》释文与《索隐》相近，而义无加进，故宋人以《史记正义》附刻于《史记集解索隐》者弃而不取。不过值得注意的是，王应麟在《玉海》中为汉井斡楼作注时只取《正义》而舍《索隐》，个中原由颇可玩味。

又，《正义》“言筑方木”句中“方”字，当为“万”字传写之讹。“万”乃六朝“萬”字俗体，隋唐以降一直沿用。《索隐》亦作“万木”可作参证。

65.《玉海》卷一百六十六《宫室·观·汉甘泉四观》

《史记》：甘泉更置前殿，始广诸宫室。

正义 扬雄云：“甘泉本秦离宫，既奢泰。武帝增通天台、迎风宫。近则有洪涯、储胥，远则有石关、封峦、鳷鹊、露寒、棠梨等观。又有高华、白虎、温德、相思观，曾城、走狗、天梯、瑶台等。”《黄图》：“武帝先作迎风馆于甘泉山，后加露寒、储胥二馆。建元中作石关、封峦、鳷鹊观。”（元刊《玉海》卷一百六十六，第二叶；合璧本第六册，第3143页；明监《玉海》卷一百六十六，第二叶；文渊影印本第947册，第318页）

传璋按：此则《正义》当原系于《史记·孝武本纪》“于是甘泉更置前殿始广诸宫室”句下。（中华本《史记》，第二册，第479页）《史记》三家注合刊本于此有《索隐》引“姚氏案：扬雄”云云，与本则《正义》注文同，唯未征引《黄图》。宋人合刻三家注时，因上述《正义》与《索隐》泰半相同，而未附刻。

66.《玉海》卷一百六十六《宫室·汉延寿观》

《史记》益延寿观。

正义《括地志》云：“延寿观在雍州云阳县西北八十一里，通天台西八十步。”（元刊《玉海》卷一百六十六，第三叶；合璧本第六册，第3144页；明监《玉海》卷一百六十六，第三叶；文渊影印本第947册，第318页）

传璋按：此则《正义》当原系于《史记·孝武本纪》“甘泉则作益延寿观”句下。（中华本《史记》，第二册，第478）《史记》三注合刊本此句下无注。《史记·封禅书》“甘泉则作益延寿观”句下有《索隐》:“小颜以为作益寿、延寿二馆。案:《汉武故事》云:‘作延寿观,高三十丈。’”与上引《正义》不同。宋人合《史记正义》于《史记集解索隐》者,于《孝武本记》相应文句下未刻入《正义》,遂成佚文。幸《玉海》征引方得以重见天日。

67.《玉海》卷一百六十九《宫室·门阙·汉长安十二门》

《黄图》:……[长安城]北出西头第一门曰横门,门外有桥曰横桥。《史记》曰:横城门。

史记正义 秦兴乐宫北门对横桥。(元刊《玉海》卷一百六十九,第二十二叶;合璧本第六册,第3201页;明监《玉海》卷一百六十九,第二十二叶;文渊影印本第947册,第385页)

传璋按:此则《正义》当原系于《史记·外戚世家》“褚先生曰:跸道先驱旄骑出横城门”句下。《史记》三家注合刊本此下有《集解》:“如淳曰:‘横音光’。《三辅黄图》云北面西头门。”有《正义》:“《括地志》云:‘渭桥本名横桥,架渭水上,在雍州咸阳县东南二十二里。’”(中华本《史记》第六册,第1982页)与《玉海》所引《正义》不同,可相互补充。

68.《玉海》卷一百六十九《宫室·门阙·汉建章凤阙》

《文选注》:魏文帝歌曰:“长安城西有双圆阙,上有双铜爵,一鸣五谷生,再鸣五谷熟。”《关中记》:“建章宫圆阙临北道,凤在上。阊阖门内东出有折凤阙,一名别风。”

史记正义 《三秦记》云:“柏梁台有铜凤,因名凤阙。”(元刊《玉海》卷一百六十九,第二十六叶;合璧本第六册,第3203页;明监《玉海》卷一百六十九,第二十六叶;文渊影印本第947册,第387页)

传璋按:此则《正义》当原系于《史记·孝武本纪》“于是作建

章宫，度为千门万户。前殿度高未央。其东则凤阙，高二十余丈”句下。《史记》三家注合刊本此下有《索隐》长注（中华本《史记》第二册，第482页），而无《正义》。《索隐》注引用《三辅黄图》《关中记》《西京赋》《三辅故事》以释“凤阙”，此则《正义》则引《三秦记》指出“凤阙”即“柏梁台”，可备一说，而宋人合刻三家注时未收录。

69.《玉海》卷一百七十一《宫室·苑囿·汉昆明池》

《武纪》：元狩三年秋，发谪吏穿昆明池。

Δ正义《括地志》云：“在雍州长安县西十八里。”（元刊《玉海》卷一百七十一，第三十叶；合璧本第六册，第3241页；明监《玉海》卷一百七十一，第三十叶；文渊影印本第947册，第431页）

传璋按：此则《括地志》当系《史记·平准书》“作昆明池”（中华本《史记》第四册，第1428页）句下《正义》所引，以明昆明池之地理位置。《史记》三家注合刻本有《索隐》：“按：《黄图》云昆明池周四十里，以习水战”，以明作池之用途。

70.《玉海》卷一百七十三《宫室·城·周公城》

史记正义《括地志》云：“周公故城在岐山县北九里，召公故城在岐山县西南十里。此周、召之采邑也。”（元刊《玉海》卷一百七十三，第八叶；合璧本第六册，第3272页；明监《玉海》卷一百七十三，第八叶；文渊影印本第947册，第467页）

传璋按：此则《正义》当原系于《史记·鲁周公世家》“周公旦者周武王弟也”句下。《史记》三家注合刊本此下有《集解》：“谯周曰：‘以太王所居周地为其采邑，故谓周公。’”有《索隐》：“周，地名，在岐山之阳，本太王所居，后以为周公之菜邑，故曰周公。即今之扶风雍东北故周城是也。谥曰周文公，见《国语》。”（中华本《史记》第五册，第1515页）《玉海》所引《正义》指出周公城、召公城的具体位置，可补《集解》《索隐》注文之不足，却为宋人合刊三家注者所遗弃，殊为可惜。又按：泷川资言于此句下亦辑得《正义》佚文：“《括地志》云：周公城在岐山县北九里。”（参见张衍田《史记正义佚文辑校》，第84页）

71.《玉海》卷一百七十三《宫室·榆谿旧塞》

《史记》云：按榆谷旧河塞。

正义今榆林县东四十里。（元刊《玉海》卷一百七十三，第十六叶；合璧本第六册，第3276页；明监《玉海》卷一百七十三，第十六叶；文渊影印本第947册，第472页）

传璋按：此则《正义》当原系于《史记·卫将军骠骑列传》“按榆谿旧塞”句下。《史记》三家注合刊本此下有《集解》：“如淳曰：‘案，行也。榆谿，旧塞名。’或曰按，寻也。”有《索隐》：“按榆谷旧塞。如淳云：‘按，行也，寻也。榆谷，旧塞名也。’案：《水经》云‘上郡之北有诸次水，东经榆林塞为榆谿’，是榆谷旧塞也。”（中华本《史记》第九册，第2924页）《集解》与《索隐》只引汉魏人旧注，《正义》则按唐时地名、方位重新作注。然宋人合刻者并不理会，径行删削。又，“今榆林县”，《文渊阁四库全书》作“经榆林县，”因音同讹“今”为“经”。

72.《玉海》卷一百七十三《宫室·城·五原塞》

《匈奴传》：是岁太初三年也。句黎湖单于立，汉使光禄徐自为出五原塞数百里，远者千里，筑城障列亭。

史记正义五原塞即五原郡榆林塞也。在胜州榆林县四十里。《晋太康地志》：“自北地郡北行九百里得五原塞。”（元刊《玉海》卷一百七十三，第二

十叶；合璧本第六册，第3278页；明监《玉海》卷一百七十三，第二十叶；文渊影印本第947册，第474页）

传璋按：此则《正义》当原系于《史记·匈奴列传》“汉使光禄徐自为出五原塞”句下。《史记》三家注合刊本此下有《正义》：“即五原郡榆林塞也。在胜州榆林县四十里。”（中华本《史记》，第九册，第2916页）而佚《玉海》征引《正义》所引《晋太康地志》文。

三、《玉海》征引《史记正义》佚文的价值

《玉海》征引的这批不为《史记》三家注合刻本收录的七十二条《史记正义》佚文，对于司马迁与《史记》研究具有重大价值。约略计之则有如下数端。

（一）对深入理解《史》文大有裨益

匡补裴注，拾遗补阙。如第2条“尧刻漏”。《史记·五帝本纪》“日永，星火，以正中夏”“日短，星昴，以正中冬”。上句下有《集解》：“马融、王肃谓日长昼漏六十刻，郑玄曰四十五刻”；下句下有《集解》：“马融、王肃谓日短昼漏四十刻。郑玄曰四十五刻，失之。”“日永”指夏至，白昼最长；“日短”指冬至，白昼最短。其长其短，古人以漏刻之数计之。马融、王肃与郑玄计数不同，裴骃认为郑玄“失之”。《玉海》所引《正义》佚文，针对裴骃对郑玄的指摘，做出按断：“马融以昏明为限，郑玄以日出入为限，故有五刻之差。”指出二说有异，实因计时所取标准不同所致，郑玄并未“失之”。佚文对裴注有补正之功。又如第18条“畿封”。《史记·燕召公世家》“自陕以西，召公主之：自陕以东，周公主之。”《集解》引汉何休说：“陕者，盖今弘农陕县是也。”而《正义》佚文在引“《括地志》：陕原在陕县西南二十五里”后，明确指出周、召二公分治京畿的标界是“分陕不因其城，乃以原为界。”此注实有助理解《史》文分陕之义。再如第23条“汉春秋决狱”。《史记·儒林列传》载董仲舒弟子

吕步舒持节裁决淮南王谋反大狱，"以《春秋》之义正之"。此"《春秋》之义"何指？今本三家注无一作出说明。而《正义》佚文于其下注引"《七录》曰：《春秋断狱》五卷。"读者则可明了吕步舒秉承的"《春秋》之义"，实即其师董仲舒的大著《春秋断狱》。

古典幽微，窃探其美。如第32条"黄帝合符釜山"《正义》佚文，先释"合符"所为何事——"谓合诸侯符瑞于釜山封禅也"，次引《括地志》及《洞冥记》，点出釜山所在方位及其神异之处，最后说明为何黄帝合符必于釜山的原因。注解委曲详明，可增进读者对《史》文的理解。又如第46条"汉六祠"所引《正义》佚文，所释《史》文长句错综复杂，颇不易解。《史记》三家注合刊本此下有《索隐》，司马贞没有读懂《史》文，妄摘"五宽舒祠官"五字为句，又节引《汉书·郊祀志》不相干之文，妄加比附："案：《郊祀志》云'祠官宽舒议祠后土为五坛'，故谓之'五宽舒祠官'也。"简直不知所云。而张守节《正义》佚文，在正确断句厘清文意的基础上谨慎下注："祠'五'者，谓太一、三一、羊、马行、赤星，并令祠官宽舒致礼。'凡六祠'，谓后土兼上五为六。后土在汾阴，非宽舒领祠，故别言'凡六祠'。"注文简要精准，于后学大有裨益。

（二）为古史疑难地名提供准确答案

张守节长于舆地之学。王应麟《玉海》征引《正义》佚文涉及古史地名者多达45条，占全部佚文的六成。大都为已成废墟的秦汉宫观、祠庙、关塞，或久已淤塞的上古河道，张守节征引《括地志》按唐时方位一一注明，或为《集解》补注，或为疑难古史地名提出探寻线索。

为解释岐异的地名所在作出裁断。如第6条"龙门山"。《集解》于《夏本纪》引《尚书·禹贡》孔安国注："龙门山在河东之西界。"由此引发"龙门山在绛州龙门县"的说法；《集解》于《太史公自序》"迁生龙门"下又引"徐广曰：在冯翊夏阳县。"则山又在河西，由此《括地志》称"龙门，在同州韩城县北五十里。"《索隐》亦主此说。河东、河西二说各有所据。《正义》佚文先兼引二说，然后根据龙门山兼跨冀、雍二州实际的山形走势，指出"其山更黄河，夏禹所凿者也"，予以调停，最后以

“龙门山在夏阳县”作出裁断，为“迁生龙门”的龙门的确切所在作出结论。这条佚文亦足以破除后世以为司马迁生于河东河津县之惑。

为残阙的古注提供补阙的原文。如今本《史记·淮南衡山列传》“陈定发南阳兵守武关”句下有《正义》：“故武关在商州商洛县东九十里，春秋时。阙文。”“春秋时”以下文字残阙，南宋黄善夫合刻《史记》三家注时，已然如此，故不得已以“阙文”二字标示。所阙何字、所阙多少，不得而知。而第13条《正义》佚文原当系于《史记·高祖本纪》“乃用张良计……因袭攻武关”句下。所引“《括地志》曰：故武关在商州商洛县东九十里，春秋时少习。”与《淮南衡山列传》“武关”句下《正义》“春秋时”之前文字全同，唯多“少习”二字，昭示“少习”二字正是今本《史记·淮南传》之《正义》所“阙”之“文”。“少习”，山名，因山势置关曰“武关”。今后若整理《史记》三家注本，除应在《高祖本纪》“武关”下补上《正义》佚文，还应为《淮南衡山列传》之《正义》“阙文”补足“少习”二字。又如《史记·河渠书》太史公“上姑苏，望五湖”，何为“五湖”，历来释说纷纭，至有以“五湖”为“太湖”之异名者。第12条《正义》佚文，认为“五湖”系与太湖相连的五个小湖“游、莫、贡、菱、胥”的共名，“在苏州西四十里”，实为“太湖东岸五湾”。按：姑苏是苏州西南的一座小山名，吴王阖闾、夫差曾在此山范围内兴建离宫别馆，而山西太湖湖滨的“五湖”曾是春秋末期吴越水战的战场所在。太史公“上姑苏望五湖”的目的之一，当是考察吴越争霸的史迹。张守节的这条《正义》佚文颇有助古史考证。

为久已废弃的秦汉关塞所在指点线索。第72条《正义》佚文，原当系于《匈奴列传》“汉使光禄徐自为出五原塞”句下，《史记》三家注本此下有《正义》，与佚文《正义》前段相同：五原塞“即五原郡榆林塞。在胜州榆林县四十里。”但唐代胜州在朔方边地，不易寻访。佚文《正义》征引《晋太康地志》“自北地郡北行九百里得五原塞。”北地郡郡治在唐代京师长安以北不足二百里处。自此为起点北行，就为寻觅考察五原古塞指明了方向和路径。

（三）《正义》佚文的发现有助于了解单本《史记正义》旧貌

《史记》三家注合刻本《高祖功臣侯者年表第六》，表首首栏为“国名”，其下有《正义》：“此国名匡左行一道，咸是诸侯所封国名也。”然而今本每个侯国国名之下只有《索隐》据《汉书·地理志》《晋书·地理志》等注出封国所在县邑名称，而《正义》却一无所有。这是否单本《正义》原貌？答案是否定的。且看《玉海》征引《正义》佚文第53条。《玉海》在“兵制”门之“汉讲武场”目征引“《史记正义》：《括地志》云：‘故平县城，在洛州偃师县西北二十五里，有汉祖讲武场。’《水经注》‘平县有高祖讲武场’。”《玉海》点明此条《正义》出自《功臣表》。此表非他，乃太史公在《史记》中为汉王朝所制的第一表《高祖功臣侯者年表第六》。张守节征引《括地志》与《水经注》，为高祖所封第三十二位的平侯沛嘉的封国平县所在作注。这条被《史记》三家注合刻者删削的“平国”《正义》，透露了重要信息，联系《史记正义序》“郡国城邑委曲申明”的注例，以及《功臣表》首“国名”栏《正义》的提示，可以肯定张守节《正义》单本必为高祖所封143位侯国所在一一设注点明与汉邑对应的唐时县名。

宋人将《正义》附刻于《史记集解索隐》二家注本时，因宋代的行政区划与唐时不同，县名也变化甚大，《正义》所释与汉邑对应的唐时地名，对于宋人已无多大参考价值，为减少三家注本全书篇幅以降低成本，《功臣表》“国名”栏的所有《正义》注文一概削去不录。出于同样的原因，《惠景间侯者年表第七》所封93位侯国国邑《正义》，《建元以来侯者年表第八》所封119位侯国国邑《正义》，《建元以来王子侯者年表第九》所封162位侯国国邑《正义》，也一概删削不录。汉世侯者诸表被削去的侯国封邑《正义》，总数多达517条。

宋人合刻《史记》三家注时，不仅全部删削了张守节为汉世侯国封邑所作的《正义》，而且《高祖功臣侯者年表》表首“侯第”栏单本《史记正义》的注文也不予收录。第49条《正义》佚文，系从陈隋间学者姚察《汉书训纂》采辑的汉高祖所封十八侯姓名及位次，与《索隐》

所引姚氏说，二者同源，宋人为避重复，不录《正义》犹有可说。以下两条《正义》的被删，则反映了合刻者的浅识。第50条《正义》佚文，系录自陆贾《楚汉春秋》关于十八侯姓名、位次的异说。据《后汉书·班彪传》："汉兴，定天下，太中大夫陆贾记录时功，作《楚汉春秋》九篇。"可知《楚汉春秋》作于天下初定不久之时。陆贾以当时人记当时事，自较此后陈平受命吕后所定列侯等第更为可信。又如第51条《正义》佚文，张守节先引顾胤说，然后加长"按"指出：高祖所定列侯数，陈平所定列侯数，总数多少，又自注其中"八人，孝惠，高后封"；功臣表总录一百四十三人，预侯第者一百二十九，不预者十四人，又自注不预的原因是"有罪及改封王"；最后点出高祖功臣一百四十三侯，到东汉光武帝建武年间而存者仅余平阳、建平等八侯。这条叙事详明的《正义》，与高祖封侯之誓："使河如带、泰山若厉，国以永宁，爰及苗裔"，形成鲜明对照。如此足助史事考证的《正义》亦被合刻者弃而不录，殊为可惜。从这些被删削的《正义》佚文，可使后人复睹单本《史记正义》的部分原貌。今后整理《史记》三家注合刊本时，《高祖功臣侯者年表》"侯第"栏被削的三条《正义》佚文或可恢复，而"国名"栏被删削的517条《正义》，除"平"侯条可以增补外，其余516条恐怕是永远消亡于天壤之间了。

（四）《玉海》辑录的《正义》佚文为泷川资言所辑《史记正义佚存》增加可信度

日本学者泷川资言从彼邦公、私所藏《史记》古板本、古活字印本、《史记》抄录本匡郭内外标注辑得《史记》三家注合刻本所遗佚的《正义》一千余条，散入《史记会注考证》相应《史》文之下。这原本可称之为20世纪《史记》研究史上的重大发现。以程金造为代表的大陆学者，却认为泷川资言所辑得的《正义》佚文"只有十分之一二是可靠的，绝大部分是读者的杂钞和注解。"笔者十多年前曾针对程氏的"伪托说"作长篇《平议》予以辨析，本文"前言"业已提及。值得注意的是，《玉海》所征引的《正义》佚文，其12、13、16、24、26、28、42、

47、52、70，凡10条，泷川资言《史记正义佚存》亦皆全部或部分辑得。然而泷川资言辑佚《正义》及撰《史记会注考证》时，并未从王应麟《玉海》取资。这可以证明泷川资言从日本存世的《史记》古板本、古活字印本、古抄录本匡郭内外标注抄录的《正义》佚文，与《玉海》征引的《正义》佚文系出同源，皆过录自张守节单本《史记正义》。这批辑自《玉海》的《正义》佚文的发现，也为泷川资言的《史记正义佚存》增添了可信度。

（五）《玉海》征引《史记正义》佚文最大的贡献在于为考定司马迁的生年提供了确凿的文献根据

司马迁的生年，由于班固《汉书·司马迁传》失载，遂成千古疑案。自王国维于1916年发表《太史公系年考略》，史公生年疑案的澄清方现转机。王先生从《史记·太史公自序》三家注本中发现两则唐人古注：一为“卒三岁而迁为太史令”句下司马贞《索隐》：“《博物志》：‘太史令，茂陵显武里，大夫司马迁，年二十八，三年六月乙卯除六百石。’”一为下文“五年而当太初元年”句下张守节《正义》：“按迁年四十二岁。”若按《索隐》，元封三年（公元前108年）司马迁继任太史令时“年二十八”，则当生于汉武帝建元六年（公元前135年）；若按《正义》，太初元年（公元前104年）司马迁始撰《太史公书》时“年四十二”，则当生于景帝中元五年（公元前145年）。王氏认为《正义》与《索隐》同本张华《博物志》，但推算史公生年却相差整整十岁。二者必有一错。王氏以《正义》为是，而疑今本《索隐》“年二十八”乃“年三十八”之讹。理由是“三讹为二，乃事之常；三讹为四，则于理为远。”从而得出结论：“史公生年当为孝景中元五年，而非孝武建元六年矣。”

将近一个世纪以来，王国维的司马迁生于景帝中元五年（公元前145年）说，被誉为方法正确、逻辑严密、引证可靠，而为中外诸多学者信而不疑。郭沫若先生曾于1955年发表《太史公行年考有问题》，提出司马迁生于武帝建元六年（公元前135年）说，但其论证逻辑并未脱离王国维数字讹误说的窠臼，故亦难以服众。

其实王国维的司马迁生于景帝中元五年说存在致命的缺陷：并无任何文献依据，却改字立说，有违考据学通则；其为史公行历的排比，亦疏误频出。笔者于1988年向“全国《史记》学术研讨会（西安）”提报论文《司马迁生于武帝建元六年新证》（载《陕西师大学报·全国〈史记〉学术研讨会论文专辑》，1988年增刊；又载《史记研究集成》第一卷，华文出版社，2005年第1版），另辟蹊径，从《太史公自序》及《报任安书》中找到测算司马迁生年的三个标准数据：“年十岁则诵古文”“二十而南游江淮……于是仕为郎中”“待罪辇毂下二十余年”，和一个基准点——《报任安书》作于征和二年（公元前91年）。以史公关于自身行迹的自叙为本证，以《索隐》与《正义》为佐证，通过对史公移居茂陵、从学问故、壮游入仕、友朋交往等等方面行迹的清理，证实《索隐》所引《博物志》元封三年“年二十八”数字无讹，与史公自叙若合符节，司马迁实生于武帝建元六年（公元前135年）而非景帝中元五年（公元前145年）。对于《索隐》与《正义》在史公生年上出现“十年”之差的原因，笔者在论文第五节“从书法史的角度看《正义》‘按迁年四十二岁’系‘按迁年卌二岁’之讹”，从书体演变的角度，通过对廿（二十）、卅（三十）、卌（四十）三个数字书写形式变化轨迹的考察，运用大量实证做出合理的解释。笔者在该节中曾作如下推断：

> 著录有“太史令，茂陵显武里，大夫司马迁，年二十八，三年六月乙卯除六百石”的写本《博物志》，司马贞作《索隐》时征引了，张守节也会见读过，他据《博物志》所作的按语原作“按迁年卌二岁”。唐代《正义》单本与《索隐》并无“十岁”之差。差讹发生在由唐人写本到宋人刻本的转换期。

当然，这个判断还需确凿的文献根据支撑。

1995年，笔者向“纪念司马迁诞辰2140周年国际学术研讨会（西安）”呈送论文《从书体演变角度论〈索隐〉〈正义〉的十年之差——

兼为司马迁生于武帝建元六年说补证》（载台湾《大陆杂志》第90卷第4期，1995年4月出版；又载《司马迁与史记论集》第三辑，陕西人民出版社1996年10月出版）、《太史公“二十岁前在故乡耕读说”商酌》（载台湾《大陆杂志》第91卷第6期，1995年12月出版），共三万余言，以更多的证据重申了1988年的观点，并在大会报告。笔者通盘检点今本《史记》与《汉书》，发现其中“二十”与“三十”罕见相讹，这一事实使王国维的《索隐》年“二十八”系“年三十八”讹成的拟测成为无根之木；而“三十”与“四十”相讹却频繁出现的事实，又昭示王国维的《正义》“年四十二”绝难由“年三十二”讹成的判断以立足。显然王国维立论的基石“数字讹误说”并不具备“科学的基础”，而据以考证太史公的生年，其方法自难称正确，逻辑也谈不上严密，司马迁生于景帝中元五年（公元前145年）实无成立的余地。按司马迁生于武帝建元六年（公元前135年）的结论，公元1995年应是太史公诞辰2130周年，而非2140周年。

值得令人庆幸的是，唐代《正义》单本与《索隐》并无“十年”之差的文献依据，在隐晦不彰六百余年后，终于浮出水面。赵生群于2000年3月3日在《光明日报》率先发表《从正义佚文考定司马迁的生年》，披露他从王应麟所撰《玉海》中发现的一则《正义》佚文：

> 考《玉海》卷四十六载：“《史记正义》：《博物志》云迁年二十八，三年六月乙卯，除六百石。”又《玉海》卷一百二十三载：“《索隐》曰：《博物志》：太史令司马迁年二十八，三年六月乙卯，除六百石。”

笔者往年在做《史记》版本源流、叙事起迄与主题迁变研究时，参阅相关文献，也于《玉海》中发现这两则对于考定司马迁生年弥足珍贵的史料。

王应麟纂辑《玉海》，他所征引的《史记正义》与《史记索隐》，均为南宋馆阁所藏的单行唐写本，二者引用的晋张华《博物志》都确凿无疑的记录司马迁于武帝元封三年继任太史时“年二十八”，亦与今本《史记》三家注录入的《索隐》纪年吻合。从而为笔者往年所做的“写本《博物志》，司马贞作《索隐》时征引了，张守节也会见读过”的判断，提供了可信的文献根据，同时也否定了王国维疑今本《索隐》“年二十八”乃“三十八”之讹的臆测。

不仅如此。《玉海》收录的这则《正义》佚文的发现，也使笔者关于张守节“据《博物志》所作的按语原作‘迁年卅二岁’。唐代《正义》单本与《索隐》并无‘十年’之差”的推断得以证实。因为《玉海》录入的《索隐》《正义》与今行三家注合刊本《史记》的《索隐》所征引的《博物志》，皆作“年二十八”，证明从古至今这个司马迁的纪年数字从未发生讹变。《正义》据以推算，在“太初元年”下所做按语，只能是“迁年三十二岁”，而今本作“年四十二岁”必错无疑。至于今本《正义》致误的原因，笔者在前揭论文中，已从书体演变的角度，通过“廿（二十）”“丗（三十）”“卌（四十）”三个数字以及“世（丗）”字由唐入宋书写形态的变化轨迹，做了详尽的考论。

由于《玉海》收录的引用了《博物志》的《史记正义》佚文的发现，《史记·太史公自序》自“卒三岁”至“五年而当太初元年”一段《史》文的《正义》原本旧貌复原成为可能。张守节《史记正义序》述其注例有云：“次旧书之旨，兼音解注，引致旁通。”所称“旧书”，指张氏以其为本的裴骃《集解史记》。张氏注例大意是说，他为《史记》作《正义》时，先编次裴骃注文，然后才是守节自己为《史》文注音释字、推而广之、扩而充之的注义。试遵张氏注例，为《史》文自“卒三岁”至“太初元年”的《正义》复原：

卒三岁而迁为太史令 《博物志》云：迁年廿八，三年六月乙卯除六百石。 紬史记 徐广曰：紬音抽。

五年而当太初元年 李奇曰：迁为太史后五年，适当于武帝太初元年，此时述《史记》。 按：迁年丗二岁。

王应麟在征引《史记正义》所录《博物志》时，文字有所节略，但基本数据全部保存。

根据从《玉海》中发现的《正义》佚文、《索隐》与今本《史记》三家注中的《索隐》所征引的《博物志》，皆作元封三年“迁年二十八”，以及修正后的今本《史记》太初元年张守节按语“迁年卌二岁”推算，司马迁必生于汉武帝建元六年丙午（公元前135年）。

近闻陕西省司马迁研究会受中国史记研究会委托，着手筹备于2015年在西安举行“纪念司马迁诞辰2160周年国际学术研讨会”。诞辰绝对年代的确定，依然根据实难成立的王国维的司马迁生于孝景中元五年（公元前145年）说。笔者祈望盛会主办方慎重考虑，建议按太史公的真实生年——武帝建元六年（公元前135年），将会标修正为“纪念司马迁诞辰2150周年国际学术研讨会”。

2011年4月30日初稿。6月10日改定于芜湖赭麓窳陶斋。

[原载《浙江师范大学学报》（社会科学版）2011年第6期卷首。本文为全国高等院校古籍整理研究工作委员会直接资助项目“宋人著作五种征引《史记正义》佚文研究”（批准编号为1105）的部分成果。]

正史

歷代國史其流出於春秋劉歆叙七畧王儉撰七志史記以下皆附春秋荀勗分四部史記舊事入丙部阮孝緒七録記傳録記史傳由是經與史分一編年紀傳各有所長編年所載於一國治亂之事為詳紀傳所載一人善惡之迹為詳編年其來最古而人皆以紀傳便於披閱號為正史

漢史記

司馬遷傳 司馬氏世典周史談為太史公有子曰遷云云遷俯首流涕曰小子不敏請悉論先人所次舊聞不敢闕卒三歲而遷為太史令紬史記金鐀石室之書……一月甲子朔旦冬至天歷始改建於明堂諸神受記太史公曰先人有言周公卒五百歲而有孔子孔子卒至今五百歲有能紹而明之正易傳繼春秋本書詩禮樂之際意在斯乎小子何敢讓焉於是論次其文七年而遭李陵之禍……卒述陶唐以來至於麟止自黃帝始……

书影一　日本京都建仁寺两足院藏元至正刊本《玉海》

书影二　日本京都建仁寺两足院藏元至正刊本《玉海》

后 记

司马迁自觉承“五百之运”，继周、孔绝业，究天人，通古今，作《太史公书》，对中华文明做了第三次重大的整合，不仅描述了尧舜至治的盛世，更进而溯得尧舜至治的本源——黄帝“法天则地”。这不仅是百王治国平天下的根本大法，也是生民超越生物学的层次，将自己提升到道德的、文化的成人的准则。论到司马迁对中华民族的民族心灵、民族性格、民族智慧建构方面的贡献，孔子之后一人而已！司马迁诞生于汉武帝建元六年（公元前135年）。今年（公元2020年）适逢他诞辰2155周年。我从历年发表的相关拙作中选择十八篇，分为“司马迁与中华文明述论”“司马迁与史记疑案研究”“史记三家注研究”“西楚霸王项羽结局研究”四辑，编为《袁传璋史记研究论丛》，谨以这本小书作为对文化巨人太史公诞辰的纪念。

在此我要对“西楚霸王项羽结局研究”专辑做点说明。这个专辑系为回应著名“红学”家冯其庸教授的《项羽不死于乌江考》（《中华文史论丛》2007年第二辑）而作。冯先生首创的“项羽是死于东城而不是死于乌江”的“新的结论”，在古典文本解读和研究方法两个方面反映出来的问题以及对它的评价，关乎实事求是学风的导向和重建。因而大陆学术界在2007—2010年间，围绕项羽是否死于乌江这个论题展开了颇为激烈的论战。我在此期间发表的《“项羽不死于乌江说”评议》（《乌江论坛》，陕西人民教育出版社2009年版）、《项羽所陷阴陵大泽考》（《学术月刊》2009年第3期）、《垓下之战遗址地望考》（《古文献与岭南文化研究：古文献与岭南文化国际学术研讨会论文集》，华文出版社2010年版）、《〈项羽不死于乌江考〉研究方法平议》（《文史哲》2010年第2期）等论文，为项羽死于乌江做了结论，被认为是这场学术论战的标志性文献。这四篇论文有七万余字。鉴于“安徽师范大学文学院学术文库”所收每种文集有字数的上限，“西楚霸王项羽结局研究”专辑不得不从《袁传璋史记研究论丛》中撤下。好在这几篇论文的概要，读者可以参看本书卷首叶文举教授所作《代序》中第四节“‘项羽不死于乌江’斠误”的论述。

感谢《安徽师范大学学报》、人民文学出版社《中国古典文学论丛》、《安徽史学》《陕西师范大学学报》、台湾《大陆杂志》、台湾大学《台大历史学报》、《河南大学学报》、《淮阴师范学院学报》、《学术月刊》、《文史哲》、《史记论丛》、《浙江师范大学学报》、《司马迁与史记研究年鉴》、日本京都大学人文科学研究所东亚人文情报学研究中心《中心研究年报》等学术书刊，承蒙接纳我那些枯燥冗长的论文，且按手稿刊布。这次编辑成书，除个别论文增补一二证例外，观点与文字一仍旧贯，并于每篇论文之后特标首发书刊的嘉名与刊期，以表敬意。文末则保留写作年月，以记录艰难跋涉的脚印。

还有一事需要敬告读者诸君。本书因行文需要，对古籍多所征引，引文中时有未经简化的繁体字出现。在现行词书中，这些繁体字一般以简体字替代。但考虑到本书引文中的繁体字都有特定的含义，若依例作简体字处理，一则会有损古籍原意的传达，二则亦易滋生歧义。因此，本书凡此一律保留原文繁体字形。敬祈诸君理会著者如此处置的用心。

我之所以能在司马迁与《史记》的疑难问题上做一点粗浅的探讨，实蒙先父母袁文和先生与周宗馨女士及亡兄袁传琏之赐。父亲将我引入人文之门，他那温恕耿介的人格是我毕生的典型。母亲不嫌我少时的顽劣，她的勤谨善良我永铭在心。兄长在家境竭蹶之时，毅然辍学务农以支持我赓续学业。而我为人子、弟，未能在父母、兄长生前尽孝悌于万一。于今只能以此书告慰父母与兄长在天之灵。

袁传璋

二〇二〇年五月十日谨记于

安徽芜湖凤鸣湖畔窳陶斋